教育部人文社会科学重点研究基地武汉大学中国传统文化研究中心创新工程系列成果

传统中国研究丛书

本书是国家社会科学基金重大项目「中国传统礼仪文化通史研究」（批号18ZDA021）的阶段性成果

丛书主编　冯天瑜　杨华

传统中国岳镇海渎研究

杨华　主编

武汉大学出版社
WUHAN UNIVERSITY PRESS

图书在版编目(CIP)数据

传统中国岳镇海渎研究／杨华主编 . -- 武汉 : 武汉大学
出版社，2024. 8. -- 传统中国研究丛书／冯天瑜，杨华主编.
ISBN 978-7-307-24559-4

Ⅰ. K892.98
中国国家版本馆 CIP 数据核字第 20244UK096 号

责任编辑:许子楷　　　责任校对:汪欣怡　　　版式设计:马　佳

出版发行: **武汉大学出版社**　（430072　武昌　珞珈山）
　　　　　（电子邮箱: cbs22@ whu.edu.cn　网址: www.wdp.com.cn）
印刷:武汉中科兴业印务有限公司
开本:720×1000　1/16　印张:25　字数:358 千字　插页:2
版次:2024 年 8 月第 1 版　　2024 年 8 月第 1 次印刷
ISBN 978-7-307-24559-4　　定价:99.00 元

总　序

杨　华

　　统，原指从蚕茧中抽出的丝绪之结。缫丝时"抽其统纪"，抓住纲领，方能有序而高效。它引申为一脉相承的系统，这包括两个方面：一是空间上，如《公羊传》所谓"大一统"；二是时间上，如《孟子》所谓"君子创业垂统"。

　　"传统"，本是一个动宾结构的词汇。传什么统呢？《后汉书》谓，日本岛上有三十余国与汉朝通使，"国皆称王，世世传统"，显然是指嫡嗣血统。明代"大礼议"时，廷臣们援引"三代传统之礼"以解决政治危机。所谓三代传统，即"父死子继，兄终弟及"。这是基于血统的政统，正如《文史通义》所概括，"易姓为代，传统为朝"。

　　在血统、政统之外，还有学统和道统。三教九流，诸子百家，各个学派都有其学术传承，称之学统。而道统，则专指从尧、舜、禹、汤到文、武、周公，再到孔、孟的儒家脉络，其核心是儒门"心传"的仁义道德。经过韩愈、朱熹等人发挥，成为后儒"判教"的法门。

　　儒家是否存在一以贯之的道统？自其说提出伊始，便备受批评。有学者由此而对整个中国文化是否存在传统也产生怀疑。其说有四：其一，从华夏到汉族，再到近代才形成的中华民族，混同杂居，族群融合，根本没有一脉相传的血缘统绪。其二，几千年来，文化存在巨大的时代差异，前朝后代之间，文化大不相同。其三，即使在同一王朝内，文化也存在巨大的地区差异。其四，上层文化与下层文化之间互有隔阂，儒家文化表面上占统治地位，下层社会

1

则更崇拜菩萨、神仙及各种迷信。所以，有论者认为，不仅儒家思想没有成为唯一的统治思想，甚至不存在一种整个历史时期全民族一致的、共同的文化传统。

诚然，儒家学说不是中国文化的全部，也不能代表中国的整体传统。和而不同，三教共弘，多元并进，或许更接近中国文化发生发展的历史真相。但是，对儒家正统的怀疑，不能引申出对整个中国文化传统的否定。

就空间差异而言，共时性的文化之间总有高低、主次之分。中国版图广大，地域辽阔，东西南北自然环境差异明显，人民生活方式和文化形态复杂多样，正所谓"百里不同风，千里不同俗"。历代统治者借以整齐风俗、统一文化的精神工具，当然是儒家文化。读历代正史的《良吏传》《循吏传》即知，经过经学训练和科举选拔的各级官吏，每到一地，必兴利除弊，移风易俗，将正统思想推广到社会的毛细血管。扬雄《法言》说："孰为中国？曰：五政之所加，七赋之所养，中于天地者为中国。"华夏衣冠的文化力量无远弗届，历史上少数民族和边疆政权大多认同华夏始祖，极力与之攀附亲戚。匈奴自称夏人遗民，拓跋鲜卑自称黄帝后裔（昌意少子），慕容鲜卑也自称黄帝后裔（高辛氏帝喾之后），北周宇文氏自称炎帝神农后裔。鲜卑以"华"自居而称柔然为"夷虏"，金人以"汉节""华风"自居而称蒙古为"夷狄"。诸如此类，都说明游牧文明对农耕文明的追慕向往，仅仅用华夏之辨、正闰之辨不能作出完满的解释。正如唐人皇甫湜所说："所以为中国者，礼义也；所谓夷狄者，无礼义也。"两千多年来，无论华夷胡汉，大多"尊经术，崇儒雅"，天下"传檄而定"，文化认同远大于种姓差别和地缘距离。这是一种传统。

就时代传承而言，历代文化风貌既有增损变易，也有沿袭继承，但总体而言，后者大于前者。且不说汉字经历至少三千五百年而今仍能为国人所识读，学术层面的继承性也相当明显。从先秦诸子到两汉经学，从魏晋玄学到隋唐佛学，从宋明理学到乾嘉朴学，每种形态既是对前代学术的批判，也是对前代学术的继承，没有前代的学术成就便没有后代的文化新变。再比如，从诗骚到汉赋，从唐诗到宋词，从元杂剧到明清小说，虽然状貌大有不同，有些文学样式呈现出"能事已竭"的高度而令后代无法超越，但是这些文学样式之间并非断裂关系，而是承递关系。形式是如此，内容也是如此，"诗言志"和"文载道"本身就构成连续的文学传统。在价值层面，作为其传承载体的经史文献，浩如烟海，但其核心文本则相对稳定，能够为不同时期士人共读共鸣。体现在这些文本中的核心价值观念也一以贯之，为不同时期士人所尊崇。以史学传统为例，后朝为前朝修史，虽然在政治上改朝换代，否定前朝，但在价值观上则绍承前朝。后朝所修的前朝历史，大多以前朝之是非为是非，而不是相反，如是代代相沿。这也是一种传统。

就阶层区隔而言，精英文化与民间文化确实存在差别，但这不足以否定传统的存在。文化的二元乃至多元并存，是世界各民族文化史的共同现象。在中国历史上，民间文化具有多样性和复杂性，但并未全然消解精英文化的正统地位。这二者的互动和流变，本身就是一种传统；换言之，雅俗之间、朝野之间，有时互相转换，但总体而言，小传统并未取代大传统。研究表明，在兵燹动乱时期，草根阶层对于中国文化的传承起到更大作用。这更是一种传统。

总之，如果否定中国文化的继承性和连续性，否定中国文化传统的存在，很容易陷入历史虚无主义，对于今天传承弘扬中国优秀传统文化，凝聚民族精神，实现民族复兴，有害无益。

武汉大学中国传统文化研究中心，是教育部百所人文社会科学重点研究基地之一，也是其中唯一以中国传统文化为研究主旨的学术机构。二十年来，我们致力于中国传统文化的理论研究和源流考察，致力于讲清楚中华传统文化的发展脉络、价值理念、社会结构、文化特质等问题，致力于挖掘传统文化中的有益资源，促进中华传统文化的创造性转化和创新性发展。尤其在中国传统文化的元典时期和近代转型时期，亦即一源一流研究上，取得重大进展。

为了深化相关研究，我们编纂这套丛书。本丛书的选编，遵从以下原则：一是跨时代，无论传统之久暂与新旧，只要在中国文化史上产生过影响，均在研究范围之内。二是跨学科，学科分类和畛域划分纯是为了研究方便，如果藩篱视野而阻碍创新，则果断摒弃。三是开放性，既欢迎我中心学者的专精著述，也吸纳中心之外的学术成果。

中国广大，代有盈缩；传统悠久，时有损益。我们既关注中国的传统，也关注传统的中国。

2019 年 5 月 4 日于武汉大学中国传统文化研究中心

导　　论

世界许多民族都有祭祀山川的传统，换言之，神山圣水遍布世界各地。然而，像中国这样按照方位将名山大川进行数字组合，并形成系统性的国家礼典，以作为王朝政权的象征，却是独一无二的文化现象。

中国对于山川之神的祭祀在商代已经出现，并在周秦时期得到发展。从西汉至北宋，山川祭祀逐渐形成一个以岳镇海渎为主的国家祭祀体系，包括五岳(泰山、华山、衡山、恒山、嵩山)、四渎(长江、黄河、淮水、济水)、五镇(沂山、吴山、会稽山、医巫闾山、霍山)、四海(东海、西海、南海、北海)。这一体系一直延续至清代的终结。至于该体系是如何形成、何时形成的，目前学术界尚未形成统一的结论。总体来说，可能五岳、四渎的定型较早，而五镇、四海的加入稍晚一些。

作为国家礼典，这一山川祭祀体系构建于儒家礼文化的基础之上，涵括宗教、伦理和政治等领域。然而这一体系在礼仪实践和地方传播中，又逐渐与其他宗教传统互动融合，涉及道教、佛教和民间信仰等。如果说四渎的形成，与中国西高东低、大河东奔入海的地势有关；那么，五岳、五镇、四海的形成，则显然与中土意识、五行思想和王朝政治有关。这十八处山川海岳以阴阳五行理论为框架，形成代表地理空间和方位分布的领土标志，对于中国古代世界观念和宇宙意识的呈现，亦起到重要作用。这样一组神圣空间及其所聚集的宗教活动，象征着中国古代两千多年帝国政治的合法性。同时，它们也是多种维度的媒介场域，这包括官府、民众与神灵之间的交流，宗教活动与世俗生活之间的互动，国家意识形态与地方宗教信仰之间的转换，华夏-汉族文化与其他民族文化之间的传递，等等。

在这些名山大川的侧畔，都修建有宏伟壮丽的专门神庙，用以祭祀特定的山神和水神。在这里，国家祭祀典礼年复一年地上演，地方民众的宗教活动绵延不绝。历代君臣和文人墨客都撰写过大量描绘山川风景和祭祀场面的诗文，它们被铭刻在这些专庙之内，成为后人的瞻仰对象和研究资料。

从沙畹（Édouard Chavannes，1865—1918）、顾颉刚（1893—1980）等人开始，许多现代学者从不同角度研究五岳，产生了十分可观的学术成果。但是其中不少重要论题仍处于争论之中，或可进一步展开探索。至于有关四渎、五镇、四海的讨论，以及整个岳镇海渎祭祀体系的研究，则更是少见；到目前为止，只有某些零星的讨论散见于中文论著，在世界其他民族的学术话语中基本被忽略了，相关学术前史可详见本书各章的论述。

本书的编撰便是为了弥补上述缺憾，它是第一部全面研究岳镇海渎祭祀体系的著作。全书分别运用宗教、政治、文学、历史学、人类学、历史地理等学科相结合的方法，发现和援引了大量的原始史料，包括保留于各座神庙中的历代碑刻。所研究的内容，涉及儒家、道教、佛教和民间信仰，尤其是中国传统礼制及其实践过程。这些传统之间的互动和融合，展现出异常丰富的历史图景，既有神圣的意味，又有政治的功能，还有地理空间上的哲学意义，这些主题远非几篇文章、几本著作所能详述。

本书开始于对中国古代岳镇海渎祭祀体系形成过程的完整考述。第一章的作者贾晋华援引各类史料，考辨和厘清学界有关这一形成过程的诸多疑点，揭示了这些重要的地理标志如何逐渐与宗教信仰、政治制度、礼仪典章相结合，形成一套朝廷政治合法性的象征体系。这个过程贯通神权和政权，为维持两千多年的大一统帝制发挥了一定的功能。本章最后附有一幅描绘岳镇海渎神庙所在地的历史地图，以帮助读者直观地理解本章和本书其他章节的内容。

按照时代顺序，杨华在第二章研究了先秦时期的山川崇拜。他认为，《山海经》等传世文献所见的先秦山川祭祀可与甲骨金文和简帛等出土材料相印证。在诸子的言说中，大多缺乏关于山川祭祀的系统理论，只有儒家对山川祭祀进行过系统的制度设计。在"三礼"、《尚书》、《左传》等文献中，对山川祭祀的时间、频率、空间等都有非常具体的说明，这些理论便被列入汉代以后的国家制度，对于后来历代"制礼作乐"影响深巨。

在第三章，魏宁（Nicholas Morrow Williams）研究了先秦至中古时期关于"四渎"的吟咏诗赋。他首先梳理了从《诗经》《楚辞》到西汉时期四渎祭祀得以确立的过程，尤其是与之对应的江河文学的发展变化。作者解剖了多首与之相关的代表作品，揭示它们描绘和赞美江河的神妙力量，以及居住其中的神灵生物。作者认为，江河文学所表现的内容并非虚构，而具有实际的神圣意象。文章指出，中古文学中的"天河""银河"母题正是对这一神圣传统的继承。

其后三篇是关于唐代山川祭祀的研究。第四章，朱溢考察了唐代统治者对山川之神封爵的现象，涉及包括五岳、四镇（唐时还未形成五镇）、四海、四渎在内的二十多处山川海岳。朱溢敏锐地指出，当面对严重的政局动荡时，统治者向这些自然神灵祈求福佑；而伴随着皇室权力在世俗世界的扩展，统治者也极力在神灵世界建立权威。

第五章，雷闻研究了唐代道教和国家五岳祭祀典礼的关系。作者以丰富的史料论证，唐玄宗时期在道教大师司马承祯的建议下，有了五岳真君祠、青城山丈人祠及庐山九天使者庙的建立，然而它们并未取代国家的五岳祭祀系统。不过，国家观念也深深影响了道教理论的书写，道教仙真高于岳神的观念成为唐代许多民间传说的主题。五岳祭祀与道教的结合，强化了国家政权的神圣性。

第六、第七两章考察南海神庙及其祭祀典礼的变迁，皆由王元林撰写。第六章集中于唐代，作者以丰富的史料考述南海神庙的祭祀制度。其线索是从郊祀发展到郊祀与地方祭祀相结合，属于国家礼制三大祭祀的中祀。作者对中央派遣祭祀南海神的主祀官进行了细致梳理，对南海神信仰与佛教在当地的交融活动也作了系统研究。第七章接着考察宋代，作者敏锐地指出，南海神及其庙宇在北宋被多次赐封爵号，从而强化其保佑地区稳定的神圣角色；由于其地理位置的特殊性，南海神的威力在南宋更进一步强化，南海神庙成为岭南地区最大的庙宇，佛教和道教也参与其中，有关地方民俗信仰被纳入国家典礼；而许多南海神的"离宫"则在不同地方建立，并接受祭祀崇拜。

接下来两章转向镇山研究，就时段而言主要是从元代到清代。在第八章中，白照杰探讨元代以降道教对东镇庙日常运作的重要影响。他搜集了现存于庙中的大量碑文，并运用这些原始材料细致地揭示出，道士如何取代官吏而成为"守庙道士"，从而使这一官方祭祀的庙宇同时发挥着道教宫观和民俗崇拜的双重作用。该文材料之丰富，令人惊叹。

第九章研究北镇庙。作者黄晨曦同样发掘了现存于庙中的碑文，并据之对北镇祭祀与元、清二代少数民族政权的关系作了独到的研究。由于医巫闾山的特殊地理位置，蒙古族和满族统治者推尊此山为五镇之首，将其作为确认政权合法性的工具，从而成功地将古老的祭祀典礼移用于崭新的政治目的。

接下来三章都是关于水神和水神庙的研究。第十章研究江渎和长江流域的水神。将长江水神纳入国家祀典并进行祭祀，是历代朝廷获得宗教和政治合法性的象征。对先代长江水神的继承，表明当朝具有经史道统的延续性；北方朝廷对南方江神的祭祀，表明其政权得到南方水神的认同和庇佑；对长江水神的封爵号和赐庙额，象征着朝廷对这些神祇的管理能力，彰显出历代朝廷对南方的政治军事统治。

第十一章，是关于济水的管理。作者李腾对济渎水神的历史作了系统梳理，认为济渎是历代王朝彰显政权合法性的符号，济渎祭祀的制度性变革发生在隋唐时期。在唐代，从渎令的设置到礼书对其具体仪式的规范，再到朝廷对济渎的册封，济渎祭祀日益规范化，并为后世所沿袭。此章附录李腾通过济水的历史地理位置、济渎的祭祀、济渎庙的复原、济渎庙所藏碑文、济水文化和区域社会研究等五个专题，对近四十年来国内外相关研究进行了系统梳理和述评。

第十二章，是关于长江中下游尤其是鄱阳湖水神晏公信仰的研究。作者张帅奇指出，元明清时期江西地区的晏公信仰向外扩张，明朝以降鄂省晏公信仰盛行，东多西少，长江干支流和湖泊沿岸州县晏公祠庙林立。该水神信仰之所以形成这种地域分布的格局，主要是移民迁徙流动、商人跨区行商、多元社群崇祀等因素互动的结果。

有几点必须予以说明。其一，本书所收录的文章主要是在 *Religions* 杂志上已经发表的篇什，每篇文章下附有英文发表信息，可供读者参考引用。其二，本书各篇，主要是以五岳、四渎、五镇、四海为主的国家祭祀研究，基本限于儒家礼典的范围。其他关于民间山川海岳信仰的叙述和研究已相当丰富，但这并非本书的研究宗旨。不过，晏公信仰在礼与俗的互动转化中具有某种典型性，且此项研究已在 *Religions* 上发表，故也收入是集之中。其三，近年来，关于中国山川海岳祭祀的文章逐渐多了起来，很多研究富于创识，但是限于篇幅，本书未予收录，我们在书后列有参考文献，希望为读者提供便利。

我要特别感谢贾晋华教授！她在 *Religions* 上组织了关于中国五岳四渎的特别栏目，并与国内从事该领域研究的主要专家分别取得联系。后来又以《传统中国的国家山川祭祀系统》（*Traditional Chinese State Ritual System of Sacrifice to Mountain and Water Spirits*）为名编辑了英文论文集。在编辑本书时，她又做了大量的实质性工作。我一再邀请她署上主编之名，她都谦虚地推辞了。事实上，没有她的穿针引线，研究该问题的学者们不可能在同一份杂志、同一本书上以文会友。大家都深知这一点，均表示极大的感谢！另外，在本书的编稿过程中，博士研究生梁艺馨同学也做了不少工作，她编排了参考文献，还翻译了魏宁的文章，对此也要表达谢忱！各位作者都是相关领域的知名专家，虽然文责可以自负，但编辑过程中出现的纰漏和谬误，责任仍然在我，敬请批评指正。

如上所言，我们期望本书的出版，对于研究中国岳镇海渎的多重文化内涵有所助益。尤其期待更多的青年学者加入其中，开拓并深化相关研究。

杨华

2023 年 7 月

于武汉大学中国传统文化研究中心

目　　录

第一章 传统国家岳镇海渎祭祀体系的形成过程*

贾晋华

以五岳、五镇、四海、四渎为主体的传统国家山川祭祀体系，在从西汉至北宋的漫长时期中逐渐形成，并一直延续至清代。虽然已有不少学者从不同角度对五岳和岳镇海渎祭祀体系的形成展开研究，近年来的成果尤为丰硕，[①] 但是总的看来，还有不少疑点尚未

---

* 本文英文版 Formation of the Traditional Chinese State Ritual System of Sacrifice to Mountain and Water Spirits 发表于 *Religions*，2021，12(5)，pp. 319-333. https：//doi. org/10. 3390/rel12050319。中文版经重要增订后收入本书。

① 主要可参考：Édouard Chavannes，*Le T'ai chan：essai de monographie d'un culte chinois*. Paris：Ernest Leroux，1910；陈梦家：《殷虚卜辞综述》，中华书局 1988 年版；顾颉刚：《州与岳的演变》(1933 年)，收顾潮、顾洪编：《中国现代学术经典：顾颉刚卷》，河北教育出版社 1996 年版，第 551～585 页；顾颉刚：《"四岳"与"五岳"》，游琪、刘锡成编：《山岳与象征》，商务印书馆 2004 年版，第 12～23 页；[日]酒井忠夫：《泰山信仰的研究》，《史潮》第 7 年第 2 号，1937 年，第 70～118 页；屈万里：《岳义稽古》，《清华学报》第2卷第1期，1960 年，第62～67页；[日]吉川忠夫：《五岳と祭祀》，[日]清水哲郎编：《ゼロビットの世界》，岩波书店1991年版，第215～278页；Terry Kleeman，Mountain Deities in China：The Domestication of the Mountain God and the Subjugation of the Margins，*Journal of the American Oriental Society*，1994，114(2)，pp. 226-238；唐晓峰：《五岳地理说》，《九州》第 1 辑，中国环境出版社 1997 年版，第 60～70 页；王元林：《国家祭祀与海上丝路遗迹：广州南海神庙研究》，中华书局 2006 年版；雷闻：《郊庙之外：隋唐国家祭祀与宗教》，生活·读书·新知三联书店 2009 年版；James Robson，*Power of Place：The Religious Landscape of the Southern Sacred Peak*（*Nanyue* 南嶽）*in Medieval China*.(转下页)

1

解决或尚在争论,其中有关五岳并称和祭祀的起源尤其纷繁复杂,而且也还未见到关于岳镇海渎祭祀体系形成过程的完整考述。本章综合运用宗教、政治、历史和地理研究的方法,主要展开两方面的讨论。其一是对五岳作出新的考察,考订五岳并称和祭祀出现的时间和汉武帝收回五岳祭祀权的史实。其二是考辨岳镇海渎祭祀体系形成过程中的一些疑点,从而提供一个较为完整可靠的描述,说明这些重要的地理坐标如何逐渐与宗教信仰、政治制度及典礼仪式相融合,成为领土的、神圣的和政治的合法性象征。

一、五岳并称的起源和构成

有关五岳起源的早期文献记载繁杂不一,一些学者已经做了很好的综述,① 但总的看来各有偏重,都还不够充分完整,各人的分

(接上页) Cambridge, Mass.: Harvard University Asia Center, 2009;杨华:《秦汉帝国的神权统一:出土简帛与〈封禅书〉、〈郊祀志〉的对比考察》,《历史研究》2011 年第 5 期,第 4～26 页;王元林、张目:《国家祭祀体系下的镇山格局考略》,《社会科学辑刊》2011 年第 1 期,第181～185 页;周书灿:《中国早期四岳五岳地理观念析疑》,《浙江学刊》2012 年第 4 期,第52～57 页;田天:《秦汉国家祭祀史稿》,生活·读书·新知三联书店2015年版;刘钊:《谈出土文献中有关祭祀山川的资料》,李宗焜主编:《古文字与古代史》第5辑,台湾"中央研究院"历史语言研究所 2017 年版,第 528～530 页;牛敬飞:《古代五岳祭祀演变考论》,中华书局 2020 年版。

① 主要参看顾颉刚:《"四岳"与"五岳"》,游琪、刘锡成编:《山岳与象征》,商务印书馆 2004 年版,第 12～23 页;屈万里:《岳义稽古》,《清华学报》第 2 卷第 1 期,1960 年,第 62～67 页;Terry Kleeman, Mountain Deities in China: The Domestication of the Mountain God and the Subjugation of the Margins, *Journal of the American Oriental Society*, 1994, 114(2), pp. 226-228;唐晓峰:《五岳地理说》,《九州》第 1 辑,中国环境出版社 1997 年版,第 60～70 页;James Robson, *Power of Place: The Religious Landscape of the Southern Sacred Peak (Nanyue 南嶽) in Medieval China*. Cambridge, Mass.: Harvard University Asia Center, 2009, p. 25, n31-38;周书灿:《中国早期四岳五岳地理观念析疑》,《浙江学刊》2012 年第 4 期,第 52～57 页;牛敬飞:《五岳祭祀演变考论》,中华书局 2020 年版,第 528～530 页。

析和解说也各不相同。因此，我们仍有必要给出一个简要而完备的综述，并作出新的阐释和考证。

根据卜辞所载，在殷商时代，山川祭祀已经成为常见的典礼。[1] 其中祭祀最多的一种、其字被释为岳[2]，获得多数学者赞同，但解说不一，有的认为泛指大山[3]，有的认为专指某座山，并有太岳山（亦称霍山或霍太山）[4]、嵩山[5]、华山[6]等不同说法。

周代至汉初文献中，关于岳字又出现许多不同记载，可大致分为两组。在第一组记载中，岳、四岳和大岳等名称涉及氏族世系、祖先、祖先神及首领。《国语》记四岳为共工从孙，佐禹治水有功而封为侯伯，赐姓姜；[7] 如果去掉神话色彩，此处四岳可以解释为代表姜姓部落的祖先。《左传》也记姜、许（出自姜姓）氏族为大岳或四岳之后[8]，《诗经·大雅·崧高》述岳是申、甫（也出自姜姓）

<hr>

[1] 陈梦家：《殷虚卜辞综述》，中华书局1988年版，第594~596页；常玉芝：《商代宗教祭祀》，中国社会科学出版社2010年版，第159~162页；刘钊：《谈出土文献中有关祭祀山川的资料》，李宗焜主编：《古文字与古代史》第5辑，台湾"中央研究院"历史语言研究所2017年版，第528~530页。

[2] （清）孙诒让撰，楼学礼校点：《契文举例》卷上，齐鲁书社1993年版，第26页。

[3] 丁山：《中国古代宗教与神话考》，上海文艺出版社1988年版，第407页。

[4] 屈万里：《岳义稽古》，《清华学报》第2卷第1期，1960年，第62~67页。

[5] （清）孙诒让撰，楼学礼校点：《契文举例》卷上，齐鲁书社1993年版，第20页上；彭裕商：《卜辞中的"土"、"河"、"岳"》，《古文字研究论文集》，四川人民出版社1982年版；Sarah Allan, *The Shape of the Turtle：Myth, Art, and Cosmos in Early China.* Albany：State University of New York Press, 1991, pp.99-100；刘钊：《谈出土文献中有关祭祀山川的资料》，李宗焜主编：《古文字与古代史》第5辑，台湾"中央研究院"历史语言研究所2017年版，第511~512页。

[6] 郭沫若：《卜辞通纂》，科学出版社1983年版，第93~94页；詹鄞鑫：《神灵与祭祀：中国传统宗教综论》，江苏古籍出版社1992年版，第68页。

[7] 来可泓：《国语直解》卷3《周语下》，复旦大学出版社2000年版，第138页。

[8] 《左传》庄公二十二年、隐公十一年、襄公十四年。

等氏族的祖先神①。而《尚书》述尧与四岳问答，又述舜曰觐四岳群牧。② 去掉传说色彩，此处四岳可看成代表管辖四方的氏族首领或诸侯。在第二组记载中，岳或四岳用来指称山岳或山岳之神。《左传》将四岳与其他山名地名一起罗列为"九州之险"之一。③ 而根据侯马盟书、温县盟书等，春秋晋国订立盟约时常以岳神为证，并尊称此神为岳公；此岳公可能指太岳山（霍山），晋国所崇拜的山神。④《山海经》中的岳则涵括以上两组意蕴，所记有崇岳之山、北岳之山、岳山、岳、诸岳、南岳、西岳等，前五种岳指山，后两种指氏族祖先。⑤

以上所述早期文献中有关岳、四岳或大岳的各种记载，可以大致概括为指称太岳山（霍山）或其神（岳公）、嵩山、华山，其他各类山名，氏族祖先或祖先神，氏族及其世系，氏族首领或诸侯，以及泛称四方大山或界定四方边境八种说法。至于为何会有众多的不同记载和说法，我认为可以用古人的山岳崇拜观念加以关联贯通。古人持万物有灵观念，山岳皆是神灵，⑥ 故山名也就是神名。同

①　参看顾颉刚和刘起釪的解释，顾颉刚、刘起釪：《尚书校释译论》，中华书局 2005 年版，第 77~79 页。

②　（汉）孔安国传，（唐）孔颖达正义：《尚书正义》卷 2《尧典》、卷 3《舜典》，北京大学出版社 2000 年版，第 47~58、65 页。

③　《左传》昭公四年。周书灿认为四岳泛指四方之大山；见其《中国早期四岳五岳地理观念析疑》，第 52~57 页。［美］祁履泰（Terry Kleeman）则认为四岳界定周王朝的四方边境；见 Mountain Deities in China：The Domestication of the Mountain God and the Subjugation of the Margins, *Journal of the American Oriental Society*, 1994, 114(2), p. 228.

④　［美］魏克彬（Crispin Willams），《侯马与温县盟书中的"岳公"》，《文物》2010 年第 10 期，第 76~83 页；赵瑞民、郎保利：《侯马盟书、温县盟书中的太岳崇拜：兼论侯马盟书中的"吾君"》，《史志学刊》2017 年第 2 期，第 1~5 页。

⑤　袁珂：《山海经校释》，上海古籍出版社 1985 年版，第 29、60、93、123、260、272、299 页。

⑥　传世和出土早期文献中所载对有名或无名山川的崇拜和祭祀比比可见，最典型者为《山海经》，书中记述各方山时，往往说明祭祀所用牺牲和玉币。

时，由于人类社群往往依山而居，地方氏族与所居地的山岳在生活、治理、信仰等方面也就不可分离地联系在一起。因此岳、四岳或大岳皆既指称山岳，又指称山岳之神，并扩展指称居住于山岳之地的氏族、氏族祖先神及首领的名称。于是以山岳崇拜为基础，这些看似繁杂而大不相同的记载和说法之间，仍然可以找到相互关联的线索。如果再进一步从深层次探索，这种将人类社群与自然环境及超自然神灵相融相通的观念，体现了中国古人关联思维的特征和一个世界的观念，其后在战国末至西汉初发展成为天人感应、无所不包的阴阳五行宇宙体系。

　　上述早期文献中都还未出现五岳并称和祭祀，所记述的各种四岳，也与后来的五岳构成无关。不过，三礼（《周礼》《仪礼》《礼记》）中的确出现有关五岳、四渎并称和祭祀的记述。① 这些记述使得"周代已出现五岳四渎祭典"成为传统观点，并为现当代不少学者所接受。但是如果细考相关资料，这一看法是难于成立的。首先，目前学界普遍认为，三礼虽然蕴含周代礼文化内容，其成书时间大致在春秋晚期至汉初，其中掺杂不少作者们的构想成分，未必都是实际的政治宗教体制。其次，三书涉及五岳的记述，相互矛盾之处甚多。例如，《礼记·王制》称"名山大泽不以封"，与同篇所述"诸侯祭名山大川之在其地者"自相矛盾，② 不符合秦代统一之前诸侯拥有领地内名山大川的史实。同篇又述周王巡视岱宗、南岳、西岳及北岳，除岱宗可视为泰山的别称外，南、西及北岳皆未述及具体山名，也未提及中岳；而周王巡视四岳的时间，与春夏秋冬四时等相配，体现的是战国后期至汉初逐渐形成的阴阳五行宇宙结

---

　　① （汉）郑玄注，（唐）贾公彦疏：《仪礼注疏》卷27《觐礼》，北京大学出版社2000年版，第615页；（汉）郑玄注，（唐）贾公彦疏：《周礼注疏》卷18《大宗伯》，北京大学出版社2000年版，第536～537页；（汉）郑玄注，（唐）孔颖达正义：《礼记正义》卷12《王制》，北京大学出版社2000年版，第451页。

　　② （汉）郑玄注，（唐）孔颖达正义：《礼记正义》卷11、卷12，北京大学出版社2000年版，第396～397、451页。

构，也显示此说后出。① 而且《周礼·职方氏》有九州九山镇之说，其中包括后来五岳中之四岳的山名，但都只称为镇而不称为岳。② 最后，虽然山川祭祀是周代礼文化的一部分，但周王只是在名义上拥有并祭祀天下的名山大川，大多数仅能遥远地"望祭"；诸侯实际拥有本国领土，各自祭祀境内的山川，既举行望祭也举行实地的即祭。关于春秋战国时期诸侯国对领地山川的祭祀，传世和出土先秦文献中有大量的记载，③ 但是除三礼外，都未有提及五岳、四渎之名称者。战国晚期汇集诸家思想的两部集大成著作《管子》和《吕氏春秋》，前者处处强调山川与治国的关系，却从未述及五岳四渎；后者运用五行理论解释四时十二月的祭祀活动和政治运作，也从未提及体现五行模式的五岳。主体内容可能出自先秦的《山海经》，其中分述南西北东中五经，详细叙述祭祀各地山神所用牲币等，并述及各种岳山，却从未出现五岳的并称及其构成成分。综上所述，比较合理的结论是周代尚未形成五岳四渎的祭祀典礼。

秦代废除分封制，建立中央集权的郡县制，将天下山川皆纳于国家的统一祭祀管理，从而结束先秦时诸侯各自祭祀领地山川的局面。秦王朝以关中的七山四水和关东的五山二水为名山大川，并配

---

① （汉）郑玄注，（唐）孔颖达正义：《礼记正义》卷11，北京大学出版社2000年版，第425~426页。《尚书·舜典》述舜巡视四岳，与《礼记》所述周王巡视几乎完全相同，也应是战国末至西汉初的产物。

② （汉）郑玄注，（唐）贾公彦疏：《周礼注疏》卷33，北京大学出版社2000年版，第1020~1034页。《逸周书》所载同，黄怀信、张懋镕、田旭东：《逸周书汇校集注》卷8《职方解》，上海古籍出版社1995年版，第1042~1058页；陈奇猷校释：《吕氏春秋新校释》卷13《有始》，上海古籍出版社2002年版，第662~663页；（汉）孔安国传，（唐）孔颖正义：《尚书正义》卷6《禹贡》，北京大学出版社2000年版，第197页，也有九州岛九山的记载，但九山的构成不同。

③ 参看杨华：《楚地水神研究》，《古礼新研》，商务印书馆2012年版，第287~313页；杨华：《秦汉帝国的神权统一：出土简帛与〈封禅书〉、〈郊祀志〉的对比考察》，《历史研究》2011年第5期，第4~26页；田天：《秦汉国家祭祀史稿》，生活·读书·新知三联书店2015年版，第258~263页；牛敬飞：《古代五岳祭祀演变考论》，中华书局2020年版，第20~24页。

上其他小山川，整合成一个统一的国家山川祭祀体系；并制定祭祀管理制度，由中央礼官太祝主管，以四时祷祠。① 这一祭祀体系包括华山、嵩山、恒山、泰山、黄河、长江、淮水、济水等，即五岳中的四岳和全部四渎，但并未将这些山川称为岳渎，也未包括汉初称为南岳的衡山，可知秦时也尚未形成五岳四渎的国家祭祀体系。② 秦统一前的《秦骃祷病玉版》祭祷华山，③ 秦始皇的《泰山石刻》（一称《封泰山碑》）述封禅泰山，④ 也都未提及岳字。

在可系年的传世和出土文献中，五岳四渎最早在何时出现？本章首次指出，可以确知五岳和四渎两者并称最早见于陆贾（前240？—前170？）的《新语》，其首篇"道基"记：

> 地封五岳，画四渎，规洿泽，通水泉。
> 当斯之时，四渎未通，洪水为害。禹乃决江疏河，通之四渎，致之于海，大小相引，高下相受，百川顺流，各归其所。然后人民得去高险，处平土。⑤

陆贾此书乃应汉高祖之命而撰写，⑥ 完成于刘邦在位期间，即公元

① 《史记》卷28，中华书局1963年版，第1372~1373页。参看杨华：《秦汉帝国的神权统一：出土简帛与〈封禅书〉、〈郊祀志〉的对比考察》，《历史研究》2011年第5期，第4~10页；田天：《秦汉国家祭祀史稿》，生活·读书·新知三联书店2015年版，第277~293页；牛敬飞：《古代五岳祭祀演变考论》，中华书局2020年版，第26~32页。
② 顾颉刚最早指出此点；见其《"四岳"与"五岳"》，游琪、刘锡成编：《山岳与象征》，商务印书馆2004年版，第12~23页。
③ 参看李零：《秦骃祷病玉版的研究》，袁行霈主编：《国学研究》第6卷，北京大学出版社1999年版，第525~547页。
④ 《史记》卷6《秦始皇本纪》，中华书局1963年版，第242~247页。《史记·封禅书》在叙述舜、周、秦事时皆提到五岳四渎，但可能仅是杂采汉初文献所记。
⑤ （汉）陆贾撰，王利器校注：《新语校注》卷1，中华书局1986年版，第6、13页。
⑥ 《史记》卷97《郦生陆贾列传》，中华书局1963年版，第2697~2701页。

前 206 年至前 195 年。则五岳和四渎的并称可确知在此十一年中已出现，我们可以据此推测这些并称是战国后期至汉初逐渐形成的关于大一统国家的山川空间格局的构想，并与此时期逐渐形成的阴阳五行宇宙体系相关联。

但是，陆贾的《新语》也未列举五岳和四渎的具体构成成分。关于五岳构成的具体山名，最早见于战国末至汉初间毛亨为《诗经·崧高》所作的传，其释"崧高维岳"云："岳，四岳也。东岳岱，南岳衡，西岳华，北岳恒。尧之时，姜氏为四伯，掌四岳之祀，述诸侯之职。于周则有甫、有申、有齐、有许也。"[1] 毛亨列出东南西北四岳的山名，但尚未有中岳，而且将四岳与《国语》《左传》等所载作为氏族首领和世系的称呼联系起来，显示出将先秦文献中的四岳与实际的四岳大山相关联的痕迹。《尚书·舜典》述舜巡狩泰山、衡山、华山及恒山，但未称岳和未述及嵩山；孔安国注此四山分别为东岳、南岳、西岳及北岳，也同样未提及中岳，与毛亨所述相同。[2] 汉武帝元封元年（前 110）诏称嵩山为中岳，[3] 为目前所能见

---

[1] （汉）毛亨传，（汉）郑玄笺，（唐）孔颖达正义：《毛诗正义》卷 18，北京大学出版社 2000 年版，第 1419 页。

[2] （汉）孔安国传，（唐）孔颖达正义：《尚书正义》卷 3，北京大学出版社 2000 年版，第 71 页。《史记·封禅书》和《汉书·郊祀志》引《尚书·舜典》，都将传文衍入正文，并添加了中岳嵩山；见《史记》卷 28，中华书局 1963 年版，第 1355~1356 页；《汉书》卷 25，中华书局 1964 年版，第 1191 页。《尚书孔氏传》长期以来被认为是伪作，有关《舜典》孔传的来源尤其众说纷纭，有马融、王肃、姚方兴所撰诸说，但也有认为是孔安国所传者，特别是近年来有较多学者重新审视古文《尚书》和孔传的真伪问题。主要可参看孔颖达：《尚书·尧典》释义，《尚书正义》卷 2，北京大学出版社 2000 年版，第 23~26 页；陈梦家：《尚书通论》，中华书局 1985 年版，第 68~72 页；陈以凤：《近三十年的晚出古文《尚书》及《孔传》研究述议》，《古籍整理研究学刊》2013 年第 2 期，第 109~113 页。此处孔传以衡山为南岳，可证此段传文出现于汉武帝元封五年（前 106）定霍山为南岳前（见下）。《史记》《汉书》所引，也说明此段文字早出。司马迁曾从孔安国问学，其《史记》引《尚书》多用古文之说，史书有明载："司马迁亦从安国问，故迁书载《尧典》《禹贡》《洪范》《微子》《金縢》诸篇多古文说"（《汉书》卷 88，中华书局 1964 年版，第 3607 页）。

[3] 《汉书》卷 6，中华书局 1964 年版，第 190~191 页。

到的最早记录。《尔雅》也明确地记述"嵩高为中岳",但所记南岳
为汉武帝于元封五年(前106)所钦定的霍山(见下考),①则此书所
记五岳构成,最早出现在西汉中叶。根据这些文献,五岳的具体构
成成分可能逐渐形成于战国末至汉武帝时。

从四岳到五岳,特别是中岳的增加,明显受到当时正在发展的
五行理论和五德终始说的影响。山川代表邦国领地,而崇高雄伟的
岳山尤为国之象征。四岳与四方四土相关联。殷代卜辞中常出现的
四方四土,代表"众多外围国族与商王国核心区之间的臣服、隶属
和结盟等不同关系的组合体"。②到了周代,四岳的出现代表四方邦
国对于周王朝的拱卫屏护,象征周王朝与诸侯的关系。而中岳在西
汉中期的增添,则象征中央集权统治天下的帝国,体现明显的政治
地理内涵。此外,汉初有关于五德终始说的争论,文帝时公孙臣、
贾谊等认为汉当土德,张苍则认为是水德;武帝时从倪宽、司马迁
说定为土德。③土者中也,西汉中叶四岳加入中岳嵩山而形成五岳,
同样体现对中央集权的大一统帝国的地理空间和宇宙力量的建构。

四渎的构成也可能大致出现于同一时期。《史记·殷本纪》引
《尚书·汤诰》云:"东为江,北为济,西为河,南为淮;四渎已
修,万民乃有居。"④学界一般认为,《尚书》中那些内容较古的篇
章,如虞夏书、商书中的大部分,出现的时间皆较迟,可能编成于
战国至西汉期间。⑤《尔雅》所载四渎名称相同。⑥

---

① (晋)郭璞注,(宋)邢昺疏:《尔雅注疏》卷7,北京大学出版社2000
年版,第239页。

② David N. Keightley, The Shang State as Seen in the Oracle-Bone
Inscriptions, *Early China*, 1979, 5, p. 26. 参看 Aihe Wang, *Cosmology and
Political Culture in Early China*. Cambridge：Cambridge University Press, 2000.

③ 《汉书》卷25《郊祀志下》,中华书局1964年版,第1270页。

④ 《史记》卷3,中华书局1963年版,第97页。传世《汤诰》属古文《尚
书》,与《史记》所载大部分不同,其中未有此段。

⑤ 顾颉刚:《自序》,《古史辨》第1册,上海古籍出版社1982年版,第
51页;陈梦家:《尚书通论》,中华书局1985年版,第135~146页。

⑥ (晋)郭璞注,(宋)邢昺疏:《尔雅注疏》卷7,北京大学出版社2000
年版,第250页。

二、汉武帝收回五岳及岳渎祭祀之确立

汉初改变秦制，采用封建和郡县并存的郡国制，其时藩国势强地广，"大者夸州兼郡，连城数十，宫室百官同制京师"。① 许多名山大川归属于各诸侯王国，在很大程度上又退回先秦时诸侯各自祭祀领地山川的格局。《史记·封禅书》载："始名山大川在诸侯，诸侯祝各自奉祠，天子官不领。"② 东汉桓帝延熹四年（161）《西岳华山庙碑》亦载："高祖初兴，改秦淫祀。太宗承循，各诏有司。其山川在诸侯者，以时祠之。"③ 由此可推知汉初五岳四渎虽已并称，五岳和四渎的构成成分也在逐渐形成，但五岳四渎并未实际成为汉王朝的国家祭典。其后景帝、武帝大力削藩，使得各王国领地缩小至仅余一郡，国王徒有虚名，国犹如郡，从而逐渐恢复秦代中央集权的郡县制。④ 在此过程中，武帝逐次收回五岳的管辖权和祭祀权，对于五岳祭祀的形成至为关键，但是以往学界尚未给予充分注意，本节首次展开全面细致的考述。

首先看西岳和中岳。华山在华阴，汉初沿秦制属京畿地区内史管理，太初元年（前104）改属京兆尹。⑤ 嵩山在河南郡，汉高祖二年（前205）河南王申阳降后设郡，为汉王朝所领。⑥ 虽然此二岳在武帝前即归属汉王朝，但正是武帝于元封元年（前110）最早在此二

---

① 《汉书》卷14《诸侯王表叙》，中华书局1964年版，第393~394页。参看严耕望：《中国地方行政制度史：秦汉地方行政制度》，上海古籍出版社2007年版，第10~19页；周振鹤：《西汉政区地理》，人民出版社1987年版，第6~7页。

② 《史记》卷28，中华书局1963年版，第1380~1381页。

③ 高文：《汉碑集释》，河南大学出版社1997年版，第270页。

④ 严耕望：《中国地方行政制度史：秦汉地方行政制度》，上海古籍出版社2007年版，第19~30页；周振鹤：《西汉政区地理》，人民出版社1987年版，第6~7页。

⑤ 《汉书》卷28《地理志上》，中华书局1964年版，第1543~1544页。

⑥ 《汉书》卷1《高帝纪》，中华书局1964年版，第33页。

山建祠祭祀。《西岳华山庙碑》记："孝武皇帝修封禅之礼……立宫其下，宫曰集灵宫，壂曰存仙壂，门曰望仙门。"①《汉书·武帝纪》亦载："[元封元年]春正月，行幸缑氏。诏曰：'朕用事华山，至于中岳。……翌日亲登嵩高……其令祠官加增太室祠，禁无伐其草木。以山下百户为之奉邑，名曰崇高，独给祠。……夏四月癸卯，上还，登封泰山，降坐明堂。'"②

其次、东岳、南岳、北岳皆由武帝逐次取回。关于东岳，《史记·封禅书》载，元狩中（前122—前117），"济北王以为天子且封禅，乃上书献泰山及其旁邑，天子以他县偿之"。③ 济北王在武帝决定封禅后献泰山，显然是不得已之事。

关于南岳，情况则较为复杂。《史记·封禅书》记文帝时事云："及齐王、淮南国废，令太祝尽以岁时致礼如故。"张守节《正义》云："齐有泰山，淮南有天柱山，二山初天子祝官不领，遂废其祀，令诸侯奉祠。今令太祝尽以岁时致礼，如秦故仪。"④《史记》所载和张守节所注并不准确。据上考，泰山至武帝时才归属朝廷，非在文帝时。此外，文帝六年（前174）淮南王刘长谋反徙蜀而死，十二年（前168）刘喜继任淮南王。⑤ 十六年（前164）文帝三分淮南，封赐刘长三子，刘安为淮南王，刘勃为衡山王，刘赐为庐江王。⑥ 景帝四年（前153）徙刘赐为衡山王，国除为庐江郡。⑦ 天柱山在庐江郡，因此应该要至景帝四年后此山才归属朝廷，并非在文帝时。其后衡山国于元狩元年（前122）废除为衡山郡，⑧ 汉初经学家所称之南岳衡山亦入汉天子之手。但是武帝于元丰五年（前106）巡视天

---

① 高文：《汉碑集释》，河南大学出版社1997年版，第270页。

② 《汉书》卷6，中华书局1964年版，第190~191页。

③ 《史记》卷28，中华书局1963年版，第1387页；亦见卷12《武帝纪》，中华书局1963年版，第458页。

④ 《史记》卷28，中华书局1963年版，第1380~1381页。

⑤ 《汉书》卷4《文帝纪》，中华书局1964年版，第121页。

⑥ 《汉书》卷44《淮南衡山济北王传》，中华书局1964年版，第2144页。

⑦ 《汉书》卷44《淮南衡山济北王传》，中华书局1964年版，第2144页。参看周振鹤：《西汉政区地理》，人民出版社1987年版，第46~57页。

⑧ 《汉书》卷44《淮南衡山济北王传》，中华书局1964年版，第2156页。

柱山(亦称霍山、灊山),改号此山为南岳。《史记·封禅书》载:"明年冬,上巡南郡,至江陵而东。登礼灊之天柱山,号曰南岳。"①《汉书·武帝纪》也记载元封五年冬武帝登天柱山事。②

最后,至武帝元鼎三年(前114),北岳恒山亦归属汉王朝。《史记·封禅书》载:"常山王有罪,迁,天子封其弟于真定,以续先王祀,而以常山为郡。然后五岳皆在天子之郡。"③常山王为刘勃,元鼎三年以罪徙房陵,国除为常山郡。④常山即恒山,避汉文帝讳改。

综上所考,汉武帝拥有、收回五岳的管辖权和祭祀权的过程可总结如下:

(1)西岳华山:汉初属京畿地区内史,太初元年(前104)改属京兆尹;武帝于元封元年(前110)建祠祭祀。

(2)中岳嵩山:高帝二年(前205)河南王申阳降,设河南郡;武帝于元封元年建祠祭祀。

(3)南岳衡山:衡山国于元狩元年(前122)废除为郡。又南岳天柱山:景帝四年(前153)庐江王国除为庐江郡;元封五年(前106)武帝命名此山为南岳,登山祭祀。

(4)东岳泰山:元狩中(前122—前117)济北王献泰山以助封禅。

(5)北岳恒山:元鼎三年(前114)常山王国除为郡,收回北岳。

这样在元封元年武帝封禅泰山之前,五岳已经全部归属于汉郡;其后武帝于元封五年改天柱山为南岳,改变汉初学者如毛亨、孔安国等以衡山为南岳之说。按衡山地当南方,符合五行理论以五岳与五方相配的原则;而天柱山实际上位于汉王朝中部,称南岳并不恰当。汉武帝改立天柱山为南岳的原因,可能确如郭璞(276—

① 《史记》卷28,中华书局1963年版,第1387页;亦见《汉书》卷25下《郊祀志下》,中华书局1964年版,第1243页。

② 《汉书》卷6《武帝纪》,中华书局1964年版,第196页。

③ 《史记》卷28,中华书局1963年版,第1387页;亦见《史记》卷12《武帝纪》,中华书局1963年版,第458页。

④ 《汉书》卷14《诸侯年表》,中华书局1964年版,第417页。徐广注云"元鼎四年时",未确。

324)、干宝(286—336)、徐灵期(？—474)等所推断,是由于衡山僻远,不便巡游。①

汉武帝于元封元年登泰山封禅之前收回五岳的管辖权和祭祀权,具有明显的政治宗教目的。如同秦始皇一样,武帝封禅的目的是向天地报告一统乾坤的伟大功业,证明君权神授,受天命而治理天下。五岳代表中央统辖四方的空间布局,是天下一统和中央集权的重要象征。武帝在削藩平乱、开边拓土等方面获得重大功绩,五岳的收回即这一功绩的体现之一,表明汉王朝中央已经将神权和政权牢牢掌握在手心。此外,如同有些学者指出,由于武帝好神仙,其对巡游和祭祀山川的兴趣也可能同时伴随求仙候神的目的。②

汉武帝收回五岳的直接结果是,汉宣帝在神爵元年(前61)三月将五岳四渎的祭祀之礼正式纳入朝廷礼制,确定为国家长年奉行的常典,"自是五岳四渎皆有常礼"。③其后在魏晋南北朝时期,虽然国家大多时间处于分裂状况,不少王朝为奉行礼制和表明正统,仍然延续这一以霍山为南岳的五岳四渎祭祀体系,但主要是在举行郊礼时从祀和望祭,实际祭祀的仅是本地所领岳渎。北魏泰常三年

①　《尔雅》记"霍山为南岳",显然根据的是武帝所立;邢昺疏引郭璞语云:"汉武帝以衡山辽旷,移其神于此,今其土俗人皆呼之为南岳"(《尔雅注疏》卷7,北京大学出版社2000年版,第239页)。《太平御览》(《四部丛刊三编》本,卷39,第9页)引郭璞《尔雅》注、干宝《搜神记》及徐灵期《南岳记》,所述理由略同。参看唐晓峰:《五岳地理说》,唐晓峰、李零主编:《九州》第1辑,中国环境出版社1997年版,第60~70页。汉代出现的两种南岳说在后代学者中引起很大的争论[关于这些争论的综述,参看James Robson, *Power of Place: The Religious Landscape of the Southern Sacred Peak (Nanyue* 南嶽) *in Medieval China.* Cambridge, Mass.: Harvard University Asia Center, 2009, pp. 57-89;牛敬飞:《五岳祭祀演变考论》,中华书局2020年版,第170~179页;田天:《秦汉国家祭祀史稿》,生活·读书·新知三联书店2015年版,第306~317页],但实际上如果追根溯源,其本来事件相当简明。

②　田天:《秦汉国家祭祀史稿》,生活·读书·新知三联书店2015年版,第316~317页。

③　《汉书》卷25下,中华书局1964年版,第1249页。顾颉刚最早据此记载指出五岳四渎祭祀确立的时间,见其《州与岳的演变》,河北教育出版社1996年版,第581页。

（418）曾建立五岳四渎庙，将岳渎之神聚于一庙祭祀。①

隋代统一天下，文帝开皇九年（589）始"以南衡山为南岳，废霍山为名山"，② 恢复汉初经学家所规划的五岳格局，从而更加符合东西南北中的五方地理空间配置，其后一直沿袭至清代。有的学者根据《无上秘要》所称"南岳衡山君"，推测北周已经以江南衡山为南岳从祀方丘。③ 但是，《无上秘要》虽然为北周武帝宇文邕敕纂，但其毕竟出自道士之手，是一部重要的道教类书。其中以道教名号"五岳君"称五岳之神，并运用五行理论的各种元素描绘这些神灵，而位于南方的衡山显然更适合与南方相配的各种元素。④ 因此此书所反映的是道教的五岳观，未必代表北周朝廷祭典。

三、五镇四海的增添和岳镇海渎祭祀体系的完成

虽然学界对于五镇四海祭祀的形成已有重要研究成果，但尚存在一些疑点，也缺乏全面的叙述。本节对相关疑点逐一澄清，以提供一个完整的考述。

镇山的称呼源自《周礼》，《大司乐》记有"四镇五岳"的并称，但并未详细列出具体的构成。⑤《周礼·职方氏》述九州九山镇，为扬州会稽山、荆州衡山、豫州华山、青州沂山、兖州泰山、雍州岳

---

① （北齐）魏收：《魏书》卷108《礼志一》，中华书局1974年版，第2737页。关于魏晋南北朝时期五岳四渎祭祀的详细讨论，参看梁满仓：《魏晋南北朝五礼制度考论》，社会科学文献出版社2009年版，第205~218页；牛敬飞：《古代五岳祭祀演变考论》，中华书局2020年版，第50~101页。

② （唐）李林甫等撰，陈仲夫点校：《唐六典》卷3，中华书局1992年版，第69页。

③ 牛敬飞：《古代五岳祭祀演变考论》，中华书局2020年版，第128页。

④ 《道藏》第25册卷18《无上秘要》、卷19《无上秘要》，文物出版社、上海书店、天津古籍出版社1988年版，第43、47页。

⑤ （汉）郑玄注，（唐）贾公彦疏：《周礼注疏》卷22，北京大学出版社2000年版，第697~698页。

山(吴山)、幽州医无(巫)闾山、冀州霍山、并州恒山。① 九山镇并未分称岳镇,可知此处山镇只是泛指大山。郑玄注《大司乐》之"四镇五岳",即基于《职方氏》所述,将九山镇分为五岳(泰、衡、华、吴、恒)和四镇(会稽、沂、医无闾、霍)。这一五岳四镇的构成,显然是郑玄将《大司乐》和《职方氏》两相对照而作出的推测,并未有任何先秦文献的佐证。有的学者认为《尔雅》记述两套五岳说,而郑玄所述五岳沿袭了其中一套,② 此说不确。虽然《尔雅》的确在以霍山为南岳的五岳之外,另外列举五山为"河南华,河西岳,河东岱,河北恒,江南衡",但并未称此五山为五岳,而是以邢昺疏为恰切:"篇首载此五山者,以为中国之名山也。"③

魏晋南北朝时期,祭祀五岳四渎时往往加上佐祭之次等山川,其中包括或多或少的镇山。④ 隋开皇十四年(594)正式为镇山建祠祭祀,立有东镇沂山、南镇会稽山、北镇医无(巫)闾山及冀州镇霍山诸祠;开皇十六年(596)又在西镇吴山建庙。⑤ 隋时有"五岳四镇"的称呼,⑥ 四镇指东西南北四镇,但未称霍山为中镇,也未称五镇。这种情况的出现,很可能是由于遵循《周礼》的"四镇五岳",不敢逾越为五镇。唐代祭祀东镇沂山、西镇吴山、南镇会稽

① (汉)郑玄注,(唐)贾公彦疏:《周礼注疏》卷 33,北京大学出版社 2000 年版,第 1020~1034 页。

② 牛敬飞:《论衡山南岳地位之成立》,《社会科学论坛》2014 年第 2 期,第 37~44 页。

③ (晋)郭璞注,(宋)邢昺疏:《尔雅注疏》卷 7,北京大学出版社 2000 年版,第 231 页。郭璞注"河西岳"为吴岳,即吴山;注"江南衡"为衡山。

④ 《晋书》卷 19《礼上》,中华书局 1974 年版,第 584~585 页;《隋书》卷 6《礼仪志一》,中华书局 1973 年版,第 108、114 页。参看梁满仓:《魏晋南北朝五礼制度考论》,社会科学文献出版社 2009 年版,第 205~218 页;王元林、张目:《国家祭祀体系下的镇山格局考略》,《社会科学辑刊》2011 年第 1 期,第 182 页。

⑤ 《隋书》卷 7《礼仪志二》,中华书局 1973 年版,第 140 页。其中北镇祠实际立于营州,因医巫闾山不在隋朝版图内。

⑥ 《隋书》卷 2《高祖纪》,中华书局 1973 年版,第 45~46 页。

山、北镇医巫闾山，也同样明确地用"四镇"的并称。① 霍山在唐代备受尊崇，因为此山为李唐发源地，李氏开国之初曾借霍山神传说以神化其政权；天宝十载(751)封霍山为应圣公。② 但同样可能由于《周礼》的局限，唐代并未将霍山称为中镇，也未列为五镇之一。

宋初沿袭唐礼，只祀四镇。《玉海》载："[建隆]六年诏祭四镇，准开元礼。"③乾德六年即改元后的开宝元年(968)九月曾短暂加上中镇霍山，形成五镇祭祀，但"既而五镇之祭复阙"，不久即停止。④ 有些学者未注意到五镇确立后旋即停止的记述，断定乾德形成的五镇祭祀自此延续下去，未确。⑤ 其后至太平兴国八年(983)，由于秘书监李至建言，才正式恢复并确立包括五镇在内的岳镇海渎祭祀体系。⑥

四海的海，既指大洋靠近陆地的地方，也指湖泊。对于海神的崇拜同样起源很早。《庄子》中述及北海之神"若"、南海之神"倏"；《楚辞》中亦有海神"若"；《山海经》有对东西南北四海之神的名字和特征的描述。⑦ 鲁国祭祀作为其三望之一的东海。⑧《吕氏春秋·仲冬纪》记"天子命有司祈祀四海、大川、名源、渊泽、

---

① (唐)萧嵩等：《大唐开元礼》，民族出版社 2000 年版，第 199 页；《旧唐书》卷 21《礼仪志一》，中华书局 1975 年版，第 820 页。

② (唐)杜佑撰，王文锦等点校：《通典》卷 46，中华书局 1988 年版，第 263 页；《旧唐书》卷 1，中华书局 1975 年版，第 23 页；(宋)王应麟：《玉海》卷 120，江苏古籍出版社 1987 年版，第 1873 页。

③ (宋)王应麟：《玉海》卷 120，江苏古籍出版社 1987 年版，第 1873 页。

④ (宋)李焘：《续资治通鉴长编》卷 9，中华书局 1979 年版，第 209 页。

⑤ 王元林、张目：《国家祭祀体系下的镇山格局考略》，《社会科学辑刊》2011 年第 1 期，第 183 页。

⑥ 《宋史》卷 102，中华书局 1977 年版，第 2485~2486 页。

⑦ 参看王元林：《国家祭祀与海上丝路遗迹：广州南海神庙研究》，中华书局 2006 年版，第 16~19 页。

⑧ 《左传》僖公三十一年。

井泉",① 所祭祀的五种神灵中，后四种皆为水神，可知此处四海也应确指海神。《吕氏春秋》成书时为秦统一天下之前夕，所谓"天子"之命祠，应是为即将到来的大一统帝国设计的。《史记·封禅书》记秦并天下后，确实在雍地立有四海祠，"以岁时奉祠"。② 有的学者断定，由于雍地远离大海，此祠仅是以四海泛称四方天下，不是指海神。③ 但是对照《吕氏春秋》的记载，此四海祠应是对海神的望祭。秦始皇东巡，曾在沿海多处祭祀海神。④ 汉宣帝神爵元年起"以四时祠江、海、雒水"，作为五岳四渎的陪祀。⑤ 东汉光武帝建武二年（26）以五岳、四渎、四海等附从于郊祀之礼。⑥ 汉代以降各朝代大致都以海或四海附从于各种朝廷祭祀。⑦ 隋代于会稽县建东海祠，于南海镇建南海祠。⑧ 唐代改在莱州祭祀东海，并将西海和北海分别附于河渎和济渎望祭。⑨ 北海原本一直未有确切的位置，既指渤海，也泛指北方偏远地区的湖泊和地区，如贝加尔湖、巴尔喀什湖等。清康熙时改在盛京望祭北海，乾隆四十三年（1778）改在山海关立北海神庙。⑩ 西海泛称西部的青海湖等湖泊，

---

① 陈奇猷校释：《吕氏春秋新校释》卷11，上海古籍出版社2002年版，第574页。

② 《史记》卷28，中华书局1963年版，第1375页。参看李零：《秦汉祠畤通考》，《中国方术续考》，中华书局2006年版，第146页。

③ 牛敬飞：《论先秦以来官方祭祀中的海与四海》，《宗教学研究》2016年第3期，第245~249页。

④ 《史记》卷6《秦始皇本纪》，中华书局1963年版，第223~294页。

⑤ 《汉书》卷25下，中华书局1964年版，第1249页。

⑥ 《后汉书》卷97《祭祀志上》，中华书局1965年版，第3158~3160页。

⑦ 参看王元林：《国家祭祀与海上丝路遗迹：广州南海神庙研究》，中华书局2006年版，第30~49页。

⑧ 《隋书》卷7《礼仪志二》，中华书局1973年版，第140页。

⑨ （唐）杜佑撰，王文锦等点校：《通典》卷46，中华书局1988年版，第1282页。

⑩ 《钦定大清会典则例》卷83《礼部·中祀四》，《四库全书》本，第616页；《钦定皇朝文献通考》卷10《郊社考十》，《四库全书》本，第244~245页。

清代曾在青海湖边立西海神庙。①

从南北朝至隋代，岳镇海渎的名称已经时常出现于祭典中，但基本上是一种泛称，尚未形成体系。② 从现存史料看，唐初高祖、太宗时才明确地将五岳、四镇、四海、四渎合称，形成一个祭祀体系。③ 宋初添加中镇霍山，并最终于太平兴国八年(983)形成五岳、五镇、四海、四渎的完整祭祀体系：

> 太平兴国八年……立春日祀东岳岱山于兖州，东镇沂山于沂州，东海于莱州，淮渎于唐州。立夏日祀南岳衡山于衡州，南镇会稽山于越州，南海于广州，江渎于成都府。立秋日祀西岳华山于华州，西镇吴山于陇州，西海、河渎并于河中府，西海就河渎庙望祭。立冬祀北岳恒山、北镇医巫闾山并于定州，北镇就北岳庙望祭，北海、济渎并于孟州，北海就济渎庙望祭。土王日祀中岳嵩山于河南府，中镇霍山于晋州。④

这一祭祀体系一直沿袭至清代。每年于立春、立夏、立秋、立冬及季夏土王日分别祭祀岳镇海渎，这是典礼中称为五郊迎气日的祭祀方法。这一方法以五行理论为基础，将五个季节与岳镇海渎各自的东西南北中方位相匹配，从隋唐时已经开始实行。⑤

---

① 参看王元林：《国家祭祀与海上丝路遗迹：广州南海神庙研究》，中华书局2006年版，第1~15页；王子今：《秦汉人世界意识中的"北海"和"西海"》，《史学月刊》2015年第3期，第24~31页；李零：《说岳镇海渎——中国古代的山川祭祀》，《大刀阔斧绣花针》，中信出版社2015年版，第131页；牛敬飞：《论先秦以来官方祭祀中的海与四海》，《宗教学研究》2016年第3期，第245~249页。

② 《隋书》卷6《礼仪志一》、卷7《礼仪志二》，中华书局1973年版，第110、126~127、130、148页。

③ (唐)杜佑撰，王文锦等点校：《通典》卷46，中华书局1988年版，第1282页；《旧唐书》卷21、卷24，中华书局1975年版，第819~820、910页。

④ 《宋史》卷102，中华书局1977年版，第2485~2486页。

⑤ 详细讨论参看牛敬飞：《论中古五岳祭祀时间之演变》，《世界宗教研究》2017年第5期，第105~112页。

　　图1-1为北宋确立的岳镇海渎庙宇分布地点，共为十五座，因为北镇、西海和北海在北宋版图之外，分别附于北岳庙、河渎庙和济渎庙望祭。北宋版图外的三座庙宇，并非立于宋代，其中北镇庙始建于金代，北海和西海神庙建于清代，另外北岳庙在清初从直隶曲阳移至山西浑源。此四座庙宇均以淡颜色标示，以示区别。

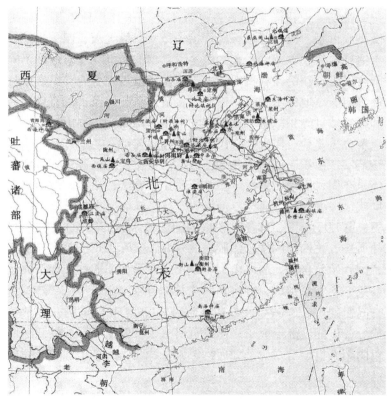

图1-1　北宋岳镇海渎庙宇分布示意图①

---

　　①　本图根据谭其骧主编《中国历史地图集》(第6册)北宋部分绘制而成，地图出版社1987年版。

四、结 语

通过考察众多相关文献，本章讨论五岳的起源及岳镇海渎祭祀体系的形成过程，主要提出五个方面的新结论。

其一，本章澄清有关五岳并称和祭祀起源的混杂记载及学界的不同看法。岳、四岳和五岳的称呼在商代至汉初的传世和出土文献中记载纷纭，现代学者的解说也各不相同，有指称山岳、山岳之神、氏族世系、氏族首领、氏族祖先神、泛称大山、四方之地或边境等诸种说法。本章以古人的山岳崇拜信仰和世界观对这些不同记载和解说进行新的诠释贯通：由于山岳皆被古人看成神灵，而且人类社群与居住地的山岳具有密切的生活联系，以及古人将自己与自然和超自然世界相关联，这些称呼既指称山岳又指称山岳之神，并扩展至山岳之地所居氏族、氏族首领和祖先神。

其二，由于三礼中记述五岳四渎的祭祀体系，许多学者认为这一体系在周代已经建立。本章不同意这一看法，指出虽然山川祭祀在周代已经成为官方典礼，但周天子仅是在名义上拥有天下的名山大川，各邦国分别领有各自领域内的山岳水渎的管辖权和祭祀权，三礼所述五岳四渎的祭祀体制在彼时并未实际出现。至秦代，大一统帝国开始整合各地的名山大川，仍未涉及岳渎的称呼和祭典。

其三，本章指出，五岳和四渎并称可以确定最早见于陆贾撰于汉初高祖朝（前206—前195）的《新语》。五岳和四渎的并称及其构成成分，可能逐渐形成于战国末至西汉中叶的期间，当是此时期学者以阴阳五行宇宙观为基础而构想大一统帝国的神圣地理空间格局的结果。

其四，本章详细考证汉武帝如何在改革郡国制、削除诸侯权势的背景下，逐步收回五岳的管辖权和祭祀权，借以加强汉代帝制的中央化和大一统。这是传统国家山川祭祀体系形成过程中最重要的事件，直接导致汉宣帝将五岳四渎祭祀正式纳入国家祭典。

其五，本章解决有关五镇和四海祭祀的一些疑点和争论，从而描绘出岳镇海渎祭祀体系在北宋最终形成的完整过程。

于是，以儒家礼文化为基础，作为国家重大地理标志的岳镇海渎逐渐与宗教信仰、政治制度、礼仪典章相结合，形成一套合法性的象征体系，贯通神权和政权，为维持两千年的大一统帝制发挥了一定的功能。

[作者简介]贾晋华，哲学博士，武汉大学中国传统文化研究中心研究员、澳门大学哲学及宗教学系兼职教授，研究领域为中国古代宗教、思想及文学。

第二章　儒家学说与上古中国的山川祭祀*

杨　华

先秦诸子和儒家学说中，关于山川的哲学思想并不缺乏。例如，儒家对山水有一系列哲学理念。孔子讲"知者乐水，仁者乐山"（《论语·雍也》），孟子讲"观水有术"（《孟子·尽心上》），荀子讲"君子见大水必观"（《荀子·宥坐》）。这种"观水"，必然是一种高级的精神活动和实际的礼仪行为。道家讲"上善若水"（《老子》）。对此，艾兰（Sarah Allan）教授已经有比较完整的研究。① 本章的讨论，不拟聚焦于山水的哲学思想和人生智慧，只局限于山川祭祀的仪式和制度设计。

关于上古中国的山川祭祀，也有不少学者作过讨论。例如，顾颉刚、钱志熙、李零、巫鸿、刘钊、牛敬飞、贾晋华等学者的研究，②

---

* 本文载《孔子研究》2023 年第 2 期，第 54~66 页，是国家社会科学基金重大项目"中国传统礼仪文化通史研究"（批号 18ZDA021）的阶段性成果。

① ［美］艾兰（Sarah Allan）著，张海晏译：《水之道与德之端——中国早期哲学思想的本喻》（增订版），商务印书馆 2010 年版；［美］艾兰：《中国早期哲学思想中的水》，［美］艾兰著，杨民等译：《早期中国历史：思想与文化》，辽宁教育出版社 1999 年版，第 310~316 页。

② 顾颉刚：《"四岳"与"五岳"》，《史林杂识初篇》，中华书局1963年版，第34~45页；巫鸿：《五岳的冲突：历史与政治的纪念碑》，《礼仪中的美术：巫鸿中国古代美术史文编》，生活·读书·新知三联书店 2005 年版，第616~641 页；钱志熙：《论上古至秦汉时代的山水崇拜山川祭祀及其文化内涵》，《文史》2000 年第 3 辑，第237~258页；李零：《说岳镇海渎——（转下页）

都曾有所贡献。日本学者森鹿三、吉川忠夫、好并隆司等从政治、宗教等角度进行了研究。① 然而，相关研究仍然留有剩义。本章拟利用最新出土的古文字材料，结合传世文献进行讨论，复原上古中国的山川祭祀状貌。并由之考察先秦诸子学派的山川祭祀理论和制度设计，说明儒家的相关制度设计最为完整、最为系统。进而阐明，儒家的山川祭祀理论对于后来历代"制礼作乐"影响深巨。

一、先秦时期的山川崇拜和山川祭祀

详细描述山川，是中国古代文献的一大传统。山有山经，水有水经。《山经》见于《山海经》，谭其骧先生认为：

> 《山经》所载山川大部分是历代巫师、方士、祠官的踏勘记录，经长期传写编纂，多少会有所夸饰，但仍具有较高的正确性。②

根据谭先生的见解，全部山经共载有 447 座山，其中汉晋以来

（接上页）中国古代的山川祭祀》，《大刀阔斧绣花针》，中信出版社 2015 年版，第 89~116 页；刘钊：《谈出土文献中有关祭祀山川的资料》，李宗焜主编：《古文字与古代史》第 5 辑，台湾"中央研究院"历史语言研究所 2017 年版，第 509~543 页；牛敬飞：《古代五岳祭祀演变考论》，中华书局 2020 年版，第 14~25 页；Jinhua Jia, Formation of the Traditional Chinese State Ritual System of Sacrifice to Mountain and Water Spirits, *Religions*, 2021, 12(5), pp. 319-333. 中文版已收为本书第一章。

① ［日］森鹿三：《中国古代的山岳信仰》，钟敬文、娄子匡编：《民俗学集镌》第 2 辑，1932 年；今载游琪、刘锡诚主编：《山岳与象征》，商务印书馆 2004 年版，第 1~11 页；［日］好并隆司：《中國古代にわける山川神祭祀の變貌》，《岡山大學法文部學術紀要》第 38 卷，1977 年，第 21~40 页；收入氏著《秦汉帝国史研究》，未来社 1978 年版，325~361 页；［日］吉川忠夫：《五嶽と祭祀》，《六朝隋唐文史哲論集 Ⅱ——宗教の諸相》，法藏館 2020 年版，第 59~117 页。

② 谭其骧：《〈山海经〉简介》，《长水集续编》，人民出版社 1994 年版，第 371 页。

可以确指的约140座，占总数的三分之一弱。那么，还有约三分之二的山名来自哪里呢？可能是先秦的故称。刘秀在《上〈山海经〉表》中说它是唐虞之际的作品，汉晋多用其说。但现今学者多认为，它并非成于一人之手，有成书于战国以前、战国中后期、秦汉等几种说法。①

与此同时，中国古代还有写作《水经》的传统，根据周振鹤先生的说法，在北魏郦道元《水经注》出现之前，至少存在三部《水经》，即秦代的《水经》、西汉末的桑钦《水经》、郦注《水经》（年代不详）。此外，还有《汉书·地理志》的水道部分、许慎《说文解字·水部》。②

这些翔实的山川记录，不能不涉及山川崇拜和山川祭祀。《山海经》中关于此类记载相当丰富。例如：

> 自柜山至于漆吴之山，凡十七山，七千二百里，其神状皆龙身而鸟首。其祠：毛用一璧瘗，糈用稌。（《南山经》）
>
> 自阴山以下，至于崦嵫之山，凡十九山，三千六百八十八里。其神祠礼，皆用一白鸡祈，糈以稻米，白菅为席。（《西山经》）
>
> 凡《北山经》之首，自单狐之山至于隄山，凡二十五山，五千四百九十里，其神皆人面蛇身。其祠之，毛用一雄鸡、雌瘗，吉玉用一珪，瘗而不糈。其山北人，皆生食不火之物。（《北山经》）
>
> 凡《东次二经》之首，自空桑之山至于碩山，凡十七山，六千六百四十里，其神状皆兽身人面载觡。其祠：毛用一鸡祈，婴用一璧瘗。（《东山经》）

① 谭其骧：《长水集续编》，人民出版社1994年版，第370~371页；袁珂：《〈山海经〉写作的时地及篇目考》，《神话论文集》，上海古籍出版社1982年版，第1~25页。

② 周振鹤：《被忽视了的秦代〈水经〉》《中国古代撰写水经的传统》，《周振鹤自选集》，广西师范大学出版社1999年版，第155~169页。

凡薄山之首，自甘枣之山至于鼓镫之山，凡十五山，六千
六百七十里。历儿，冢也。其祠礼：毛，太牢之具；县以吉
玉。其余十三山者，毛用一羊，县婴用桑封，瘗而不糈。桑封
者，桑主也，方其下而锐其上，而中穿之加金。(《中山经》)

《山海经》将天下分为东西南北中五藏二十六山系，其中养育着大
小山神数百位，祭祀之法也各异。该书对各山的描述，成文时代可
能有早有晚，神灵名称也可能互相重复。但大致信息比较清楚。限
于篇幅，兹不赘举。大致可以归纳如下信息。

首先，当时各个山上都居住着各自的神灵。例如《西山经》说，
在槐江之山，有英招(韶)之神、后稷之神、离仑之鬼、有穷之鬼
等鬼神居之。在昆仑山上，有陆吾(肩吾)之神居之。在嬴母山上，
有长乘之神居之。在玉山上，西王母居之。在长留山上，白帝少昊
居之。在符阳山上，江疑之神居之。在三危山上，三青鸟居之。在
騩山上，有耆童之神居之。在天山上，有帝江(鸿)之神居之。[1] 在
泑山上，蓐收之神居之。

其次，对每个山系或每个山头的神灵，都有不同的祭祷方法。
例如，对于北山的太行山到无逢山：

凡《北次三经》之首，自太行之山以至于无逢之山，凡四
十六山，万二千三百五十里。其神状皆马身而人面者廿神，其
祠之，皆用一藻、茝瘗之；其十四神状皆彘身而载玉，其祀之
皆玉，不瘗；其十神状皆彘身而八足蛇尾，其祀之，皆用一璧
瘗之。大凡四十四神，皆用稌糈米祠之，此皆不火食。(《北
山经》)

正如礼学家段熙仲先生所说，"自某山至于某山若干里，特别记其

---

[1]　毕沅认为，帝江即帝鸿，袁珂认为实即黄帝。袁珂：《山海经校注》，
巴蜀书社1993年版，第66页。

神状如何及用何种祠祭之牲礼",是《山海经》文献的一大特点。①
马昌仪先生统计,《山经》所载的49例山神中,有祠仪的群山山神
23例,一山山神10例,共33例。学者们对于山神祠祷的祭品、
仪式也作过统计。②

人们或以为《山海经》是荒诞不经的神话传说,史料价值有限。
但是,出土材料证明,其祭祷山川神灵的巫术方法,与战国楚简多
有相合之处。今举几例。

例如,《南山经》中从招摇山到箕尾山:

> 䧿山之首,自招摇之山,以至箕尾之山,凡十山,二千九
> 百五十里。其神状皆鸟身而龙首,其祠之礼:毛用一璋玉瘗,
> 糈用稌米,一璧,稻米,白菅为席。(《南山经》)

对这种山神的祭祀之方法,是用有毛的动物与玉璋一同瘗
米(稻)为糈。"糈"是祀神的精米,白菅是祀神的白茅,都是祭神
的供物。《离骚》有"巫咸将夕降兮,怀椒糈而要之"句,郭璞、王
逸都以之为注。③ 出土楚简中,用璧祭祷山神之礼,甚是普遍,例
如对于山神"二天子"的祭祷,已见于新蔡葛陵楚简:

> ……荐祷一鹿,归佩玉于二天子,各二璧;归……甲一4④
> ……一鹿,归佩玉于二天子,各二……甲三81、182-1⑤

---

① 段熙仲:《水经注六论》,杨守敬、熊会贞著,段熙仲点校,陈桥驿
复校:《水经注疏·附录》,江苏古籍出版社1989年版,第3388页。

② 马昌仪:《〈山经〉古图的山神与祠礼》,《民族艺术》2001年第4期,
第135~153页;阳清:《五藏山经山神祭法撷论》,《宗教学研究》2014年第2
期,第274~279页。

③ 袁珂:《山海经校注》,巴蜀书社1993年版,第9~10页。

④ 陈伟等:《楚地出土战国简册(十四种)》,经济科学出版社2009年版,
第414页。

⑤ 陈伟等:《楚地出土战国简册(十四种)》,经济科学出版社2009年
版,第414页。

先之一璧，举祷于二天子各牂……乙二 38、39、40、46①

由于楚简中对"二天子"之神的举祷、归玉都是"各"，所以它明显
是两座山。由之很自然就会联想到，《山海经》中多处论及"三天
子"的山神，例如"有山名三天子之都"（《海内南经》），"浙江出三
天子都……庐江出三天子都，入江，彭泽西"（《海内东经》），"三
天子鄣山在闽西海北"（《海内南经》），等等。"天子"或许指山脉
之主峰，是山神的另一种称呼。在春秋后期的《洹子孟姜壶》中，
也记载有齐侯向"二天子"之神行祭，用了璧玉一笥。②

又如婴玉之法，《山海经》中，祭山的记载有 25 处，而用婴祭
之法达 17 处。《山海经·西山经》记，祭瑜山神时要"婴之以百珪
百璧"，这是该书首次出现"婴"祭。究竟何指，自古以来有多种争
论，至少有四种不同意见。一是环祭，即把玉摆成一圈。郭璞注：
"婴，谓陈之以环祭也。"二是以缶罂盛玉祭祀，该句下郭璞又注
"或曰婴即古罂字，谓盂也"，罂是缶罂之类的瓦器，说明古代有
此理解。三是悬璧而祭。《尔雅·释天》中有"祭山曰庪县"的说法，
日本学者森鹿三在《中国古代的山岳信仰》中认为，《山海经》中的
婴就是"奠供或者把牲玉挂在树木的周围而致祭，当也是悬供的一
种"。"因为照原来，婴是首饰的意思；并且由悬供的例子'悬以吉
玉'（《中山经》）也可明晓了。"③四是"以玉祀神之专称"，根据
"缨"字的本义和古文字中的编贝（"賏"）象形之字，近人江绍原
先生在《中国古代旅行之研究》中指出，婴玉是"人献给神的玉质

① 陈伟等：《楚地出土战国简册（十四种）》，经济科学出版社 2009 年
版，第 406 页。
② 中国社会科学院考古研究所：《殷周金文集成》（修订增补本）第
9723、9730 号，中华书局 2007 年版，第 5118~5121 页。相关研究，见杨华：
《楚简中的诸"司"及其经学意义》，《古礼新研》，商务印书馆 2012 年版，第
281~284 页。
③ ［日］森鹿三：《中国古代的山岳信仰》，钟敬文、娄子匡编：《民俗
学集镌》第 2 辑，1932 年；今载游琪、刘锡诚主编：《山岳与象征》，商务印
书馆 2004 年版，第 1~11 页。

的颈饰"。① 袁珂先生赞同此说。② 天星观 M1、秦家咀 M99、新蔡葛陵 M1 等墓出土的楚简中，常见此祭，有时作"璎之吉玉"，有时作"吉玉缨之"，有时作"璎之卦玉"。学者均认识到此二字与《山海经》中的用法相近。于成龙先生指出，璎与缨均是祭祀用语，仅与玉器相系，是一战国时期"以玉祀神"的专字，缨为璎的假借字，名词转为动词，由祭品之婴转为祭法之璎。③

再如刉血之法。关于《山海经》中的"聃"（如《东山经》），汪绂本、毕沅本、郝懿行校本均作"衈"。郝氏谓指衈就是衈，指祭祀中将刉割牲以衈，先灭耳旁毛荐之。④ 这种祭祷礼仪，在楚简中也多有所见。在战国时期的新蔡葛陵楚简中写作"聎"，其祭祷简的格式是"聎于某地几貀，祷几豕"。例如，"聎经寺一貀，祷一豕……"（甲三 390），"聎于洛翟二社二貀，祷……"（甲三 349）。笔者曾经指出，从甲骨文中的蠻，到战国文字中的聎，再到秦汉时期的刉或刉，一脉相承，都是指一种杀牲取血的血祭仪式，而非衈祭。⑤

总之，尽管《山海经》的各篇成书年代不同，⑥ 但简帛文字已经证明，此书中所记载的山川祭祀方法并非向壁虚构，中国上古各地的山川都存在神灵的传说，并分别存在针对各神的祭祷礼仪。

万物有灵，是人类文明历史演进的必经阶段。全世界各个民族可能都有关于山神、丘神、河神、湖神、井神的各类传说，它们都

① 江绍原：《中国古代旅行之研究》第一章注 10，上海文艺出版社 1989 年版，第 23~32 页。

② 袁珂：《山海经校注》，巴蜀书社 1993 年版，第 38~39 页。

③ 于成龙：《〈山海经〉祠祭"婴"及楚卜筮简"璎"字说》，《古文字研究》第 25 辑，中华书局 2004 年版，第 269~373 页。

④ 袁珂：《山海经校注》，巴蜀书社 1993 年版，第 126 页。

⑤ 杨华：《新蔡祭祷简中的两个问题》，《简帛》第 2 辑，上海古籍出版社 2007 年版，第 357~370 页；杨华：《先秦血祭礼仪研究：中国古代用血制度研究之一》，《古礼新研》，商务印书馆 2012 年版，第 87~114 页。

⑥ 刘宗迪：《失落的天书：〈山海经〉与古代华夏世界观》（增订本）附录一《〈山海经〉古本流变考》，商务印书馆 2016 年版。第 653~707 页。

是管理山川的精灵神物。正如钱志熙先生所言："《山海经》中所记载的，是我们所能够看到的我国古代山水崇拜的最古老状态了，但其中已是诸神林立，各有所司，制度分明。它是原始的山水崇拜和山川祭祀经历过漫长时期的发展后的集大成，而不能说是最原始的状态的山水崇拜现象。"①从自然崇拜，演变为一种祭祀制度，也是人类文明形成的标志之一。《山海经》的成书虽然较晚，但其中所显示的山川崇拜和山川祭祀制度，可能向前追溯很远，比孔子为代表的儒家出现的时间要早得多。②

通过古文字研究，可以证明，商周时期就存在丰富的山川和山川祭祀信息。甲骨文中有"岳"字，主管求雨、求年和战胜敌人。对岳神之祭，包括燎、屮、宁、酚、奏、雩、取、祀、禘、宜、卯、祝等方式。祭"河"的方式，也大致包括这些，但甲文中祭山用到"埋"，但祭河神时基本未见此字。例如，《甲骨文合集》30298 说"于岳宗酒又雨"③，现在仍不能确定"岳宗"是否系指岳神的宗庙④。

甲骨文中，有关于"二山""三山""五山""九山""十山"的祭祷。例如："其䄳年，二山"（《合集》30393），"又于五山"（《合集》34167、34168），"勿于九山亩"（《合集》00096），"燎于十山"（《合集》34166），等等。陈梦家先生认为它们都是山神："虽不能确定十山、五山是哪几个山，但似指当时所祭之山有一定的数次。"⑤刘钊先生认为，它们可能是一条山脉中的诸多山峰，也可能是殷代祀

---

① 钱志熙：《论上古至秦汉时代的山水崇拜山川祭祀及其文化内涵》，《文史》2000 年第 3 辑，第 237 页。

② 关于儒家的形成时间，历来也有不少争议，或以为早至商代，本章认为儒家的出现仍应以孔子为起点。

③ 胡厚宣主编：《甲骨文合集释文》，中国社会科学出版社 1999 年版。下引该书，仅注明《合集》甲骨编号，不另注明版本。

④ 陈梦家：《殷墟卜辞综述》第十七章《宗教》，中华书局 1988 年版，第 594~598 页；刘钊：《谈出土文献中有关祭祀山川的资料》，李宗焜主编：《古文字与古代史》第 5 辑，台湾"中央研究院"历史语言研究所 2017 年版，第 509~543 页。

⑤ 陈梦家：《殷墟卜辞综述》，中华书局 1988 年版，第 596 页。

典中的一些重要山峰。① 此外，还有"小山""癸山""目山""羊山"等。甲骨文中的"貍"(埋)是祭山埋牲的象形字，下面画一坎，埋入其中的有牛、羊、犬、鹿等动物形状。②

甲骨文中对"河"神的占卜和祈祷目的，与对山岳相同，也包括求雨、求年和战胜敌人等，河神往往是商人"告"祭的对象。对河神之祭，除了上述对山神的方法之外，还有沉、报、御、坎、劓、栽等方法。沉祭之法非常普遍，与儒家所描述的方法大致相同。将祭品沉入水中以祭祀水神，是上古中国的传统，早自《竹书纪年》所说的帝尧时代，甲骨文中商人祭祀黄河包括了沉人、沉玉、沉牛羊等牺牲③，简帛中亦有不少记载④。

"岳"与"河"同时受到祭祀的例子也有不少。例如，"岳眔河酒王受又"(《合集》30412)，"癸亥卜，勿御，受禾兮、河、岳"(《殷墟小屯村中村南甲骨》451)。⑤ 前引刘钊先生文指出，殷人心目中河、岳地位相近，同受祭祀。到黄河边祭祀的材料也有，例如，"使人于河，沉三羊，卯三牛"(《合集》05522)。甲骨文中还有洹水、洹泉、渴水、小泉等材料。

甲骨文中对山川的祭祀，用玉居多，包括珏(毂)。所沉之牲以牛居多，所埋者则多为犬和羊⑥。《山海经》与之相类，也重在

---

① 刘钊：《谈出土文献中有关祭祀山川的资料》，李宗焜主编：《古文字与古代史》第 5 辑，台湾"中央研究院"历史语言研究所 2017 年版，第 529 页。

② 于省吾主编，姚孝遂按语：《甲骨文字诂林》，中华书局 1996 年版，第 1529~1531 页。

③ 王建：《沉祭说略》，《文史知识》1991 年第 9 期，第 58~61 页；于省吾主编，姚孝遂按语：《甲骨文字诂林》，第 1526~1529 页；高佑仁：《谈甲骨文中"沈"字的一种疑难构形》，《中国文字》新 39 期，2013 年，第 155~160 页；黄德宽：《释新出战国楚简中的"湛"字》，《中山大学学报》(社会科学版)2018 年第 1 期，第 49~52 页。

④ 黄德宽：《释新出战国楚简中的"湛"字》，《中山大学学报》(社会科学版)2018 年第 1 期，第 49~52 页。

⑤ 中国社会科学院考古研究所：《殷墟小屯村中村南甲骨》，云南人民出版社 2012 年版，第 350~351、725~726 页。

⑥ 陈梦家：《殷墟卜辞综述》，中华书局 1988 年版，第 597~599 页。

瘞、悬和投，但悬法目前在古文字中似未有见。

金文《天亡簋》中，有"王祀于天（太）室"（《殷周金文集成》04261）①，林沄先生认为"天室"即指嵩山（太室山）②，说的是周武王灭商后返回宗周途中，在太公望的辅佐下登上嵩山峻极峰进行封禅的史事。西周早期的毓祖丁卣铭有："辛亥，王在覃，降。令曰：归裸于我多高处山。赐厘，用作毓祖丁尊。"（《集成》05396）《穆天子传》中记载，对黄河的祭祀方法是："天子授河宗璧，河宗伯夭受璧，西向沉璧于河，再拜稽首，祝沉牛马豕羊。"③沉祭乃是对水神的主要祭祀仪式。

春秋战国时期，侯马盟书中有"岳公"山神，④ 此即后来历代所谓"五镇"之一的霍山或霍太山。与侯马盟书同出的墓葬中，还有马、牛、羊等牺牲，一般在其墓龛中还有璋、璧等玉器，表明其祭祀的场面。秦国的水神，有湫渊（即《诅楚文》中提到的"大沉厥湫"）。出土文献中，"泰山"是常被祭祀的地方所在。

战国时期，各国都有自己的山神。楚简所反映的山神，有"危山"、"五山"（五主山）、"二天子"、"三土皇"（"三公主"）、"武夷"等，以及众多的丘。⑤《秦骃祷病玉版》铭文记载，秦王室成员骃由于"惴惴小子，欲事天地，四极、三光、山川、神祇、五祀、先祖，而不得厥方"，所以向华山献祭，祭品是玠圭、吉璧、吉琑、牛牺、羊、豢、路车四马等，其仪式与后代道教中的投龙简可能有渊源。此器物的使用时间是秦惠文王时期（前337—前311），

---

① 中国社会科学院考古研究所：《殷周金文集成》（修订增补本）第四册，中华书局2007年版，第2589页。下引此书，简称《集成》，只注编号，不另具页码。

② 林沄：《天亡簋"王祀于天室"新解》，《史学集刊》1993年第3期，第24~29页。

③ （晋）郭璞注，王贻樑、陈建敏校释：《穆天子传汇校集释》，中华书局2019年版，第50页。

④ ［美］魏克彬（Crispin Williams）：《侯马与温县盟书中的"岳公"》，《文物》2010年第10期，第76页。

⑤ 杨华：《楚地山神研究》，《史林》2010年第5期，第32~43页。

反映了战国后期祭祀山川的史实。①

目前所知，先秦时期只有南方的楚国确立了自己的四条圣河，即长江、汉水、沮河、漳河。《左传》记载，楚昭王生病而不愿意祭祀黄河之神，他认为："江、汉、沮、漳，楚之望也。"②近年来，在河南新蔡发掘出土的卜筮祭祷简，证明了这四种水神的存在："及江、汉、沮、漳，延至于淮，是日就祷楚先老童、祝[融]……"（甲三268）③除了这几个著名的水神之外，楚人还祭祀淮河、大水（或许就是长江，在楚人心目中地位甚高）、汉女、湘君（湘夫人）、大波、水上、溺人、大川有涉等。此外，还有众多的池泽井泉，以及中原神灵系统中的玄冥、河伯、罔象（罔两）等水神。④在楚国，被列入祭祷对象的水神，总称为"高山深溪""名山名溪"，楚王生病后都要占卜，求其佑护，这见于上博简四《柬大王泊旱》：

> 厘尹知王之病，乘龟尹速卜高山深溪。王以问厘尹高："不穀瘥，甚病，骤梦高山深溪。吾所得地于莒中者，无有名山名溪欲祭于楚邦者乎?"2+8+3⑤

---

① 关于秦骃玉版的学术前史，非常丰富，可参侯乃峰《秦骃祷病玉版铭文集解》（《文博》2005年第6期）和刘钰《秦骃玉版铭文释读述评》（《湖南省博物馆馆刊》第八辑，岳麓书社2011年版，第332~338页）二文。

② 杨伯峻编注：《春秋左传注》哀公六年，中华书局1981年版，第1636页。

③ 陈伟等：《楚地出土战国简册（十四种）》，经济科学出版社2009年版，第403、433页。

④ 杨华：《楚地水神研究》，《江汉论坛》2007年第8期，第98~104页；拙著《古礼新研》，商务印书馆2012年版，第287~312页；杨华、王谦：《简牍所见水神与禜祭》，《东西人文》（동서인문，韩文）第16卷，2021年，第375~422页。

⑤ 简文的缀合和其他学术前史，参陈伟：《〈简大王泊旱〉新研》，《简帛》第2辑，上海古籍出版社2007年版，第259~268页，又载简帛网2006年11月22日。其中最关键的"莒"字，原释作"膚"，陈斯鹏《〈简大王泊旱〉编联补议》改释作此，简帛研究网2005年3月10日。杜勇先生在《古文字中"莒"字的鉴别问题》一文中，对此字的诸形态有系统讨论，文载《莒文化研究文集》，山东人民出版社2002年版，第230~237页。

宋华强先生认为，这是对楚地大山大河的统称，是一种"并走群望"（《左传》昭公七年）式的祭祷方式。① 金文中称"多高处山"，大概也是对山川众神的合称。上博藏战国楚简（二）《鲁邦大旱》中，大臣劝楚王"毋爱珪璧币帛于山川"，说明珪璧币帛作为祭祀山川的常用祭品，历来差不多，这与《山海经》的记载是一致的。

不过，在《山海经》和古文字资料中，都没有发现"五岳"这样系统的山脉概念，更没有出现"五岳四渎"的制度格局。此类系统的制度设计，应当是儒家的创造（详下）。

二、周秦诸子缺乏山川祭祀的理论

上述丰富的山川祭祀活动，是否在先秦诸子文献中得到描述？其实不然。在儒家之外，周秦诸子关于山川祭祀的论述并不多见。他们可能对于山川崇拜的理论（比如山神、水神的存在及其重要性）有所描述，但对于其祭祀过程大多言之不详，对于如何祭祀山川鬼神更是缺乏系统设计。以下试作梳理。

1.《墨子》

墨子"明鬼"，坚信山川各有鬼神。《墨子·明鬼下》说："古之今之为鬼，非他也，有天鬼，亦有山水鬼神者，亦有人死而为鬼者。"同篇引用《尚书》说："山川鬼神，亦莫敢不宁。"山川鬼神曾是大禹的辅佐（"佐禹"）。墨子认为，这些都是鬼神恭顺可用的最好证明。② 在他看来，古代的智者、仁人必定会"率天下之百姓，以农臣事上帝山川鬼神"（《墨子·非攻下》），③ 以臣子之礼敬事山川。其《天志下》指出，三代圣王如尧、舜、禹、汤、文、武，都

---

① 宋华强：《新蔡葛陵楚简初探》，武汉大学出版社2010年版，第241页。

② （清）孙诒让撰，孙启治点校：《墨子间诂》，中华书局2001年版，第239~240页。在上古和民间，禹本身就是神化人物。所谓"佐禹"，当指山川之神为禹神所用。

③ （清）孙诒让撰，孙启治点校：《墨子间诂》，中华书局2001年版，第141页。

会兼爱天下，用牛羊犬彘、粢盛酒醴"以敬祭祀上帝山川鬼神"；相反，三代暴王如桀、纣、幽、厉，会"诟侮上帝山川鬼神"（《墨子·天下》）。①

那么，在墨子思想中，山川祭祀有没有制度设计？在谈到迎敌守城的巫术时，《墨子·迎敌祠》说："祝、史乃告于四望、山川、社稷，先于戎，乃退。"意谓在敌人攻城前，守城者先上四望坛和山川坛祝告。敌人从哪个方向来，便在哪个坛上施展巫术。如敌人来自东方，便上东方之坛；来自西方，便上西方之坛。可见，在墨家的城邑设计中，有四望坛和山川坛，并掺杂了五行观念。孙诒让《墨子间诂》、吴毓江《墨子校注》，均引用儒家的《周礼·大宗伯》及郑注，来对墨子此句加以校释。二者都指出，此处的"山川"是指"中小山川在境内者"。② 看来墨子的想法与儒家的设计基本相似。由于墨子出生晚于孔子，"在七十子后"，大约在公元前468年至前376年之间。③ 所以，不能确定墨家的山川祭祀理论具有原创性，它可能承袭自儒家。

2.《管子》

《管子》承认有山川之神。山神的形状见于《小问》篇。齐桓公北伐孤竹之国，见到前面有一个尺余长的人形闪过。管仲解释说，这就是一种叫作"俞儿"的山神，只有霸王登山时才现形："臣闻登山之神有俞儿者，长尺而人物具焉。霸王之君兴而登山，神见，且走马前疾，道也。"后来果然按照此神的预测和引导（"右袪衣，示

---

① （清）孙诒让撰，孙启治点校：《墨子间诂》，中华书局2001年版，第211~212页。

② （清）孙诒让撰，孙启治点校：《墨子间诂》，中华书局2001年版，第577页。吴毓江撰，孙启治点校：《墨子校注》，中华书局1993年版，第882页。

③ 《史记》卷74《孟子荀卿列传》引《史记索隐》，中华书局1959年版，第2350页。（清）孙诒让：《墨子传略》，（清）孙诒让撰，孙启治点校：《墨子间诂》，中华书局2001年版，第680~691页，郭齐勇、吴根友：《诸子学通论》，商务印书馆2015年版，第284页。

从右方涉也"），才得以渡溪进军。①

《管子》也承认水神的存在。《水地》篇说，龙与龟是两种"伏暗能存而能亡"的水神：龟生于水，而能预知万物；龙生于水，能大能小。此篇还特别描述了另外两种水神。一是"涸泽之精"，名为庆忌，其形状像人，"长四寸，衣黄衣，冠黄冠，载黄盖，乘小马，好疾驰，以其名呼之，可使千里外一日反报"，它百年不死，随呼随到；二是"涸川之精"，名为蟡，它"一头而两身，其形若蛇，其长八尺"，叫它的名字即可捉到鱼鳖。②

以上内容，恐怕都属于民间传说，没有制度设计，更没有上升到国家祀典层面。但《管子》中，并非全无关于山川祭祀的说法。例如，其书首《牧民》篇记载，为政之要在于"明鬼神，祇山川，敬宗庙，恭祖旧"，而不敬祀山川的后果是"威令不闻"。按照黎翔凤的解释，"祇山川"指的是登封降神，使威令远闻。③ 同书《四称》篇也称赞先圣之道，在于"敬其山川宗庙社稷"。④ 同书《幼官》篇记载，齐桓公五会诸侯，下令"修春秋冬夏之常祭，食天壤山川之故祀，必以时"。⑤ 也就是说，如同四时常祭之各有其时，天地山川之祭也各有固定时间。

《管子》诸篇的成分相当复杂，《汉书·艺文志》将其系于道家，《隋书·经籍志》则将其系于法家。而一般认为其主体内容，与战国中期齐国的稷下学宫有关⑥。如此，则该书展现了战国中后期黄

---

① 黎翔凤撰，梁运华点校：《管子校注》，中华书局 2004 年版，第972～973 页。

② 黎翔凤撰，梁运华点校：《管子校注》，中华书局 2004 年版，第827～831 页。

③ 黎翔凤撰，梁运华点校：《管子校注》，中华书局 2004 年版，第2～6页。

④ 黎翔凤撰，梁运华点校：《管子校注》，中华书局 2004 年版，第 615页。

⑤ 此处从安井衡、俞樾等人句读，"食"字后读。参黎翔凤撰，梁运华点校：《管子校注》，中华书局 2004 年版，第 158、161 页。

⑥ ［英］鲁惟一（Michael Loewe）主编，李学勤等译：《中国古代典籍导读》，辽宁教育出版社 1997 年版，第 258～266 页。

河下游和山东半岛的山川祭祀观念。

3.《晏子春秋》

据《晏子春秋》记载，齐景公曾梦见商汤和伊尹，被占梦者误以为是泰山之神。在晏婴的劝解下，停止了伐宋之役。① 此处并没有明言泰山之神是什么样子。但齐地之有神山圣水，则是至为明确的。例如，据说有个叫作衍的人，"见阴阳不调，风雨不时，五谷不滋之故，祷祠于名山神水"。② 另一则故事见于《晏子春秋》的《景公病久不愈欲诛祝史以谢晏子谏》篇。齐景公"疥且疟"，长期不愈，曾命令史固和祝佗为他"巡山川、宗庙"，虽然"牺牲圭璧，莫不备具"，但仍然效果甚微，于是产生杀掉史、祝二人的念头。③还有一则天气与山川神灵的故事。齐国大旱，天久不雨，齐景公使人占卜，结果表明"祟在高山广水"，于是准备"少赋敛以祠灵山"。晏婴认为，"祠之无益"，他建议齐景公"避宫殿，暴露，与灵山河伯共忧"，经过齐景公一番巫尪自曝的表演（"出野暴露三日"），果然天下大雨。④ 这些都说明，齐景公和晏婴所在的战国时期，黄河下游和山东半岛具有祭祀山川的礼俗，但是缺乏具体描述。

关于《晏子春秋》的著者和成书年代，争议颇多。《汉书》《隋书》《两唐书》等均将它系于儒家，而柳宗元、王应麟、焦竑、章学诚等人则将其归于墨家，吴则虞、张纯一等亦有类似观点。⑤ 现代哲学史上也一般认为它是早期儒家之作。⑥

---

① 《晏子春秋》卷1《内谏上·景公将伐宋梦二丈夫而怒晏子谏》。

② 吴则虞：《晏子春秋集释》附录二《晏子集语》，中华书局1962年版，第564~565页。

③ 吴则虞：《晏子春秋集释》附录二《晏子集语》，中华书局1962年版，第42~48页。

④ 吴则虞：《晏子春秋集释》附录二《晏子集语》，中华书局1962年版，第561~562页。事又见《说苑·辨物》。

⑤ [英]鲁惟一主编，李学勤等译：《中国古代典籍导读》，辽宁教育出版社1997年版，第515~522页。

⑥ 郭齐勇、吴根友：《诸子学通论》，商务印书馆2015年版，第121~127页。

4.《庄子》

道家学术体系中，谈论山川之神者唯有《庄子》。其书多处提到"山川之精"。例如，《胠箧》篇说："上悖日月之明，下烁山川之精，中堕四时之施。"《天运》篇作"下睽山川之精"。都是指山川神灵受到阻隔和忤逆。《大宗师》篇谓"神鬼神帝，生天生地"，其后列举了一系列山神和水神。例如，堪坏是昆仑山神，冯夷是黄河水神，肩吾是泰山山神，禺强是北海水神：

> 堪坏得之，以袭昆仑；冯夷得之，以游大川；肩吾得之，以处大山；黄帝得之，以登云天；颛顼得之，以登云天；禺强得之，立乎北极……①

《庄子·达生》篇中，还谈到了齐桓公与管仲的问答。管仲的回答提到几种山川鬼神："水有罔象，丘有峷，山有夔，野有彷徨，泽有委蛇。"罔象（无伤）是水鬼、峷嵬（萃）是丘鬼、夔是山鬼，彷徨是野鬼，委蛇是湖泽之鬼。②

如上引注释所示，《庄子》中所言及的山神、水神之名，在《山海经》《淮南子》等其他文献中都有所印证，可能是当时普遍的知识，而不是庄子的独创。而且，道家也没有提出一套关于山川祭祀的制度设计。

5.《吕氏春秋》

《吕氏春秋·仲夏纪》记载，夏历五月要"命有司，为民祈祀山川百源，大雩帝，用盛乐"，《季冬纪》则说要在十二月"毕行山川之祀，及帝之大臣、天地之神祇"。但由于《吕氏春秋》和《礼记·

---

① 郭庆藩辑，王孝鱼整理：《庄子集释》，中华书局1961年版，第246~250页。

② 此处的释读，还参考了杨柳桥的解释。例如，郭庆藩本作"丘有峷"（《庄子集释》，中华书局1961年版，第652~653页），杨氏改作"丘有峷"，并引郑玄、司马彪、颜师古等人注解，认为"峷"指"崔嵬"，甚确。杨著《庄子译诂》，上海古籍出版社1991年版，第363~367页。陈鼓应整理本作"峷"，陈著《庄子今注今译》，中华书局1983年版，第481~484页。

月令》内容基本一致，孰先孰后，历来存在争议。正如陈奇猷所说，当时可能存在着一个共同的以夏历为蓝本的古农书，各地皆遵行之。① 如此，则在先秦时期于五月、十二月祭祀山川，是一种普遍的礼制规则。

正如《吕氏春秋·仲夏纪》高诱注所说："名山大川，泉源所出。……能兴风雨，皆祈祀之。"②这是周秦诸子的普遍认识。然而，从目前的史料看来，诸子学说中大多没有关于山川祭祀的系统理论，也没有关于山川祭祀的制度设计，更没有关于"祀典"的制度描述。

三、儒家关于山川祭祀的制度设计

在中国古代的思想家中，只有儒家对山川的理念最为丰富，对山川祭祀的设计也最为系统。当然，也可能由于中国古代典籍的传承，大多经过了儒家的"过滤"，于是今人可以据之复原上古中国的山川祭祀体系。以下是儒家文献，尤其是"三礼"文献中的相关记载。

1. 山川是"群神"祭祀体系的一部分，必须祭之以勤、谨、敬、洁

儒家具有强烈的山川神灵观念，《诗经·大雅·崧高》说："崧高为岳，峻极于天。"地方越高，越是容易与天沟通，所以，以高山祀天和配天，是正常而自然之事。

> 类于上帝，禋于六宗，望于山川，遍于群神。（《尚书·舜典》）

---

① 陈奇猷认为，《吕氏春秋》"十二纪"用夏正，说明"必有一古农书之用夏正者为蓝本无疑"。"《大戴礼》有《夏小正》篇，亦以夏正为经。与吕氏《十二纪》之首篇文虽不同而皆言农事，其亦为古农书无疑。则《十二纪》之首篇之蓝本与《夏小正》皆流行于民间之农书也。"《吕氏春秋校释》，学林出版社1984年版，第3~4页。

② 陈奇猷校释：《吕氏春秋校释》，学林出版社1984年版，第246页。

故祭帝于郊，所以定天位也。祀社于国，所以列地利也。祖庙，所以本仁也。山川，所以傧鬼神也。五祀，所以本事也。(《礼记·礼运》)

儒家认为，山川中富藏着精和神："精、神见于山川。"(《礼记·聘义》)"山川鬼神"是全社会的共识(《尚书·伊训》)。忽略山川，是大不敬："山川鬼神，其忘诸乎？"(《左传》定公元年)所以，"社稷山川之事，鬼神之祭"，是社会运行的根本(《礼记·礼器》)。

遇到灾难和疾病，便要向山川进行占卜。《左传》昭公元年记载，晋侯有疾，卜人占卜出"实沈、台骀为祟"，但不能解释其详。后来，子产解释说："……台骀，汾神也。抑此二者，不及君身。山川之神，则水旱疠疫之灾。于是乎禜之。"鲁僖公十年秋天，卫人伐邢以报菟圃之役的国仇。但是自己国内大旱，"卜有事于山川，不吉"，[①] 这场战争只好作罢。

山川是"群神"之一，必须恭谨祭祀。"故自郊社、祖庙、山川、五祀，义之修而礼之藏也"(《礼记·礼运》)，它是仅次于天神、祖庙的祭祀。《大戴礼记·曾子天圆》说："圣人为天地主，为山川主，为鬼神主，为宗庙主。"同书《千乘》篇还说："凡民之藏贮，以及山川之神明加于民者，发国功谋，斋戒必敬，会时必节。"

儒家还将山川之祭，与其倡导的仁义等哲学理念和治国思想联系起来。例如，《礼记·礼器》说："天地之祭，宗庙之事，父子之道，君臣之义，伦也。"汉代的儒家经学总结说："燎祭天，报之义也，望祭山川，祀群神也。"[②]

2. 山川祭祀具有明确的等级礼制

在《周礼》中，大宗伯之职是辅佐天子"建保邦国"，具体掌管

① 《左传》僖公十九年。
② (清)陈立撰，吴则虞点校：《白虎通疏证》卷5《封禅》，中华书局1994年版，第282页。

国家的"天神、人鬼、地示之礼"，其职责顺序是：

> 以吉礼事邦国之鬼神示，以禋祀祀昊天上帝，以实柴祀
> 日、月、星、辰，以槱燎祀司中、司命、风师、雨师，以血祭
> 祭社稷、五祀、五岳，以狸沈祭山林、川泽，以疈辜祭四方百
> 物，以肆献祼享先王，以馈食享先王。（《周礼·春官·大宗
> 伯》）

这个体系的主要框架无疑是早期的天、地、人"三才"，五岳四方
和山林川泽属于第二层次。在儒家的理论设计中，有大、中、小之
祭，天地、祖庙是大祀，山川是中祀，其他为小祀。而普遍的山川
祭祀中，五岳四渎为最高层次，诸侯各地的山川则次之：

> 天子祭天地，祭四方，祭山川，祭五祀，岁遍；诸侯方
> 祀，祭山川，祭五祀，岁遍；大夫祭五祀，岁遍；士祭其先。
> （《礼记·曲礼下》）
> 天子祭天，诸侯祭土。天子有方望之事，无所不通。诸侯
> 山川有不在其封内者，则不祭也。……三望者何？望祭也。然
> 则曷祭？祭泰山、河、海。曷为祭泰山、河、海？山川有能润
> 于百里者。天子秩而祭之。（《公羊传·僖公三十一年》）

简而言之，只有天子才能遍祭天下所有的山川，而诸侯只能祭
祀自己封地内的山川，否则便是僭越礼制。汉代的经学家们继承了
这个理论，认为只有大夫以上才能祭祀山川，士无资格祭祀山神和
水神："士者，位卑禄薄，但祭其先祖耳。……非所当祭而祭之名
曰淫祀，淫祀无福。"[1]上述祭祀体系，成为后来历代制定"祀典"
的关键依据。不在祀典者，历来不能受到祭祀。

---

[1] （清）陈立撰，吴则虞点校：《白虎通疏证》卷2《五祀》，中华书局
1994年版，第79页。

3. 山川祭祀具有明确的空间设计

儒家认为，在首都必须建立完整的山川祭祀空间，即在王都周边设立山川庙坛：

> 小宗伯之职，掌建国之神位。右社稷，左宗庙。兆五帝于四郊，四望、四类亦如之。兆山川、丘陵、坟衍，各因其方。（《周礼·春官·小宗伯》）

所谓"兆"，就是建立祭坛。儒家的祭礼有内、外之外，山川之祀属于外祭。地点在四郊，而不在内城。《周礼·春官·典祀》中提道："典祀掌外祀之兆守，皆有域，掌其政令。"郑注："外祀，谓所祀于四郊者。"根据郑注和贾疏，在坛四周还有"域"，即用沟渠围绕的一个祭祀空间。这与上言墨家所说的四望坛或许相同。

按照儒家的设计，天子"四望"，即在城外四面都设坛祭祀四方的山川；鲁国"三望"，近于天子规格，可以祭祀三方的山川；各诸侯国则只能祭礼"当方"山川，即相对于周王室而言本国所处的方位的山川。例如《春秋》三传的僖公三十一年、成公七年等文献都言及此礼，但礼家争论较多，兹不赘述。清人陈寿祺总结说："山川之祭，周礼四望，鲁礼三望，其余诸侯祀境内山川，盖无定数。"[①]无定数，即视各国的具体山川数量而定。

4. 山川祭祀具有明确的时间频率设计

儒家认为，礼莫大于祭，而祭祀必以时节，否则就是"黩"和"侈"。《周礼》中说，典祀之官的职掌是"以时祭祀"，意思是说"天地山川祭祀皆有时"（孔疏）。这种祭祀的季节性，目前所知的经学资料包括以下两条：

> 命有司为民祈祀山川百源。大雩帝，用盛乐。乃命百县雩祀百辟、卿士有益于民者，以祈谷实。（《礼记·月令·仲夏

---

① （清）陈寿祺撰，曹建墩点校：《五经异义疏证》卷上《三望》，上海古籍出版社 2012 年版，第 28 页。

之月》)

乃毕山川之祀,及帝之大臣,天之神祇。(《礼记·月
令·季冬之月》)

据此,儒家主张在夏历仲夏(五月)、季冬(十二月)两次祭祀山川。
但天子、诸侯究竟何时去四郊的山川坛祭祀山川,经学、礼学史上
都存在争论,这也为历代制典时祭祀频率的变异,埋下了伏笔。总
之,儒家认为,"禘祭不敬,山川失时,则民无畏矣"[1],不按时祭
祀的结果不只是鬼神降灾,更严重的是破坏教化。

5. 山川祭祀必须遵循的其他礼仪

儒家设计的山川祭祀制度中,有不少其他具体的祭祀礼仪。这
些方法,与《山海经》中的方法大致相同。此外还有很多,以下略
举数端。

首先,祭祀山川有"望祭"与"就祭"之分。所谓"望祭",就是
在京城遥望远方而祭,凡对山川的常祭多为望祭;所谓"就祭",
就是亲临山川祭祀地点(现场的庙坛)而祭。《周礼·春官·司服》
记载,周天子"祀四望、山川",说明天子要出城望祭远在各地的
五岳四渎和神山圣河。《司服》篇记载周天子望祭时的服饰,而《校
人》篇记载的则是天子望祭山川时的车舆:"凡将事于四海山川,
则饰黄驹。"《玉人》篇记载天子旅祭"四望"时所用的玉器。"就祭"
在目前出土文献中不多见,但"就祷"则常见,例如新蔡葛陵楚简
便有多处记录:就祷天神(零151)、就祷三楚先(甲三214)、就祷
楚昭王和楚惠王(乙四12)、应祷子西君(甲三202、205)、就祷户
门行等"五祀"之神(甲三56),以及因坏简而不知对象的就祷仪式
(甲三102),等等。[2]

其次,祭祀山川用乐。儒家向来主张"礼乐相须为用",有礼
必有乐。《礼记·乐记》特别指出,礼乐"施于金石,越于声音",

---

① 许维遹校释:《韩诗外传集释》,中华书局1980年版,第179页。
② 陈伟等:《楚地出土战国简册(十四种)》,经济科学出版社2009年
版,第400、402、403页。

它必须"用于宗庙社稷，事乎山川鬼神"。《周礼·春官·大司乐》记载，大司乐之职掌是"歌函钟，舞大夏""以祭山川"。同书《舞师》篇记载，舞师的职责就是带领贵胄子弟为祭祀山川而配乐配舞："帅而舞山川之祭祀，教帗舞；帅而舞社稷之祭祀，教羽舞；帅而舞四方之祭祀，教皇舞。帅而舞旱暵之事。"①

再次，祭祀山川还有"过祭"和"告祭"。古人认为，凡是经过神山圣川，都必须予以祭祀。如上所言，每个山川都有自己独特的名号，不知其名号，则收不到祭祀之效。《周礼·春官·大祝》记载，太祝之职就是帮助天子"掌六祝之辞"，这些祝辞的用途是"过大山川，则用事焉"。② 这些号祝之辞，与《山海经》中的山鬼名号可以进行对证研究，也可与楚地卜筮祭祷简中的信息进行对证研究③。《礼记·曾子问》记载，诸侯适天子，出行前要告祖庙、山川，一路要告祭山川，即"过祭"；如若君主薨逝和世子出生，都要"以名遍告于五祀山川"，即让山神水神知道人间的变化。

过祭的最高形式，是巡狩和封禅。《礼记·王制》说：

> 岁二月东巡守，至于岱宗，柴而望祀山川，觐诸侯，问百年者就见之，命大师陈诗，以观民风；命市纳贾，以观民之所好恶，志淫好辟；命典礼考时月，定日、同、律、礼、乐、制度、衣服，正之。山川神祇，有不举者为不敬，不敬者君削以地。

儒家认为，天子东巡泰山，一路上要接见诸侯、年长者、陈诗者、市贾者，同时望祭各地山川，否则即为不敬。这条材料，在汉代的《白虎通义》卷五《封禅》中被全盘转抄，并被视为皇帝巡狩和封禅的重要理据。

---

① 《周礼·地官·舞师》。
② 《周礼·春官·大祝》。
③ 宋华强：《新蔡葛陵楚简初探》，武汉大学出版社 2010 年版，第 261～305 页。

最后，山川祭祀的各种牺牲、祭器和祭法。《山海经》的山川神祇祭祀，其祭品无非毛、䐁、稌，其祭法无非瘗、悬、祈、投。这方面，儒家礼仪与之相类：

> 以貍沉，祭山川林泽。（《周礼·春官·大宗伯》）
> 祭天，燔柴；祭山丘陵，升；祭川，沉；祭地，瘗。（《仪礼·觐礼》）
> 宗庙曰刍豢，山川曰牺牷，割列禳瘗，是有五牲。（《大戴礼记·曾子天圆》）
> 典瑞掌玉瑞、玉器之藏，辨其名物，与其用事，设其服饰。……两圭有邸，以祀地、旅四望。……璋邸射以祀山川，以造赠宾客。（《周礼·春官·典瑞》）

貍即瘗埋，是对山神的祭祀；沉即投入水中，是对水神而言。儒门创始者孔子，对于山川祭礼时采用两角齐整、毛色纯红的牛牲，非常重视。《论语·雍也》记载孔子之言："犁牛之子骍且角，虽欲勿用，山川其舍诸？"从人道的角度出发，这些牺牲或许可以省略，但从山川鬼神的角度考虑，他认为非采用不可。

6. 最为重要的是，儒家学说中形成了关于"五岳四渎"的系统设计

目前所知，儒家文献中关于五岳四渎最完整的理论，见于"三礼"和《尔雅》诸篇：

> 礼日于南门外，礼月与四渎于北门外，礼山川、丘陵于西门外。（《仪礼·觐礼》）
> 凡日月食，四镇、五岳崩，大傀异灾，诸侯薨，令去乐。（《周礼·春官·大司乐》）
> 江、河、淮、济为四渎。四渎者，发源注海者也。（《尔雅·释水》）
> 天子祭天下名山大川，五岳视三公，四渎视诸侯。诸侯祭名山大川之在其地者。（《礼记·王制》）

五岳谓岱山、霍山、华山、恒山、嵩山也。(《尚书大传》)

关于"五岳四渎"在早期中国的确立时间,学界历来存在争论。顾颉刚先生认为,先秦时期已有"四岳"的概念,但"五岳"说则是汉代书生的创造。① 对古史辨派类似意见的继承,还见于贾晋华的论文,② 以及牛敬飞的说法。牛氏认为,"五岳祭祀制度形成于西汉,到东汉日渐稳固成熟"。③ 然而,新近的材料越来越有利于与之相左的观点,即认为"五岳四渎"的形成时间可能早于西汉。例如田天就认为,"五岳"理论在战国中晚期已经出现。④ 刘钊先生也认为,"早期所祭祀的山川已经有了序次和不同的组合,至迟在战国时期,已经有了'四岳'和'五岳'的概念或萌芽"。⑤ 总之,如果从上引几篇关于山川祭祀的文献年代本身来考察,则结论更有利于后者。一般认为,《仪礼》产生于公元前5世纪到公元前4世纪中叶这一百多年间,是孔子弟子、后学陆续撰作而成的。⑥《尔雅》最晚可能成书于战国晚期,即公元前3世纪。⑦ 而《王制》篇的形成年代,有孔子、战国晚期、秦汉之际、汉文帝时等几种说法,新出材

---

① 顾颉刚:《"四岳"与"五岳"》,商务印书馆2004年版,第34~45页。

② Jinhua Jia, Formation of the Traditional Chinese State Ritual System of Sacrifice to Mountain and Water Spirits, *Religions*, 2021, 12(5), pp. 319-333.

③ 牛敬飞:《古代五岳祭祀演变考论》,中华书局2020年版,第267页。

④ 田天:《西汉山川祭祀格局考:五岳四渎的成立》,《文史》第2011年第2辑,第47~70页。

⑤ 刘钊:《谈出土文献中有关祭祀山川的资料》,李宗焜主编:《古文字与古代史》第5辑,台湾"中央研究院"历史语言研究所2017年版,第542页。

⑥ 沈文倬:《略论礼典的实地和〈仪礼书本的撰作〉》,《宗周礼乐文明考论》,杭州大学出版社1999年版,第1~54页。

⑦ [英]鲁惟一主编,李学勤等译:《中国古代典籍导读》,辽宁教育出版社1997年版,第99~104页。

料有助于说明，它可能形成于战国中期。①

我们认为，在先秦时期没有一个诸侯国真正统一过包括五岳、四渎在内的全部地域。所以，五岳四渎很可能只是早期儒家的一种政治地理构想，在先秦并没有实现过。然而，这不能否定，在战国时期的儒家话语中，已存在关于"五岳四渎"的制度设计。这种制度设计，在上引文献中已有系统的说明。

总之，孔子虽然有"智者乐水，仁者乐山"的说法，但是在儒家思想中，山川绝不只是一种审美文化，② 它是实实在在的礼典设计和治国之术，具有明确的政治意义和巫术功能。如果以文化功能主义的眼光来看待儒家和整个中国的山川文化，将会发现，将山水作为审美对象而寄情寓意，可能是后来"审美自觉"时代才有的产物。

四、结　　论

上述讨论表明，中国的山川崇拜在上古时期的中国非常盛行，不仅见于《山海经》等传世文献，在甲骨文、金文、简帛文字等古文字中都能得到确切证明。在夏商周三代以及春秋战国时期的各国，都实行过山川崇拜。虽然在诸子的学说中，关于山川祭祀的记载时有所见，但儒家之外的其他学派却缺乏关于山川祭祀的理论构想、过程描述和制度设计。只有儒家对山川祭祀进行过系统的制度设计，在"三礼"、《尚书》、《左传》等文献中，对山川祭祀的时间、频率、空间、仪式等都有非常具体的说明。

汉代以降，儒家思想成为国家意识形态，其山川祭祀理论和礼典仪式也被纳入国家政治制度。"五岳四渎"的制度设计，在论证

---

① 王锷：《〈礼记〉成书考》，中华书局 2007 年版，第 172～188 页；[英]鲁惟一主编，李学勤等译：《中国古代典籍导读》，辽宁教育出版社 1997 年版，第 310～315 页。

② 钱志熙：《论上古至秦汉时代的山水崇拜山川祭祀及其文化内涵》，《文史》2000 年第 3 辑，第 237～258 页。

王权合法性方面，显露出特别的优势。历代"制礼作乐"时，基本都沿用了"三礼"文本的相关理论。在首都设有四望坛；把山川之祭列为仅次于郊天、祭祖等大祭之后的"中祀"，四季举行常祀；皇帝居京望祭，远方的五岳、四渎设有庙宇，有专门官吏管理；皇帝经过名山大川则实行"过祭"；中古之后，为了求福还创立出"遣祭"之制；改朝换代和重大皇室活动，必告祭名山大川。这一套制度在历代正史《礼仪志》中都有翔实的记载，均是对儒家理论的继承与发扬。

[作者简介] 杨华，历史学博士，武汉大学中国传统文化研究中心、历史学院教授，研究领域为中国古代礼制、先秦秦汉史、中国文化史。

第三章　先秦至中古吟咏四渎的诗赋研究[*]

魏　宁（Nicholas Morrow Williams）　著　梁艺馨　译

一、河流经过的土地

对中国神山的研究向来是西方汉学的研究重点之一，已然积累了丰硕的学术成果，如 19 世纪沙畹（Edouard Chavannes）的泰山研究[①]与晚于沙畹泰山研究一个世纪的罗柏松（James Robson）的衡山研究都是该研究领域的经典。[②] 最近，贾晋华的一篇论文指出，中国确立对山的崇拜曾经历了漫长的历史进程，而国家不仅指定一些山脉作为官方的祭祀对象，也包括一些河流。[③] 毋庸置疑，河流在

[*]　本文英文版 A Constant Cascade：Ancient and Medieval Verse on the Four Waterways 发表于 *Religions*，2022，13（2），pp. 166-182. https：//doi. org/10. 3390/rel13020166。

①　Edouard Chavannes，*Le T'ai Chan：Essai de Monographie d'un Culte Chinois*. Paris：Ernest Leroux，1910.

②　James Robson，*Power of Place：The Religious Landscape of the Southern Sacred Peak（Nanyue* 南嶽）*in Medieval China*. Cambridge：Harvard University Asia Center. 2009. 关于中国文学中山的研究，又有 Paul W. Kroll，Verses from on High：The Ascent of T'ai Shan，*T'oung Pao*，1983，69（4/5），pp. 23-60；David R. Knechtges，How to View a Mountain in Medieval China，*Hsiang Lectures on Poetry*，2012，6，pp. 1-56.

③　Jinhua Jia，Formation of the Traditional Chinese State Ritual System of Sacrifice to Mountain and Water Spirits，*Religions*，2021，12（5），pp. 319-333. 中文版已收为本书第一章。

中国起着关键性作用，黄河和长江塑造并决定了大部分历史的走向，其独特的生态环境分别孕育了粟作农业与稻作农业。

比较视野下，尼罗河、恒河和莱茵河等河流不仅是地理上的地标，还是文明交流共鸣之处。这些河流不仅将我们的陆地分隔、划定出边界，还提供着不可或缺的交流与交换手段，自然而然地成为人们关注、崇拜甚至敬畏的对象。在麦尔维尔（Melville）《白鲸》中，他通过以实玛利（Ishmael）的自我介绍，以其口吻解释一生中对航行的渴望时，如此说道：

> 为什么几乎每个身心强健的小伙子，总有一段时间会疯狂渴望出海航行？为什么当你初次作为旅客出海航行，第一次有人告知你，你同你的船已经望不到陆地时，你的心头会感受到一种神秘的震颤？为什么古波斯人将海洋视为圣物？为什么希腊人为海洋制作独立的神祇，作为主神宙斯的兄弟？毋庸置疑，这一切都并非毫无意义。纳西索斯（Narcissus）的故事昭示着更深层次的涵义：少年因为他抓不住倒映在泉水中的自己，那个折磨着他的柔美的影子，使他投入泉中、溺水而亡。但是我们自己，在所有河流与海洋中，也会看见同样的形象。那是生命的倒影，是人们无法把握的幽灵幻影，也是一切问题的最关键的答案。①

麦尔维尔的此段议论，显然是为突显出"海洋"对人的吸引力，然而，为了解释这种现象，他将江河湖海都视作人类渴望之物的象征。在如镜的水面之下，隐藏着未知的危险与黑暗的深渊，它投射出人类的自我，那是自然界中人类欲望和抱负的倒影。

数千年来，中国的江河亦被世人奉为"生命幻影"，集中反映了人们在时代中的永恒关切。在早期中国，河流从一开始便主要扮

---

① 译文参考自［美］赫尔曼·麦尔维尔著，曹庸译：《白鲸》（译文经典名著），上海译文出版社 2013 年版，第 65 页；［美］赫尔曼·麦尔维尔著，马永波译：《白鲸》，中信出版社 2020 年版，第 42 页。

演着象征性和宗教性的角色，诗人并不围绕河流本身进行创作。这一时期，河流划分了文明世界的领土，其重要性与它们在客观地理层面的实际位置紧密相连。然而，秦统一后，河流越来越明显地承担着宗教功能。例如，在西汉时期，"四渎"便被列为国家祭祀的对象。伴随着河流角色日渐神化，到了唐代，它们最突出的形象不再是陆地上的河流，而是作为庞大的天体系统——银河的对照物。

四渎，即黄河、淮河、济水和长江。同五岳一样，"四渎"在西汉时期被指定为国家祭祀的对象，它们在文化上具有重要意义，长期体现于文学作品之中。① 然而，在文学想象中，它们的具体内涵则因时而变。唐代，四渎已经不仅是客观的地理事物，还暗示着天文物象。《诗经》中济水以外的三条河流，已经成为天体的隐喻。在通常情况下，它们被用作广阔而无法企及的象征，如《诗经·汉广》已经在其雄浑的合唱中提到了汉水和长江。客观层面，汉水是长江的支流。一般来说，我们称长江为"江"，以保持讨论这些河流时的一致性。江和河这两个词后来成了通用的水道术语，但在中国古代，它们仍然是专有名词。因此，当我们阅读古代文献时，需要认识到它们从来都不是河流的通称，而是特定的地名。《汉广》实际上是关于"江"的，它是南方最伟大的河流②，从《诗经》中这首诗的创作者的视角来看，"江"标志着遥远的南方③。

汉广

南有乔木，不可休思。④

---

① Jinhua Jia, Formation of the Traditional Chinese State Ritual System of Sacrifice to Mountain and Water Spirits, *Religions*, 2021, 12(5), p. 322.

② （汉）毛亨传，（汉）郑玄笺，（唐）孔颖达疏：《毛诗正义》卷1《汉广》，（清）阮元校刻：《十三经注疏》，中华书局2009年版，第592页；聂石樵主编，雒三桂、李山注释：《诗经新注》，齐鲁书社2009年版，第22~23页。

③ 从这个意义上说，中古时期以长江譬喻南方的传统可追溯于此。

④ "休思"本来作"休息"，根据阮元校改。见《毛诗正义》，中华书局2009年版，第592页。

　　汉有游女，不可求思。

　　汉之广矣，不可泳思。

　　江之永矣，不可方思。

　　翘翘错薪，言刈其楚。

　　之子于归，言秣其马。

　　汉之广矣，不可泳思。

　　江之永矣，不可方思。

　　翘翘错薪，言刈其蒌。

　　之子于归，言秣其驹。

　　汉之广矣，不可泳思。

　　江之永矣，不可方思。①

　　该诗说法众多，被认为具有多层次的含义和多种合理的解释，不过，我只想简单地关注此篇中的两条河流——汉水和长江。② 葛兰言（Marcel Granet，1884—1940）对诗意的理解认为，这首诗描绘了河岸上的婚礼仪式。③ 然而，这忽略了一个关键点，即两条河流可能用于比喻其他类型的障碍，而不能单纯理解为物理上的地标。当然，时人也可能将江、汉作为崇拜对象，但这首诗显然并非着眼于此。同样，韩、鲁诗将诗中的"游泳的女子"（游女）解释为水神，也不失为一种潜在的含义，但几乎无法在诗歌本身中证实。

　　《汉广》一诗所涉及的汉江和长江，位于当时的中国中心地带以南的边界地区，因此是地域之间的标志与分界线。作为该诗的最早解释之一，《毛诗序》便从这一维度出发对其予以解释。通常来

———————

　　①　（汉）毛亨传，（汉）郑玄笺，（唐）孔颖达疏：《毛诗正义》卷1《汉广》，（清）阮元校刻：《十三经注疏》，中华书局2009年版，第592~593页。

　　②　参见胡秋蕾围绕这首诗的诠释传统的精彩讨论，毛的解释一直主导着对这首诗的讨论，并保留了这首诗的内在冲突。Qiulei Hu, Reading the Conflicting Voices: An Examination of the Interpretative Traditions about "Han Guang", *Chinese Literature: Essays, Articles, Reviews (CLEAR)*, 2012, 34, pp. 1-13.

　　③　［法］葛兰言著，赵丙祥、张宏明译：《古代中国的节庆与歌谣》，广西师范大学出版社2005年版，第82~83页。

说，《毛序》被认为是孔子的弟子子夏所作，也有学者认为是西汉初年的毛亨或其他学者所作。① 《毛序》提供了儒家对该诗的解释，也更符合诗歌的文学修辞："它说的是美德能够延伸到多远的地方"（德广所及也）。② 这更接近《汉广》的精神，因为它显然是将汉江和长江般不可逾越的宽阔河流作为其他广阔领域的象征。即便如朱熹，他在某些时候批评《毛诗》的注释，也接受了同样的解释。就道德而言，《毛序》似乎忽略了诗人行文里对受阻恋人的同情，但从文学表现来看，河流主要是作为分隔的象征。事实上，在周文化的广阔领土上，存在着实质性的地理和政治障碍，而汉水和长江就是其中的两个。

与《诗经》中其他诗对读，是一种常用的解经方式。《诗经》中的第六十一篇《河广》似乎与《汉广》有相互照应的关系，仿佛是为回应《汉广》而创作的，他们之间的不同，仅仅是将南方的汉江替换为北方的黄河或者说"河"。③

河广

> 谁谓河广，一苇杭之。
> 谁谓宋远，跂予望之。
> 谁谓河广，曾不容刀。④
> 谁谓宋远，曾不崇朝。

---

① Steven van Zoeren, *Poetry and Personality：Reading，Exegesis，and Hermeneutics in Traditional China.* Stanford：Stanford University Press，1991.

② （汉）毛亨传，（汉）郑玄笺，（唐）孔颖达疏：《毛诗正义》卷1《汉广》，（清）阮元校刻：《十三经注疏》，中华书局2009年版，第591页。

③ （汉）毛亨传，（汉）郑玄笺，（唐）孔颖达疏：《毛诗正义》卷1《汉广》，（清）阮元校刻：《十三经注疏》，中华书局2009年版，第688~689页；聂石樵主编，雒三桂、李山注释：《诗经新注》，齐鲁书社2009年版，第127~129页。

④ 刀，代指舠，小船也。

据毛氏注，这首诗描述的是"宋襄公的母亲嫁到卫国，不断地思念家乡，于是作下这首诗"（宋襄公母归于卫，思而不止，故作是诗也）。① 郑玄略微调整了这一解释，他指出，这位母亲由于某些原因被宋国驱逐出境，因此渴望回到儿子身边。② 另外，洪国樑认为，尽管到了宋襄公在位时期（前637），卫国的首都已经迁往与宋国同侧的黄河南岸，但郑玄的解释仍然正确，因为黄河在这里被用作纯粹的隐喻。③ 尽管不同的学者可能对历史背景存在分歧，但这首诗的基本性质当是清晰的：《河广》的演说者将黄河喻为政治性的障碍，是它阻挡了他归乡的旅途。演说者讲述了一种苦涩的情感，即便他怀念的家并不遥远，但终是永远无法抵达的彼方。

通过对比这两首以河流与思念为主题的诗，我们可以看到中国古代流域图的轮廓，一片因河流网络既统一又分裂的宏伟疆域。《诗经》中的河流经常拥有类似功能，它们标示并区分政治地域内部与边界外的事物。采用这一角度，我们将解释更为晦涩的案例，例如《诗经》的第二〇八篇：④

鼓钟

钟鼓将将！淮水汤汤，
忧心且伤。淑人君子，
怀允不忘。鼓钟喈喈！
淮水湝湝，忧心且悲。
淑人君子，其德不回。

---

① （汉）毛亨传，（汉）郑玄笺，（唐）孔颖达疏：《毛诗正义》卷3《汉广》，（清）阮元校刻：《十三经注疏》，中华书局2009年版，第688页。

② （汉）毛亨传，（汉）郑玄笺，（唐）孔颖达疏：《毛诗正义》卷3《汉广》，（清）阮元校刻：《十三经注疏》，中华书局2009年版，第688页。

③ 洪国樑：《〈诗经·卫风·河广〉新探》，《诗经、训诂与史学》，台湾出版社2015年版，第83~105页。

④ （汉）毛亨传，（汉）郑玄笺，（唐）孔颖达疏：《毛诗正义》卷13《鼓钟》，（清）阮元校刻：《十三经注疏》，中华书局2009年版，第1002~1003页。

鼓钟伐鼕！淮有三洲，

忧心且妯。淑人君子，

其德不犹。鼓钟钦钦！

鼓瑟鼓琴，笙磬同音。

以雅以南，① 以籥不僭。

毛诗认为该诗为对幽王在淮河外演奏王族乐曲的批评②，一些现代学者也持此观点③。据《左传》昭公四年，幽王曾在太室（今河南嵩山）完成了盟誓仪式，随后戎狄部落便作乱。④ 太室位于颍河附近，颍河是淮河的一条支流。⑤ 因此，这种解释并非不可能，但似乎有些勉强。或许徐文靖（1667—？）之说更好，他指出宣王曾征战于淮河地区。⑥

该诗的后半部分显然是颂扬有德之君子和与其相匹配的王室音乐，尤其是雅与南，它们是《诗经》的重要组成部分。然而，前三节都表达了演说者的悲伤和担忧，但其原因并未在诗中得到直接的

---

① 雅和南是《诗经》中的重要术语，不过此处似乎是表示更早的音乐学含义。关于雅、南的更多研究，可参见 Zhi Chen, *The Shaping of the Book of Songs：From Ritualization to Secularization.* Sankt Augustin：Institut Monumenta Serica，2007.

② 《序》"刺幽王也。"《传》曰："幽王用乐，不与德比。会诸侯于淮上，鼓其淫乐以示诸侯，贤者为之忧伤。"参见（汉）毛亨传，（汉）郑玄笺，（唐）孔颖达疏：《毛诗正义》卷13《鼓钟》，（清）阮元校刻：《十三经注疏》，中华书局2009年版，第1002页。

③ 聂石樵主编，雒三桂、李山注释：《诗经新注》，齐鲁书社2009年版，第399页。

④ Stephen Durrant, Wai-yee Li, and David Schaberg, *Zuo Tradition/ Zuozhuan.* Seattle：University of Washington Press，2016.

⑤ （清）朱右曾：《诗地理征》，《续修四库全书》（第72册），上海古籍出版社2002年版，第20页。

⑥ （清）徐文靖撰，范祥雍点校：《管城硕记》卷7，中华书局1998年版，第127页；亚瑟·韦利曾指出"这首歌可能是为在西周末年的南征中丧生的人所写的哀歌，但这是非常不确定的"。参见 Arthur Waley, edited with additional translations by Joseph R. Allen, *The Book of Songs.* New York：Grove Press，1996.

解释，除了可能与被提及的淮河有关。由此，呈现在我们眼前的淮河，是领域边界上边缘地带的标志。在历来的注释传统中，学者们经由不同道路来分析诗中的对比元素，但这些解读都依托于淮河的地域边界，以及它位于周王所经的重要领土之内。

二、黄河与河神

上引三首诗，都将河流描述为自然景观和宇宙的重要组成部分及相关元素，但它们并没有完全将河流描述为被崇拜的对象。事实上，中国的一些河流早已成为神灵的居所，在对《汉广》的叙述中，我已概述这一点。尽管有些学者试图在《诗经》中寻觅水神祭祀仪式的痕迹，但我认为这种尝试大多是错误的。没有必要假设存在某种可以称为"早期中国宗教"的能被清晰定义与区分的对象（discrete object，离散对象）。相反，我们应该区分不同文本背后的不同文化阶层。特别是《诗经》与《楚辞》，它们的文本脱胎于不同的宗教背景，因此不应一概而论。[①]

战国时期，楚人的宗教文化重视巫元素，无论是《楚辞》，还是近年来楚地出土的考古材料中，这一点都十分突出。[②] 巫师通过特殊仪式扮演神灵，使其可以精神形式升天或自由穿梭于四方。《楚辞》中的灵魂可分为两部分[③]，即地魄（魄）和天魂（魂），这种

---

① 我对其他学者极具启发性的研究基本持反对意见，如周策纵：《古巫医与"六诗"考：中国浪漫文学探源》，联经出版公司 1986 年版。

② 过常宝：《楚辞与原始宗教》，东方出版社 1997 年版；晏昌贵：《巫鬼与淫祀——楚简所见方术宗教考》，武汉大学出版社 2010 年版；Nicholas Morrow Williams，Shamans，Souls，and Soma：Comparative Religion and Early China，*Journal of Chinese Religions*，2020，48（2），pp. 147-173.

③ 近来的学术研究指出，在早期中国和中古中国存在着关于灵魂的多种观点，这些观点不应被忽视，除了可以参见笔者 2020 年发表的论文外，还可参见 K. E. Brashier，Han Thanatology and the Division of Souls，*Early China*，1996，21，pp. 125-158. 另可参见 Yuet Keung Lo，From a Dual Soul to a Unitary Soul：The Babel of Soul Terminologies in Early China，*Monumenta Serica*，2008，56，pp. 23-53.

二重灵魂说普遍见于其他巫术式宗教①。后者未见于《诗经》，但在《楚辞》中频频出现，魂是一种可以从身体中分离出来，并能穿梭于地域间的精神体。换言之，楚地的宗教拥有其独特的神灵系统，包括湘水女神湘夫人和黄河水神河伯，在《九歌》中，这些神灵都为楚人所崇拜。②

　　河伯，最早见于甲骨文，后亦见于《楚辞·天问》与《史记》。据《史记》记载，有一位名为西门豹的官吏，废除了将女性扔进黄河作为河伯新娘的旧俗。③ 然而，在楚人的《九歌》中，河伯的出现不但违背地理逻辑，而且是以魅人之姿与女子欢会畅游结成伴侣。在《寻找河伯：揭秘中国古代的河神形象》中，黎惠伦（Lai Whalen）提出了一个荣格式的比较解释，黎氏认为其中的西门豹为豹神，由是，西门豹治河可追溯至上古神话中豹神与河伯的原始冲突。④ 然而，这里引发我们兴趣的是，我们的视角将与上述《诗经》中诗歌的视角不同。诗人并不站在分隔疆域的河流的一侧或另一侧；他们根本不站在水平面上，他们的轨迹是垂直立体的，或升上最高的山峰，或潜入波浪之下。⑤

河伯

与女游兮九河，冲风起兮横波。

---

① Ivar Paulson, *Die Primitiven Seelenvorstellungen der Nordeurasischen Völker*：*EineReligionsethnographische und Religionsphänomenologische Untersuchung*. Stockholm：The Ethnographical Museum of Sweden，Monograph Series，Publication No. 5，1958.

② Arthur Waley, *The Nine Songs*：*A Study in Shamanism in Ancient China*. London：Allen & Unwin，1955.

③ 《史记》卷 126《滑稽列传》，中华书局 1982 年版，第 3211~3213 页。

④ Whalen Lai, Looking for Mr. Ho Po：Unmasking the River God of Ancient China, *History of Religions*，1990，29（4），pp. 335-350.

⑤ 黄灵庚疏证：《楚辞章句疏证》卷 3，中华书局 2007 年版，第 32~48 页。

乘水车兮荷盖，驾两龙兮骖螭。

登昆仑兮四望，心飞扬兮浩荡。

日将暮兮怅忘归，惟极浦兮寤怀。

鱼鳞屋兮龙堂，紫贝阙兮朱官。

灵何为兮水中，乘白鼋兮逐文鱼。

与女游兮河之渚，流澌纷兮将来下。

子交手兮东行，送美人兮南浦。

波滔滔兮来迎，鱼鳞鳞兮媵予。

　　第一行中的"九河"仿佛为覆盖某个广阔区域平原上的河网，但实际上似乎是指昆仑山的地下河流。① 剩下的诗篇描述了一段恋情，发生在"龙之圣所"（龙堂）与"鱼群密布"中，但也在昆仑山顶上。飞往如此遥远的地方，拥有无与伦比的自由，这是巫师的特权。

　　对于汉代的读者和学者来说，他们需要理解所有这些文本。就像现代学者回望远古一样，他们在接收这些碎片化的过去时，并没有按照正确的时间顺序对其分类，而是一下子全部接收。因此，汉人《楚辞章句》注释中将这首诗的第一句解释为："河是四条水道的长官，它的地位被视为大夫。屈原是楚国的大夫，想结交官员，所以他称河为'你'。"（河为四渎长，其位视大夫。屈原亦楚大夫，欲以官相友，故言女也）②这种解释太过牵强，与原诗毫无关联，注释本身具有相当程度的创造性阐发，我认为它不应该被视为对原诗的阐释，而是对其的回应。显然，汉代的注释在不直接否认有关河伯的传统传说的情况下，完全重构了这首诗的背景，并将其放在了

_____

　　① ［日］中钵雅量：《中国的祭祀与文学》，东京创文社 1989 年版，第 20~22 页；韦利在 1955 年的著作中称其为"神话地理"，第 47 页。

　　② 黄灵庚疏证：《楚辞章句疏证》卷三，中华书局 2007 年版，第 32 页。此基于《尔雅》所叙"九河"而研究，一般认为该句由王逸所作，但也有为汉代其他学者所作的可能，笔者认为作者身份未定。（汉）王逸章句，（宋）洪兴祖补注，夏剑钦、吴广平校点：《楚辞章句补注》卷 2《九歌》，岳麓书社 2013 年版，第 75 页。

另一个语境中："四渎"。

"四渎"在古代水神祭祀及其象征体系中有着重要地位，它们的意涵极具多样化，并被赋予了等级制度。《楚辞章句》中，黄河不仅被列为"四渎"之一，还被视为是至高无上的。河流之间的等级秩序还可作为屈原与其他朝臣关系的模型。这种可传递性的象征符号，并不意味着这样一套信仰体系在当时真实存在，但它确实代表了一种巧妙的尝试——将《九歌》中的神话与巫觋的象征转化为适合汉代的士人官僚体系。

正如贾晋华在 2021 年的研究中所述，尽管在不同的特定背景下，人们曾向河流进行祭祀，但许多经典文献并未明确提到"四渎"，这一概念似乎是在战国和汉代伴随"五行"学说一起确立的。这一思路在"五岳"概念下更为明显，五岳与五行完全相匹配，也同样适用于四渎。贾晋华指出，陆贾（前 240—前 170）的《新语》是第一部明确提到五岳和四渎的文献。[①] 而"四渎"一词最早见于《史记》引《书》的内容，而在今本《尚书》的文本中却并不存在，[②] 引文内容如下：

> 古禹、皋陶久劳于外，其有功乎民，民乃有安。东为江，北为济，西为河，南为淮，四渎已修，万民乃有居。后稷降播，农殖百谷。三公咸有功于民，故后有立。昔蚩尤与其大夫作乱百姓，帝乃弗予，有状。先王言不可不勉。[③]

此处，"四渎"被明确置于明君圣贤的背景下，其确立被视为中国文明建立的重要阶段之一。这一段有助于将对"河伯"的评论放进纵向的视野中。无论是个体还是地理位置，都已将黄河之名重

---

① Jinhua Jia, Formation of the Traditional Chinese State Ritual System of Sacrifice to Mountain and Water Spirits, *Religions*, 2021, 12(5), p. 322.

② Jinhua Jia, Formation of the Traditional Chinese State Ritual System of Sacrifice to Mountain and Water Spirits, *Religions*, 2021, 12(5), p. 323.

③ 《史记》卷 3《殷本纪》，中华书局 1982 年版，第 97 页。

新定位于官方的等级体系中。

如果四条水道早期在两个不同的宗教-宇宙观（无论是地理上，与整个领土的有关，还是作为巫觋升天的地点）中被看待，我们可能会认为，汉朝祭祀制度的建立反映出《诗经》中的价值观已大获全胜：河流已经成为领土与官僚地理中的元素。然而，事实并非如此，后来的文学传统表明一切恰恰相反。在文学传统中，将河流作为巫觋升天场所的垂直河流观念更占主导。也就是说，不管是由于汉代建立的官方仪式，还是其他相关文化的变革，中古时期关于河流的诗歌仍然具有明确的宗教意味，即使不完全与《九歌》相同。

西汉时期，有一个著名的历史事件曾涉及"河伯"的身影。瓠子（今河南濮阳南）在公元前132年汉武帝刚刚登基时决口，据《史记》记载，公元前109年，汉武帝亲自前往指挥修筑，甚至让高级官员参与缺口的填补。[①] 但由于担心工程无法完成，汉武帝吟唱了下面两首歌：[②]

> 瓠子决兮将奈何？皓皓旴旴兮闾殚为河。
> 殚为河兮地不得宁，功无已时兮吾山平。[③]
> 吾山平兮巨野溢，鱼沸郁兮柏冬日。
> 正道弛兮离常流，[④] 蛟龙骋兮方远游。
> 归旧川兮神哉沛，不封禅兮安知外。

①　（北魏）郦道元撰，杨守敬、熊会贞疏，杨甦宏、杨世灿、杨未冬补：《水经注疏补》卷4《河水四》，中华书局2014年版，第264页。

②　康达维是将这两首诗歌置于在武帝大量制作楚辞类诗歌的背景下进行分析的，其对两首歌的翻译有利于我们对诗歌的研究。David R. Knechtges, The Emperor and Literature：Emperor Wu of the Han, in *Imperial Rulership and Cultural Change in Traditional China*. Seattle：University of Washington Press, 2014, pp. 66-67. 柯马丁对早期中国汉代历史中诗歌作用进行了深入的调查，其根据"文字"与"歌谣"采用二分法来处理这些有趣的文本。Martin Kern, The Poetry of Han Historiography, *Early Medieval China*, 2004, 2004(1), pp. 23-65.

③　这里或许在暗示，填补缺口的唯一方法是夷平附近的山丘。

④　《史记》中此处"正"为"延"，此据《水经注》版本。

为我谓河伯兮何不仁，泛滥不止兮愁吾人。
啮桑浮兮淮泗满，① 久不反兮水维缓。

河汤汤兮激潺湲，北渡污兮浚流难。
搴长茭兮沈美玉，河伯许兮薪不属。
薪不属兮卫人罪，烧萧条兮噫乎何以御水！
颓林竹兮楗石灾，宣房塞兮万福来。②

这两首诗歌采用楚辞的形式，每句都由两个三字半句组成，用韵律助词"兮"隔开，并以押韵的对仗格式呈现。与中国大部分其他形式的诗歌不同，这里的每一行都有韵脚，但韵脚随每句对仗而改变。这与"九歌"的韵律非常接近，但比后者更加规范。

第一首诗以描述河水不可阻挡的力量为开头，用富有感召力但罕见(几乎是一种独特的表达方式)的谐音复合词"皓旰"来代表，并重复使用为"皓皓旰旰"。当堤坝修复完成，河水回归旧道时，它的流动用令人难忘的表达方式"神哉沛"来描述，这可能让人联想起"九歌"中的第三篇《湘君》："沛吾乘兮桂舟。"在早期的那首歌中，神祇游走于河流中，但在武帝诗中，河流本身成为神圣的主体。

第二首诗则缺乏一些戏剧性，主要是责备卫人过度砍伐森林用于筑堤。开篇同样描绘了黄河的猛烈力量："河汤汤兮激潺湲"，其中的"汤汤"形容了洪水的汹涌，这与《诗经》第二〇八篇的表述类似。而"潺湲"则同样形容了河流的奔腾，这与"九歌"中的《湘夫人》相似。总之，这两首诗的用词取材于已经非常成熟的描述河流力量的修辞。在这里，强调黄河规模庞大是对皇帝威力的肯定，因为他可以凭借自己的力量，命令黄河，并亲身参与黄河的治理，以此来驯服黄河之祖"河伯"。

武帝及其他汉朝统治者所作的诗歌构成了一个有趣的语料库，

---

① 啮桑，位于今山西吉县西。
② 《史记》卷29《河渠书》，中华书局 1982 年版，第 1413 页。

尤其是当人们探讨大部分早期中国诗赋的来源问题时。正如康达维（David R. Knechtges）所指出的，在这些作品中，《瓠子歌》是非常独特的，因为"它是武帝诗中唯一一首以帝王口吻创作的"。① 由此，上述诗歌的独特之处在于，其是由已知历史人物在特定地点和日期为"河伯"而作。《瓠子歌》虽然在韵律上与《九歌》类似，并且也将河流视作拟人化的神祇，但其文化来源是完全不同的。《九歌》文本所描述的，是一个立体的、从地面升到空中的、巫术经验式的世界，而《瓠子歌》则不同，它的文本着眼于治理不同等级的河流，用于政治说教。由此可见，帝国的标准化礼制已然建立，即使它们从《九歌》这种更为开放的宗教材料中借鉴了一些元素。

至建安（196—220）时期，建安七子之一应场（卒于217）又于其《灵河赋》中援引"瓠子决口"一事，该赋可能为第一篇专以黄河为题材的赋。与上述《诗经》中的诗相似，《灵河赋》的创作盖源于曹操对刘备的一次军事行动，在这次行动过程中，他可能在公元208年渡过黄河。《灵河赋》如今只余片段传世，但仅据其标题，即可知该赋描绘的是一条拥有神圣能力的河流：

灵河赋②

　　咨灵川之遐原，于昆仑之神丘。凌增城之阴隅兮，③ 赖后土之潜流。衔积石之重险兮，披山麓而溢浮。蹶龙黄而南迈兮，纤鸿体而因流。涉津洛之阪泉兮，④ 播九道乎中州。汾濆涌而腾骛兮，恒薨薨而徂征。肇乘高而迅逝兮，阳侯怖而振

---

① David R. Knechtges, The Emperor and Literature：Emperor Wu of the Han, in *Imperial Rulership and Cultural Change in Traditional China*. Seattle：University of Washington Press, 2014, p. 67.

② 赵逵夫、杨晓斌主编：《历代赋评注：魏晋卷》，巴蜀书社 2010 年版，第 30~34 页。

③ 昆仑山的一处山峰。

④ 阪泉，是黄帝战胜炎帝之处，在神话地理学中有着重要地位。此句《艺文类聚》的版本中，"洛"为"路"，"阪"作"峻"。

惊。有汉中叶，金隄隤而瓠子倾。① 兴万乘而亲务，董群后而来营。下淇园之丰筱，投玉璧而沉星。② 若夫长杉峻榉，茂栝芬檀，③ 扶疏灌列，映水荫防。隆条动而飏清风，白日显而曜殊光。④

可见，在汉代，有两种相反方向的文化转型正同时发生。一方面，汉帝国获得了其疆域内重要水道的控制权。这包含两方面的举措，其一是兴建水坝和堤坝，其二是汉武帝确立了恰当的祭祀系统。另一方面，帝国对这些神灵的认可与崇拜，似乎也增加了神灵的力量，至少在文献中是如此反映的。

作为历代河流诗赋的顶峰之作，晋人郭璞的《江赋》即体现出了这样的特质。《江赋》一文保存完整，郭氏以诸多笔墨描摹并总结了长江的波澜壮阔。首先，他叙述长江在帝国中的地理位置，其次，用一连串的拟声词刻画汹涌的急流，接着，他列举了居住在它深处的鱼、贝和两栖动物。《江赋》还将江中岩石与河面上嬉戏的鸟进行分类，并详细描绘了它沿岸的植物。最后，它进一步描述了沿岸以江河为生的渔民。这是一个逐渐展开的图景，它从长江本身出发，途经江内外的动物与植物，又到达人间的民俗风物，最终自然而然地引出了超越时空的道教神仙，他们隐匿于江水的深处。这

---

① "金隄"与"瓠子"为历史上两处著名河堤。"金隄"又作"金堤"，在今河南省滑县东。"瓠子"，在今河南濮阳县南。

② 据前叙《史记》，"白马玉璧"作为供奉河神的祭品，被武帝沉入黄河。此处，应场以"沉星"代指，或许是因为其把"白马"与王梁五星中的天驷混为一谈。参见 Gustave Schlegel, *Uranographie Chinoise*. Leiden：E. J. Brill, 1875. 另外，赵逵夫与杨晓斌认为"星"为"牲"之误，其原因是"星"的异体字作"胜"，是与"牲"形近而误，我认为这一更改过于激进。参见赵逵夫、杨晓斌主编：《历代赋评注：魏晋卷》，巴蜀书社 2010 年版，第 32 页。

③ 关于这些树木的研究，可参见 George A. Stuart, *Chinese Materia Medica：Vegetable Kingdom*. Shanghai：American Presbyterian Mission Press, 1911.

④ 另有四句诗显然来自这赋的另一部分，简单地描述着河上充满小船：龙艘白鲤，越艇蜀舻。泝游覆水，帆樯如林。

首伟大的作品包括了这样的段落：①

> 若乃岷精垂曜于东井，阳侯遯形乎大波。
> 奇相去得道而宅神，乃协灵爽于湘娥。
> 骇黄龙之负舟，识伯禹之仰嗟。
> 壮荆飞之擒蛟，终成气乎太阿。
> ……
> 焕大块之流形，混万尽于一科。
> 保不亏而永固，禀元气于灵和。
> 考川渎而妙观，实莫著于江河。

　　长江源自岷山的"精"（spiritual essence），它的光辉延伸到东方的天井。据李善注引纬书《河图括地象》，"岷精"即为二十八宿中的井宿。然而，波神阳侯躲藏在波浪之下，女神奇相则居江为神。事实上，他们的力量都源于"大块"，是其力量的不同表现，"大块"是驾驭所有变化的塑造者，它使一切在"灵和"中相遇，并在神灵世界中达到融为一体的和谐。

　　换言之，汉代文学中对江河的神化，是汇集了地域性河流传说与地方性河神崇拜的结果，博学的郭璞承继并在其诗赋中延续了这一传统。与之相类，木华（活跃于 290 年前后）的《海赋》也将海洋描绘为神灵的居所。纵观以上文学作品，我们可以看到一个愈加清晰的视野，这些广阔的水域作为"无法把握的幽灵幻影"，既是人们崇拜的对象，也是拥有自己职司和力量的神灵。易言之，在与束缚它们的陆地的抗争中，河流逐渐取得了胜利，不再是呆板的自然景观，成为具有独立的生命和力量的存在。因此，在后来的文学传统中，河流最突出的形象是银河，而不是河流本身，这绝非偶然。

---

　　①　（梁）萧统编，（唐）李善注：《文选》，上海古籍出版社 1986 年版，第 572~573 页。文本翻译参考自 David R. Knechtges and Tong Xiao, *Wen Xuan or Selections of Refined Literature*, *Volume II*：*Rhapsodies on Sacrifices*, *Hunting*, *Travel*, *Sightseeing*, *alaces and Halls*, *Rivers and Seas*. Princeton：Princeton University Press，1987，pp. 349-351.

三、流向天空的河流

汉代的礼制中将五岳与四渎相配，而谈及中国的诗歌文学，"山水"是常见意象。然而，这种搭配掩盖了山水之间的本质区别。虽然两者看起来相似，都是稳定而持久的地理标志（即使不是实际上的永久性），但事实上只有山是永恒不变的，而河流是变化的。诚如孔子在川上所言："逝者如斯"，一座山岳始终是同一座山，而一条河流从未是同一条河。这种区别在文学中也有所体现，山神在传说中有着愈发丰富的形象，形成跨越不同宗教的共同传统，[1]但河流似乎是起起伏伏的，它们陆续为不同的神灵所主宰，即使这些神灵的称谓相同，其形态和性质也总是处在变化之中。

考虑到唐朝是一个更加辽阔的世界性帝国，人们可能会期待看到更多如郭璞《江赋》那样的文学作品。然而，若我们以《文苑英华》为指南，会发现在一百五十卷"赋"中，有九卷以"水"为主题（第三十二至四十卷），但很少有赋专为河流写作。其中，主要的主题包括季节和气候变化，如旱灾或水冻结成冰；"如石投水"的隐喻；以及各种著名的泉水与池塘，但稀见河流的身影。只有第三十四卷，是以海洋与河流为创作对象，该卷或以阐述寓言为目的，如樊阳源的《众水归海赋》，抑或讨论河流清浊的传统主题，如独孤绶的《泾渭合流赋》。换言之，无论是郭璞的作品还是应场的作品，都未能开创唐代诗赋以河流为主题的广泛传统。河流本身很少被视为创作诗歌的自然主题。

不过，《文苑英华》第三十四卷中有一条线索，充分体现了唐代文学关注河流的哪一方面，即刘珣的《渭水象天河赋》。这非独是一位诗人的浪漫幻想，在唐人的诗歌中，地上的河流和天上的星河之间存在对应关系，占据主导地位。虽然大地上宽广的河流仍如

---

① James Robson, *Power of Place：The Religious Landscape of the Southern Sacred Peak（Nanyue* 南嶽*）in Medieval China.* Cambridge：Harvard University Asia Center，2009.

从前般触动人心，但唐朝诗人对河流这一自然象征的兴趣似乎已经转移到一个新的维度。由是，有一条"河"颇受赞誉，出现在许多精巧的诗歌中。这条"河"并非一条真实的河流，而是秋河——银河的另一种称呼。

在中国，有充分的史料证明，自古以来银河与河流便存在对应关系。早在《诗经》的第二百五十八篇中，便以"云汉"代称银河。正如薛爱华（Edward Schafer）曾指出，"至少在汉代，天河即被认为是中国河流神秘的源头，它高悬于天穹之上"。① 另有这样一则故事曾广为人知，一位男子乘坐浮槎顺海水漂流到远方，最终遇见了居于天上的织女和牛郎。回家后，他拜访天文学家严君平，问他所至为何处，严君平便告知他抵达时的准确日期，原因是那日曾有客星闯入牛宿和斗宿。② 这个故事频见于唐代的各类文学作品，可见，启发唐代诗人创作灵感的正是"天河"，而非真实的河流。

正如我们所见，《文苑英华》中关于具体河流或四渎的赋极少，但在以"天象"为主题的二十卷赋中，仅第十卷就包含数篇以"银河"为主的作品。我们将对其中一篇代表作进行分析，作为本章研究的尾声。该赋是一篇"律赋"，虽然诞生于唐赋的鼎盛时期，但前人对"律赋"研究尚显不足。③ 在很大程度上，对这一体裁的偏见

---

① Edward Schafer, The Sky River, *Journal of the American Oriental Society*, 1974, 94(4), p. 403.

② "旧说天河与海通。近世有居海渚者，年年八月有浮槎去来，往返不失期。此人乃立屋于槎上，赍粮，乘槎去。忽忽不觉昼夜。奄至一处，有城郭屋舍。望见室中多织妇，见一丈夫牵牛渚次饮之。惊问此人：'何由至此？'此人即问：'此为何处？'答曰：'君可诣蜀问严君平。'此人还，问君平，君平曰：'某月有客星犯牛斗。'"（晋）张华撰，范宁校正：《博物志校证》，中华书局 2014 年版，第 111 页；参见 Edward Schafer, The Sky River, *Journal of the American Oriental Society*, 1974, 94(4), pp. 404-405.

③ 最近的一部著作为詹杭伦、沈时蓉等校注的《历代律赋校注》，该注本的出版律赋研究这一领域比 20 世纪任何时候都更易于理解。詹杭伦教授去年的英年早逝是这一研究领域的重大损失。参见詹杭伦、沈时蓉等校注：《历代律赋校注》，武汉大学出版社 2015 年版；目前最好的英文研究报告仍然是柯睿（Paul Kroll）的两篇文章，尽管他只用寥寥几页论述唐代诗人对这一主题的探讨。参见 Paul W. Kroll, The Significance of the *fu* in the History of T'ang Poetry, *T'ang Studies*, 2000, 2000(18-19), pp. 87-105.

源于它与试赋密切相关，公平来讲，唐中晚期的许多短赋都深受科举考试的影响：它们假定有大量读者，并希望能一举抓住考官的眼球。如果我们减弱对它们真实性或批判性的要求，转变视角，便会在 9 世纪的小赋中发现辉煌的文学成就。它们展示的不是差异，而是与前叙《诗经》和《楚辞》传统的连续性，在自然界中发现值得探索的"生命之象"。这一时期的赋，其规模较以描绘帝国繁华的宫廷文学式散体大赋更加短小，但这一体裁保留了与大赋起源相同的象征性和结构性特征。例如，律赋亦采用序、乱、讯等特殊语汇安排文本的结构，将文本分划分为不同主题的段落。除了明显的汉赋特征外，律赋也喜用象征性符号来代表宏大的事物，包括神话、天象和帝王等。

下面这篇律赋，虽然不同于我们所熟知的唐代诗赋，但从另一个角度来看，它继承了前述河流诗赋的传统。该赋为格律工整的八章，其将银河作为陆地河流在天上的映像，既是自然界永恒天象的象征，也暗含着诗人在世俗与精神世界登高的野心：

曙观秋河赋①

王损之

邈彼斜汉，丽于中天。遇良宵之已艾，与清景而相鲜。势则昭回，② 既阑干而远映。时方萧瑟，亦漫而高悬。

的尔遥分，凄然仰眺。澄奕奕之浮彩，隐苍苍而引耀。孤星迥泛，状清浅之沉珠。③ 残月斜临，似沧浪之垂钓。

---

① （宋）李昉等编：《文苑英华》卷 10，中华书局 1966 年版，第 57~58 页；简宗梧、李时铭主编：《全唐赋》，里仁书局 2011 年版，第 2027~2028 页；詹杭伦、沈时蓉等校注：《历代律赋校注》，武汉大学出版社 2015 年版，第 80~81 页。

② "昭回"一词出自《诗经》第 258 篇《云汉》，用以描写银河。

③ "清浅"也是对银河的称呼，出自《古诗十九首》："河汉清且浅"。参见逯钦立：《先秦汉魏晋南北朝诗》，中华书局 1983 年版，第 331 页。

轻晖羃羃，远景萧萧。色分隐映，光凝沉寥。拟瀑布而不落，① 似轻云之欲销。

夜景将分，清光向晓。萦碧落以回薄，② 澹晴空而缥缈。跻攀不及，限一水以心遥。瞻望空劳，邈九霄而思杳。

发迹无际，凌虚不倾。积曙色之牢落，涵爽气之凄清。疑曳练而势远，讶残虹而体轻。远想牵牛，渐失迢迢之状。遥思弄杼，无闻轧轧之声。

景气潜昭，氛埃远屏。宁在地以为状，信滔天而挂影。可以玩清光，狎余景。分晖爽亮，向晓色而亭亭；远势纵横，带秋光之耿耿。

伟兹垂象，倬彼青霄。映星躔之的的，出云路以昭昭。想穿凿之初，悠然莫测。稽源流之始，邈矣方遥。

则知匪自人功，实惟天设。自虚无而想像，界寥廓而昭晰。意天边之横注，远若波澜；想空裏之潜流，遥疑呜咽。宜其临清泚，挹澄澈。傥天路之可升，与清漪而比洁。

整篇赋都积极地描摹了天河的双重性质。在赋开篇第一章，我们读到："亦滥而高悬"（它泛滥成灾，却又悬在高空）：这里既描绘了天河的水势，又指出它为凝固在天上的实体；在第二章中，临近天河的月亮被比作"似沧浪之垂钓"（悬挂在青波之上的钓钩）；在第三章中，它又被比作不落的瀑布；在第四章中，它是一条分隔天地的河流，与人间观者相距甚远；在第五章中，诗人敏锐地问道，为何我们听不见织女工作时织布机的声音，仿佛在提示我们，这些相似之处并非实在，而颇具娱乐色彩；在第六章中，诗人想象河水冲洗了天空的尘埃与污垢，意识到这一切皆为光影作祟；在第

---

①　此处笔者以"sheet of spray"来直译"瀑布"，该翻译形式是参考了 Paul W. Kroll, Lexical Landscapes and Textual Mountains in the High T'ang, *T'oung Pao*, 1998, 84(1/3), p. 70.

②　"碧落"是道教词汇，意为天上。对"碧落"一词的该种解释，参见 Stephen Bokenkamp, Taoism and Literature：The Pi-lo Question, *Taoist Resources*, 1991, 3(1), pp. 57-72.

七章中，其言"伟兹垂象"（那些悬浮的图像，多么光辉!）黎明已至，诗人观见银河消失在光芒之中，感慨万分。

最后，诗人观察到天河流淌过天地边缘，边界由此模糊不清，但他也暗示这其实是一种想象，即便他希望能沿着天河走到天上，让手指触碰涟漪，在波浪边嬉戏。这些诗句隐喻着诗人对在官场中"上升"的渴望，反复出现的"天"暗指帝王朝廷。河流和银河都为天所包容，是装饰天宏大背景的元素。天河，永恒地高悬于天上，并在原地闪闪发光。在这里，河流自古以来即为"天定"，这恰与印度神话相反，在印度神话中，恒河水是从天而降的。① 黄河与其天上的对应物银河都是静止的，它们互为镜像、遥相呼应。由此，银河若能从天而降便是不合适的，因为它同样属于永恒不变的帝王天庭。该赋象征性语汇隐喻之一便是对天子温和的称颂，认为他光辉灿烂、闪耀如星。

关于唐代文学中的天的主题，我们尚可延伸探讨，但有鉴于本章的目的，我们已逐渐远离了最初《诗经》中叙述的河流形象。在这里，诗人已不再以划分地域领土的视角看待河流，而是转向天上的视角，花大量心思来描述他在星星之间发现的与水波相似的空隙。与此同时，我们也勾勒出了一条文化发展的路径，即从地上的河流到天上的星河。即使在《诗经》中，河流也暗含着遥不可及的象征意味，所以黄河"河伯"的存在也在情理之中。实际上，我们很难找到关于描绘真实的"四渎"的文本，因为它们常常被神化，是神灵往来的空间。此外，宗教文化色彩深深地植根于大赋的河流主题之中，这使我们能合理解释结尾部分引入的关于银河的内容，其内涵似乎是早期诗歌文化传统的自然流露。与神山不同，河流自身似乎未曾获得中国人永久的崇拜。在整个中古的诗赋中，我们没

---

① 根据一个流行的版本，它"……从天而降至人间，为了使沙迦罗的六万个儿子重获身体；他们之前都被仙人迦比罗凶猛的目光燃成灰烬"。参见 Diana L. Eck, *India：A Sacred Geography*. New York：Harmony Books, 2012；翻译参考自黄宝生：《印度古代文学》，中国社会科学出版社 2020 年版，第 314 页。

有见到对江河的崇拜，但常常见到对神山的崇拜，如昆仑山、天台山。这是因为变幻无常的河流，并不适合作为君主和皇权的象征。然而，在中国传统的宇宙观中，四渎当然也是重要的：它们并不穿过云层到达天上，而是通过巧妙的辗转比喻，暗示了一条更灵巧登天的上升之路。正如歌德所言，"Alles Vergängliche ist nur ein Gleichnis"（万象皆俄顷，无非是映影）。① 尽管河流的路径在尘世中不断更改，但最终都通向了星辰。

[作者简介]魏宁（Nicholas Morrow Williams），亚利桑那州立大学中国文学副教授，*Tang Studies*（《唐学报》）主编，研究领域为中国古代文学、宗教和翻译。

[译者简介]梁艺馨，武汉大学历史学院博士研究生。

---

① [德]歌德著，绿原译：《浮士德》，人民文学出版社1994年版，第402页。

第四章　唐代的山川封爵现象：兼论唐代的官方山川崇拜[*]

朱　溢

一、序　言

山川崇拜是一种古老的信仰，在先民时代就已经出现。[①] 进入帝制时代，山川崇拜成为国家礼仪、制度性宗教和民间信仰之一部分，在这些复杂的信仰体系中起着举足轻重的作用。唐代是一个山川崇拜盛行的时代，尤其是山岳崇拜受到了空前的重视。近来，学者们对唐代的山川崇拜进行了深入的探讨，[②] 从各个侧面丰富了我

---

[*]　本文原载于《新史学》第 18 卷第 4 期，2007 年，第 71~124 页。本文英文版 The Bestowal of Noble Titles upon the Mountain and Water Spirits in Tang China 发表于 *Religions*，2022，13（3），pp. 229-239. https：//doi. org/10. 3390/rel13030229。

[①]　钱志熙：《论上古至秦汉时代的山水崇拜山川祭祀及其文化内涵》，《文史》2000 年第 3 辑，第 237~258 页。

[②]　有关唐代山川崇拜的研究主要集中在山岳崇拜方面。杜德桥（Glen Dudbridge）从戴孚的《广异记》入手研究了华山神的民间形象，见 Glen Dudbridge，*Religious Experience and Lay Society in T'ang China*：*A Reading of Tai Fu's Kuang-i Chi*. Cambridge：Cambridge University Press，1995，pp. 86-116. 贾二强通过对唐五代笔记小说的梳理，勾画了民众心目中华山神和泰山神的形象，见贾二强：《唐宋民间信仰》，福建人民出版社 2002 年版，第 13~52 页。雷闻深入剖析了唐代官方山岳崇拜与道教的关系，见雷闻：《唐代道教与国家礼仪——以高宗封禅活动为中心》，李国章、赵昌平主编：《中华文史论丛》（转下页）

们对这一课题的认识。尽管如此，因为唐代山川崇拜丰富的内容和重要的学术价值，还有不少问题有待进一步的探讨，山川封爵现象就是一个值得关注的问题。

通常，爵位的授予对象都是人。最为常见的五等爵就是授予皇室和有功之臣的，民爵则授予普通百姓。然而，在唐代却出现了朝廷将爵位授予山川神的现象。表4-1列出了唐代授予山川神爵位的基本情况，这是在雷闻的成果之上作了适当增补而成的。①

表 4-1　　　　　　　　　唐代授予山川神爵位表

山川名	爵号	时间
嵩山	天中王/ 神岳天中皇帝/ 天中王/ 中天王	垂拱四年(688)/ 万岁通天元年(696)/ 神龙元年(705)/ 天宝五载(746)
洛水	显圣侯	垂拱四年(688)
华山	金天王	先天二年(713)
泰山	天齐王	开元十三年(725)

（接上页）2001 年第 4 辑，上海古籍出版社 2002 年版，第 62~79 页；雷闻：《五岳真君祠与唐代国家祭祀》，荣新江编：《唐代宗教信仰与社会》，上海辞书出版社 2003 年版，第 35~83 页。余欣将敦煌地区三危山和金鞍山地位的升降置于当地政局的变化中加以考察，见余欣：《神道人心——唐宋之际敦煌民生宗教社会史研究》，中华书局 2006 年版，第 134~146 页。河海湖泊崇拜的研究较少，有曾一民：《隋唐广州南海神庙之探索》，中国唐史学会编：《唐代文化研讨会论文集》，文津出版社 1991 年版，第 311~358 页；王元林：《国家祭祀与海上丝路遗迹：广州南海神庙研究》，中华书局 2006 年版，第 55~97 页。雷闻另有论文对唐代的国家山川祭祀进行了综合讨论，见雷闻：《论隋唐国家祭祀的神祠色彩》，《汉学研究》第 21 卷第 2 期，2003 年，第 116~123 页。

① 雷闻：《论隋唐国家祭祀的神祠色彩》，《汉学研究》第 21 卷第 2 期，2003 年，第 119~120 页。

续表

山川名	爵号	时间
恒山	安天王①	天宝五载(746)
衡山	司天王	天宝五载(746)
河渎	灵源公	天宝六载(747)
济渎	清源公	天宝六载(747)
江渎	广源公	天宝六载(747)
淮渎	通源公	天宝六载(747)
昭应山	玄德公	天宝七载(748)
太白山	神应公	天宝八载(749)
东海	广德王	天宝十载(751)
南海	广利王	天宝十载(751)
西海	广润王	天宝十载(751)
北海	广泽王	天宝十载(751)
吴山	成德公	天宝十载(751)
沂山	东安公	天宝十载(751)
会稽山	永兴公	天宝十载(751)
医无闾山	广宁公	天宝十载(751)
霍山	应圣公	天宝十载(751)
燕支山	宁济公	天宝十二至十四载(753—755)②

① "代宗宝应二年五月丁卯,改封北岳为宁天王。"(北宋)王钦若等编:《册府元龟》卷34《帝王部·崇祭祀三》,中华书局1960年版,第367页。不过,这一说法只出现在《册府元龟》中,不见于其他史书。而反映贞元初期祭祀制度的王泾《大唐郊祀录》卷8《祭礼》在提到恒山的封号时,仍称之为安天王(古典研究会1972年版,第787页)。故不取《册府元龟》的说法。

② 关于燕支山被封为宁济公的时间,各种史料都没有明确的记载。"维唐百三十载,贲玄化之纪,息金革之虞,茫蠢蒸然,革于圣泽。……其封神为宁济公,锡之鞶带,备厥礼物,诏邦牧太子少保哥舒公,卜吉日筑台灵祠于高麓之阳。"(宋)李昉等编:《文苑英华》卷879《燕支山神宁济公祠堂碑》,中华书局1966年版,第4636~4637页。哥舒翰于天宝十二载(753)七月被授予太子少保,见(宋)宋敏求编:《唐大诏令集》卷60《陇右河西节度使哥舒翰西平郡王制》,商务印书馆1959年版,第323页。那么,可以肯定燕支山被授予爵位的时间是在天宝十二载七月以后,也不可能晚于发生了安史之乱的天宝十四载。

山川名	爵号	时间
鸡翁山	侯（具体名称不详）	太和九年（835）
终南山	广惠公	开成二年（837）
丈人山	希夷公	中和元年（881）
少华山	佑顺侯	光化元年（898）
洞庭湖	利涉侯	天祐二年（905）
青草湖	安流侯	天祐二年（905）

雷闻从自然神之人格化的角度对此现象进行了长时段的分析,[①] 富有启发性。不过，这一历史现象尚有从其他角度进行考察的可能。本章将围绕山川封爵与现实政治和权力观念的关系、山川封爵与官方山川祭祀制度的关系等问题展开分析，以期对唐代官方山川崇拜的时代特性有比较准确的认识。

二、唐代的山川祭祀制度

迄今为止，学界对唐代山川祭祀制度的认识尚不够清晰，而准确理解这一制度对于深入探讨唐代山川封爵现象是不无裨益的。

唐代的山川祭祀大致可以分为京城内的祭祀和山川所在地的祭祀两类，这个分类原则不仅与祭祀地点相关，在很大程度上也反映着这两类祭祀的不同性质。

1. 京城内的山川祭祀

我们先来看一下京城内的山川祭祀。在中古时代，山川神时而是北郊祭祀的从祀神，时而成为方丘祭祀的从祀神，这是由当时的

---

① 雷闻：《论隋唐国家祭祀的神祠色彩》，《汉学研究》第 21 卷第 2 期，2003 年，第 116~123 页。

礼仪之争引起的。① 不管祭祀的地点是北郊还是方丘，山川神都是皇地祇祭祀的从祀神，在郊祀礼仪中，其祭祀地点随着皇地祇祭祀地点的不同而不同。到了唐代，虽然郊、丘关系仍然处于变动之中，但是在郊祀仪式中，山川神的祭祀地点都是在方丘。根据《武德令》，夏至祭皇地祇于方丘，"每祀则地祇及配帝设位于坛上，神州及五岳、四镇、四渎、四海、五方、山林、川泽、丘陵、坟衍、原隰，并皆从祀"。"神州在坛之第二等。五岳已下三十七座，在坛下外壝之内。丘陵等三十座，在壝外。"② 可见，岳镇海渎在各从祀神中的地位仅次于神州。高宗时期，郊丘一度合并，因为原先北郊祭祀的主神神州也是方丘祭祀的从祀神，方丘的格局不会有什么变化。根据《开元礼》，在方丘祭祀皇地祇时，"其从祀神州已下六十八座，同贞观之礼"。③ 根据史书记载，"贞观初，诏奉高祖配圜丘及明堂北郊之祀，元帝专配感帝，自余悉依武德"。④ 那么，与武德时期相比，在《开元礼》所规定的方丘祭祀中，山川神的地位没有发生改变。

在京城内，除了方丘这一固定的祭祀场所外，山川神还在其他场合被祭祀。山川神被认为具有兴云致雨的功能，因而成为祈雨和祈晴的对象。在南北朝时期，官方祈雨祈晴的办法在南北政权各有不同，隋朝继承的是南朝的制度。⑤ 唐代在大体上延续了隋代的做法。⑥ 不过，从《隋志》记载来看，我们并不清楚唐朝以前为京师祈雨祈晴的仪式中祈祷各山川神的地点。到了唐朝，就变得很明确

① 关于中古时代南郊、北郊和圜丘、方丘之争，参见 Howard J. Wechsler. *Offerings of Jade and Silk：Ritual and Symbol in the Legitimation of the T'ang Dynasty*. New Haven：Yale University Press，1985，pp. 109-117；［日］金子修一：《古代中国と皇帝祭祀》，汲古书院 2001 年版，第 47~48、163 页。

② 《旧唐书》卷 21《礼仪志一》，中华书局 1975 年版，第 820 页。

③ 《旧唐书》卷 21《礼仪志一》，中华书局 1975 年版，第 834 页。

④ 《旧唐书》卷 21《礼仪志一》，中华书局 1975 年版，第 821 页。

⑤ 《隋书》卷 7《礼仪志二》，中华书局 1973 年版，第 125~128 页。

⑥ 雷闻对唐代的祈雨有精彩的研究。见氏著《祈雨与唐代社会研究》，袁行霈主编：《国学研究》第 8 卷，北京大学出版社 2001 年版，第 245~289 页。

了，这一活动一律在北郊举行。在京师干旱或淫雨时节，朝廷都会派员前往北郊祭祀山川神。根据《旧唐书·礼仪志》，京师夏天发生旱情，除了"审理冤狱，赈恤穷乏，掩骼埋胔"外，还须祈雨："先祈岳镇、海渎及诸山川能出云雨，皆于北郊望而告之。又祈社稷，又祈宗庙，每七日皆一祈。不雨，还从岳渎。"霖雨不止时，则"禜京城诸门，门别三日，每日一禜"。"不止，乃祈山川、岳镇、海渎；三日不止，祈社稷、宗庙。"①仁井田陞指出，这是开元七年令和二十五年令中的内容。②

至于开元时期的北郊祈雨程序，《开元礼》中有着极为详尽的规定，限于篇幅，我们只能概述其中最为关键的因素。这些山川神在祭坛中的位置是按照其方位来确定的，"设岳镇海渎及诸山川神座，各依其方，俱内向，席皆以莞，设神位各于座首"。③ 在每一个方位，岳镇海渎与其他山川之间有着严格区别，这主要体现在献祭顺序和祝文上。祭官在祭完东方的岳镇海渎之后，并不是立刻祭拜位居东方的其他山川，而是依次祭拜其他方位的岳镇海渎，再回转过来从东方开始，依次祭拜各方位的其他山川。每个方位上的岳镇海渎与其他山川的祝文是彼此分开的。这些充分体现了岳镇海渎与其他山川之间重要性的不同。如果这些山川神显灵、天降雨水的话，还要在北郊举行祈报仪式，布局一如祈雨仪式，只是祝文有所不同。④

在唐代，南郊也是举行山川祭祀的一个场所。每年十二月，朝廷在南郊举行蜡祭百神的仪式，山川神也是祭拜的对象。蜡祭是年

---

① 《旧唐书》卷 24《礼仪志四》，中华书局 1975 年版，第 911 ~ 912 页。雷闻认为，唐代这七日一变的祈雨程序是由中祀到大祀逐步升级，见雷闻：《祈雨与唐代社会研究》，袁行霈主编：《国学研究》第 8 卷，北京大学出版社 2001 年版，第 252 页。这一看法不对，大中小三祀制度只是针对常祀的，不应用于像祈雨这类临时性的祭祀活动。

② ［日］仁井田陞：《唐令拾遗》，东京大学出版会 1964 年版，第 208 ~ 209 页。

③ （唐）萧嵩等：《大唐开元礼》卷 66《时旱祈岳镇于北郊》，古典研究会 1972 年版，第 347 页。

④ （唐）萧嵩等：《大唐开元礼》卷 66《时旱祈岳镇于北郊》，古典研究会 1972 年版，第 349 页。

末合祭百神的传统礼仪，不过，在北周之前，祀典并没有规定蜡祭的对象究竟有哪些。到了北周，山川神的祭祀明确成为蜡祭的一部分。尽管从北周至唐代，蜡祭仪式仍处于变动之中，但以岳镇海渎为首的山川神一直在蜡祭的对象之列。① 与北郊祈雨仪式相同，岳镇海渎和其他山川也是以方位为单位，"各于其方设五星、十二次、二十八宿、五岳、四镇、四海、四渎、山林、川泽、丘陵、坟衍、原隰、井泉，神座各于其方之坛"。② 与北郊祈雨的情形不同，蜡祭礼仪没有将同一方位的岳镇海渎与其他山川分隔开来，这可以东方神灵的祝文为例："维某年岁次月朔日，子嗣天子某谨遣具位臣姓名，敢昭告于东方岳镇海渎：惟神倡导坤仪，兴降云雨，亭育庶品，实赖滋液，年谷顺成，用通大蜡，谨荐嘉祀，溥被一方。山林、川泽、丘陵、坟衍、原隰、井泉庶神咸飨。"③ 可见，同一方位上的岳镇海渎与山林川泽及其他神灵是一起祭祀的。之所以与北郊祈雨仪式不同，可能与祭祀对象有关。北郊祈雨的祭祀对象是山川神，在这些神灵之间进行进一步的划分，是具有操作性的；而南郊蜡祭百神，祭祀对象众多，在那些方位性很强的众神之中，再区分其地位和重要性，就显得不合时宜了。

作为一类重要的地祇，山川神一直是国家祭祀的对象。自从东汉光武帝重建南北郊祀制度以来，山川神都扮演着从祀神的角色。④ 尽管郊祀制度屡经变迁，但山川神在其中一直有着稳定的地位。在唐代以前，祈祷山川神早已成为祈雨祈晴礼仪的一部分，在蜡祭仪式中，山川神也是祭祀的对象。唐代京城内的山川祭祀大体上还是承袭了此前的格局，在细节上应当还是有所变化的，只不过因为资料不足，我们无法窥探到唐以前这些祭祀活动的具体程序，《开元

---

① 《隋书》卷7《礼仪志二》，中华书局1973年版，第148页；《旧唐书》卷24《礼仪志四》，中华书局1975年版，第911页。

② （唐）萧嵩等：《大唐开元礼》卷22《皇帝腊日蜡百神于南郊》、卷23《腊日蜡百神于南郊有司摄事》，古典研究会1972年版，第135、142页。

③ （唐）萧嵩等：《大唐开元礼》卷22《皇帝腊日蜡百神于南郊》、卷23《腊日蜡百神于南郊有司摄事》，古典研究会1972年版，第140、146页。

④ 朱溢：《汉唐间官方山岳祭祀的变迁——以祭祀场所的考察为中心》，《东吴历史学报》第15期，2006年，第79~85页。

礼》的编修让我们能够很清楚地看到唐代这些祭祀礼仪的细节。

2. 当地的山川祭祀

山川所在地的祭祀是以山川神为主神的，更能反映唐代官方山川祭祀的历史面貌。唐代继承和发展了隋代的大中小三祀制度。[①]五岳、四镇、四海、四渎的常规祭祀是中祀，其他进入祀典的名山大川是以小祀的规格被祭祀的。李唐建国初期，各种祭祀活动的等级并不是很清楚，不过学者们都倾向于认为，武德和贞观时期袭用隋代开皇年间的三祀制度。[②]开皇初年大祀、中祀、小祀的规定是："昊天上帝、五方上帝、日月、皇地祇、神州社稷、宗庙等为大祀，星辰、五祀、四望等为中祀，司中、司命、风师、雨师及诸星、诸山川等为小祀。"[③]历来"四望"有两种解释，郑众认为四望是日月星海，而郑玄的说法是五岳四镇四渎。郑玄的看法可能更接近这里的"四望"，因为日月和星辰已经在上面被提到了，如果四望是日月星海，就会造成重复。需要略加说明的是，上面的"诸山川"并不包含五岳四镇四渎，根据《旧唐书·礼仪志》，唐代祀典中的"诸山川"就是岳镇海渎之外的其他名山大川，[④]隋代也应如此。然而，用郑玄的见解来解释也未见得完全准确，隋代的四望很有可能是包括四海的。那么，唐朝武德和贞观时期岳镇海渎的祭祀，仍然像开皇初年一样，是以中祀的规格祭祀的。只不过，开皇初年是

---

　　①　关于隋代三祀制度的缘起，参见高明士：《隋代的制礼作乐——隋代立国政策研究之二》，黄约瑟、刘健明编：《隋唐史论集》，香港大学亚洲研究中心 1993 年版，第 19～20 页。

　　②　代表性的意见参见高明士：《论武德到贞观礼的成立——唐朝立国政策的研究之一》，《第二届国际唐代学术会议论文集》，文津出版社 1993 年版，第 1166～1170 页。另外，（宋）王应麟：《玉海》卷 69《礼仪·礼志下》，华联出版社 1964 年版，第 1348 页，在"唐贞观礼、大唐仪礼"条下引《礼乐志》："吉礼之别，有大祀、中祀、小祀，而天子亲祠者二十有四。大祀：天地、宗庙、五帝；中祀：日、星、社稷、岳渎；小祀：风雨、灵星、山川焉。"李锦绣指出，《新唐书·礼乐志》在记载《贞观礼》时没有这一段记录，这只能作为判断贞观祠令的参考。参见李锦绣：《俄藏 Дx. 3558 唐〈格式律令事类·祠部〉残卷试考》，《文史》2002 年第 3 辑，第 153 页。

　　③　《隋书》卷 6《礼仪志一》，中华书局 1973 年版，第 117 页。

　　④　《旧唐书》卷 24《礼仪志四》，中华书局 1975 年版，第 911 页。

否已经有指代明确的四镇还有疑问，① 到了武德和贞观时期，四镇明确指东镇沂山、西镇吴山、南镇会稽山和北镇医无闾山。其他名山大川的祭祀等级是小祀。② 直至永徽时期，唐朝在三祀制上不再沿袭开皇礼制，③ 岳镇海渎和其他名山大川的祭祀等级仍然不变。此后，一些祭祀仪式的等级规格屡有变动，但岳镇海渎的常祀总是

---

①　虽然"四镇"的概念早已有之，但直到隋代，四镇才作为一个仅次于五岳的山岳序列进入国家祀典，并有了具体的指称对象。正因为晚出，四镇的指称对象时有变动。在《隋书》中，"四镇"一词只出现在开皇二十年的一条诏令中（卷2《高祖纪下》，中华书局1973年版，第45~46页），虽然没有具体所指，但四镇的形成不可能晚于开皇二十年。我们再来看《隋书》卷7《礼仪志二》："开皇十四年闰十月，诏东镇沂山，南镇会稽山，北镇医无闾山，冀州镇霍山，并就山立祠；东海于会稽县界，南海于南海镇南，并近海立祠。及四渎、吴山，并取侧近巫一人，主知洒扫，并命多莳松柏。其霍山，雩祀日遣使就焉。十六年正月，又诏北镇于营州龙山立祠。东镇晋州霍山镇，若修造，并准西镇吴山造神庙。"中华书局1973年版，第140页。那么，在开皇十四年，四镇是否存在？是否指东镇沂山、南镇会稽山、北镇医无闾山、冀州镇霍山？吴山是不是不在四镇之中？这条史料无法提供很明确的答案。到了开皇十六年（596），北镇从医无闾山移至龙山，霍山成为东镇，吴山是西镇。我们推测，四镇很有可能是在开皇十六年才形成的，以东南西北四镇的形式出现。

②　（唐）李林甫等撰，陈仲夫点校：《唐六典》卷3"户部郎中员外郎"条，中华书局1992年版，第64~72页，分别记载了十道下的行政建制、地方特产和列入祀典的名山大川。

③　池田温等人根据萨守贞的《天地瑞祥志》复原了《永徽祠令》，见［日］池田温编集代表：《唐令拾遗补》，东京大学出版会1997年版，第489~490页。而荣新江、史睿考证了《唐律疏议》卷一、卷九中记载大祀、中祀和小祀的祠令为《永徽祠令》，见荣新江、史睿：《俄藏敦煌写本〈唐令〉残卷（Дx. 3558）考释》，《敦煌学辑刊》1999年第1期，第3~13页。近来，荣新江和史睿对此再度予以确认，见荣新江、史睿：《俄藏Дx. 3558唐代令式残卷再研究》，季羡林、饶宗颐主编：《敦煌吐鲁番研究》第9卷，中华书局2006年版，第146~147页。李锦绣也认为，《唐律疏议》引用的这一祠令的主干就是由《唐令拾遗补》复原的《永徽祠令》，见李锦绣：《俄藏Дx. 3558唐〈格式律令事类·祠部〉残卷试考》，《文史》2002年第3辑，第153~157页。

保持中祀的等级，诸山川的祭祀也一直是按小祀的规格进行的。①

需要说明的是，只有在岳镇海渎所在地举行的常祀才是中祀。《开元礼》在分别交代了岳镇和海渎的祭祀对象、时间、地点等情况后，提到："前祭五日，诸祭官各散斋三日，致斋二日。"②根据规定，"凡大祀散斋四日，致斋三日；中祀散斋三日，致斋二日；小祀散斋二日，致斋一日"。③显然，在当地举行的岳镇海渎常祀的等级是中祀。方丘之中岳镇海渎的祭祀不是中祀，这可以由祭器的数量来证明。显庆二年（657），许敬宗论及笾、豆之数曰："按今光禄式，祭天地、日月、岳镇、海渎、先蚕等，笾、豆各四。……今请大祀同为十二，中祀同为十，小祀同为八，释奠准中祀。自余从座，并请依旧式。"④这一看法被高宗接受，并著于《显庆礼》中。此后，除了太庙常祀的笾、豆数量一度增加到各十八，⑤各种等级祭祀所用到的笾、豆保持不变，中祀要使用到的笾、豆数量各为十。根据《开元礼》，在方丘举行皇地祇祭祀时，"五岳、四镇、四海、四渎、五方、山林、川泽等三十七座，每座笾、豆各二，簋、簠各一"。⑥可见，在方丘中的岳镇海渎祭祀不是中祀，其他场合举行的祭祀就更不是了。

---

　　①　雷闻对永徽、显庆、开元和贞元时期各种祭祀活动的等级划分作了很好的整理。参见雷闻：《祈雨与唐代社会研究》注 34，袁行霈主编：《国学研究》第 8 卷，北京大学出版社 2001 年版，第 278～279 页。

　　②　（唐）萧嵩等：《大唐开元礼》卷 35《祭五岳四镇》、卷 36《祭四海四渎》，古典研究会 1972 年版，第 199、201 页。

　　③　（唐）萧嵩等：《大唐开元礼》卷 3，古典研究会 1972 年版，第 31 页。

　　④　《旧唐书》卷 21《礼仪志一》，中华书局 1975 年版，第 825 页。

　　⑤　开元二十三年（735），太庙常祀的笾、豆数量增加到各十八，见《新唐书》卷 122《韦安石传附韦绦传》，中华书局 1975 年版，第 4355～4357 页。贞元时期，太庙祭祀的笾、豆数量又变回各十二，见（唐）王泾：《附大唐郊祀录》卷 1《凡例上》，古典研究会 1972 年版，第 735 页。这一变化当是此前发生的。关于开元二十三年笾、豆数量和内容变化的意义，参见吴丽娱：《唐宋之际的礼仪新秩序——以唐代的公卿巡陵和陵庙荐食为中心》，荣新江主编：《唐研究》第 11 卷，北京大学出版社 2005 年版，第 245～253 页。

　　⑥　《旧唐书》卷 21《礼仪志一》，中华书局 1975 年版，第 834 页。

朝廷每年在特定的时间于当地为岳镇海渎举行常祀。根据武德和贞观时期岳镇海渎祭祀的规定：

> 五岳、四镇、四海、四渎，年别一祭，各以五郊迎气日祭之。东岳岱山，祭于兖州；东镇沂山，祭于沂州；东海，于莱州；东渎大淮，于唐州。南岳衡山，于衡州；南镇会稽，于越州；南海，于广州；南渎大江，于益州。中岳嵩山，于洛州。西岳华山，于华州；西镇吴山，于陇州；西海、西渎大河，于同州。北岳恒山，于定州；北镇医无闾山，于营州；北海、北渎大济，于洛州。其牲皆用太牢，笾、豆各四。祀官以当界都督刺史充。①

岳镇海渎根据各自的方位在相应的五郊迎气日举行，即立春日，祭东岳、东镇、东海、东渎；立夏日，祀南岳、南镇、南海、南渎；季夏土王日祭中岳；立秋日，祭西岳、西镇、西海、西渎；立冬日，祭北岳、北镇、北海、北渎。祭祀的主持者是当地最高长官都督或者刺史。祭祀使用的祭品是牛、羊、豕各一，祭器为笾、豆各四。此后，朝廷对这一制度进行了一些修订：永徽二年（651）的《祠令》，在原有条文的基础上，增补了"若都督刺史有事故者，遣上佐行事"的规定；② 如前所述，永徽二年之后，常祀的笾、豆数量也有增加。不过，大体说来，有唐一代岳镇海渎常祀制度的基础，是在武德和贞观年间奠定的，《开元礼》也遵循了这一制度框架。小祀等级的山川祭祀没有专门的制度规定，即使《开元礼》也是如此，具体的祭祀程序很有可能由地方政府制定和执行。与魏晋南北朝相比，唐代山川祭祀制度要规范得多。③ 授权地方政府主持

---

① 《旧唐书》卷 24《礼仪志四》，中华书局 1975 年版，第 910 页。

② ［日］池田温编集代表：《唐令拾遗补》，东京大学出版会 1997 年版，第 495~496 页。

③ 朱溢：《汉唐间官方山岳祭祀的变迁——以祭祀场所的考察为中心》，《东吴历史学报》第 15 期，2006 年，第 77 页。

山川祭祀，是这些祭祀按时举行的保证，避免了天灾人祸造成的祭祀延误现象。

唐代山川祭祀制度的进展，还体现在朝廷对祭祀场所的管理上。官方山川祠庙的出现是很早的事情，在秦汉时期的祠畤中，就有不少山川祠庙。① 这些祠庙在魏晋南北朝也一直存在，只是因为政局动荡，祭祀场所的运行时常受到影响。② 到了隋唐时期，山川祠庙的管理和维护有了大幅度的改进，其性质也发生了巨大的变化，这些祠庙在延续祭祀场所之属性的同时，逐渐地官僚化了。隋代建立后，在五岳庙和吴山庙设置了庙令，"以供其洒扫"。③ 庙令在国家官吏队伍的编制之中，品级视从八品。此后，朝廷还在镇山和海渎兴建了祠庙，并设立官巫以维护这些祭祀场所。④ 唐代祠庙的官僚化色彩更加浓厚，在五岳和四渎都设置了庙令、斋郎和祝史，庙令的官品是正九品上。这些人都是国家的正式官吏，负责祠庙的维护，辅助地方长官执行祭祀礼仪。"庙令掌祭祀及判祠事。祝史掌陈设、读祝、行署文案。斋郎掌执俎豆及洒扫之事。"⑤正是因为成了官僚机构的一部分，五岳和四渎的祠庙也拥有公廨田和职分田。⑥

展现唐代山川常祀实际运作的史料不算丰富，记载也不够详尽，不过透过相关的文字可以看到，山川常祀大致还是按照制度规定来操作的。张洗《济渎庙北海坛祭器碑》，此文写于贞元十三年

---

① 关于秦汉时期祠畤的研究，参见周振鹤：《中国历史文化区域研究》，复旦大学出版社 1997 年版，第 51～81 页；李零：《秦汉祠畤通考》，唐晓峰、辛德勇、李孝聪主编：《九州》第 2 辑，商务印书馆 1999 年版，第 161～174 页。

② 朱溢：《汉唐间官方山岳祭祀的变迁——以祭祀场所的考察为中心》，《东吴历史学报》第 15 期，2006 年，第 76～77 页。

③ 《隋书》卷 28《百官志下》，中华书局 1973 年版，第 784 页。

④ 《隋书》卷 7《礼仪志二》，中华书局 1973 年版，第 140 页。

⑤ （唐）李林甫等撰，陈仲夫点校：《唐六典》卷 30，中华书局 1992 年版，第 756 页。

⑥ （唐）杜佑撰，王文锦等点校：《通典》卷 2《食货二》，中华书局 1988 年版，第 31～32 页。

（797），反映了当时济水和北海常祀的面貌：

> 　　天子以迎冬之日，命成周内史奉祝文宿齐，毳冕、七旒、五章、剑履、玉佩，为之初献；县尹加绣冕、六旒、三章、剑履、玉佩，为之亚献；邑丞玄冕，加五旒，无章，亦剑履、玉佩，为之终献。用三牲之享。①

可见，济水和北海的常祀是按照制度规定在立冬举行的。"成周内史"即河南府尹，是当地的最高长官。唐代的大祀和中祀都实行三献制度，不过，在岳镇海渎常祀中，除了初献一般是祭祀的主持者——地方长官外，亚献和终献的人选没有统一的规定。"三牲之享"就是牛、羊、豕各一。以上这些都合乎制度的规定。羊士谔《南镇永兴公祠堂碑》："贞元九年夏四月，连率安定皇甫公，以前月丁酉诏旨，奉玄玉制币，祷于灵坛。勤报功之享，循每岁之法，致斋野次，虔捧祝册，夜漏未尽，礼成三献。"②"皇甫公"即越州刺史皇甫政。③ 这一记载不如《济渎庙北海坛祭器碑》明确，不过还是可以看到，南镇会稽山的常祀一直按时举行，并且遵守了制度条文。李景让的《南渎大江广源公庙记》写于大中十二年（858），其中提到，每年立夏由地方最高长官主持的南渎长江常祀，"至于今不衰"，④ 整个祭祀仪式应当也是符合仪轨的。

　　通过下面北岳常祀的例子可以看到，在岳镇海渎常祀的执行过程中，虽有与条文不尽相符之处，也并不远离制度规定。北岳庙中有不少题记与常祀有关，这里列举几条：元和十一年（816）十月八日立冬祭祀，"初献节度衙推、将仕郎、守试秘书省秘书郎、兼殿

---

　　① （清）王昶：《金石萃编》卷 103，《石刻史料新编》第 1 辑第 3 册，新文丰出版公司 1982 年版，第 1733 页。

　　② （宋）孔延之编：《会稽掇英总集》卷 17，《景印文渊阁四库全书》（第 1345 册），台湾"商务印书馆"1983 年版，第 134 页。

　　③ 郁贤皓：《唐刺史考》，香港中华书局 1987 年版，第 1765 页。

　　④ （明）杨慎编：《全蜀艺文志》卷 37，《景印文渊阁四库全书》（第 1381 册），台湾"商务印书馆"1983 年版，第 453 页。

中侍御史、前定州大都督府录事参军郑志，亚献将仕郎、前恒阳县尉、摄恒阳县令、兼防城兵马使李钦，终献朝请郎、前行汝州郏城县尉、摄恒阳县主簿邓公楚"；大和五年（831）九月廿四日立冬祭祀，"初献摄节度巡官、朝请郎、前试武卫兵曹参军薛锻，亚献将仕郎、守易州满城县令、摄曲阳县令顾文赏，终献宣德郎、前试左卫率府胄曹参军、摄曲阳县尉辛次儒"；开成元年（836）九月十九日立冬祭祀，"初献观察支使、登仕郎、试太常寺协律郎、骑都尉薛廖，亚献儒林郎、前行易州容城主簿、摄曲阳县令元沂，终献将仕郎、前试太常寺奉礼郎、摄曲阳县尉赵勤"；会昌四年（844）九月十七日立冬祭祀，"初献摄易定等州观察判官、文林郎、前试大理评事、兼监察御史崔元藻，亚献摄馆递迎官、将仕郎、前守深泽县令苗缃，终献朝请郎、前行曲阳县尉、摄尉李宏敏"。① 在这些祭祀中，初献者都是由节度使辟署的僚佐担任。前面提到过，在唐前期的岳镇海渎常祀中，自从有了"若都督刺史有事故者，遣上佐行事"的规定，若地方长官因故不能参加，由上佐主持祭祀。安史之乱后，地方权力结构发生了重大变化，自从建中三年（782）之后，义武军节度使成为恒山所在地区的最高军政长官。通过题记可以看到，北岳常祀的主持者有节度衙推、节度巡官、观察支使、观察判官等。而在藩镇使府中，上佐是副使和行军司马。② 唐代后期，在岳镇海渎常祀制度没有发生改变的情况下，上面这些北岳常祀的主持人选并不符合"上佐行事"的制度精神。不过，这些僚佐都是由节度使委派的，尽管级别稍低，但也是代行节度使职权的。北岳常祀依然是在每年的立冬日举行，三献制度也没有被破坏。以上这些说明，在唐后期岳镇海渎常祀的运行过程中，官员们大体上还是遵守了制度规定，虽然并非在每个环节上都能做到。

在唐后期的岳镇海渎常祀中，最高地方长官时常缺席，然而，

---

① （清）王昶：《金石萃编》卷73，《石刻史料新编》第1辑第2册，新文丰出版公司1982年版，第1244~1246页。

② 严耕望：《唐代方镇使府僚佐考》，《唐史研究丛稿》，新亚研究所1969年版，第177~179页。

只有他们亲自主持，才能真正显示这些祭祀的重要性。因此，这一缺席现象也在不断得到纠正。韩愈在《南海神庙碑》中提到，在之前的南海常祀中，广州刺史"既贵而富，且不习海事"。"又当祀时，海常多大风，将往，皆忧戚，既进，观顾怖悸。故常以疾为辞，而委事于其副，其来已久。"元和十二年（817）七月，孔戣到任，次年立夏，即不畏风浪，亲行南海神的常祀。① 五代时期，国家也在努力促成岳镇海渎常祀回到由地方最高长官主持的格局。后晋开运二年（945），右补阙卢复上奏："伏见以时祭岳渎，皆是本道观察使亲赍御降祝文词所行礼，惟中岳顷自故河南尹张全义年德俱高，遂请少尹或上厅宾席摄祭。近岁多差文参府掾，习以为常。不唯有渎于神祇，兼虑渐隳于祀典。臣欲请河南尹却于华州、兖州、定州、孟州观察使例，亲行献礼，仍令本县令读祝文者。"后晋少帝下敕曰："卢复请河南尹亲及庙貌，冀表精虔，在祷山川，诚为重事，且浩穰都邑，岂可阙人？今后祭中岳，宜令河南尹往彼行礼。"②后晋控制的疆域有限，在其版图中，东岳泰山在兖州，西岳华山在华州，北岳恒山在定州，北渎济水在孟州，这些岳渎的常祀都由当地最高军政长官观察使主持，这表明即使是在五代乱世，岳渎常祀仍然能够按照既有的制度来执行。五代时期，张全义长期担任河南尹，"尹正河、洛，凡四十年"，③ 年老之后，由河南少尹或其宾客代行中岳的常祀。张全义死后，这一现象也没有得到改变，直到后晋少帝时期才被重视，朝廷以敕令的形式规定，恢复了中岳祭祀由地方最高长官河南尹主持的定制。以上种种事例表明，唐代乃至五代的山川常祀，基本上还是遵照制度来执行的。

同时，唐代并没有放弃遣使臣祭祀山川神的做法。在常祀之外，朝廷还根据实际需要，如有水旱灾情，或遇丰收，派遣朝臣前

---

① （唐）韩愈撰，（宋）魏仲举编：《五百家注昌黎文集》卷31，《景印文渊阁四库全书》（第1074册），台湾"商务印书馆"1983年版，第459页。

② （北宋）王钦若等编：《册府元龟》卷594《掌礼部·奏议二十二》，中华书局1960年版，第7111~7112页。

③ 《旧五代史》卷63《张全义传》，中华书局1976年版，第842页。

往山川所在地举行特祀。① 关于开元时期旱灾时岳镇海渎的祭祀程序，《开元礼》中有着详细的规定，其祝文与北郊祈雨时基本一致，在天降甘霖后，也同样有个祈报仪式。② 从以上这些方面，我们可以认识到唐代山川祭祀的规范程度。这固然与当时礼制整体上的发展息息相关，但统治者对山川祭祀的重视同样不可忽视。

地方政府也时常根据当地社会的需要，来祭祀辖境内的山川神，祭祀对象除了岳镇海渎、名山大川，还有地方性的山川神。相关的记载不胜枚举，李商隐笔下就有不少这样的祭神文。③ 这些山川祭祀由地方政府自行掌握，没有固定的日期，主祭者的身份也通常不是地方最高行政或军政长官。例如元和九年（814）十二月，受山南东道节度使严绶的派遣，幕僚元稹前去祭祀东渎淮水，以期得到淮水神的庇佑，协同朝廷平定淮西节度使吴元济的叛乱，其祝文也与常祀完全不同。④ 与以制度为准绳的常祀相比，这些祭祀有着更为现实的需要，也更为灵活多样。

山川崇拜不仅仅体现在国家礼制的场合，道教也崇拜山川神灵，不过，道教对官方山川祭祀的影响还是比较有限。投龙仪式就是古老的山川崇拜在道教领域的重要表现形式，在唐代这个以崇道著称的时代，皇帝时常派遣道士前往岳渎举行斋醮和投龙仪式。⑤ 然而，通过制度的制定与执行可以看到，国家山川祭祀保持了其固

---

① （北宋）王钦若等编：《册府元龟》卷 33《帝王部·崇祭祀二》、卷 34《帝王部·崇祭祀三》，中华书局 1960 年版，第 356~366、367~371 页。

② （唐）萧嵩等：《大唐开元礼》卷 67《时旱就祈岳镇海渎》，古典研究会 1972 年版，第 350 页。

③ （唐）李商隐著，（清）冯浩详注，钱振伦、钱振常笺注：《樊南文集》卷 5、补编卷 11，上海古籍出版社 1988 年版，第 288~301、885~888 页。

④ （唐）元稹撰，冀勤点校：《元稹集》卷 60《祭淮渎文》，中华书局 1982 年版，第 625 页。

⑤ 周西波：《敦煌写卷 P.2354 与唐代道教投龙活动》，《敦煌学》第 22 辑，1999 年，第 91~109 页；雷闻：《五岳真君祠与唐代国家祭祀》，荣新江编：《唐代宗教信仰与社会》，上海辞书出版社 2003 年版，第 64~70 页；雷闻：《道教徒马元贞与武周革命》，《中国史研究》2004 年第 1 期，第 73~80 页；张泽洪：《唐代道教的投龙仪式》，《陕西师范大学学报》（哲学社会科学版）2007年第1期，第27~32页。

有的特质，来自道教投龙仪式的影响微乎其微。玄宗开元年间，道教人士改造国家祭祀系统的热情高涨。开元十九年（731），在司马承祯的要求下，五岳真君祠、青城丈人祠和庐山使者庙得以建立，以此来进行道教化的五岳祭祀，但这并没有取代国家的五岳祭祀系统。① 道教对官方山川祭祀并非全然没有产生过影响。开元十四年，玄宗遣朝臣祭祀岳镇海渎、风伯雨师，"各就坛场，务加诚敬，但羞苹藻，不假牲牢，应缘奠祭，尤宜精洁"。② 吴丽娱指出，该敕文旨在反对血祭，体现了道教对岳镇海渎祭祀的渗透，但是这一影响没能长久维持，无论是《开元礼》的制定，还是之后的礼仪实践，又重新回到了血祭的立场上。③ 唐代的官方山川祭祀大体上还是遵循了既有的发展轨迹，并没有因为道教的兴盛而有大的改变。

3. 册祝制度所反映的君权与山川神关系的变化

册祝是国家祭祀礼仪中的重要环节，皇帝通过祝文来体现出自己与被祭祀神灵之间的关系。只有在当地的山川祭祀中，山川神才是主神，所以我们希望通过当地山川祭祀中册祝制度的研究，来加深对皇帝与山川神关系的认识，以作为理解山川封爵现象的重要背景。严格地说，这一部分的研究是从属于前面所讨论的当地山川祭祀的，出于对这一问题的研究意义和讨论篇幅的考虑，我们单独把它列为一小节。首先来了解一下册祝制度，《新唐书·礼乐志》："祝版，其长一尺一分，广八寸，厚二分，其木梓、楸。凡大祀、中祀，署版必拜。皇帝亲祠，至大次，郊社令以祝版进署，受以出，奠于坫。宗庙则太庙令进之。若有司摄事，则进而御署，皇帝北向再拜，侍臣奉版，郊社令受以出。皇后亲祠，则郊社令预送内侍，享前一日进署，后北向再拜，近侍奉以出，授内侍送享所。享

① 雷闻：《五岳真君祠与唐代国家祭祀》，荣新江编：《唐代宗教信仰与社会》，上海辞书出版社 2003 年版，第 35~83 页。

② （宋）宋敏求编：《唐大诏令集》卷 74，商务印书馆 1959 年版，第 418 页。

③ 吴丽娱：《新制入礼——〈大唐开元礼〉的最后修订》，《燕京学报》新19 期，北京大学出版社 2005 年版，第 58~64 页。

日之平明，女祝奠于坫。此册祝之制也。"①因为资料的缺乏，我们无法确定这里记载的册祝制度究竟始于何时，但可以肯定在证圣元年（695）之后就改变了原来的面貌。从这条史料中可以看到，凡是大祀和中祀，皇帝都要御署祝版后北面再拜，作为中祀的岳镇海渎常祀也是如此。

至证圣元年（695），情况发生了变化：

> 旧仪，岳渎以上，祝版御署讫，北面再拜。证圣元年，有司上言曰："伏以天子父天而母地，兄日而姊月，于祀应有再拜之仪。谨按五岳视三公，四渎视诸侯，天子无拜诸侯之礼，臣愚以为失尊卑之序。其日月以上，请依旧仪。五岳以下，署而不拜。"②

依据旧仪，"岳渎以上，祝版御署讫，北面再拜"，位居岳渎之下的四镇和四海似乎不属于御署后北面再拜的对象。但根据前引《新唐书·礼乐志》中的记载，四镇、四海应该与五岳、四渎一样，皇帝应当在御署祝版后北面再拜，"岳渎"应当是岳镇海渎的简写。"五岳视三公，四渎视诸侯"出自《礼记·王制》，根据郑玄的解释，"视，视其牲器之数"。③ 也就是说五岳祭祀时所用的牲牢和祭器数量与三公相同，四渎的牲器与诸侯相同。早在唐太宗下令编修《五经正义》时，《礼记正义》采用的就是郑玄的注本，也就是说郑玄的见解是得到官方认可的。到了此时，武周政权对"五岳视三公，四渎视诸侯"的意思进行了重新解释，"视"这个词具有了判别身份等级的意义，从中得出了皇帝在身份等级上高于岳渎神，不必北面再拜五岳以下神灵的结论。这充分显示了皇权的膨胀和统治者对皇权

---

① 《新唐书》卷12《礼乐志二》，中华书局1975年版，第332页。

② （宋）王溥：《唐会要》卷22《岳渎》，上海古籍出版社1991年版，第497页。

③ （汉）郑玄注，（唐）孔颖达疏：《礼记正义》卷12，（清）阮元校刻：《十三经注疏》，中华书局1980年版，第1336页。

地位的敏感程度。从此开始，皇帝对岳镇海渎都只是署而不拜了。

开元年间，在祭祀岳渎的祝文中，皇帝的自称有了变化。开元九年(721)，太常奏曰："伏准《唐礼》，祭五岳四渎，皆称嗣天子，祝版皆进署。窃以祀典，五岳视三公，四渎视诸侯，则不合称嗣天子，及亲署其祝文。伏请称皇帝谨遣某官某敬致祭于岳渎之神。"① 这一奏文被批准实行。《开元礼》直到开元二十年才颁布，因此引文中的《唐礼》当指《显庆礼》。"嗣天子"即"天子"，"嗣"为冠称。经过尾形勇、金子修一的研究，《开元礼》规定的各种祭祀祝文中皇帝自称的特点变得清晰："天子臣某""天子某"和"天子"是在祭祀天地系统的神祇时使用的，"皇帝臣某""皇帝某"和"皇帝"是祭祀祖先与其他人格神时用的自称，而"臣某""某"与不加名讳之间的差别主要与祭祀等级有关。② "皇帝"与"天子"在祭祀礼仪上的用法差别，于《开元礼》颁布之前就已经或多或少地存在了，从上面《显庆礼》的规定可以看到，在祭祀岳镇海渎这些地祇系统的神灵时，皇帝的自称用"嗣天子某"。③ 开元九年太常寺礼官的上奏，再次援引"五岳视三公，四渎视诸侯"，指出皇帝不应使用"嗣天子某"，改为一般用于祭祀祖先和其他人格神的自称——"皇帝"，岳镇海渎完全被等同于皇帝的臣下了。尽管没有证据表明《开元礼》之前就存在"臣某"、"某"、不加名讳与祭祀等级的大致对应关系，但礼官关于皇帝不在祝文上亲署名讳的建议，实际上是将岳镇海渎祭祀的重要性降格了，这与岳镇海渎被当作皇帝臣下的观念多少是有关系的。在开元二十年颁布的《开元礼》中，岳镇海渎祭祀祝文

---

① (宋)王溥：《唐会要》卷23《缘祀裁制》，上海古籍出版社1991年版，第516页。

② ［日］尾形勇：《中国古代の「家」と国家——皇帝支配下の秩序構造》，岩波书店1979年版，第129～134页；［日］金子修一：《中国古代皇帝祭祀の研究》，岩波书店2006年版，第1～28页。

③ 从礼官的"不合称嗣天子，及亲署其祝文"的建议来看，开元九年之前，在祭祀岳镇海渎的祝文中，皇帝的自称应当是"嗣天子某"，而不是"嗣天子"。

上，皇帝的自称又重新改为"嗣天子某"，① 也就恢复了岳镇海渎祭祀时皇帝御署祝版的做法。但是，皇帝在身份等级上对于岳镇海渎的优势却没有再度逆转，证圣元年（695）后，朝廷一直奉行皇帝对岳镇海渎署而不拜的原则。

我们来看一下安史之乱后岳镇海渎祭祀的册祝情况。自从上元元年（760）之后，中祀以下暂停。至贞元四年（788），在太常卿董晋的建议下，恢复了旧制："复御署祭岳镇海渎，祝版准《开元礼》。每岁祭岳渎，祝版咸御署而遣之。"祝版上皇帝的自称仍然是"嗣天子某"。②

在岳镇海渎祭祀恢复之后，册祝制度又起争议。按照《开元礼》的规定，祭官要行再拜礼。③ 但在贞元年间，这一规定开始受到质疑，正是因为这样，围绕祭官是否要行再拜礼的问题，朝廷内部进行了讨论。权德舆在《祭岳镇海渎等奏议》中表示："自证圣已前，御署祝版讫，北再拜，自后不拜。今若祭官又不拜，恐减至于销，失进之义。"他坚持了《开元礼》祭官再拜的规定。④ 针对"五岳视三公，四渎视诸侯"的古语，"议者以岳渎既比公侯，则礼如人臣矣，其于祭也，则人君不合有拜臣之仪"，也就是有人把岳渎直接看作皇帝的臣子，太常博士裴堪对此有不同的看法。在他看来，

　　　　王者父天母地，兄日姊月，星辰视昆弟，岳渎视公侯。以此明之，星辰岳渎，是天地之臣也，秩视人臣也。陛下与天地为子，遣使申祭，恐不合令受天父地母从官之拜，宜有以答之。故《开元礼》祭岳渎祝文，皇帝称名，又云谨遣，于义有

① （唐）萧嵩等：《大唐开元礼》卷35《祭五岳四镇》，古典研究会1972年版，第200页。

② （北宋）王钦若等编：《册府元龟》卷34《帝王部·崇祭祀三》，中华书局1960年版，第369页。

③ （唐）萧嵩等：《大唐开元礼》卷35《祭五岳四镇》，古典研究会1972年版，第199~200页。

④ （清）董诰等编：《全唐文》卷488，中华书局1983年版，第4987~4988页。

必拜之文。是国家著礼，以明神为敬，不以臣下为礼。以臣等所见，并请依证圣元年定制，有司行事，须申拜礼。①

尽管他不认为岳渎是皇帝的人臣，而是把它们看作皇帝之天父地母的从官，但他还是肯定证圣元年皇帝不行再拜礼的定制，并坚持祭官再拜的原则。

史书没有告诉我们这场争论的结果，不过朝廷应当是坚持了《开元礼》祭官行再拜礼的定制。权德舆、裴堪等人的立场，都是以证圣元年皇帝对岳镇海渎祭祀"署而不拜"的规定为基础的，这说明皇权对山川神灵的强势地位在官僚中间得到了广泛的赞同。同时，贞元年间出现的祭官是否应该对岳镇海渎实行再拜礼的争论，正是证圣元年后皇权与山川神关系演变的结果。证圣元年，通过对经典的重新诠释，皇权与山川神之间确立起君臣关系。正是因为这样，祭官与岳镇海渎同为臣下，便产生了祭官对此是否应该行再拜礼的问题。并不是所有的人都同意皇帝与岳镇海渎存在着直接的君臣关系，例如裴堪把天地与岳镇海渎的关系看作拟制的君臣关系，也就是说皇帝与岳镇海渎不是处在同一个域内。但是，证圣元年皇帝不行再拜礼的定制不断得到重申，再也没有受到挑战，在与岳镇海渎的关系上，皇帝的优势地位得到了巩固。

我们之所以要特别探讨证圣元年以来岳镇海渎祭祀册祝制度的变化，是因为这与唐代山川封爵现象密切相关。从武则天统治时期开始，统治者将人爵授予山川神。这一举措在形式上不同于岳镇海渎册祝制度的改变，但实质相通，都是不断膨胀的皇权观念的外在体现。随着皇帝实际掌握的人间权力的加强，皇帝对自己在神灵世界的位置更加敏感，着意强化这一想象中的权力。那些被授予爵位的山川神成为由皇帝册封的诸侯，那么天子与山川神孰高孰低便一目了然了。当然，皇帝与山川神之间的关系，与一般的君臣关系有相当的不同，其中的上下尊卑关系并不是那么

①　(宋)王溥：《唐会要》卷22《岳渎》，上海古籍出版社1991年版，第498~499页。

绝对的。皇帝已然在地位上尊于山川神，但是古人相信神灵具有人力无法企及的威力，因此仍然需要亲自或由臣下代为祈求山川神，并且在祭祀仪式上通过奉献祭品，来换取神灵的庇佑。因此，山川封爵现象既体现了皇权在神灵世界的扩张，也是官方山川崇拜不断深化的结果。

三、安史之乱前的山川封爵

1. 武则天时期的嵩山封爵

唐朝建立伊始，山川崇拜与政治的关系就显得十分密切，特别是进入武则天统治时期之后，两者的关系变得更为紧密了。政治形势的变化，需要山川崇拜成为统治者更改统治策略的一种佐证，山川崇拜也因为与现实政治的纠缠而产生新的变化。

垂拱四年（688）四月，武后之侄武承嗣伪造瑞石，在石上刻有"圣母临人，永昌帝业"八字，令雍州人唐同泰上献朝廷，声称获于洛水，武后将此石称为"宝图"。① 这一事件是武则天为篡位称帝而进行的舆论宣传的一部分。②

（五月）则天加尊号为圣母神皇。大赦天下。改"宝图"为"天授圣图"，洛水为永昌。封其神为显圣侯，加特进，禁渔

---

① 《旧唐书》卷6《则天皇后纪》、卷24《礼仪志四》，中华书局1975年版，第119、925页。

② 武则天统治时期，特别是称帝前后，非常重视意识形态的宣传，相关的研究成果，参见陈寅恪：《武曌与佛教》，《金明馆丛稿二编》，生活・读书・新知三联书店2001年版，第153~174页；Antonino Forte, *Political Propaganda and Ideology in China at the end of the Seventh Century*: *Inquiry into the Nature*, *Authors and Function of the Tunhuang Document S. 6502*, *Followed by an Annotated Translation*. Napoli：Instituto Universitario Orientale，1976；饶宗颐：《从石刻论武后之宗教信仰》，《选堂集林・史林》，香港中华书局1982年版，第587~613页；雷闻：《道教徒马元贞与武周革命》，《中国史研究》2004年第1期，第73~80页。

钓，祭享齐于四渎。所出处号曰圣图泉，于泉侧置永昌县。又
以嵩山与洛水接近，因改嵩山为神岳，授太师、使持节、神岳
大都督、天中王，禁断刍牧。其天中王及显圣侯，并为
置庙。①

洛水宝图为武则天增添了一层神圣的光环，因而她除了奖励唐同泰
外，出宝图的洛水以及附近的嵩山也被加官进爵。洛水被授予显圣
侯的爵号和特进的文散官衔，其祭祀的规格也被提高，与四渎等
同。嵩山得到的官爵更多，太师、使持节、神岳大都督是职事官，
天中王是爵位。将官爵授予山川神，至少从朝廷层面来说，是从未
有过的举动。此后几百年内，各政权陆续将爵位授予山川神，这一
现象直至明太祖洪武三年（1370）才被禁止。

武周政权建立后，嵩山封号的级别进一步提高。证圣元年
（695），武则天"将有事于嵩山，先遣使致祭以祈福助，下制，号
嵩山为神岳，尊嵩山神为天中王，夫人为灵妃"。② 天中王的称号
还是如旧，不过，朝廷认可了嵩山神夫人的身份，这应当是吸收了
通俗的山川神观念的结果。万岁登封元年（696），武则天在嵩山成
功地举行了封禅大典，"则天以封禅日为嵩岳神祇所佑，遂尊神岳
天中王为神岳天中皇帝，灵妃为天中皇后，夏后启为齐圣皇帝；封
启母神为玉京太后，少室阿姨神为金阙夫人；王子晋为升仙太子，
别为立庙"。③ 这样，嵩山神拥有了帝位，灵妃成为天中皇后。武
后统治时期，嵩山的地位是极其显赫的，在五岳之中，只有嵩山被
授予了爵位甚至帝号，连五岳之首泰山也未能得到任何官爵。武周
政权倒台后，嵩山神的封号又恢复为天中王。

可以看到，在武后时期，嵩山地位是非常特殊的。事实上，嵩
山的这一特殊地位在高宗时期就已经形成了。巴瑞特（Timothy

---

① 《旧唐书》卷 24《礼仪志四》，中华书局 1975 年版，第 925 页。
② 《旧唐书》卷 23《礼仪志三》，中华书局 1975 年版，第 891 页。
③ 《旧唐书》卷 23《礼仪志三》，中华书局 1975 年版，第 891 页。

H. Barrett）认为，高宗出生的年份以嵩山为本命。① 这是来自高宗个人的因素。放眼当时，政治形势也在很大程度上影响着嵩山地位的变化。唐朝建立以来，关中地区的物资供应问题一直困扰着朝廷，洛阳的政治地位逐渐变得重要，与长安一起成为唐帝国的两个政治中心。在长期驻跸洛阳的情况下，高宗重视附近山川神灵的祭祀。如永淳二年（683）正月，高宗"幸奉天宫，遣使祭嵩岳、少室、箕山、具茨等山，西王母、启母、巢父、许由等祠"。②

　　同年十一月，高宗接受武后的建议，准备在嵩山举行封禅仪式，因为其健康状况的急剧恶化，最后没有成行。但是，提出在泰山以外的地方举行封禅的建议，在中国传统社会中，已经算是破天荒的事情了。历来，统治者都在泰山举行向天地告成的封禅大典。唐朝建立以后，统治者并没有冷落泰山。太宗曾两次计划举行封禅，虽然没有成功，但每次都把地点选在了泰山。乾封元年（666），高宗在泰山举行了封禅。泰山仍然是封禅仪式的首选之地，但在泰山之外的山岳举行封禅的想法也慢慢出现了。早在贞观六年（632），当朝臣上表提议举行封禅时，唐太宗的反应是：

　　　　封禅之事，不自取功绩，归之于天；譬如玄龄等功臣，虽
　　有益于国，能自谦让，归之于朕，岂以不言而欲自取？今向泰
　　山，功归于天，有似于此。然朕意常以嵩高既是中岳，何谢泰

---

　　① Timothy H. Barrett, *Taoism under the T'ang*: *Religion & Empire during the Golden Age of Chinese History.* London: The Wellsweep Press, 1996, pp. 44~45. 在同书第 45 页，巴瑞特还根据桂时雨（R. W. L. Guisso）关于武后与高宗同岁的推测，认为武后也很有可能以嵩山为本命。关于桂时雨的这一推测，见 R. W. L. Guisso, *Wu Tse-t'ien and the Politics of Legitimation in T'ang China.* Bellingham: Western Washington University, 1978, p. 210, note 50. 不过，雷家骥的研究成果表明，武则天出生于武德八年底（625），而高宗的生年是贞观二年（628）。见雷家骥：《武则天传》，人民出版社 2001 年版，第 22~26、64 页。故武后时期嵩山崇拜的盛行与武后的生辰无关，而是高宗时期以来嵩山崇拜的进一步发展。

　　② 《旧唐书》卷 5《高宗纪下》，中华书局 1975 年版，第 110 页。

山？公等评议。①

除了向臣下表示谦让以外，唐太宗还表达了对泰山地位的不满，认为嵩山同样适合举行封禅。唐太宗两次夭折的封禅计划，都是将地点选在了泰山，这是帝王对文化传统的屈从。到了高宗时期，朝廷已经着手准备嵩山封禅了。这一方面体现了唐代不拘泥于传统的变革精神，另一方面，在唐代政治中心转移的情况下，在嵩山举行封禅的提议有了更多的现实支持力量。两股力量的汇合，就促成了嵩山封禅的实现。唐高宗只是因为健康原因，最终未能举行封禅大典。武则天时期，嵩山封禅终于成为现实。当时很多士人是非常支持这一举动的。如陈子昂《代赤县父老劝封禅表》：

> 况神都为八方之极，太室居五岳之尊，陛下垂统紫微，大昌皇运，报功崇德，允叶神心，应天顺人，雅符灵望，皇图圣业，实在于兹。臣等叨预尧封，久忘帝力，窃闻圣人封禅，天下所以会昌；山岳成功，皇寿由其配永。臣等既为陛下赤子，又为万姓慈亲，实愿上报天功，下顺人望，勒成嵩岳，大显尊名，不胜庆幸之至。②

在一片狂热的气氛中，陈子昂已经将中岳的太室山看作五岳之尊了。封禅大典当然不能等同于山岳祭祀，前者是中国传统社会中最为隆重的礼仪，几千年里，只举行了几次而已，而后者还不算上几种最重要的祭祀之一，两者的祭祀内容和意义也完全不同。但是，从封禅地点的转移中，我们还是可以看到山岳崇拜观念的变化对它的影响。

2. 唐玄宗时期的华山封爵与华山崇拜的发展

唐玄宗登基以后，华山的地位开始凸显，原因与高宗、武后时

---

① （宋）王溥：《唐会要》卷7《封禅》，上海古籍出版社1991年版，第96页。

② （宋）李昉等编：《文苑英华》卷556，中华书局1966年版，第2846页。

期嵩山地位的上升有类似之处。武后统治末期，朝廷曾返回长安。长安的政治地位虽然不及唐初，但政治象征意义仍然突出，至玄宗时就更是如此。虽然玄宗也多次行幸洛阳，朝廷也几次在长安与洛阳之间迁移，但这主要是由物资供应问题引起的，不像高宗、武后时期长居东都，还有很多政治和文化的因素纠缠其中。对玄宗来说，居住洛阳只是权宜之计，而非长久之策。因此，在江淮至长安物资运输情况改善之后，朝廷就回迁长安，并长期固定下来了。①

玄宗时期，华山地位的提高，在很大程度上与长安政治中心地位的重新确立有关。先天二年（713），朝廷授予华山神金天王的爵号。苏颋《封华岳神为金天王制》：

> 惟岳有五，太华其一，表峻皇居，合灵兴运。朕惟恭膺大宝，肇业神京，至诚所祈，神契潜感。顷者乱常悖道，有甲兵而窃发；仗顺诛逆，犹风雨之从助。永言幽赞，宁忘仰止；厥功茂美，报德斯存。宜封华岳神为金天王，仍令景龙观道士、鸿胪卿员外置、越国公叶法善备礼告祭，主者施行。②

从这份制书中可以看到，唐玄宗看重华山拱卫长安的政治意义，希望自己的统治能得到华山神的庇佑。为此，他还请著名道士叶法善为主祭者。叶法善以法术高深而知名："少传符箓，尤能厌劾鬼神。显庆中，高宗闻其名，征诣京师，将加爵位，固辞不受。求为道士，因留在内道场，供待甚厚。""先天二年，拜鸿胪卿，封越国公，仍依旧为道士，止于京师之景龙观。"③值得注意的是，朝廷正

---

① 关于这一时期的物资运输情况，参见全汉昇：《唐宋帝国与运河》，台湾"中央研究院"历史语言研究所1995年版，第32~41页。

② （宋）宋敏求编：《唐大诏令集》卷74，商务印书馆1959年版，第418页。

③ 《旧唐书》卷191《方伎·叶法善传》，中华书局1975年版，第5107~5108页。

好是在这次意义非凡的华山告祭之前，给叶法善拜官授爵的。① 这样一来，叶法善具有了官员身份，便于主持官方的祭祀，使华山神显灵，庇护久经变乱的李唐王朝。在叶法善的碑文中，有"国家有事天地，将旅海岳，公尝致礼加璧，能事洁羞"的记载，② 可见叶法善不时参与国家祭祀，此次华山告祭就是其中之一。同一时期，嵩山神的爵号很有可能已经被取消了，我们会在下文给出作如是判断的理由。其他的山川也没有被授爵的记录。这样，华山的地位就更显特殊了。

玄宗时期的华山崇拜，同样带有统治者的个人色彩。"玄宗乙酉岁生，以华岳当本命。先天二年七月正位，八月癸丑，封华岳神为金天王。"③正是因为玄宗以华山为本命，所以即位之后，就将金天王的爵号授予华山神。玄宗与华山的关系也被君臣们反复颂扬。玄宗《西岳太华山碑序》："抑有由焉，予小子之生也。岁景戌，月仲秋，膺少昊之盛德，协太华之本命。故常寤寐灵岳，胇肜神交。"④通过下文可以看到，华山与玄宗本命相合，也成为日后证明华山封禅之合理性的重要依据。

华山封禅动议的提出和准备活动的开展，使玄宗时期的华山崇拜达到了顶峰。开元二十三年（735），宰相萧嵩等人上表奏请在嵩、华二岳举行封禅仪式："宁彼华、嵩，皆列近甸，复兹丰稔，又倍他年。……陛下往封泰山，不秘玉牒，严禋上帝，本为苍生，今其如何，而阙斯礼？伏愿发挥盛事，差报玄辰，先捡玉于嵩山，次泥金于华岳。"⑤虽然玄宗出于各种考虑，否决了大臣们的提议，

---

① 上引两条史料中，叶法善的官衔有不一致的地方，《旧唐书》的记载是"鸿胪卿"，在制书中是"鸿胪卿员外置"。其官衔应当是鸿胪卿员外置。制书是最原始的材料，而《旧唐书》经过了史官的加工，因此应以制书为准。

② （唐）李邕：《叶慧明碑》，陈垣编：《道家金石略》，文物出版社 1988 年版，第 107 页。

③ 《旧唐书》卷 23《礼仪志三》，中华书局 1975 年版，第 904 页。

④ （清）董诰等编：《全唐文》卷 41，中华书局 1983 年版，第 447 页。

⑤ （宋）王溥：《唐会要》卷 8《郊议》，上海古籍出版社 1991 年版，第 162 页。

但臣下们普遍看重"皆列近甸"的华山和嵩山，认为这是举行封禅的合适地点。通过这一事件，可以看到邻近东西两京的西岳和中岳在统治者心目中的地位。之后，封禅华山又一次提上议事日程。天宝九载（750），礼部尚书崔翘等人上表，请求在华山举行封禅大典，除了陈述"功成治定"之类的一般性理由外，还指出："况金方正位，合陛下本命之符；白帝临坛，告陛下长生之箓。发祥作圣，抑有明征，又可封也。"①特以此来证明华山封禅的正当性。杜甫在《封西岳赋序》中也有类似的表述："国家土德，与黄帝合，主上本命，与金天合。"②玄宗一度心动，"命御史大夫王鉷开凿险路以设坛场，会祠堂灾而止"。③虽然，在华山举行封禅的计划因故没有实现，但玄宗时期华山崇拜的发展，还是可以从封禅地点的选择中反映出来。

3. 岳镇海渎爵号的序列化

在玄宗统治时期，第二个被授予爵位的山是泰山。尽管从高宗统治时期开始，泰山不再是举行封禅大典的唯一候选地点，但是泰山的地位仍然冠绝群山。唐代一共举行过三次封禅仪式，除了一次是在嵩山举行外，其他两次都是在泰山举行的。乾封元年（666），高宗在泰山举行了封禅，这是唐朝建立后第一次成功举行的封禅。开元十三年（725），玄宗在泰山举行向天地告成的封禅仪式。完成封禅庆典后，"封泰山神为天齐王，礼秩加三公一等，近山十里，禁其樵采"。④"天齐王"这一爵号是相当崇高的，有与天比肩的意味。如前所述，从证圣元年之后，"五岳视三公，四渎视诸侯"一语具有了判别山川神"身份"的意味，五岳和四渎分别具有了与三公和诸侯同等的地位，而泰山却"礼秩加三公一等"，显然泰山神的地位超越了其他四岳神。

---

①　（北宋）王钦若等编：《册府元龟》卷36《帝王部·封禅二》，中华书局1960年版，第405页。

②　（唐）杜甫著，（清）仇兆鳌注：《杜诗详注》卷24，中华书局1979年版，第2160页。

③　《旧唐书》卷23《礼仪志三》，中华书局1975年版，第904页。

④　《旧唐书》卷8《玄宗纪上》，中华书局1975年版，第188~189页。

在授予华山神和泰山神封号时，朝廷似乎无意将人爵大量赠予山川神，因而也就缺乏统一的规划。然而，到了天宝年间，玄宗已经有意识地根据岳镇海渎的等级和重要性来确定相应的爵号，并逐渐形成了精致的序列。天宝五载(746)正月诏曰：

> 五方定位，岳镇总其灵。万物阜成，云雨施其润。上帝攸宅，寰区是仰。且岱宗西岳，先已封崇。其中岳等三方，典礼所尊，未齐名秩，永言光被，用协灵心。其中岳神封为中天王，南岳神封为司天王，北岳神封为安天王。①

时隔二十余年后，五岳神终于都拥有了王爵。从诏书中可以看到，玄宗将王爵授予嵩山、衡山和恒山神灵，就是要让它们在身份等级上等同于已有王爵的华山和泰山。这是岳镇海渎爵号序列化的开始。另外需要注意的是，这份诏书提到，此前嵩山是没有爵位的。我们上面曾提到了嵩山在武后至中宗时期爵位的变化，中宗神龙元年(705)，嵩山神的名号从"神岳天中皇帝"降为"天中王"。各种史书都没有提到嵩山"天中王"爵位被取消的事情。不过根据诏书中的用词，在先天二年(713)华山被封为金天王的时候，嵩山的天中王爵号应当已经被取消了，或者即使没有取消，也被当作不存在了。

以五岳为起点，玄宗陆续将爵位赐予四渎、四镇和四海。天宝六载(747)正月敕："四渎五岳，虽差秩序，兴云播润，盖同利物，崇号所及，锡命宜均。其五岳既已封王，四渎当升公位，递从加等，以答灵心。其河渎宜封为灵源公，济渎封为清源公，江渎封为广源公，淮渎封为通源公。仍令所司择日，奏使告祭。"②十载，"封东海为广德王，南海为广利王，西海为广润王，北海为广泽

---

① (宋)王溥：《唐会要》卷47《封诸岳渎》，上海古籍出版社1991年版，第977页。

② (宋)王溥：《唐会要》卷47《封诸岳渎》，上海古籍出版社1991年版，第977页。

王；封沂山为东安公，会稽山为永兴公，吴山为成德公，霍山为应圣公，医无闾山为广宁公"。① 这样，岳镇海渎都拥有了爵位，一个完整的序列就形成了。

通过上面的史料可以看到，在四海和四镇被授予爵位的同时，位于晋南地区的霍山也被授予应圣公的封号。在隋代，霍山就已经在镇山之列了。到了唐代，霍山更是成为其开国神话的一部分。根据《旧唐书·高祖纪》的记载，李渊刚刚起兵，就在霍邑遭遇隋将宋老生，在久攻不克的情况下，一位白衣老父自称奉霍山神之命，前来指路，使唐军摆脱了困境。② 唐朝建立后，霍山神的守护神形象便深入人心，时常成为统治者面临危机时的精神寄托。武后时期，后东突厥汗国屡犯华北地区，造成了严重的边患。长安二年（702），默啜率军逼近北都太原，武后派遣并州道大行军副大总管尹元凯祭祀霍山神，欲霍山神显灵，以助唐军击退突厥的进攻。祭文中即提道："惟神炳灵参野，作镇冀方，歆是正直，赞扬威武，俾胡马化为沙虫，王师众于草木。"③事情以突厥军队撤退告终，军事上的胜利更巩固了霍山神的守护神形象。虽然因为种种问题，霍山不在四镇之中，但霍山仍然不时受到朝廷的特殊礼遇。开元十一年（723）四月庚申敕：

> 河东冀方，其镇惟霍，神为天吏，山有岳灵。在昔皇业初兴，肇蒙嘉祉，今者省方旋轸，重获休征。同受三神之贶，独忘百邑之礼。其霍山宜崇饬祠庙，秩视诸侯。蠲山下十户，以为洒扫。晋州刺史春秋致祠。④

---

① （宋）王溥：《唐会要》卷47《封诸岳渎》，上海古籍出版社1991年版，第977页。

② 《旧唐书》卷1《高祖纪》，中华书局1975年版，第3页。

③ （唐）张说：《张燕公集》卷25《祭霍山文》，上海古籍出版社1992年版，第228页。

④ （北宋）王钦若等编：《册府元龟》卷33《帝王部·崇祭祀二》，中华书局1960年版，第358页。

按照"五岳视三公，四渎视诸侯"的新说法，"秩视诸侯"的霍山神在"身份"地位上与四渎相当，也就与四镇同等级别了。因而天宝年间，在岳镇海渎爵位序列化之时，霍山神也与四镇一起被授予公爵，这充分体现了霍山的特殊地位。也正是因为隋唐时代霍山与四镇的微妙关系，至宋代，四镇加上霍山变为五镇，霍山成为中镇。

4. 昭应山和太白山的受封

昭应山和太白山没有岳镇海渎那样悠久的传统和显赫的名声，但这两座山被授予爵位的时间却与大多数岳镇海渎差不多。两座山的受封与道教灵异事件有关。天宝七年（748），据传玄元皇帝老子现身于京兆会昌县华清宫的朝元阁。信奉道教的玄宗将这看作祖先对李唐王朝的庇佑，改朝元阁为降圣阁，会昌县为昭应县，会昌山为昭应山，并且封昭应山神为玄德公，修建祠宇。八年，"玉芝产于大同殿"。"先是，太白山人李浑称于金星洞仙人见，语老人云，有玉版石记符'圣上长生久视'。令御史中丞王鉷入山洞，求而得之。"玄宗借此美化李唐王室："加圣祖玄元皇帝尊号曰圣祖大道玄元皇帝，高祖、太宗、高宗、中宗、睿宗尊号并加'大圣'字，皇后并加'顺圣'字。五日，玄宗御含元殿，加尊号曰开元天宝圣文神武应道皇帝。"①因为这一事件，太白山被封为神应公，金星洞改名为嘉祥洞，太白山所在的华阳县改名为真符县。

玄宗统治期间尤其是天宝年间，是道教的影响力达到极盛的时期。昭应山和太白山因为出现了道教的祥瑞而被授予公爵，被授爵的时间也与岳镇海渎相近，可见天宝年间道教崇拜的狂热程度。在唐代，帝王对道教的支持并非完全出于宗教目的。道教之所以受宠，与李唐王朝的统治策略有关，对老子地位的追认和对道教的扶持，都是服务于唐朝的意识形态和长治久安的。玄宗支持、资助道教的目的，也是为了推进道教的神圣性和世俗性的统一。② 因此这两座有祥瑞出现、又处于京畿之地的山被授予爵位的背后，是政治

---

① 《旧唐书》卷24《礼仪志四》，中华书局1975年版，第927页。

② Timothy H. Barrett, *Li Ao*: *Buddhist*, *Taoist*, *or Neo-Confucian*. Oxford: Oxford University Press, 1992, p. 17.

文化的因素在起主导作用。

四、安史之乱后的山川授爵

安史之乱后，朝廷不再大规模地将爵位授予山川神了，毕竟那些最重要的山川神都已经有爵位了，朝廷只需要根据现实情况将爵号授予一些其他的山川神即可。因为政治形势的剧变，这一时期的山川授爵有着自己的特色。

1. 山川崇拜与唐朝复兴的努力

安史之乱给国家和民众带来了深重的灾难，李唐王朝也处于风雨飘摇中。除了政治、经济、军事等方面的重建外，礼制建设也被朝廷用来进行自我拯救。朝廷一方面通过礼仪活动沟通人神关系，祈求获得神灵的庇佑，另一方面又借此来传递权力观念。虽然皇帝在人间的权力受到了削弱，但是他们依然谋求自我权力的伸张，尤其是关于自身在神灵世界中位置的定位，并没有随之而发生动摇。换言之，此时，权力观念与实际掌握的权力之间并不同步。例如，收复长安后，朝廷就致力于恢复郊祀礼仪，以此来表明李唐王朝的正统性、合法性以及中央集权的绝对性。[①] 山川崇拜的重要性虽然不及郊祀礼仪，但在安史之乱后同样与唐代复兴的努力息息相关。

平定安史之乱后，统治者就开始寻求山川神的庇护。代宗祈福于霍山神，就寄托了统治者振兴政权的期待。正如前面所说的那样，自从太原起兵后不久，霍山神即被看作李唐王朝的守护神，每当政权面临危机时，这段历史记忆便不时被人提起。代宗即位之后采取了怀柔政策，大赦叛军，最终在广德元年（763）结束了长达七年的安史之乱，但是叛乱前的政治秩序彻底瓦解了，中央政府的权威无法恢复，代宗的统治仍然面临重重危机。在这种情况下，霍山神成为代宗需要依赖的超自然力量之一。他登基之后不到两年，即

---

① 姜伯勤：《敦煌艺术宗教与礼乐文明》，中国社会科学出版社 1996 年版，第 442~458 页；吴丽娱：《礼制变革与中晚唐社会政治》，黄正建编：《中晚唐社会与政治研究》，中国社会科学出版社 2006 年版，第 112~119 页。

广德二年(764)，就派大臣前往霍山祭祀。在敕书中，他先是回忆了霍山神对李唐建国的眷顾，继而写道："朕缵承大宝，膺受鸿休，肸蚃之间，诚明可接。永言幽赞，兹谓有孚，惟天命神，据我斯意。"①显然，代宗希望霍山神能够继续庇佑李唐王室，巩固并强化自己的权力。

在唐后期官方山岳崇拜仍然盛行的情况下，册封山神的举动还在继续。作为京城长安附近的形胜之地，终南山在文宗时期被授予爵位。开成二年(837)四月敕：

> 每闻京师旧说，以为终南山兴云，即必有雨，若晴霁，虽密云忛至，竟不沾霈。况兹山北面阙庭，日当顾瞩，修其望祀，宠数宜及，今闻都无祀宇。岩谷湫却在命祀，终南山未备礼秩。湫为山属，舍大从细，深所谓阙于兴云致雨之祀也。宜令中书门下且差官设奠，宣告致礼，便令择立庙处所，回日以闻，然后命有司实时建立。②

从敕书的内容看，终南山的重要性体现在两方面，一是能兴云致雨，给长安和关中地区带来适宜的气候；二是北面朝廷，地理位置十分重要。这封敕书是几个月后终南山被授予爵位的前奏。同年九月，终南山被封为广惠公。

其实，终南山对于长安的这两点意义，尤其是终南山在帝国交通体系中的作用，柳宗元在《终南山祠堂碑》一文就已经提道："贞元十二年，夏洎秋不雨。稚人焦劳，嘉谷用虞。皇帝使中谒者祷于终南，申命京兆尹韩府君，祗饬祀事，考视祠制。以为栋宇不称，宜有加饰。遂命盩厔令裴均，虔承圣谟，创制祠堂。……惟终南据天之中，在都之南，西至于褒、斜，又西至陇首，以临于戎；东至

① （北宋）王钦若等编：《册府元龟》卷34《帝王部·崇祭祀三》，中华书局1960年版，第367~368页。
② （宋）王溥：《唐会要》卷47《封诸岳渎》，上海古籍出版社1991年版，第978页。

于商颜，又东至于太华，以距于关。实能作固，以屏王室。"①从这
篇碑记来看，在贞元十二年（796）以前，终南山就已经有祠堂了，
贞元十二年德宗还派京兆尹加以整修。这里的京兆尹韩府君就是韩
皋，他于贞元十一年至十四年间担任京兆尹。② 这些事情是柳宗元
亲身经历的，应当十分可靠，那么，文宗敕令中终南山上没有祀宇
的说法就不那么好解释了。③ 我想，应当不会是同一所，或许原来
的祠堂已经毁坏，或许是这一说法本来就有问题。虽然在祭祀空间
的设置上有不好解释之处，但终南山的封爵时间是非常明确的。

2. 皇权衰微背景下的唐末山川封爵

安史之乱后，皇帝实际掌握的权力与唐前期相比，已不可同日
而语。虽然朝廷试图通过各种礼仪活动来强化皇权观念，以期对现
实政治产生影响，确实收到了一定之效，但是权力现状反过来也制
约了礼仪的实施和皇权观念的伸张。通过这一时期的山川祭祀，可
以看到皇帝对官方山川崇拜的影响力是逐步下降的，个别强势的臣
下开始侵蚀皇帝的祭祀权力。尽管重要的山川祭祀仍然是以皇帝的
名义发布举行的，但背后是那些臣下在起作用，让国家的山川祭祀
带上了其个人色彩，这在 8 世纪后半期已经露出了端倪。在《吴山
祠堂记》一文中，④ 于公异就重点讲述了李晟与吴山的关系。大历
四年（769），李晟被派往吴山祈雨，当地大获丰收。"由是公心有
所奉，动符冥应。招神户三十人，供洒扫之事。"德宗统治初期，
在抵御吐蕃进攻剑南、平定河北藩镇和李怀光叛乱时，李晟为朝廷
立下了汗马功劳，他将此归功于吴山神的庇佑。兴元元年（784），

---

① （唐）柳宗元：《柳宗元集》卷 5，中华书局 1979 年版，第 126～128
页。

② 张荣芳：《唐代京兆尹研究》，学生书局 1987 年版，第 195、283～
284 页。

③ 王静对终南山祠堂的设置同样存有疑问。见王静：《终南山与唐代长
安社会》，荣新江主编：《唐研究》第 9 卷，北京大学出版社 2003 年版，第
148～150 页。

④ （清）董诰等编：《全唐文》卷 513，中华书局 1983 年版，第 5218～
5219 页。

时任凤翔、陇右、泾原、四镇、北庭兼管内副元帅、司徒兼中书令的李晟到吴山举行盛大的祭祀山神仪式。在他的要求下，德宗"诏使中使孟希价持伞赐神锦袍、金带、夫人花冠等，焜耀祠宇，发扬幽昧，山镇之秩，次于方岳矣"。

从《吴山祠堂记》可以看到，这次祭祀仪式的举行是李晟向德宗施加了某种影响的结果。文中极力歌颂了李晟的功绩，如"公异以为吴岳者，含蓄云雨，蟠厚地而柱苍昊，天地之山也"，"李公持颠定倾，苏群生而戴天子，社稷之山也"。从中可以看到，到了晚唐，皇帝对山川祭祀的控制力有所下降，臣下时常可以施加有力的影响。

在山川授爵的问题上，臣下也开始产生影响力。典型的例子就是鸡翁山封侯之事。太和七年（833），温"入为御史大夫"。"造初赴镇汉中，遇大雨，平地水深尺余，乃祷鸡翁山祈晴，俄而疾风驱云，实时开霁。文宗尝闻其事，会造入对言之，乃诏封鸡翁山为侯。"[1]

唐末政局风云激荡，与政治关系密切的山川授爵现象仍然在继续，朝廷希望能够得到山川神的佑护，并借此来体现皇权的尊严。从丈人山封爵事件中，可以看到统治者通过赐爵山川神来保住李唐江山的愿望。广明元年（880），黄巢的军队占据了长安，僖宗仓皇出逃，次年抵达成都，开始了长达四年的成都流亡生活。中和元年（881），在杜光庭等人的建议下，成都附近的丈人山被授予希夷公的爵号。僖宗《封丈人山为希夷公敕》："其山宜封希夷公，仍令本州刺史亲备香斋，冀申虔祝，供奉官袁易简、刺史王兹、县令崔正规等入山致醮行礼。"[2]僖宗将爵位授予丈人山，以此来克服流亡生涯中的恐惧，他在《祭丈人山文》中说："况希夷懿号，苹藻佳羞，斋诚宣室之中，虔祝云衢之外。阴兵俟役，孽竖期消，重新日月之光，再奉宗祧之祀。别申明命，永镇坤维。"就表现出期盼丈人山

---

① 《旧唐书》卷165《温造传》，中华书局1975年版，第4318页。

② （清）董诰等编：《全唐文》卷88，中华书局1983年版，第923页。

神显灵、保住唐朝社稷的迫切愿望。① 从僖宗的敕书中可以看到道教的影响。经历了宣宗、懿宗时期的冷落后，道教在僖宗时期又受到了高度的重视，这在很大程度上要归功于杜光庭的出现。② 他在丈人山受封和祭祀过程中显得非常活跃，丈人山神的祭祀仪式也采用道教的斋醮礼，与以往的官方山川祭祀相比，丈人山祭祀显出更为纯粹的道教色彩。

与此同时，面对风云诡谲的政局，藩镇也在祈求神灵的庇护，所在区域内的山川神成为他们重要的保护神。《李克用北岳庙题记》：

> 河东节度使、检校太保同中书门下平章事、陇西郡王李克
> 用，以幽镇侵扰中山，领蕃汉步骑五十万众，亲来救援。与易
> 定司空同申祈祷，翌日过常山问罪。时中和五年二月廿一日克
> 用记。易定节度使、检校司空王处存首题。至三月十七日，以
> 幽州请就和断，遂却班师，再谒睟容，兼申赛谢，便取飞狐
> 路，却归河东，廿一日可用重记。③

"中和五年"即光启元年(885)，三月才改元，故在此仍写为"中和五年"。所谓"幽镇"，就是幽州和镇州，这里分别指代卢龙节度使李可举和成德节度使王镕。"常山"也是指镇州，此地历来被称为常山郡。"中山"指易定节度使(义武军节度使)王处存，他所控制的区域大体上与东汉时期的中山国对应。在河北诸镇中，只有王处存忠于朝廷，并与河东的李克用结为盟友。"可举等恐其窥伺山东，终为己患，乃相与谋曰：'易、定，燕、赵之余也。'约共灭处存而分其地；又说云中节度使赫连铎使攻克用之背。可举遣其将李

---

① （清）董诰等编：《全唐文》卷89，中华书局1983年版，第937页。

② Timothy H. Barrett, *Taoism under the T'ang*: *Religion & Empire during the Golden Age of Chinese History*. London：The Wellsweep Press，1996，pp. 93-94.

③ 吴钢编：《全唐文补遗》第7辑，三秦出版社2000年版，第210~211页。

全忠将兵六万攻易州，熔遣将将兵攻无极。"①于是，李克用前来易定救援，并与王处存一起到位于定州曲阳的北岳庙举行祭祀仪式，祈祷恒山神的保佑。在幽州方面暂时寻求和解的情况下，李克用班师回河东，当路过北岳庙时，再次向恒山神申谢。这就是《李克用北岳庙题记》的由来。从这一事例可以看到，山川神正逐渐成为藩镇依赖的一种精神力量。

尽管朝廷竭力通过各种措施来延续李唐王朝的统治，册封山川神也是其中的一种手段，但这些都已经无济于事，穷途末路的朝廷只能在强藩的夹缝中苟延残喘。藩镇不但重视山川神的庇护，甚至开始插手山川封爵，此时朝廷也只能被迫听命于强藩，这集中体现在少华山的封侯上。这一事件与华州节度使韩建有关。乾宁二年（895），因为对河中节度使的人选不满，韩建联合凤翔节度使李茂贞、邠州节度使王行瑜，派兵进驻长安，从而引发了昭宗的拥护势力与反对势力之间的混战，昭宗也被迫离开了京师。次年，昭宗在逃往河中的途中被韩建扣留，并被转移到了华州。在此期间，韩建对昭宗及其近臣实行高压政策。②尽管后来韩建让昭宗返回了长安，但是仍将其牢牢控制在手里，直至天复元年（901）投降朱温。

少华山在华州郑县东南十里，③光化元年（898），被朝廷封为佑顺侯。华州是韩建积聚其实力的基地，他曾历任华州刺史、华州节度使等职。显然，少华山的封爵是韩建谋取政治资本以图存争胜的一种手段。在《少华山佑顺侯碑颂》中，房邺用近乎肉麻的词句对韩建进行了吹捧：

> 上嗣位九年，以宗室弄兵，皇居失守，大驾东狩，至于华岳。明年，同华连帅太傅许公罢藩邸兵，复诸子位，正皇储，

---

① （宋）司马光编著，（元）胡三省音注，"标点资治通鉴小组"校点：《资治通鉴》卷256，中华书局1956年版，第8321页。

② 《旧五代史》卷15《韩建传》，中华书局1976年版，第204页。

③ （唐）李吉甫撰，贺次君点校：《元和郡县图志》卷2，中华书局1983年版，第34页。

立母后。朝廷义安，中外咸若。又明年，宫阙复就，乘舆反
正，封少华佑顺侯，崇祀也。……皇嗣之不正者，滨于五纪，
今则因公以正之。坤仪之不定者，殆乎百稔，今则因公以定
之。君臣以协，父子以亲，夫妇以伦，有国之大本也。公一举
而得之，岂笔舌所能论哉？咸以公仗顺讨逆，神实佑之。佑顺
之封，非神莫尸。玺书爰来，牲币以告。是命下客，书石志
之。郇耳目奇功，缣缃具美。授简执笔，略无愧辞。姑录许公
贞顺之诚，少华保佑之实，以明报神，以劝事君。至于极天镇
地之崇，固国经邦之力，降神生贤之运，仙峰灵掌之奇，岳有
旧封，国有常祀，今之纪述，故不复云。①

在这里，韩建之所以被称为"同华连帅太傅许公"，是因为他于乾
宁四年（897）兼同州节度使，光化元年九月册拜太傅，进封许国
公，并赐铁券。在房郇笔下，韩建俨然就是挽狂澜于既倒的功臣，
他进兵长安、劫持昭宗的行为成了清君侧、固国本的壮举。从这篇
文章的渲染之辞也可以看出，少华山封爵佑顺侯之事确实是韩建政
治生涯的顶峰，尽管此事还是以天子的名义发布的，但军事强人实
际上操纵了这一切。

到了九世纪、十世纪之交，皇帝已经成了十足的摆设，强藩才
是影响政局走向的关键。② 在祭祀礼仪上，皇帝的权力也不断受到
侵蚀，乃至完全听命于藩镇武帅。昭宗和哀帝时期的郊庙祭祀就先
后受到过韩建、朱温等人的控制。③ 通过这一时期的山川祭祀和山
川封爵，同样可以窥探出这一重大的历史变化。

① （清）董诰等编：《全唐文》卷819，中华书局1983年版，第8629~630
页。
② Wang Gungwu, *The Structure of Power in North China during the Five
Dynasties*. Kuala Lumpur：University of Malaya Press，1963，pp. 7-46.
③ 吴丽娱：《礼制变革与中晚唐社会政治》，黄正建编：《中晚唐社会与
政治研究》，中国社会科学出版社2006年版，第119~121页。

五、山川封爵与官方山川祭祀制度

在中国古代的国家山川崇拜中，开始于唐代的山川封爵现象是非常引人注目的，这一现象一直持续到了明初。山川封爵与官方山川祭祀制度之间的关系如何，前者对后者有无影响，究竟产生了什么影响，这些都是非常值得注意而前人又关注不多的问题。在这一部分，我们将把研究的时间范围限定在唐代，对这一问题展开探讨。

在唐代，有三次大规模的修礼活动，分别制定了《贞观礼》《显庆礼》和《开元礼》。《贞观礼》和《显庆礼》的制定时间，远早于山川封爵现象开始的时间。在开元二十年（732）《开元礼》成书的时候，已经有华山和泰山被授予爵位了。我们先来看一下《开元礼》规定的官方五岳祭祀，有无受到华山和泰山封爵事件的影响。

《开元礼》规定："诸岳镇每年一祭，各以五郊迎气日祭之。东岳岱山祭于兖州界，东镇沂山祭于沂州界，南岳衡山祭于衡州界，南镇会稽山祭于越州界，中岳嵩山祭于河南府，西岳华山祭于华州界，西镇吴山祭于陇州界，北岳恒山祭于定州界，北镇医无闾山祭于营州界。"[1]在提到泰山和华山时，并没有列出它们的爵位。与之前相比，《开元礼》中的五岳祭祀也没有什么大的变化。《开元礼》规定了祭祀泰山的祝文："维某年岁次月朔日，子嗣天子某谨遣某官某，敢昭告于东岳岱宗：惟神赞养万品，作镇一方，式因春始，谨以玉帛牺齐，粢盛庶品，明荐于东岳岱宗，尚飨。"文中自注："南岳云夏始，中岳云季夏，西岳云秋始，北岳云冬始。"[2]也就是说，五岳的祝文几乎一样，只有山名和季节不同，需要替换。虽然在修《开元礼》之前，华山和泰山已经被授予爵位，但五岳祭祀并

---

① （唐）萧嵩等：《大唐开元礼》卷35《祭五岳四镇》，古典研究会1972年版，第199页。

② （唐）萧嵩等：《大唐开元礼》卷35《祭五岳四镇》，古典研究会1972年版，第200页。

没有受到什么影响，基本上维持自武德以来的传统。在长达一百五十卷的《开元礼》中，都没有提到过华山和泰山的爵位，无论是京城内的山川祭祀，还是在当地举行的官方山川祭祀，都是如此。可以说，在开元时期，华山和泰山封爵事件对官方山川祭祀制度的影响几近于无。

之后，情况发生了变化，山川神的封爵对官方山川祭祀制度产生了一定的影响，山川神的人格化开始渗透进唐朝的礼典之中，这集中体现在王泾的《大唐郊祀录》中。据《新唐书·艺文志》，此书属于史部仪注类，"贞元九年上，〔泾〕时为太常礼院修撰"。①《大唐郊祀录》完成于贞元九年（793）之前，里面有一些内容与《开元礼》不同，这些变化是《开元礼》颁布之后逐渐发生的，贞元九年之前仍在行用中。此书记载的在当地举行的岳镇海渎常祀就与《开元礼》有所不同：

> 五岳四镇四海四渎，每岁一祭，各以五郊迎气日祭之。
>
> 祭东岳岱山齐天王于兖州界，祭南岳衡山司天王于衡州界，祭中岳嵩山中天王于河南府界，祭西岳华山金天王于华州界，祭北岳恒山安天王于定州界。
>
> 祭东镇沂山东山公（按：应为东安公）于沂州界，祭南镇会稽山永兴公于越州界，祭西镇吴山成德公于陇州界，祭北镇医无闾山广宁公于营州界。
>
> 祭东海广德王于莱州界，祭南海广利王于广州界，祭西海广润王于同州界，祭北海于广泽王于河南府界。
>
> 祭东渎大淮长源公于唐州界，祭南渎大江广源公于成都府界，祭西渎大河灵源公于同州界，祭北渎大济清源公于河南府界。②

从这条史料可以看到，岳镇海渎的爵号已经在官方每年一度的常祀

---

① 《新唐书》卷58《艺文志二》，中华书局1975年版，第1492页。

② （唐）王泾：《大唐郊祀录》卷8《祭礼》，古典研究会1972年版，第787页。

中被认可了。更为明显的证据,来自同书同卷所记载的岳镇海渎常祀祝文。东岳常祀的祝文为:"维某年岁次月朔日,子嗣天子某谨敬遣某官姓名,敢昭告于东岳岱宗齐天王:惟神赞养万品,作镇一方,式因春始。谨以玉帛牺齐,粢盛庶品,明荐于东岳岱宗。尚飨。"①其他岳镇的祝文格式完全相同,只需要改一下山名、爵号和祭祀的季节即可。东渎常祀的祝文是:"维某年岁次月朔日,子嗣皇帝某谨遣某官姓名,敢昭告于东渎大淮长源公:惟神源流深悠,潜润溥洽,阜成百谷,疏涤山川,青春伊始,用遵典秩。谨以玉帛牺齐,粢盛庶品,明荐于神。尚飨。"②其他海渎的祝文也只需更改水名、爵号和祭祀的时节。这样,在岳镇海渎常祀的祝文中,也出现了它们的爵号。正如上文所提到的,至天宝十年(751),岳镇海渎才都拥有了爵位,那么在祝文中出现这些山川神的爵号,至少应在天宝十载之后。这一变化说明了山川神的人格化已经影响到了山川祭祀制度。

虽然爵号已经出现在岳镇海渎的常祀中了,但册封山川神的行为对官方山川祭祀制度的影响是比较有限的,原有的山川祭祀制度并未因为山川神被授爵而发生大的变化。对比《开元礼》和《大唐郊祀录》,就可以看到开元时期和贞元时期的岳镇海渎常祀仪式基本相同。因为《大唐郊祀录》的记载较为简略,《开元礼》的规定则细致入微,所以我们先引成书较晚的《大唐郊祀录》的记载,再来看一下《开元礼》中是否已经包含这些祭祀内容。据《大唐郊祀录》:"镇(按:当为岳镇)皆为坛而祭之,海渎则为坎而祭之。神座皆设于坛上,近南北向。右藉神席,皆以莞其牲币,各随方色。祭器各用酒樽六。其樽皆设于坛上东南隅,北向西上。"③《开元礼》是这样记载的:"前祭一日岳令清埽内外。又为瘗埳于坛之壬地,方深

---

① (唐)王泾:《大唐郊祀录》卷8《祭礼》,古典研究会1972年版,第788页。

② (唐)王泾:《大唐郊祀录》卷8《祭礼》,古典研究会1972年版,第788页。

③ (唐)王泾:《大唐郊祀录》卷8《祭礼》,古典研究会1972年版,第787~788页。

取足容物。……祭器之数，尊六，笾十，豆十，簋二，簠二，俎三。岳令帅其属诣坛东陛，升设尊于坛上东南隅，北向西上。……岳令率其属入诣坛东陛，升设岳神座于坛上，近北南向，席以莞，又实尊罍及玉。"注文中提道："其牲各随方色。"①可见从开元至贞元时期，岳镇常祀的程序保持不变。海渎祭祀也是如此。在《开元礼》中，海渎与岳镇的常祀仪式唯有一处不同，即后来《大唐郊祀录》所概括的"（岳）镇皆为坛而祭之，海渎则为坎而祭之"。通过上面的论证可以看到，开元至贞元时期，岳镇海渎常祀的礼仪程序保持不变，山川神的封爵对此的影响并不大。至于在京城内的那些山川祭祀，对照《开元礼》和《大唐郊祀录》，也可以发现山川封爵对原来的祭祀仪式没有影响。

要考察山川封爵对唐代山川祭祀制度有无影响，还可以从山川祭祀等级的角度进行分析。在诸山川神中，所在地举行的岳镇海渎常祀的等级是中祀，其他名山大川的常祀是小祀，除此之外的地方性山川祭祀有时也被等同为小祀。②山川神的封爵并没有改变这一基本的祭祀等级架构。虽然岳镇海渎神灵的祭祀同为中祀，但是五岳、四海神被授予王爵，四渎、四镇神被授予公爵。与四渎、四镇神一样被授予公爵的，还有太白山、昭应山、燕支山、丈人山等山

---

① （唐）萧嵩等：《大唐开元礼》卷35《祭五岳四镇》，古典研究会1972年版，第199页。

② 雷闻研究了唐代地方祠祀的分层，认为那些礼无明文、却得到地方政府承认和支持的祭祀活动，就是《大唐开元礼》中被等同于小祀的"诸神祠"，地方性山川祭祀就在"诸神祠"之中。参见雷闻：《唐代地方祠祀的分层与运作——以生祠与城隍神为中心》，《历史研究》2004年第2期，第27~41页。除了《大唐开元礼》外，荣新江和史睿根据敦煌文书残卷复原了《永徽令》之显庆修订本中的一条祠令，"诸神祠亦准小祀例"。见荣新江、史睿：《俄藏敦煌写本〈唐令〉残卷（Дx.3558）考释》，《敦煌学辑刊》1999年第1期，第10页。近来，荣新江和史睿重新研究了Дx.3558文书，录文稍有改变，对其性质也有所修正，不过依然认为《永徽令》之显庆修订本中有"诸神祠亦准小祀例"的规定。见荣新江、史睿：《俄藏Дx.3558唐代令式残卷再研究》，季羡林、饶宗颐主编：《敦煌吐鲁番研究》第9卷，中华书局2006年版，第159~160页。在其他时期，这些地方性山川祭祀活动的等级都没有等同于小祀。

神，而这些山神的祭祀等级都低于中祀。因此，山川神的爵位与这些神灵的祭祀等级之间没有严格的对应关系，爵位的授予也没有改变这些神灵的祭祀等级。

在唐代，山川神祭祀等级的改变是通过朝廷公文的形式实现的。《大唐郊祀录·祭礼》"祭岳镇海渎"条王泾案："《开元礼》唯祭四镇山，悉无封公之号。天宝十载，诏封霍山为应圣公，为五镇焉。"①这一看法有误。从各种史书记载来看，天宝十载，霍山只是与四镇一起被授予公爵，并没有提到霍山与四镇共称五镇的问题。如前所述，霍山在唐代具有特殊地位，也正因为这样，霍山得以和四镇同时被授予公爵，但其祭祀等级仍然只是小祀。王泾的案语所对应的正文中，也只有四镇，而没有五镇之说。五镇直至北宋才出现，霍山成为中镇。

在唐代的诸山中，享有与四镇同等的祭祀规格的，只有开成三年（838）之后的终南山。该年，太常礼院奏："准去年十月六日敕，终南山封广惠公，册命迄。宜准四镇例，以本府都督敕使充献官者，今合每年一祭。仍请以季夏土王日祭之，应缘祭事，并令本州府备具。祀文，所司祭前五日送京兆府。"②这样，终南山的祭祀规格相当于四镇，祭祀的时间是季夏土王日，也就是与中岳中天王的常祀同一天举行。东南西北四岳、四镇的祭祀时间分别是立春、立夏、立秋和立冬日，终南山的常祀既享有与四镇同等的待遇，又被安排与中岳嵩山同一天举行祭祀仪式，那么它在某种程度上被当作"中镇"来看待了。虽然没有直截了当地说将终南山的祭祀等级提升至中祀，但事实上，终南山在当地的官方常祀礼仪就是按中祀的规格来举行的。在唐代那些被授予公爵的山神中，只有终南山神的祭祀仪式在一段时期内是与四镇同一规格的。以上这些情况都说明，山川神的封爵并没有改变唐代山川常祀的既

---

① （唐）王泾：《大唐郊祀录》卷 8《祭礼》，古典研究会 1972 年版，第 787 页。

② （宋）王溥：《唐会要》卷 47《封诸岳渎》，上海古籍出版社 1991 年版，第 978 页。

有级差。

通过上面的分析，我们可以看到，山川神的封爵确实对国家山川祭祀制度有所影响，主要表现为这些爵号出现在了山川常祀的祝文中。不过，这种影响还是比较有限的，国家山川祭祀制度并未因为山川神的封爵而有了什么大的变化，这也说明了，与受政治形势影响较大的山川封爵行为相比，唐代国家山川祭祀制度还是非常成熟和稳定的。

六、余　　论

从中国传统礼制的角度看，唐朝将人爵授予山川神的举动是一个全新的历史现象，因而显得非常引人注目。这一现象的出现，与唐代政治的发展关系甚密。唐朝是一个官方山川崇拜异常发达的时代，早在李唐建国的过程中，霍山神的神话就已经开始流传。至武后统治时期，现实政治与山川崇拜的关系更趋紧密。因为政局的剧烈变化，她极力寻求包括山川神在内的各种神灵的庇佑，来为自己的政权制造合法性依据。同时，武周时期皇权的不断膨胀也反映到了山川崇拜上，而这正是山川封爵现象出现的根源。在山川祭祀制度上，武周政权通过重新诠释"五岳视三公，四渎视诸侯"的含义，使册祝制度发生了重大的变化，天子不再对岳镇海渎行再拜礼，从而强调了山川神作为天子下属的新身份。另一方面，从武后时期开始，朝廷通过册封那些重要的山川神来显示皇权的支配地位。册祝制度的变化与山川封爵现象的出现在逻辑上是一致的，都是皇权膨胀的表现，皇帝不满足于在现实世界掌握的权力，还要求提高自己在神灵世界的位置。不过，有别于一般的君臣关系，天子与山川神之间并非绝对的尊卑上下关系，古人深信神灵的威力是人力无法企及的，因此天子对自己册封的山川神仍然抱有敬畏之心，通过举行祭祀仪式、奉献祭品来获取山川神的眷顾。所以，山川封爵现象的出现，是皇帝在意并提高自身在神界地位的产物，不过其中也包含了政权期待得到山川神庇护的因素。

经过安史之乱，李唐王朝遭到了重创，皇帝掌控的人间权力有所低落。朝廷一方面祈求神灵帮助唐朝渡过难关，另一方面希望通过巩固和加强皇帝在神灵世界中的地位，来影响现实世界的权力运作。这一努力确实起到了一定的效果，但是无法改变皇权在人间不断式微的事实。同时，现实世界的权力状况，又反过来制约了朝廷借礼仪活动来伸张皇帝实际权力的意图。从唐后期的山川封爵行为中可以看到，那些手握重兵的武人开始侵蚀和分割皇帝的这一权力，尽管仍然打着皇帝的名号，实际上那些势力强大的臣下越来越起主导作用。

唐代山川祭祀制度确立于武德、贞观时期，7世纪末册封山川神的现象出现后，还是对既有的山川祭祀制度有所反馈，最明显的表现就是祭祀岳镇海渎的祝文中出现了这些山川神的爵号。但唐代山川祭祀制度的整体格局并未因此而改变，从祭祀等级到祭祀仪轨，莫不如此。

从国家山川崇拜的角度来看，山川祭祀制度与山川神的封爵是两条线索。前者是一种制度规范，代表了秦汉以来官方山川崇拜的传统形式，历经变迁后，在唐代已变得相当成熟，在具体祭祀礼仪的执行过程中，基本上都被遵守。唐代在山川祭祀制度上的探索，为后代奠定了基本的框架。山川封爵现象是现实政治介入山川崇拜的结果，有较大的随意性，同时也赋予了山川神更多的人格化色彩。山川封爵现象的出现丰富了国家山川崇拜的内容。山川祭祀制度与山川神的封爵之间有相交之处，但更多的时候是并行不悖的，从唐代前期到明代初年为止，它们共同体现着国家山川崇拜的丰富内涵。

山川封爵现象从唐代一直持续到了明代初年。在宋代，五岳被加上了帝号，四渎和五镇(霍山成为中镇)的爵位也从公上升到了王，与四海等同。[①] 金元时期，这一现象也得到了延续。[②] 值得注意的是，从唐代后期开始，一些地方性的神灵被赐予爵位，其中就

① 《宋史》卷102《礼志五》，中华书局1977年版，第2488页。
② 《金史》卷34《礼志七》，中华书局1975年版，第810页；《元史》卷76《祭祀志五》，中华书局1976年版，第1902页。

有山川神。例如，哀帝天祐二年（905），朝廷分别将利涉侯和安流侯的爵号授予洞庭湖神和青草湖神。① 到了宋代，赐号赐额的风气愈加盛行，赐爵神灵的现象扩大到了更广的范围，包括山川神在内的大量地方性神灵被授予爵位，其祭祀场所被赐额。② 北宋神宗年间，太常博士王古奏请："自今诸神祠无爵号者赐庙额，已赐额者加封爵，初封侯，再封公，次封王，生有爵位者从其本封。妇人之神封夫人，再封妃。其封号者初二字，再加四字。如此，则锡命驭神，恩礼有序。"③通过这段话可以看到，将爵位赐予那些地方性神祠的目的还是在于"驭神"，这与山川封爵现象是一脉相承的，都是皇权扩张其在神界之地位的一种外在体现。在宋代，尽管五岳神被授予帝号，但它们是朝廷册封的，无法与人间的皇帝平起平坐，封臣的性质没有改变。《太常新礼》编修于庆历四年（1044），其中记载了大中祥符二年（1009）四月朝廷关于各常祀祝文格式的规定。岳镇海渎常祀的祝词，采用"皇帝某敢昭荐于某神"的形式，"并进御书"。《太常新礼》已经佚失，不过这一条记载为《太常因革礼》引用，因而得以保存。④ 政和三年（1113），《政和五礼新仪》修成，

① 《旧唐书》卷20下《哀帝纪》，中华书局1975年版，第797页。

② 学界对宋代赐额、赐号的现象进行了深入的研究，参见［日］须江隆：《祠廟の記録が語る"地域"観》，收入宋代史研究会编《宋代人の認識——相互性と日常空間》，汲古書院2001年版，第29~55页；［日］须江隆：《唐宋期における社会構造の変質過程——祠廟制の推移を中心として》，《東北大学東洋史論集》第9辑，2003年，第247~294页；Sue Takashi（须江隆），The Shock of the Year Hsuan-ho 2：The Abrupt Change in the Granting of Plaques and Titles during Hui-tsung's Reign，*Acta Asiatica*，2003，（84），pp. 80-125；［日］水越知：《宋代社会と祠廟信仰の展開——地域核としての祠廟の出現》，《東洋史研究》第60卷第4号，2002年，第1~38页；雷闻：《唐宋时期地方祠祀政策的变化——兼论"祀典"与"淫祠"概念的落实》，荣新江主编：《唐研究》第11卷，北京大学出版社2005年版，第269~294页。

③ 《宋史》卷105《礼志八》，中华书局1977年版，第2561页。

④ （宋）欧阳修等编：《太常因革礼》卷11《总例十一》，《续修四库全书》（第821册），上海古籍出版社1995年版，第393页。

岳镇海渎常祀的祝文使用"皇帝（御书）谨遣某官臣姓名敢昭荐"的格式。① "皇帝（御书）"是指皇帝亲署名讳，相当于"皇帝某"，与一个世纪前相比，皇帝的自称没有发生改变。前文提到过，唐代开元年间，在岳镇海渎常祀的祝版上，皇帝的自称一度从"天子某"变为"皇帝"。到了宋代，使用"皇帝某"的自称，说明岳镇海渎又被当作了人格神，于是皇帝与山川神之间这种拟制的君臣关系更为巩固。

洪武三年（1370）六月，明太祖发布诏书，取消了岳镇海渎的封号。诏书中提道：

> 考诸祀典，如五岳、五镇、四海、四渎之封，起自唐室，崇名美号，历代有加。在朕思之，则有不然。夫岳镇海渎，皆高山广水。自天地开辟，以至于今，英灵之气，萃而为神，必皆受命于上帝，幽微莫测，岂国家封号之所可加？渎礼不经，莫此为甚。②

在明太祖看来，岳镇海渎集天地之灵气而成，其身份和使命是由上天控制的，自从唐朝以来国家册封这些神灵的做法，僭越了神界与人间的界限，侵犯了神界的秩序。他革除前朝授予岳镇海渎的封号，恢复其本来的名称，以明示神人之间本该具有的边界，"庶几神人之际，名正言顺，于礼为当，用称朕以礼事神之意"。③ 这意味着人间政权放弃了支配神界的想法。在同一份诏书中，除了岳镇海渎这些自然神之外，前朝前代授予人格神的爵号也被革除："郡县城隍神号，一体改正。历代忠臣烈士，亦依当时初封，以为实

① （宋）郑居中等：《政和五礼新仪》卷4《序例四》，《景印文渊阁四库全书》（第647册），台湾"商务印书馆"1983年版，第146页。
② 《明太祖实录》卷53，台湾"中央研究院"历史语言研究所1968年版，第1034页。
③ 《明太祖实录》卷53，台湾"中央研究院"历史语言研究所1968年版，第1034~1035页。

号，后世溢美之称，皆宜革去。"①只有孔子的爵位被保留下来。②
这些举动都符合明太祖整顿礼制、重建人神关系的意图。在《祭城
隍蒋庙文》中，明太祖进一步表明了自己的心迹："朕立京于是方，
专阳道而治生民也；神灵是方，专阴道而察不德也。"③皇帝治"阳
道"，主宰人间；神灵专"阴道"，掌控神界。从唐代开始，皇权一
直热衷于在神界扩大自身权力的辐射范围，即使是皇帝在人间的实
际权力变弱受挫的情况下，也是如此。有学者认为，明初岳镇海渎
封号的废除，是专制主义强化的体现。④ 这一看法恐失之于简单，
从明太祖的做法可以看到，皇权有意识地从神界撤退，转而专注于
世俗事务。⑤ 从这个角度看，明清时期皇权的极度强化，只是表现
在其人间权力层面。

[作者简介]朱溢，复旦大学文史研究院教授。研究领域为唐宋史、中国
古代礼仪制度和礼学思想。

---

① 《明太祖实录》卷 53，台湾"中央研究院"历史语言研究所 1968 年版，
第 1034 页。

② 保留孔子的爵位，是明太祖极度尊崇孔子的一种表现。关于明太祖
尊孔的情形，参见朱鸿林：《明太祖的孔子崇拜》，《"中央研究院"历史语言
研究所集刊》第 70 本第 2 分，1999 年，第 483~529 页。

③ （明）朱元璋：《明太祖文集》卷 17，《景印文渊阁四库全书》（第 1223
册），台湾"商务印书馆"1983 年版，第 206 页。

④ 胡凡：《论儒教对明初宫廷祭祀礼节的影响》，《明史研究专刊》第 12
期，1998 年，第 152~156 页；雷闻：《论隋唐国家祭祀的神祠色彩》，《汉学
研究》第 21 卷第 2 期，2003 年，第 120~121 页。

⑤ 在洪武三年六月诏中，除了取消岳镇海渎、城隍神以及后代政权授
予历代烈士的封号外，还制定了世俗政权对佛教、道教和民间宗教的管理政
策。我们在这里探讨明太祖的皇权和神权的观念，并不是要否认他干预和控
制宗教信仰的事实，这是两个有关联但却不同的问题。明太祖皇权与神权的
观念，则重在强调君主和神灵各有职守，不能越界，反对在观念上进行君主
与神灵地位高低的比较。明太祖对佛教、道教和民间宗教的治理体现了君主
治理人间的职责。所以，这两个问题并不矛盾。

第五章　唐代道教与五岳祭祀[*]

雷　闻

五岳祭祀渊源于上古时期的山川崇拜，《山海经》就是先民山岳崇拜与祭祀的记录，有浓厚的巫觋色彩。在奴隶制国家形成之后，山川祭祀成为一种国家行为，兼具宗教与政治双重功能。到了大一统的秦汉帝国时代，五岳从先秦时期的概念成为事实，其常祀之制到汉宣帝时最终完成，且已有岳庙等宗教性建筑出现。从此，五岳就不仅是一个地理概念，而且构成一个超越了本身自然属性的礼法地理大坐标，一套象征王朝正统性的体国经野的文化符号。[①]到了隋唐时期，国家的岳渎祭祀有两个重要发展：其一，岳渎祭祀采取了偶像崇拜的方式，这与儒家经典的叙述有所不同，但受到国家的明令保护。其二，包括五岳四渎在内的山川神，从唐代开始被朝廷授予人爵，这实际上是将儒家经典中"五岳视三公"的抽象原则落实在国家制度上。[②] 当然，隋唐时期一个更为深刻的变化，则

　　[*] 本文英文版 Daoism and Sacrifices to the Five Sacred Peaks in Tang China（618-907）发表于 *Religions*，2022，13（5），pp. 398-420. https：//doi. org/10. 3390/rel13050398. 摘自雷闻《郊庙之外——隋唐国家祭祀与宗教》（生活·读书·新知三联书店 2009 年版）第 2 章第 2 节，并略作修改。

　　[①] 参看顾颉刚：《"四岳"与"五岳"》，《史林杂识初编》，中华书局1963 年版，第 34~45 页；唐晓峰：《五岳地理说》，唐晓峰、李零主编：《九州》第 1 辑，中国环境科学出版社 1997 年版，第 60~70 页；唐晓峰：《体国经野——试述中国古代的王朝地理学》，《二十一世纪》2000 年 8 月号，第 82~91 页。

　　[②] 参看雷闻：《郊庙之外——隋唐国家祭祀与宗教》第 1 章，生活·读书·新知三联书店 2009 年版，第 42~43 页。

是道教逐步介入国家岳渎祭祀的实践，为后世五岳的道教化奠定了基础。此前吉川忠夫先生对此略有涉及，[①] 本章将充分利用传世文献与石刻史料，对此作进一步探讨。

一、唐以前的五岳祭祀与道教

南北朝以来，道教对于参与国家祭典显示了浓厚兴趣，这在北朝体现得尤为明显，寇谦之建立的新天师道的许多仪式都与国家祭典紧密结合在一起。自太武帝之后，北魏皇帝即位时要接受道教符箓，而在孝文帝迁洛之后，更在国家祭天的南郊设立道坛。[②] 至于五岳祭祀，也蒙上了明显的道教色彩。太武帝太延年间（435—439）所立的《后魏中岳嵩高灵庙碑》中，就记载了北魏王朝为表彰寇谦之辅佐真君成太平之化，遣道士为之修造中岳庙之事。该碑残损极为严重，所幸有善拓存世，[③] 从中可以看出：寇谦之奏请修岳祠，实际上不仅是嵩岳，而是"诸岳祠"；负责修建新庙者为道士；祭祀之礼为"奉玉帛之礼，春秋祈报"，近于传统儒家之礼。这与同时所立的《大代华岳庙碑》可谓如出一辙。[④]

北魏道教仪式与南郊典礼的结合在北齐时被废除了，但五岳祭祀的道教色彩却在某种程度上为隋王朝所继承。据《隋书》载："开皇十四年，将祠泰山，令使者致石像神祠之所。"[⑤]"（十五年正月）

---

① ［日］吉川忠夫：《五岳と祭祀》，《ゼロ・ビットの世界》，岩波书店1991年版，第213~282页。

② 《魏书》卷114《释老志》，中华书局1974年版，第3052~3055页。《隋书》卷35《经籍志四》，中华书局1973年版，第1093页。

③ 邵茗生：《记明前拓北魏中岳嵩高灵庙碑》，《文物》1962年第11期，第17~28页；《明前拓北魏中岳嵩高灵庙碑补记》，《文物》1965年第6期，第46~47页。

④ 《大代华岳庙碑》原石久佚，（宋）欧阳棐《集古录目》卷3跋曰："不著撰人名氏，后魏镇西将军略阳公侍郎刘元明书，太延中改立新庙，以道士奉祠，春祈秋报，有大事则告。碑以太延王年（439）五月立。"《石刻史料新编》第1辑第24册，新文丰出版公司1977年版，第17959页。

⑤ 《隋书》卷22《五行志上》，中华书局1973年版，第621页。

庚午，上以岁旱，祠太山，以谢愆咎。大赦天下。"①文帝祠泰山的
仪式不得而知，但炀帝大业四年八月祠祭北岳恒山的仪式则有明显
的道教因素。史载："大业中，炀帝因幸晋阳，遂祭恒岳。其礼颇
采高祖拜岱宗仪，增置二坛，命道士女官数十人，于壝中设醮。十
年，幸东都，过祀华岳，筑场于庙侧。"②可见文帝祠泰山，炀帝祠
恒山、华山都有道士参与典礼，且仪式已采取道教的斋醮科仪。③
对此，撰作《隋书》的初唐史官站在儒家传统的立场上批评道："事
乃不经，盖非有司之定礼也。"

与前代相比，唐代国家对于岳庙的管理明显增强。据《旧唐
书》载："五岳四渎庙，令各一人，正九品上。斋郎三十人，祝史
三人。"④然则岳庙令的品级比隋代有了很大提升。隋代岳庙日常由
民间"侧近巫一人主知洒扫"，唐时则被国家祭祀系统内的斋郎与
祝史取代，斋郎"取年十六以上中男充，二十放还"，且免杂徭。⑤
作为掌管祭祀的国家机构，岳庙享有官僚体系的一切特权，五岳可
各占有公廨田一顷，庙令则享有一顷五十亩的职分田。⑥

在唐代礼制体系中，岳镇海渎的等级属于中祀，"其五岳、四

---

① 《隋书》卷2《高祖纪下》，中华书局1973年版，第39页。

② 《隋书》卷7《礼仪志七》，中华书局1973年版，第140页。具体时间
据同书卷3《炀帝纪上》，第71页。

③ 另据晚唐敦煌文书S.5448《敦煌录》记载："石膏山，在州北二百五
十六里乌山峰，山石间出其膏。开皇十九年，乌山变白，中验不虚，遣道士
皇甫德琮等七人祭醮，自后望如雪峰。"然则隋文帝时期祭祀边州之山，也要
遣道士醮祭，这表明道教参与五岳祭祀绝非孤立的现象。李正宇论证了这条
材料的真实性，见《古本敦煌乡土志八种笺证》，新文丰出版公司1998年版，
第299~325页。

④ 《旧唐书》卷44《职官志三》，中华书局1975年版，第1924页。

⑤ 天一阁博物馆、中国社会科学院历史研究所天圣令整理课题组校证：
《天一阁藏明抄本天圣令校证：附唐令复原研究》，中华书局2006年版，第
432、393页。

⑥ （唐）李林甫等撰，陈仲夫点校：《唐六典》卷3"户部郎中员外郎"条，
中华书局1992年版，第75~76页。

镇，岁一祭，各以五郊迎气日祭之"。① 具体地点是：泰山在兖州
乾封县，衡山在衡州衡山县，华山在华州华阴县，恒山在定州曲阳
县，嵩山在洛州登封县。此为礼典常祀，而唐代又常因水旱灾害、
外族入侵、郊祀大典、新帝登基等大事遣使致祭，而其中的道教因
素则逐渐凸显。

二、五岳真君祠与唐代国家祭祀

　　高宗一朝是唐代宗教政策定型的重要时期，而乾封元年(666)
封禅泰山更是一个划时代的事件，因为这次活动始终笼罩着一层淡
淡的道教色彩。② 在封禅之前，因久雨，高宗曾先令嵩山高道刘道
合在仪鸾殿作止雨之术，又"令道合驰传先上太山，以祈福祐"。③
封禅大典顺利完成之后，离开泰山之前，高宗下诏："兖州置寺观
各三所，观以紫云、仙鹤、万岁为称，寺以封峦、飞烟、重轮为
名。"④天下诸州也各置观、寺一所。⑤ 这可视作对刘道合祈祷而得
岳神福祐的一种回报。天下诸州各置观、寺一所，对于道教尤其意
义非常。正如巴瑞特教授所说，这是道教首次在全国范围内有了国
家支持的道观网络，而这种网络对于佛教而言，早在隋代就已具备
了。⑥ 封禅大典刚刚结束，高宗还下令在泰山举行了一次道教的投
龙仪式。第二个月，高宗车驾"次亳州，幸老君庙，追号曰太上玄
元皇帝，创造祠堂，其庙置令、丞各一员"。"改谷阳县为真源县，

---

　　① 《新唐书》卷15《礼乐志五》，中华书局1975年版，第380页。
　　② 详见雷闻《唐代道教与国家礼仪——以高宗封禅活动为中心》，《中华
文史论丛》2001年第4辑，上海古籍出版社2002年版，第62~79页。
　　③ 《旧唐书》卷192《隐逸·刘道合传》，中华书局1975年版，第5127页。
　　④ （北宋）王钦若等编：《册府元龟》卷36《帝王部·封禅二》，中华书局
1960年版，第394页。
　　⑤ 《旧唐书》卷5《高宗本纪》下，中华书局1975年版，第90页。
　　⑥ T. H. Barrett, *Taoism under the T'ang*: *Religion & Empire during the
Golden Age of Chinese History*. London: The Wellsweep Press, 1996, p. 31.

县内宗姓特给复一年。"①这是唐代追尊老子为玄元皇帝的开始，道教从此获得特殊地位。巴瑞特教授也认为高宗朝是李唐道教政策的转折点，从此走向充分发展神权政治之路。②

当然，岳渎祭祀与道教的密切关系的顶峰是在唐玄宗时期，其标志是五岳真君祠的建立。《旧唐书·司马承祯传》载：

> 开元九年（721），玄宗又遣使迎入京，亲受法箓，前后赏赐甚厚。十年，驾还西都，承祯又请还天台山，玄宗赋诗以遣之。十五年，又召至都。玄宗令承祯于王屋山自选形胜，置坛室以居焉。承祯因上言："今五岳神祠，皆是山林之神，非正真之神也。五岳皆有洞府，各有上清真人降任其职，山川风雨，阴阳气序，是所理焉。冠冕章服，佐从神仙，皆有名数。请别立斋祠之所。"玄宗从其言，因敕五岳各置真君祠一所，其形象制度，皆令承祯推按道经，创意为之。③

关于玄宗时置五岳真君祠一事，相关史料大多语焉不详，以致宋人对此已不甚了了，如欧阳棐《集古录目》卷六跋《华岳真君碑》云："华阴丞陶翰撰，韦腾书。玄宗开元十九年（731）加五岳神号真君，初建祠宇，立此碑。"④其实，所谓"加五岳神号真君"完全是对此事的误解。当代道教史学者虽对此有所关注，但大多仅仅将其作为司马承祯的事迹一笔带过。⑤ 因此，对这一事件的前因后果、真君

① 《旧唐书》卷5《高宗本纪下》，中华书局1975年版，第90页。

② T. H. Barrett, *Taoism under the T'ang*：*Religion & Empire during the Golden Age of Chinese History*. London：The Wellsweep Press，1996，pp. 29-30.

③ 《旧唐书》卷192《隐逸·司马承祯传》，中华书局1975年版，第5128页。其主要材料来源可能出自贞元末李渤所撰《真系》中的《王屋山贞一司马先生》，（宋）张君房编，李永晟点校：《云笈七签》卷5，中华书局2003年版，第82~83页。

④ （宋）欧阳棐：《集古录目》卷6，《石刻史料新编》第1辑第24册，新文丰出版公司1977年版，第17976页。

⑤ 如陈国符：《道藏源流考》，中华书局1963年版，第56页；［日］今枝二郎：《司马承祯について》，秋月观暎编：《道教と宗教文化》，平河出版社1987年版，第175页。

祠与国家岳庙祭祀的关系以及其反映的深层背景，还需进一步研究。① 事实上，五岳真君祠建立的同时，还有青城山丈人祠和庐山九天使者庙的建立，这是一个整体事件，反映了道教代表人物试图以自己的理论改造国家祭祀系统的努力。

1. 相关的石刻材料

记载这一事件的材料非常零散，除《旧唐书·司马承祯传》之外，还有《旧唐书》卷八《玄宗本纪》开元十九年五月条、《资治通鉴》卷二一三、《册府元龟》卷五三、《唐会要》卷五〇、《玉海》卷一〇二、《云笈七签》等，文字虽有些出入，但应该出自同一史源，这使我们能够使用的材料非常有限。所幸石刻材料提供了不少信息，现列表如下：

名称	立碑时间	中央使者	地方官	撰、书者	备注
岱岳观碑（十六）	开元十九年十一月	都大弘道观主张游雾、京景龙观大德杨琬	专当官：朝散郎曲阜主簿上官宾。登仕郎乾封县尉王去非		仅有题记，未发现本碑
	二十年二月	敕使内侍省内谒者监胡寂、判官谒庭局监作宁君爱			二十年的敕使，疑为同一事。《道家金石略》114 页
唐北岳真君碑	开元二十年正月			房凤文；八分书	《金石录校证》6/107

① ［日］野口铁郎、石田宪司所编《道教年表》将五岳真君祠的建立置于开元十四年，将青城山丈人祠、庐山使者庙的建立置于开元二十年，显然是将其误分为二事。见［日］福井康顺等监修：《道教》第 3 卷，平河出版社 1983 年版，第 341 页。而［德］常志静（Florian Reiter）先生在研究庐山九天使者庙时，也未能将其与五岳真君祠一起考虑，见 The "Investigation Commissioner of the Nine Heavens" and the Beginning of His Cult in Northern Chiang-hsi in 731 A. D., *Oriens*, 1988, 31, pp. 266-289.

续表

名称	立碑时间	中央使者	地方官	撰、书者	备注
唐华岳真君碑①	开元二十年二月后		华阴令韦衍	华阴县丞陶翰文，京兆韦腾书	《集古录目》6/17976
唐南岳真君碑	开元二十年十月		衡州别驾元晊（字光大）	赵颐真撰，萧诚正书	《金石录校证》6/107，跋文见26/478
青城山丈人祠庙碑	开元二十年正月		蜀州刺史杨励本、青城县令薛椅	徐太亨撰，甘遗荣八分书	《全唐文》351/3560-61 《金石录校证》6/107
丈人祠纪符瑞碣	？			甘遗荣八分书	《舆地碑记目》4/《石刻》1-24-18564
九天使者庙碑	开元二十年正月二十五日	置庙使内供奉张奉国；设斋使大弘道观法师张平公	江州刺史独孤祯、长史杨楚玉、司马皇甫楚玉、浔阳县令魏昌	李泌（一作泌）撰，周嘉宾书	《道家金石略》114-116 《全唐文》373/3792-94
唐使者征祥记	开元二十年三月八日			潘观（一作翊）撰并正书	《全唐文》397/4050；《金石录校证》6/107
唐景龙观威仪检校修功德使田尊师墓志铭	天宝六载（747）	景龙观大德田偡；尚书郎韦陟			田偡与韦陟一起去中岳建立真君祠。雷闻《贵妃之师：新出〈景龙观威仪田偡墓志〉所见盛唐道教》

　　遗憾的是，目前只有西岳华山与青城山、庐山相关碑刻的全文留存至今，而北岳、南岳及东岳则仅存碑目或题记。在新刊盛唐道士田偡的墓志中，我们发现了关于中岳真君祠的记载："上以《五岳

---

　　① 雷闻：《〈唐华岳真君碑〉考释》，《故宫博物院院刊》2005年第2期，第76~88页。

真君图》西母受(授)汉，世末之闻焉，期作庙图形，创兴大典，发中岳之旨，受于尊师，俾尚书郎韦陟为之介。既还报命，蒙束帛之锡。"①可知当时奉敕前往嵩山主持置立中岳真君祠的是时任景龙观大德的田僙，与他同去的则是尚书郎韦陟。这些石刻材料对于我们完整理解这一事件，有着非常重要的作用。

2. 相关史实的考证

(1)时间。

关于五岳真君祠的置立时间，原本不成问题，因为从上述石刻材料来看，毫无疑问是在开元十九年到二十年之间。但由于相关文献记载的出入，特别是《旧唐书·司马承祯传》对时间的模糊记载，使得今天的许多道教研究著作仍沿袭了错误的说法，以为真君祠的建立是在开元十五年。陈国符《道藏源流考》即取此说，其根据除了《旧传》外，还有晚唐道士李冲昭的《南岳小录》。② 野口铁郎、石田宪司二人编写的《道教年表》，则将五岳真君祠的建立置于开元十四年，而将青城山丈人祠、庐山使者庙的建立置于开元二十年。③ 这显然是将原本一个整体事件割裂为两半。直到 1996 年，巴瑞特所著《唐代道教》一书仍袭陈氏之说，并认为即使作为执行时间，开元十九年似乎也仍显得太晚，他像陈氏一样引《南岳小录》的记载为据④。看来，对这一问题仍有考辨的必要。现将相关文献记载列举如下：

> 《旧唐书》卷八《玄宗本纪》上："〔开元十九年〕五月壬戌(十五日)，五岳各置老君庙。"⑤

---

① 雷闻：《贵妃之师：新出〈景龙观威仪田僙墓志〉所见盛唐道教》，《中华文史论丛》2019 年第 1 期，第 325～348 页。

② 陈国符：《道藏源流考》，中华书局 1963 年版，第 56 页。

③ ［日］野口铁郎、石田宪司编：《道教年表》，［日］福井康顺等监修：《道教》第 3 卷，平河出版社 1983 年版，第 341 页。

④ T. H. Barrett, *Taoism under the T'ang: Religion & Empire during the Golden Age of Chinese History*. London: The Wellsweep Press, 1996, pp. 54-55, esp. note 89.

⑤ 《旧唐书》卷 8《玄宗本纪上》，中华书局 1975 年版，第 197 页。

《资治通鉴》卷二一三玄宗开元十九年(731)条："五月，壬戌，初立五岳真君祠。"①

《册府元龟》卷五三："开元十九年正月壬戌，置五岳真君祠，各于岳下选德行道士数人，焚香洒扫焉。初司马承祯隐于天台，征至京师，承祯因上言……"②

《唐会要》卷五〇："开元九年十二月，天台山道士司马承祯上言……上奇其说，因敕五岳各置真君祠一所。"③

《南岳小录》："开元中，司马天师上言：五岳洞天各有上真所治，不可以血食之神同其雩祀。既协圣旨，爰创清庙是岳也。启夏之际，洁斋致醮，兼度道士五人，长备焚修洒扫，即开元十五年五月十五日明制也。"④

《玉海》卷一〇二载："(开元)十九年五月壬戌，初立五岳真君祠。"⑤

要言之，关于司马承祯建议设立真君祠而为玄宗采纳的时间有开元九年、十五年、十九年等三种不同的记载。《旧纪》《通鉴》《玉海》所载完全相同，即开元十九年五月十五日壬戌正式下诏建立五岳真君祠，至于《册府元龟》所载，年代与干支纪日都完全符合，只是"五月"作"正月"，可能是因"五""正"两字形近而误。至于陈国符与巴瑞特引以为据的《南岳小录》，其所载时间的月份和日期(五月十五日)与《通鉴》和《旧纪》也完全相合，惟年份作"十五年"，产生差异

① (宋)司马光编著，(明)胡三省音注，"标点资治通鉴小组"校点：《资治通鉴》卷213，中华书局1956年版，第6796页。

② (北宋)王钦若等编：《册府元龟》卷53《帝王部·尚黄老一》，中华书局1960年版，第590页。

③ (宋)王溥：《唐会要》卷50《杂记》，上海古籍出版社1991年版，第1029页。

④ (唐)李冲昭：《南岳小录》，《道藏》第6册，文物出版社、上海书店、天津古籍出版社1988年版，第862页。

⑤ (宋)王应麟：《玉海》卷102"唐祭五岳四渎、亲祠华岳"条，《景印文渊阁四库全书》(第945册)，台湾"商务印书馆"1986年版，第708页。

的原因可能仍是翻刻过程中的讹误，"九"和"五"也是很容易混淆的。至于《唐会要》所记的"开元九年十二月"，颇疑为"开元十九年二月"之误，即司马承祯立议之时间，因为结合前述石刻材料不难看出，玄宗下诏建立五岳真君祠的时间是开元十九年五月十五日，很难想象司马承祯的建议是在十年之前作出的。下面我们将真君祠、丈人祠及使者庙的建立列一个简单的时间线索：

开元十九年二月，司马承祯立议。

开元十九年五月十五日壬戌，玄宗下诏建立五岳真君祠。

开元十九年八月二十一日敕：置青城山丈人祠及庐山九天使者庙。①

开元十九年八月二十五日敕：青城山丈人祠及庐山九天使者庙，准五岳真君庙例，抽德行道士五人焚香供养。

开元十九年十一月，东岳真君祠完工，修斋三日三夜。

开元二十年正月，北岳真君祠、青城山丈人祠完工，立碑纪念。

开元二十年正月二十五日，庐山九天使者庙完工，设斋行道并立碑纪念。

开元二十年二月之后，西岳真君祠完工，立碑纪念。

开元二十年三月，更于使者庙立《征祥记》。

开元二十年四月乙酉，敕："五岳先制真君祠庙，朕为苍生祈福，宜令祭岳使选精诚道士，以时设醮。及庐山使者、青城丈人庙，并准此祭醮。"②

开元二十年十月，南岳真君祠完工，立碑纪念。

应该承认，这份时间线索并不完备。首先，司马承祯立议的时间在

某种程度上还只是一种推测，其次，中岳真君祠的完工时间也无从查考，此外，南岳真君祠的建造工期较长，原因不明。所有这些问题，都还有待进一步的研究。

（2）青城丈人祠与庐山使者庙。

在《旧唐书·司马承祯传》中，虽未提及青城丈人祠和庐山使者庙的建立，但它们同样是根据司马承祯的建议所置。杜光庭《录异记》卷一"庐山九天使者"条载：

> 开元中，皇帝梦神仙羽卫，千乘万骑，集于空中。有一人朱衣金冠，乘车而下，谒帝曰："我九天采访，巡纠人间，欲于庐山西北置一下宫，自有木石基址，但须工力而已。"……初，玄宗梦神人曰，因召天台炼师司马承祯以访其事。承祯奏曰："今名山岳渎，血食之神以主祭祠，太上虑其妄有威福，以害蒸黎，分命上真，监莅川岳。有五岳真君焉，又青城丈人为五岳之长，潜山九天司命主九天生籍，庐山九天使者执三天之录，弹纠万神，皆为五岳上司，盖各置庙，以斋食为飨。"是岁，五岳三山各置庙焉。①

据此，则丈人祠与使者庙之建立出自司马承祯对于玄宗的一个神异之梦的解释。② 如前所述，杜光庭这则故事的依据当是开元二十年正月立于庐山的《九天使者庙碑》和三月所立的《唐使者征祥记》，基本应属可信。不过，所谓"五岳三山，各置庙焉"，却未能完全得到证实。因为无论石刻史料还是传世文献，都没有开元中置立潜山九天司命之庙的记载。《九天使者庙碑》中在叙述青城与庐山二祠的建立与真君祠的关系时，也只字不提潜山司命真君。目前所知最早的一

---

① （五代）杜光庭：《录异记》卷1，《道藏》第10册，文物出版社、上海书店、天津古籍出版社1988年版，第856~857页。

② 《庐山太平兴国宫采访真君事实》卷1《见祥》，玄宗此梦准确的时间是开元十九年二月十五日夜。见《道藏》第32册，文物出版社、上海书店、天津古籍出版社1988年版，第662页。值得注意的是，这也正是我们前文推测司马承祯奏立五岳真君祠的月份。

通潜山真君庙碑是代宗大历八年(773)所立的《唐司命真君庙碑》，从其内容来看，潜山置庙是在天宝九载(750)，距五岳、青城、庐山置庙之时相去已近20年了。①

很显然，司马承祯试图以道教理论来改造甚至取代国家的岳渎祭祀体统，他不仅推动了五岳真君祠的建立，而且利用为玄宗解梦之机，促成了青城丈人祠与庐山使者庙的创立。据《庐山太平兴国宫采访真君事实》的记载，当时"乃诏吴道子肖貌，敕内供奉张奉国及法师张平公等，赍像诣江州，命刺史独孤正(祯)、县令魏昌建祠于庐山之阴"。② 宋徽宗重和元年(1118)立于庐山的《奉安玉册记》碑亦云："命吴道子写之，遣内供奉持使者真图建立祠庙于山之阴。明皇帝亲书缪篆(篆)殿额以赐之，其文曰'九天使者之殿'，而无'采访'之称，其榜固在也。"③若然，则庐山使者的画像为吴道子所作，而大殿之额更为唐玄宗亲书，对其重视不言而喻。

(3)七座祠庙的基本情况与主要职能。

至此，我们已经大致了解了五岳与二山置立祠庙的基本过程：首先，由司马承祯根据上清派的经典，制定出祠庙的图纸与神像的粉本(庐山使者像的粉本或为吴道子所作)，然后，由中使担任置庙使，两京高道担任设斋使，分赴各山指导立庙事宜，具体选址、施工等工作则由地方政府负责。在完工之后，通常要设斋行道，投龙致祭，如同我们在《岱岳观碑》及《九天使者庙碑》上所看见的那样，最后则要立碑纪念。

五岳真君祠在各岳的具体地点，史未详载。沈汾《续仙传》"司马承祯"条所云"诏五岳于山顶别置仙官庙"，④ 恐无根据。根据目前所

---

① 关于此碑，详见拙撰《唐代潜山的信仰世界——以石刻材料为中心》，《敦煌学》第27辑，2008年，第223~238页。

② 《庐山太平兴国宫采访真君事实》卷1《见祥》，《道藏》第32册，文物出版社、上海书店、天津古籍出版社1988年版，第662页。

③ 见《庐山太平兴国宫采访真君事实》卷6《奉安玉册记》，《道藏》第32册，文物出版社、上海书店、天津古籍出版社1988年版，第687页。

④ (宋)张君房编，李永晟点校：《云笈七签》卷113下，中华书局2003年版，第2507页。

能见到的材料来看，有的地点距离岳庙不远，南岳真君祠与司天霍王庙（即衡岳庙）都在华盖峰下，二者距离非常近。① 也有距岳庙较远者，如北岳真君庙在定州恒阳县东北十里嘉禾山下，而恒岳下庙在县西四十步。② 至于其他三岳的真君庙址，今天已难觅其踪。青城丈人祠位于丈人山之东，鬼城山下。宋代赐号为"建福宫"，不过此祠似乎是从青城更深处的天国山旧址迁来，据杜光庭《道教灵验记》云："青城山丈人观真君像，冠盖天之冠，着朱光之袍，佩三亭之印，以主五岳，威制万神。开元中，明皇感梦，乃夹纻制像，送于山中。自天国祠宇，移观于今所。盖取春秋祭山，去县稍近，以天国太深故也。"③若此言不虚，则我们至少可以看出：第一，到晚唐五代时，丈人祠已被称为丈人观了；第二，丈人祠此前就已存在，旧址原在天国山，开元中始迁到今址，这或许正是《青城山丈人祠庙碑》中所云蜀州刺史杨励本要"奉遵宸旨，恭惟灵庙，亲画规模，改兴版筑"的原因；第三，不仅祠庙的图纸由长安送来，甚至连真君像也是如此，这也印证了碑中"神姿丽美，远降于九天；丽像昭辉，长存于三蜀"的记载；第四，移观是为了方便青城县每年春秋两次祭山，据《唐六典》载："蜀州青城丈人山，每岁春秋二时享以蔬馔，委县令行（原注：侧近以三两人洒扫）。"④祭山之所正是在丈人祠。至于庐山使者庙，据前引杜光庭《录异记》的记载，其址在庐山的西北。《舆地纪胜》称"使者庙，在州南三十里，即太平兴国宫也"。⑤ 更为具体的地点，尚需进一步考实。

---

① （唐）李冲昭：《南岳小录》，《道藏》第 6 册，文物出版社、上海书店、天津古籍出版社 1988 年版，第 862 页。

② （唐）李吉甫撰，贺次君点校：《元和郡县图志》卷 18《河北道三》，中华书局 1983 年，第 514~515 页。

③ （宋）张君房编，李永晟点校：《云笈七签》卷 118《青城丈人真君赐钱验》，中华书局 2003 年版，第 2594~2595 页。

④ （唐）李林甫等撰，陈仲夫点校：《唐六典》卷 4"祠部郎中员外郎"条，中华书局 1992 年版，第 123 页。

⑤ （宋）王象之：《舆地纪胜》卷 30《江南西路·江州·景物》下，中华书局 1992 年版，第 1313 页。

　　这七座祠庙全都是道教宫观，故需要道士住庙供养，虽建筑规模不小，但道士人数却不多，每观仅 5 名左右。如《青城山丈人祠庙碑》内云："又奉〔开元十九年〕八月二十五日敕，青城丈人庙准五岳真君庙例，抽德行道士五人，焚香供养。"《九天使者庙碑》亦云："开元十九年八月二十一日降明旨曰：青城山丈人庙、庐山使者庙，宜准五岳真君庙例，抽德行道士五人，焚修供养。仍委所管拣择灼然道行者安置，具年名申所由。"又据《册府元龟》载，开元二十年四月己酉，敕曰："五岳先制真君祠庙，朕为苍生祈福，宜令祭岳使选精诚道士，以时设醮，及庐山使者、青城丈人庙，并准此祭醮。"①则住庙道士由地方官与中央派去的祭岳使一起选拔，报中央备案。《九天使者庙碑》最后提到"玄门道士章泂寂等"，应即被选出的使者庙的供奉道士。其中心职能，则是在特定日子以道教斋醮科仪来为皇帝、国家和百姓祈福。从置庙经过到其主要职能，无不显示了它们强烈的官方色彩。

　　不难想象，五岳二山的祠庙在当地的宗教界必然有着特殊的地位。以北岳为例，在天宝七载（748）五月廿五日所立的《大唐博陵郡北岳恒山封安天王之铭》中，② 记载了一次官方祭祀北岳的典礼，碑阴所列与祭者的名单中，除恒州与恒山县的各级官员及恒岳令、监庙之外，还有一位"前供奉合炼百花浆北岳真君庙三洞道士刘处一"。真君庙道士参与国家祭典，凸显了此庙在当地宗教界的地位。直到晚唐，北岳真君庙还不断得到官方赞助，如在僖宗乾符四年（877）的《北岳真君叙圣兼再修庙记》中，就记载了咸通十五年、乾符二年两次重修的情况，第二次更是奉敕而为。③

---

① （北宋）王钦若等编：《册府元龟》卷 53《帝王部·尚黄老一》，中华书局 1960 年版，第 590 页。

② （清）王昶：《金石萃编》卷 88，《石刻史料新编》第 1 辑第 2 册，新文丰出版公司 1982 年版，第 1486 页。

③ 陈垣编纂，陈智超、曾庆瑛校补：《道家金石略》，文物出版社 1988 年版，第 185 页。关于晚唐北岳真君庙的情况，参看（唐）高讽：《大唐太师令公太原公重修真君庙之碑》，陈尚君辑校：《全唐文补编》卷 94，中华书局 2005 年版，第 1155～1157 页。

3. 司马承祯与真君祠建立的理论依据

置立五岳二山祠庙的核心人物是司马承祯，其理论根据究竟是什么？众所周知，司马承祯是继陶弘景、王远知、潘师正之后的一代上清宗师，在盛唐的宗教与政治舞台上扮演着非常重要的角色。[①]他在给玄宗的奏文中曰："五岳皆有洞府，各有上清真人降任其职，山川风雨，阴阳气序，是所理焉。"前引《唐华岳真君碑》更明确指出："储精出乎象数，建福本乎神机。澄大洞之逸文，验上清之旧志。"显然，司马承祯所据正是上清经的理论。这七座祠庙所供奉的仙真大多可在陶弘景《真灵位业图》中找到，[②]他们应该就是司马承祯所谓"上清真人"的最初来源。不过，在《真灵位业图》的神谱中，五岳与青城、庐山并不是一个有机整体，将它们整合为一个体系的，则是《五岳真形图》系统的文献。

关于此图及其信仰，施舟人（K. M. Schipper）、山田利明等先后有深入的研究[③]；而曹婉如等则指出，《道藏》所见古本五岳真形图，就其表现形式与内容来看，应是从具体山岳的平面示意图，即主要是为道士们入五岳名山采药访道提供的一种导游性质的实用地图演变而来[④]。张勋燎等则将文献与"五岳真形镜"及"上清含像镜"等道教文物结合起来，使人耳目一新。[⑤] 张勋燎等认为五岳真

① 关于司马承祯的生平，参看陈国符《道藏源流考》，中华书局 1963 年版，第 52~59 页；Paul W. Kroll, Szu-ma Ch'eng-chen in T'ang Verse, *Society for the Study of Chinese Religions Bulletin*, 1978, 6, pp. 16-30; Livia Kohn, *Seven Steps to the Tao*: Sima Chengzhen's Zuowanglun. Nettetal：Steyler Verlag-Wort und Werk, 1987.

② 《道藏》第 3 册《洞玄灵宝真灵位业图》，文物出版社、上海书店、天津古籍出版社 1988 年版，第 276~277 页。

③ ［法］施舟人（K. M. Schipper）：《五岳真形图的信仰》，［日］吉冈义丰、［法］苏远鸣（Michel Soymie）编：《道教研究》第 2 册，昭森社 1967 年版，第 114~162 页；［日］山田利明《二つの神符——"五岳真形图"と"灵宝五符"》，《东洋学论丛》第 12 号，1987 年，第 147~165 页。

④ 曹婉如、郑锡煌：《试论道教的五岳真形图》，《自然科学史研究》1987 年第 1 期，第 52~57 页。

⑤ 张勋燎：《道教五岳真形图和有关两种古代铜镜材料的研究》，《南方民族考古》第 3 辑，四川科学出版社 1991 年版，91~112 页；张勋燎、白彬：《江苏明墓出土和传世古器物的道教五岳真形符与五岳真形图》，《中国道教考古》，线装书局 2006 年版，第 1751~1833 页。

形图和最早记载此图的《汉武帝内传》一样，出自葛洪的托名造作，或是葛洪"师徒、翁婿、夫妇共同搞出来的作品"，其原因是："第一，最早记载五岳真形图材料的文献都是出自葛洪之手，而且有的是有意假托前人的名字杜撰而成。第二，五岳真形图的传授谱系，除了一些纯属虚构的人物和查无实据的材料外，最后都是经过葛洪师徒一线单传下来并逐渐得到推广的。"①在《道藏》中今存两种五岳真形图的材料。其一是洞玄部灵图类所收的《洞玄灵宝五岳古本真形图(并序)》②，其二是正乙部笙字号所收的《五岳真形序论》③。另外，在《云笈七签》卷79中也保存着托名东方朔的《五岳真形图序》《五岳真形神仙图记》《王母授汉武帝真形图》及《五岳真形图法并序》，④ 其中《五岳真形图序》与《道藏》所收《洞玄灵宝五岳古本真形图(并序)》的第一部分完全相同：

> 东岳泰山君，领群神五千九百人，主治死生，百鬼之主帅也，血食庙祀所宗者也。……泰山君服青袍，戴苍碧七称之冠，佩通阳太平之印。
>
> 南岳衡山君，领仙七万七百人……南岳君服朱光之袍，九丹日精之冠，佩夜光天真之印。
>
> ……
>
> 青城丈人，黄帝所命也，主地仙人，是五岳之上司，以总群官也。丈人领仙官万人，道士入山者，见丈人服朱光之袍，戴盖天之冠，佩三庭之印，乘科车，从众灵而来迎子。
>
> 庐山使者，黄帝所命，秩比御史，主总仙官之位，盖五岳之监司。道士入其山者，使者服朱绯之袍，戴平华之冠，佩三

① 张勋燎、白彬：《中国道教考古》，线装书局2006年版，1756页。

② 《道藏》第6册，文物出版社、上海书店、天津古籍出版社1988年版，第735~743页。

③ 《道藏》第32册，文物出版社、上海书店、天津古籍出版社1988年版，第628~636页。

④ (宋)张君房编，李永晟点校：《云笈七签》卷79，中华书局2003年版，第1790~1811页。

天真形之印而来迎子。

　　霍山南岳储君，黄帝所命，衡岳之副主也，领群灵三万人。上调和气，下拯黎民，关校众仙，制命水神，是峻验之府，而为诸灵之所顺也。道士入其境，储君服青锦之袍，戴启明之冠，佩道君之玉策而来迎子。

　　潜山储君，黄帝所命，为衡岳储贰，时参政事，今职似辅佐者也。入其山，潜君服紫光绣衣，戴参灵之冠，佩朱官之印，乘赤虬之车而来迎子。

可见，除了五岳之外，五岳真形图还包括了青城山、庐山、霍山、潜山①，它们与五岳发生联系的原因，《图序》作了如下解释："〔黄帝〕察四岳并有佐命之山，而南岳独孤峙无辅，乃章词三天太上道君，命霍山、潜山为储君。奏可，帝乃自造山，躬写形象，连五图之后。又命拜青城为丈人，署庐山为使者，形皆以次相续，此道始于黄帝耳。"

　　需要注意的是，五岳真形图记载了所领的"群神""仙官""玉女"的数目，并详细描绘五岳君、青城丈人、庐山使者、霍潜储君的袍、冠及所佩之印，这似乎正是司马承祯奏文所说五岳各有上清真人"冠冕章服，佐从神仙，皆有名数"之所本。以《青城山丈人祠庙碑》对青城丈人的描写为例，内曰："黄帝拜为五岳丈人，因以为称。服朱光之袍，戴盖天之冠，佩三庭之印，乘科车，主五岳。"这与《五岳真形图序》的文字几乎完全相同。不过，在司马承祯以道教理论来改造国家五岳祭祀的计划中，霍、潜二山并无建庙之举，可能是因为青城、庐山是五岳的上司，而霍、潜只是南岳的储贰，二者原本不在一个等级上。

　　常志静在研究庐山九天使者崇拜时曾提示我们，一些较为古老

---

　　① 按：霍山、潜山实为一山，又称"天柱山"，但在古文献中往往分为二山。参看乌以风：《衡霍今辨》，《天柱山志》，安徽教育出版社1984年版，第108~129页。

134

的传统如五岳真形图在唐代有一个新的流行。① 在贞观十三年
(639)裴孝源《贞观公私画史》中，就著录有《五岳真形图》一卷，
称此画"甚精奇，隋朝以来，私家搜访所得"。② 在成书于初唐、托
名金明七真所著的《洞玄灵宝三洞奉道科戒营始》卷四的《灵宝中盟
经目》中，同时列有《五岳真形图》《五岳供养图》《五岳真形图序》
三种书目，作为"洞真法师"所必须掌握的法箓。③ 而盛唐著名的道
教科仪大师张万福的《传授三洞经戒法箓略说》，也将五岳真形图
列为道士所授法箓之一。④ 作为一位总括三洞、饱览诸派经书的大
师，司马承祯对于五岳真形图，无疑是非常熟悉的。

　　司马承祯曾著有《洞玄灵宝五岳名山朝仪经》一卷，⑤ 此书今
佚，从书名推测，似一部专门讲述五岳名山祭祀的经书。其《上清

---

　　① Florian Reiter, The "Investigation Commissioner of the Nine Heavens"
and the Beginning of His Cult in Northern Chiang-hsi in 731 A. D., *Oriens*, 1988,
31, p. 275, note 46.

　　② 见何志明、潘运告编著:《唐五代画论》，湖南美术出版社 1999 年
版，第 19 页。

　　③ 《洞玄灵宝三洞奉道科戒营始》卷 4，《道藏》第 24 册，文物出版社、
上海书店、天津古籍出版社 1988 年版，第 758 页。按此书的成书时间颇多争
议，现在一般认为它成书于初唐时期。参看 Livia Kohn, The Date and
Compilation of the Fengdao kejie, The First Handbook of Monastic Daoism, *East
Asian History*, 1997, (13/14), pp. 91-118. 此文的修订版收入氏著 *The Daoist
Monastic Manual*: *A Translation of the Fengdao Kejie* (New York: Oxford University
Press, 2004) 的导言中。另可参看 Florian Reiter, *The Aspiration and Standards
of Taoist Priests in the Early T'ang Period*. Wiesbaden: Harrassowitz, 1998.

　　④ (唐)张万福:《传授三洞经戒法箓略说》卷上，《道藏》第 32 册，文
物出版社、上海书店、天津古籍出版社 1988 年版，第 190 页。关于此书，参
看 Charles D. Benn, *The Cavern-Mystery Transmission*: *A Taoist Ordination Rite of
A. D.* 711. Honolulu: University of Hawaii Press, 1991.

　　⑤ 《新唐书》卷 59《艺文志三》"子录神仙类"，中华书局 1975 年版，第
1522 页。此书又著录于《通志·艺文略》第五，此据 (宋)郑樵:《通志二十
略》，中华书局 1995 年版，第 1622 页。此书在元代已经失传，故被编入至元
十二年(1275)成书的《道藏阙经目录》卷上，《道藏》第 34 册，文物出版社、
上海书店、天津古籍出版社 1988 年版，第 504 页。

天地宫府图经》则是一部系统研究总结洞天福地学说的集大成著
作，① 他在此书具体谈到了降居五岳洞天的仙真之名姓，如在"十
大洞天"中，"第五青城山洞，周回二千里，名曰宝仙九室之洞天，
在蜀州青城县，属青城丈人治之"。五岳洞天则列入"三十六小洞
天"中：

> 第二东岳太山洞。周回一千里，名曰蓬玄洞天，在兖州乾
> 封县，属山图公子治之。
> 第三南岳衡山洞。周回七百里，名曰朱陵洞天，在衡州衡
> 山县，仙人石长生治之。
> 第四西岳华山洞。周回三百里，名曰总仙洞天，在华州华
> 阴县，真人惠车子主之。
> 第五北岳常山洞。周回三千里，名曰总玄洞天，在恒州常
> 山曲阳县，真人郑子真治之。
> 第六中岳嵩山洞。周回三千里，名曰司马洞天，在东都登
> 封县，仙人邓云山治之。

据《新唐书·地理志》载，衡山县"本隶潭州，神龙三年（707）来属
〔衡州〕"。② 然则司马承祯此书之作当在其后。可以想见，他所谓
"五岳皆有洞府，各有上清真人降任其职，山川风雨，阴阳气序，
是所理焉"之语，恐怕主要是以自己的著作为出发点的，山图公
子、石长生等五位仙真应即他心目中降任五岳的"上清真人"。虽
然这五位真人早就出现在陶弘景的著作中，不过却无他们下治五岳
洞天之说。将他们与五岳联系起来，可能是司马承祯的创造。

司马承祯对祠庙形制与神像的建设进行了具体指导，即《旧唐
书·司马承祯传》所谓的"其形象制度，皆令承祯推按道经，创意
为之"。之所以能够做到这一点，首先是由于司马承祯对道教文献

---

① 此书主体部分保存在（宋）张君房编，李永晟点校：《云笈七签》卷27
题作《天地宫府图并序》，中华书局2003年版，第608~631页。
② 《新唐书》卷41《地理志五》，中华书局1975年版，第1071页。

和各种制度的谙熟。经过长期发展，到了唐代，道教的宫观建设已经积累了丰富的经验，在初唐成书的《三洞奉道科戒营始》一书中，就对置观和造像等都有详细介绍。① 司马承祯的"创意"绝非凭空想象，他必然会参照前人的经验和成果。因为材料的限制，我们对于五岳二山七座祠庙的建筑规划并不清楚，但从《九天使者庙碑》的描写来看，此庙至少有精思院、净戒院、经楼、大厨等，其设计与《三洞奉道科戒营始》关于置观的规定非常接近，或许这正是唐代前期典型的道观设计模式，司马承祯对此必然非常清楚。②

其次，司马承祯艺术修养深厚。承祯的诗文、音乐、绘画、书法，无一不精。以音乐为例，他曾奉诏"制《玄真道曲》"，③ 这使他与妙通音律、曾亲作步虚乐章的玄宗更为相契。就书画而言，司马承祯"博学能文，攻篆迥为一体，号曰'金剪刀书'"④，其王屋山居室的壁画，也是自己亲自创作的⑤。他还著有《上清侍帝晨桐柏真人真图赞》一卷，⑥ 图画虽非承祯原作，但此书原本有图，自无疑问。司马承祯还曾作《上清含象剑鉴图》一卷，并亲自为玄宗铸造，将原本为仿照五岳平面地形的真形图简约为一种艺术符号，置于"上清含象镜"的中心位置，这对后来的真形图材料产生了重

① 《洞玄灵宝三洞奉道科戒营始》卷1《置观品》及卷2《造像品》，《道藏》第24册，文物出版社、上海书店、天津古籍出版社1988年版，第744～749页。

② 关于中国中古时期的道观规划，可参看 Livia Kohn, A Home for the Immortals: The Layout and Development of Medieval Daoist Monasteries, *Acta Orientalia Academiae Scientiarum Hungaricae*, 2000, 53(1/2), pp. 79-106.

③ 《新唐书》卷22《礼乐志一二》，中华书局1975年版，第476页。

④ （宋）张君房编，李永晟点校：《云笈七签》卷113下《续仙传》，中华书局2003年版，第2505页。

⑤ （唐）张彦远：《历代名画记》卷9，上海人民美术出版社1964年版，第186页。

⑥ 《道藏》第11册，文物出版社、上海书店、天津古籍出版社1988年版，第157～163页。

大影响。①

总之，司马承祯置立五岳二山祠庙的基本思想应该源于上清派的传统观念，他结合了五岳真形图的理论，并据自己的洞天福地学说进行了创造性的发挥。这一方面得力于他对道经的熟悉，另一方面与他的艺术修养密不可分。

三、国家祭祀、道教信仰与民间崇拜

从高宗封禅中的道教因素、五岳二山置立真君祠庙等事例，不难看出道教参与、改造国家五岳祭祀的一种努力。事实上，二者的紧密关系还表现在许多方面，例如，先天二年(713)八月唐玄宗封华山神为金天王时，是由"景龙观道士、鸿胪卿员外置越国公叶法善，备礼告祭"。② 在道士们奉旨投龙的仪式中，往往也有儒家礼官的参与，如开元十八年(730)六月七日，"专掌五礼"的太常少卿韦縚就与长安东明观主王仙卿一起，去青城山设醮投龙。③ 对于道教与国家祭祀的密切关系，当时的儒家礼官并不认为有何不妥。那么，这种现象出现的背景如何？对于唐代的民间信仰又有何影响？

1. 道教对于血祭的反对

按照儒家的传统礼仪，作为国家祭典的社稷、五祀、五岳祭祀应是"血祭"。这一传统向为历代王朝所尊奉，唐代的五岳祭祀自不例外。依《唐六典》的规定，常祀的祭品是太牢，而祈雨、祈晴

---

① 关于上清含象镜，参看张勋燎前揭文。另参王育成《司马承祯与唐代道教镜说证》，《中国历史博物馆馆刊》2000年第1期，第30~40页；以及《唐代道教镜实物研究》，《唐研究》第6卷，北京大学出版社2000年版，第27~56页。

② 《封华岳神为金天王制》，(宋)宋敏求编：《唐大诏令集》卷74，商务印书馆1956年版，第418页。

③ 见《青城山常道观碑》右侧，陈垣编纂，陈智超、曾庆瑛校补：《道家金石略》，文物出版社1988年版，第111页。

则用特牛。① 在《大唐开元礼》中，甚至对于祭祀岳镇所用牲牢的种
类和身体部位都有非常详细的规定。②

至于中国的民间信仰，往往被官方称作"淫祀"。按《礼记·曲
礼下》："凡祭，有其废之，莫敢举也；有其举之，莫敢废也。非
其所祭而祭之，名曰淫祀。淫祀无福。"③唐人则认为："虽岳海镇
渎、名山大川、帝王先贤，不当所立之处，不在典籍，则淫祀也；
昔之为人，生无功德可称，死无节行可奖，则淫祀也。"④可见唐人
的观念里，无功德与节行的普通人不能享受祭祀，而即使是帝王先
贤、名山大川等，如果立于不适当之处，也属淫祀。其最大特点是
不列于祀典，未经国家认可。但实际上它们与国家祭典的界限比较
模糊，二者有一个最大的共同点，即它们都实行血祭，因之祁泰履
甚至认为国教跟民间宗教可以说是同一个宗教的两个部分，并将它
们合称为"血食界"。⑤

如同祁履泰所云，佛、道二教都否定国教和民间宗教所提倡的
人界与神界的互相影响、互相交流的方式，特别是佛教出于轮回和
报应的观念，坚决反对杀生和血食，故对于接受血食的俗神，要尽
量予以改造。严耀中曾具体揭示了唐代佛教高僧收服江南民间杂神
淫祀（如山神）的事实，并指出其结果是使得佛教大大贴近了民间，
淫祀成为佛教与民众联系的纽带之一。⑥ 至于道教，其对于血祭也

---

① （唐）李林甫等撰，陈仲夫点校：《唐六典》卷4"膳部郎中员外郎"条，
中华书局1992年版，第128页。

② （唐）萧嵩等：《大唐开元礼》卷35《祭五岳四镇》，古典研究会1972
年版，第199页。

③ （清）孙希旦撰，沈啸寰、王星贤点校：《礼记集解》卷6《曲礼下第二
之二》，中华书局1989年版，第152~153页。

④ （唐）赵璘：《因话录》卷5《徵部》，《西京杂记（外二十一种）》，上海
古籍出版社1991年版，第497页。

⑤ ［美］祁履泰（Terry Kleeman）：《由祭祀看中国宗教的分类》，李丰楙、
朱荣贵主编：《仪式、庙会与社区：道教、民间信仰与民间文化》，台湾"中
央研究院"中国文哲研究所筹备处1996年版，第551页。

⑥ 严耀中：《唐代江南的淫祠与佛教》，荣新江主编：《唐研究》第2卷，
北京大学出版社1996年版，第51~62页。

持严厉批判态度，认为接受血食之神是"六天故气"，道教神仙则居于六天之上的三清天，是由纯粹道气所形成的正神。刘宋时成书的《三天内解经》卷上记张道陵与汉帝朝臣、三官、太岁等共约："民不妄淫祀他鬼神……民人唯听五腊吉日祠家亲宗祖父母，二月、八月祠祀社灶，自非三天正法、诸天真道，皆为故气。"①不过，对于同为杀生血食的国家祭祀，道教的态度要含蓄得多，陆修静在《陆先生道门科略》中表示："唯天子祭天，三公祭五岳，诸侯祭山川，民人五腊吉日祠先人，二月八月祭社灶，自此以外，不得有所祭，若非五腊吉日而祠先人，非春秋社日而祭社灶，皆犯淫祠。"②对国家祭天和五岳祭祀表示了某种程度的宽容。

虽然道教一直试图对国家祭祀进行改造，但天地、宗庙之祭祀直接涉及王朝的正统性，难度太大，从岳渎祭祀开始改造或许要容易些。因此，从南北朝以来，道教开始积极参与国家的五岳祭祀活动，使之染上浓厚的道教色彩，而司马承祯奏立五岳真君祠正是这种努力的继续，他直接表示了对"血食之神"的厌恶，标榜道教仙真要高于血祭的五岳神，昭示了自己改造国家祭典的意图。

2. 唐代国家的岳渎投龙

唐玄宗之所以接受司马承祯建立五岳二山祠庙的建议，除了他尊崇道教之外，更深层的原因应当是从南北朝以来五岳祭祀的道教化倾向，而唐初以来的岳渎投龙活动使得这一倾向更加明显，到五岳真君祠设立时，条件已是水到渠成。

唐代最早的投龙活动，可能是贞观九年王远知奉敕于茅山举行的投龙仪式："贞观九年四月至〔茅〕山，敕文遣太史令薛颐、校书郎张道本、太子左内率长史桓法嗣等，送香油、镇彩、金龙、玉璧

---

① 《三天内解经》卷上，《道藏》第 28 册，文物出版社、上海书店、天津古籍出版社 1988 年版，第 414 页。参看任继愈主编，钟肇鹏副主编：《道藏提要》1195 条，中国社会科学出版社 1991 年版，第 950~951 页。

② 《道藏》第 24 册，文物出版社、上海书店、天津古籍出版社 1988 年版，第 779 页。

于观所，为国祈恩。"①此后，这种投龙活动似乎已成惯例。咸亨二年（671），卢照邻为益州至真观观主黎君所撰碑文中有"乘云御气，日夕于关山；荐璧投金，岁时于岳渎"之语。② 这种活动显然已经常态化了。玄宗时，崇道活动达到高潮，"天下名山，令道士、中官合炼醮祭，相继于路，投龙奠玉，造精舍，采药饵，真诀仙踪，滋于岁月"。③ 朝廷甚至专门颁发了投龙仪轨，敦煌文书 P.2354 就是这样的一份文件。值得注意的是，国家传统祭祀岳渎所用"玉璧"被加入了投龙仪式之中，而六朝以来的投龙仪中原本只有金龙、玉简、青丝、金钮等，这显示了道教仪式与国家礼制的结合。④

根据我们的初步统计，东岳行道投龙活动最多，达 19 次，嵩山 2 次，衡山 1 次，济渎 3 次，淮渎 1 次。⑤ 这自然不是唐代在五岳四渎行道投龙活动的全部，但可反映一个事实，即从高宗以来，岳渎投龙非常频繁，无论皇帝还是普通民众，对此早已习以为常。在此背景下，玄宗才会欣然接受司马承祯的建议，从而有了五岳、二山祠庙的建立。

3. 国家祭祀、道教信仰与民间崇拜的互动

五岳真君祠与青城丈人祠、庐山使者庙的建立，表明唐代国家在某种程度上接受了道教五岳祭祀的理论。但是，这并不意味着国家传统的五岳祭祀系统已被道教系统取代，二者只是在一定程度上并存。五岳各有管理机构，即使在真君祠置立以后，其功能也从未受到任何挑战，且玄宗时五岳神还相继封王。就仪式而言，五岳祭

---

① 《太平观主王远知碑》，贞观十六年（642）二月立，陈垣编纂，陈智超、曾庆瑛校补：《道家金石略》，文物出版社 1988 年版，第 51~54 页。

② （唐）卢照邻：《益州至真观主黎君碑》，祝尚书注：《卢照邻集笺注》卷 7，上海古籍出版社 1994 年版，第 416 页。

③ 《旧唐书》卷 24《礼仪志四》，中华书局 1975 年版，第 934 页。

④ 参看周西波：《敦煌写卷 P.2354 与唐代道教投龙活动》，《敦煌学》第 22 辑，1999 年。

⑤ 参看雷闻：《唐代岳渎投龙表》，《郊庙之外——隋唐国家祭祀与宗教》，生活·读书·新知三联书店 2009 年版，第 207~210 页。

祀仍在占据最佳位置的岳庙举行，其血祭性质也未发生变化。在与真君祠的置立几乎同时编成的《大唐开元礼》中，仍详细规定了祭祀所用牲牢的种类。显然，真君祠的建立虽出自司马承祯改造国家祭祀血祭性质之初衷，但玄宗未必作如是观。从本质上看，其主要职能仍是为国家、皇帝及百姓建醮祈福。

更重要的是，从司马承祯到晚唐五代的杜光庭，洞天福地学说的发展反而受到国家权威的深刻影响。杜光庭《洞天福地岳渎名山记》对五岳的书写，与司马承祯《天地宫府图》相比已有显著变化。司马承祯首列十大洞天，而将五岳置于三十六小洞天中叙述，且强调其由上清真人主之的性质，摆出道教仙真高于国家血祀之神的姿态。但杜光庭《洞天福地岳渎名山记》则在神话传说诸山之外，首列"中国五岳"，其叙述方式是：

> 东岳泰山，岳神天齐王，领仙官玉女九万人。山周回二千里，在兖州奉符县。罗浮山、括苍山为佐命，蒙山、东山为佐理。
>
> 南岳衡山，岳神司天王，领仙官玉女三万人。山周回二千里，以霍山、潜山为储副，天台山、句曲山为佐理。
> ……①

显然，在对五岳神的定性上，杜光庭不仅接受了国家对五岳的封号（即玄宗时加封的王爵），更要由这些司马承祯所谓的"血食之神"来统领一众仙官玉女，其洞天福地说已深深打上了国家观念的烙印。在某种意义上，杜光庭已放弃了以道教理论改造国家祭祀系统的努力，这与司马承祯相比，旨趣实已大相径庭。

不过，司马承祯所倡导的道教仙真高于国家祭祀之岳神的观念却深刻影响了唐代的民间信仰，在一些传奇故事中，一位普通道士

---

① 《道藏》第 11 册《洞天福地岳渎名山记》，文物出版社、上海书店、天津古籍出版社 1988 年版，第 56 页。

就能让华山神去潼关外三十里迎候①，甚至一位普通的女道士也能让南岳神拜迎马前②。敦煌文书 S.6836《叶净能诗》中的一则故事同样真切地反映了这种观念，即开元十三年大旱，道士叶静能奉诏祈雨，但其方式却是对五岳神命令式的要求，③ 其背后正隐含着道教天师高于岳神的观念，故此叶净能可将五岳神呼来唤去。在晚唐一则题为《刘元迥》的故事中，一个江湖术士为骗取平卢节度使李师古的钱财，劝说他以黄金改易泰山神天齐王的头像时，更是直接说："天齐虽曰贵神，乃鬼类耳！"④这与司马承祯所谓"血食之神"一脉相承。唐代民间传说甚至形成了一个基本模式：岳神之子(有时是岳神自身)抢夺了民间的美女，却被仙师或高道飞符救回，⑤这些故事恰可作为司马承祯所云"今名山岳渎血食之神，以主祭祠，太上虑其妄作威福，以害蒸黎"的注脚。在这些故事中，除了道士之外，最终作法从岳神手中救回被抢民妇的还有"巫者"或"术士"等，这些人在民间信仰的传布中无疑扮演着重要角色。随着此类故事的流传，岳渎之神不再只是遥不可及、高高在上的国家祭祀的对象，而且也进入了民众的个人生活与信仰世界，虽然他们之间的关系并不总是令人愉悦的。

四、结　语

道教出于对血祭的反对，力图改造国家祭祀，从南北朝到隋

---

　　① （宋）李昉等编：《太平广记》卷三五《成真人》，中华书局 1961 年版，第 221 页。

　　② （唐）段成式撰，方南生点校：《酉阳杂俎前集》卷 8《梦》，中华书局 1981 年版，第 83~84 页。

　　③ 黄征、张涌泉：《敦煌变文校注》卷 2，中华书局 1997 年版，337 页。

　　④ （宋）李昉等编：《太平广记》卷 308《刘元迥》，中华书局 1961 年版，第 2440 页。

　　⑤ 参看贾二强：《唐代的华山信仰》，《中国史研究》2000 年第 2 期，90~99 页；另参雷闻：《岳神与高道斗争故事表》，《郊庙之外——隋唐国家祭祀与宗教》，生活·读书·新知三联书店 2009 年版，第 214~215 页。

唐，道教投龙仪与国家岳渎祭祀的结合非常明显，高宗的封禅大典就曾笼罩着一层道教色彩。这种趋势到唐玄宗时达到顶峰，在司马承祯的建议下，有了五岳真君祠、青城山丈人祠及庐山九天使者庙的建立。然而，它们更多是作为替国家、皇帝和百姓祈福的道观而存在，并未取代国家的五岳祭祀系统。而且，从司马承祯到晚唐的杜光庭，其洞天福地说中关于五岳的叙述方式发生了很大变化，这表明国家观念也深深影响了道教理论的书写。与此同时，道教仙真高于岳神的观念成为唐代许多民间传说的主题，而岳神形象的破坏却使得这些国家祭祀的对象贴近了民众的生活和信仰世界。从本质来说，国家往往通过强化其神圣性来凸显自身的合法性，五岳祭祀与道教的结合及相关民间故事的流传，都在很大程度上强化了国家政权的神圣性，祭祀活动本身也因而具有强烈的象征色彩。

[作者简介]雷闻，北京师范大学历史学院教授，研究领域为隋唐政治制度、礼制与宗教史、敦煌吐鲁番学。

第六章　唐代祭祀广州南海神的官员与礼仪研究[*]

王元林

一、绪　　言

　　南海神庙是目前现存中国四海神庙中保存最好的一座庙宇，也是历史上自从隋代开皇十四年(594)设立以来，位置基本上没有移动的庙宇，现今已列入中国国家级文物保护单位。因为南海神护佑海上交通安全，大多学者将南海神庙作为海上丝绸之路的重要史迹来作研究。实际上，从大一统国家维护统治需要出发，南海神庙与其他岳镇海渎一样，在国家礼制层面还是主要作为国家的祭祀权、管辖权的表达。正是基于此，唐代及以后各朝都指派中央与地方官员共同祭祀南海神。而唐代是中国礼制完备的时期，包括祭祀南海神在内的岳镇海渎规制与祭祀仪式的形成，特别是在原来都城郊外祭祀海神之外，出现了在广州南海神庙祭祀的新变化。这一变化牵扯到相关的祭祀仪式与官员，这是一个有趣的问题，值得探讨。我曾撰写有关论著一书，^① 对相关问题作了探讨。但仍有许多问题没

<hr>

　　* 本文英文版 The Sacrificial Ritual and Commissioners to the South Sea God in Tang China 发表于 *Religions*，2021，12(11)，pp. 960-975. https：//doi. org/10. 3390/rel12110960。

　　① 王元林：《国家祭祀与海上丝绸之路遗迹：广州南海神庙研究》，中华书局 2006 年版。

有回答，诸如：唐代郊祀与地方实祀南海神是如何实施的？唐代前期与后期广州地方实祀有何区别？岭南张氏兄弟在祭祀南海神中如何发挥作用？南海神与佛教信仰的关系如何？唐代中央地方官员祭祀南海神的礼仪制度产生了怎样的影响？笔者在原来研究的基础上，试图回答这些问题，以解决唐代南海神祭祀在国家与地方发生的作用，包括中央、地方官员在这一礼仪制度下是如何操作与实施的，唐代有关祭祀南海神的礼仪为后世奠定了怎样的基础。这些研究不成熟的地方，还请相关专家加以指正，希冀推动南海神庙进一步深入的研究。

二、唐代祭祀南海神采取郊祀从祀与地方实祀两种制度，礼制仪式表现完备

中国人对名山大川的祭祀，总是伴随着国家的形成与发展。与五岳等名山的祭祀一样，国家对江海的祭祀也是从认知的地理知识与所辖地域内的大川湖海开始的。由于存在地理知识方面的山川与国家疆域内实际并未控辖山川的现状，为了适应祭祀天下的需要，统治者在都城附近的郊外地方开始了所谓的郊祀。而郊祀只是名义上的祭祀或者说象征的意味更加强烈，名山大川作为其礼制文化的象征符号，象征其权力与疆域。《尚书·禹贡》记载，"四海""南海"等名称已经出现，而且是疆域达到的最远地方。由于这些海在战国时期多是统治者管辖权的地理表达，故此时的秦国郊外雍畤（地在今陕西宝鸡市凤翔区境内）百余庙的四海祠，仅是名义上的祭祀而已，不具备后来统一王朝的管辖权与祭祀权。直到公元前61年，汉武帝正式建立起五岳四渎的官方祭祀制度，拥有合法的神权和司法权。[①] 西汉地方上临朐县（今山东临朐县境内）有海水

---

① Jinhua Jia, Formation of the Traditional Chinese State Ritual System of Sacrifice to Mountain and Water Spirits, *Religions*, 2021, 12(5), p. 319. 中文版已收为本书第一章。

祠，但国家礼制仍是以郊祀为主。① 西汉末年，王莽改修礼制，大致天文从属天，地理从属地，于都城长安郊祀天地设立海神位从祀。东汉初都城洛阳郊祀天地，四海神也都作为从祀。② 汉代，郊祀礼仪中，海神成为祭天的南郊圜丘和祭地的北郊方丘配祀神灵之一。

东晋仅在都城建康（今南京）北郊祭地坛中配祀，有四海神一座神位。从南朝梁天监十一年（512）起，配祀神座增加到东海、南海、西海、北海四个。其后不论是南朝齐陈，还是北朝，四海神配祀皆有东海神、南海神、西海神、北海神之名。四海神名的独立配祀，反映了郊祀制度的进一步完善，海神地位进一步提高。③

隋代统一中国，其"五礼"有三大来源：一是梁、陈；二是北魏、北齐；三是西魏、北周。④ 岳镇海渎较祭祀天地的大祀低一等级，是中祀，高于星辰风雨等小祀。这些等级不一的祭祀，是按照祭祀等级划分的。而郊祀从祀是按照地点在都城郊外作为其他丘坛的从属而出现的。隋代郊祀，与祭祀南海神有关的四海祭祀有三处。第一，在都城大兴城北十四里为方丘祭祀皇地祇，以太祖配，九神州、海、川、林、泽、丘陵、坟衍、原隰，并皆从祀。⑤ 第二，又在都城城南十三里启夏门道东建有雩坛，岳镇海渎从祀。孟夏（四月）后旱，在雩坛祈雨七天，祈祷岳镇海渎及诸山川能兴云雨者。未下雨，又在社稷、卿士有益于人者祈祷七天；未下雨，又在宗庙、古帝王祈祷七天；未下雨，再修雩坛，祈祷神州七天；仍不雨，复从岳渎以下祈祷再重复。州郡县祈雨与京师相同。而霖雨则禜京城诸门，三禜不止，则祈山川岳镇海渎社稷。又不止，则祈

---

① 《汉书》卷 25 下《郊祀志》、卷 28 上《地理志》，中华书局 1962 年版，第 1243～1247、1585 页。

② 《后汉书》志 7《祭祀志上》，中华书局 2000 年版，第 3160 页。

③ 王元林：《国家祭祀与海上丝绸之路遗迹：广州南海神庙研究》，中华书局 2006 年版，第 42～49 页。

④ 陈寅恪：《隋唐制度渊源略论稿　唐代政治史述论稿》，商务印书馆 2011 年版，第 3 页。

⑤ 《隋书》卷 6《礼仪志一》，中华书局 1973 年版，第 108 页。

宗庙神州，以太牢牛羊猪报祀。① 第三，在五郊坛上合祭百神，也称"蜡"。十月下亥日，祭祀包括岳镇海渎、山林川泽等在内百神，在岳镇海渎位置设置坎，多神共同祭祀。② 故隋代郊祀方丘、雩坛、蜡祭，岳镇海渎等因兴云致雨，在都城郊祀制度都有体现。

隋代郊祀而外，开皇十四年（594）闰十月，颁布诏书，在国家四方名山，东镇沂山、南镇会稽山、北镇医无闾山、冀州镇霍山近山处建立祠。又在会稽县近海处建立东海祠，南海县南海镇南近海处建立南海祠等，还设立四渎、吴山等祠，这些祠多种植松柏，设置巫一人，负责平时洒扫祠宇。③ 将"东海祠"与"南海祠"分列，且这两祠都在陈故地上，而西海、北海祠祀未有提及。这样设置的原因，一方面符合了天下东海、南海的地理方位；另一方面标示着隋统一王朝疆域的扩大，东南两个海祠具有拱卫社稷东南半壁江山的作用。南海祠的设立，是疆域地理与祭祀地理的完美结合，它逐渐成为后世1400多年祭祀南海神的主要场所。从隋代开始，政治文化意义的"天下"岳镇海渎，开始"因文求实"，在"四方"地理版图上落地，由于当时中国疆域的西面、北面没有临海，只不过是还没有解决西海、北海等地理上难以表达的问题。

隋代南海祠设于南海县南海镇，即今广州黄埔区庙头村，今庙仍存，称作南海神庙。在近海立南海祠的同时，各以附近巫祝一人为主持，主持日常祭祀和清洁，并以松柏装扮神祠左右，烘托其庄严气氛。就在建南海祠的次年，即开皇十五年（595）三月己未，文帝"至自东巡狩，望祭五岳海渎"。又于六月辛丑，"诏名山大川未在祀典者，悉祠之"，④ 进一步完善岳镇海渎制度。总之，隋代国家在地方上祭祀岳镇海渎的制度已经确立，郊祀制度与落地在地方的南海神祠，共同担负起从属于国家礼制的祭祀作用。

---

① 《隋书》卷7《礼仪志二》，中华书局1973年版，第128页。
② 《隋书》卷7《礼仪志二》，中华书局1973年版，第129~130页。
③ 《隋书》卷7《礼仪志二》，中华书局1973年版，第140页；（北宋）王钦若等编：《册府元龟》卷33《帝王部·崇祭祀二》，中华书局1960年版，第355页。
④ 《隋书》卷2《高祖纪下》，中华书局1973年版，第40页。

　　由于隋代短暂，有关隋代祭祀南海神的礼仪暂付阙如。唐代，
《贞观礼》《显庆礼》先后编修，开元二十年（732），萧嵩等组织编
纂《大唐开元礼》一百五十卷，修纂《大唐开元礼》（即《通典·开元
礼纂》），制定吉、嘉、宾、军、凶五礼，共计一百五十二种礼仪。
祭祀岳渎之礼仪属于吉礼，而且，吉礼中的五十五种礼仪，祭五岳
四镇列为第十七种，祭四海四渎列为第十八种，其中祭祀五岳四
镇、四海四渎还是有区别的。① 唐代，岳镇海渎与社稷、星辰等一
样，属于中祀，较祭祀天地、宗庙的大祀低一级，但高于风伯雨
师、山林川泽等小祀。其他祭祀之礼节都有严格和细致的规定，
《大唐开元礼》《通典·开元礼纂》《旧唐书·礼仪志》《新唐书·礼
乐志》等都有明确的记载，内容完备，十分严格。南海神与其他海
神为四海神，在都城长安、东都洛阳都列入郊祀中的从祀范畴。这
些郊祀，包括夏至日祭地祇、腊日祭百神等，以四海神从祀。与前
代一样，郊祀通常只包括南海神在内的四海神从祀而已。

　　唐代郊祀外，根据《通典·开元礼纂》卷一百十八《皇帝巡狩》
记载，皇帝巡狩，祭祀泰山，还“望秩于山川”，按照等级遥望祭
祀岳、镇、海、渎、山、林、川、泽、丘、陵、坟、衍、原、隰。
因为山川能兴云致雨，故久旱祈雨或者霖雨祈晴亦祭祀包括海神在
内的山川与岳镇海渎。“时旱祈岳镇以下于北郊”，分别列岳镇海
渎各两个山罍、山川各两个蜃樽加以祭祀，将岳镇海渎与四方山川
神一并祭祀，如未降雨，依次祭祀社稷、宗庙，再行“时旱就祈岳
镇海渎”之礼。而霖雨也要在京城诸门或者州县城门祭祀，如还未
停止，就祈祭山川、岳镇海渎，社稷等。“并用酒脯醢”。如果上
述旱灾雨灾祭祀灵验，还有报谢之礼。② 故旱雨时成灾都祈岳镇海
渎，只不过其祭祀的礼仪是临时而设，为都城郊祀或州县祭祀，无

---

　　① （唐）杜佑撰，王文锦等点校：《通典》卷106《礼六十六·开元礼纂类
一》，中华书局2016年版，第2757~2762页；（唐）萧嵩等：《大唐开元礼》卷
36《祭四海四渎》，民族出版社2000年版，第201~202页。

　　② 《旧唐书》卷24《礼仪志四》，中华书局1975年版，第911~912页；
（唐）杜佑撰，王文锦等点校：《通典》卷120《礼八十·开元礼纂类十五·吉礼
十二》，中华书局2016年版，第3049~3051页。

法与在地方上祭祀岳镇海渎一年一祀相比。

唐代，有关广州祭祀南海神的礼仪已经完备，日期、地点的选择已经十分明确。武德、贞观时，五岳、四镇、四海、四渎，每年祭祀一次，各以五方迎气日祭祀。四海神祠分别祭祀，东海于莱州（治今山东莱州市）、南海于广州、西海及西渎大河于同州（治今陕西大荔县东）、北海及北渎大济于洛州（治今河南洛阳），祭祀用"太牢"（牛、羊、豕）三牲，以地方官都督、刺史充任主祭官。①虽然西海、北海附祭他处，五岳、五镇、四海、四渎却已经配齐，而且已经完全落地地方，可以说，政治文化意义的四海与地理上的四海已经完美呈现。且祭祀人员以地方最高官员祭祀，比隋代（以巫充祭）更重视海神的祭祀。而南海神以立夏日祭祀。

值得注意的是，武德时，岳渎以上祭祀用祝版，②高祖亲自祭祀华岳。武则天后周证圣元年（695），依照"五岳视三公，四渎视诸侯"，天子不应祭拜五岳四渎，按照旧礼，仅仅署名而天子不拜祭。开元元年（713），太常寺上奏并得到同意，唐旧礼，祭祀岳渎一般为嗣天子（太子）署名并用祝版，按照上例，宜改作"皇帝谨遣某乙，敬祭于某岳渎之神"，当让由天子亲自御署。上元元年（760），停止祭岳镇海渎中祀及以下御署祝版③，直至贞元四年（788）才仍循上元以前之例，由中央亲颁祝版④。

唐代中祀的祭祀礼节还有：卜日、斋戒、陈设、省牲器、祭

---

① （唐）杜佑撰，王文锦等点校：《通典》卷46《礼六·沿革六·吉礼五》，中华书局2016年版，第1267～1270页。

② 唐代以及其后有关礼制记载，岳渎实际上一般就是岳镇海渎，简称岳渎，主要指示五岳四镇四海四渎，并非仅仅指示五岳四渎，除非单独说明，一般都这样简称。这在《通典》《新唐书》《旧唐书》《大唐郊祀录》《册府元龟》等都是如此记载的。

③ （唐）杜佑撰，王文锦等点校：《通典》卷46《礼六·沿革六·吉礼五》，中华书局2016年版，第1267～1270页。

④ （北宋）王钦若等编：《册府元龟》卷33《帝王部·崇祭祀二》，中华书局1960年版，第369页。

拜、掩埋等。① 选择黄道吉日，在正寝散斋三日，在祭所致斋二日。散斋正常处理政务，但不签署刑罚文书与执行刑罚，不吊丧问疾，不作乐，不预秽恶。致斋专心祀事，它事不理。陈设亦有待事、即事、门外、牲器、席神等位置的区别。岳镇设坛，海渎设坎，坎内注水，内设高一丈的神座，四周设有陛（台阶）。神座设置坛上，坐北朝南。贞元九年（793）前，又修岳镇海渎庙宇，塑神像，就像祭祀。但仍按照旧例，设坛位，画其图形，保留旧制。②

唐武德、贞观时，祭祀南海神用的祭器四个笾、四个豆。显庆年间规定中祀笾豆各十。③ 开元年间（713—741）"祭五岳四镇四海四渎"礼仪，祭器为六樽、十笾、十豆、二簠、二簋、二俎，还有煮熟的牛羊猪三牲。樽内盛酒，簋内盛黍稷，簠内盛稻粱，笾内盛以盐、干鱼、枣、栗、榛、菱、芡、鹿脯、白饼、黑饼，豆内盛以韭菹、醓醢、菁菹、鹿醢、芹菹、兔醢、笋菹、鱼醢、脾菜菹、豚胎。祭祀前一日，清扫祭祀场所，设置祭祀坛与神位、祝版等祭祀物品，安排好初献官、亚献官、终献官、赞唱者的位置。祭祀过程礼节繁多。初献官盥洗、升献玉币，祝持版跪读祭文；初献官再拜，祝进奠版于神座，祝以爵酌清酒给初献官；初献官再拜，受爵，跪祭酒，啐酒，奠爵。祝率斋郎以俎进，减神座前（三牲）胙肉，以授初献官，为赐福。亚献官、终献官继续依次执行盥洗、升献、饮福礼节。拜祭完毕，埋葬祭物，焚烧祝版。④ 整个祭祀过程庄严神圣。

隋唐确立的郊祀与地方实祀的这一礼制，在郊祀神明体系中的四海，与五方五帝、五岳四镇四渎的观念相配合，反映了王朝国家的"天下"观念，以及王朝国家对于其统治疆域的想象和设定。渡

---

① 《新唐书》卷11《礼乐志一》，中华书局1975年版，第311~319页。

② （唐）萧嵩等：《大唐开元礼》卷8《祭岳镇海渎》，民族出版社2000年版，第786~788页。

③ 《旧唐书》卷24《礼仪志四》，中华书局1975年版，第911~912页。

④ （唐）杜佑撰，王文锦等点校：《通典》卷112《礼六十六·开元礼纂》，中华书局1988年版，第2897~2903页；（唐）萧嵩等：《大唐开元礼》卷36《祭四海四渎》，民族出版社2000年版，第201~202页。

边信一郎说："圜丘的祭天礼仪以及方丘的祭地礼仪，是祭祀天地本身与宇宙全体的礼仪。天子＝皇帝通过这一祭祀来明确王权的正统性。"①在这个神明体系中，四海基本上处于天下的极度边缘位置，而不是特定的海洋区域。西汉末年，南郊祭天所祀诸神中的四海神，更应当理解为宇宙整体中的四海；而隋唐时代只在北郊祭地从祀诸神中置立四海神位，则是更强调四海在政治地理空间中的意义。而从唐中后期开始，具有国家意识的神明，逐渐向具有特定功能、得到大众信仰的神明转化。天宝年间，四海封号不同，东海神和南海神主管风雨与海利，保护海上航行安全和沿海鱼盐生产，西海神与北海神主管降雨，以降施雨水，缓解旱旸为主。②

唐朝与隋朝不一样。隋朝虽然确立了在地方上祭祀岳镇海渎的制度，但如何落实却没有记载。唐朝则为地方上祭祀岳镇海渎的落实提供了后世遵循的范式。地方可部分代表中央祭祀岳镇海渎，其祭祀活动成为地方最高等级的祭祀活动与礼仪的展示。具体到南海神的祭祀，出现了中央派遣官员来广州祭祀的情形。

三、唐玄宗朝中央专使，张九龄、张九章 两兄弟祭祀南海神

唐朝岭南最著名的家族就是以张九龄、张九皋、张九章三兄弟为代表的张氏家族。张氏家族不仅在中央位居高位（张九龄为中书令，开元时明相；张九皋为殿中监；张九章为鸿胪寺卿），③而且在岭南地方上也十分有名，不少成员都担任过岭南的官职。张九龄、张九章作为中央专使，分别两次来广州祭祀南海神。

开元十四年（726）六月，太常少卿张九龄因天下大旱而到地方

① ［日］渡边信一郎著，徐冲译：《中国古代的王权与天下秩序》，中华书局2008年版，第138页。

② 鲁西奇：《汉唐时期王朝国家的海神祭祀》，《厦门大学学报》（哲学社会科学版）2017年第6期，第65～75页。

③ 《旧唐书》卷99《张九龄传》，中华书局1975年版，第3098～3099页；《新唐书》卷126《张九龄传》，中华书局1975年版，第4428页。

祭祀南岳及南海。① 太常寺掌管礼乐、天下诸祠庙等祭祀之事。少卿为太常寺副手，正四品的官衔。当时张说被罢相，张九龄也受牵连，改任太常少卿。② 六月，奉命祭南岳及南海，就便归省。从《曲江集》诸诗中，可窥九龄行程。九龄有《奉使自蓝田玉山南行》《夏日奉使南海在道中作》《自湘水南行》《祭南岳事毕谒司马道士》《使至广州》等诗，则九龄应从长安东南行，经蓝天玉山、襄州（治今湖北襄阳）、荆州（治今湖北荆州），沿长江一段至岳州（治今湖南岳阳），溯湘江至衡州（治今湖南衡阳），祭衡山后南行，越骑田岭，经浈阳峡而达广州。"缅然万里路，赫曦三伏时。"③在广州主持祭祀南海神，"肃事诚在公，拜庆遂及私"。④ 完成祭祀南海神的使命后，公私兼顾，回家省亲。归途从大庾岭而上，沿赣江而下抵江北返。

与长兄张九龄因旱祭祀南岳和南海不同，天宝十载（751）祭祀包括南海在内的四海的原因是，四海并封为王号，为显崇敬而祭祀。实际上，海神地位的提高紧随唐玄宗时五岳四渎的册封。玄宗天宝五载（746），五岳皆封王。天宝六载（747），四渎封公。紧接着于天宝十载（751）正月，四海封王。四王封号取义各有不同，东海广德王取广布道德之义，南海广利王取广招财利之义，西海广润王、北海广泽王则取广施润泽之义。这与各地自然、人文地理状况有关。派遣义王府长史张九章祭祀南海广利王。⑤ 对四海神封王，与五岳齐肩，高于渎的级别。

有关这次天宝十载祭祀南海神，中央派遣专使，史书上是有争论的。《大唐郊祀录》卷八《祭岳镇海渎》改原来旧志记载的张九章

　　① （北宋）王钦若等编：《册府元龟》卷144《帝王部·弭灾二》，中华书局1960年版，第1752页。

　　② 《旧唐书》卷99《张九龄传》，中华书局1975年版，第3099页。

　　③ （唐）张九龄著，刘斯翰校注：《曲江集·夏日奉使南海在道中作》，广东人民出版社1986年版，第185页。

　　④ （唐）张九龄著，刘斯翰校注：《曲江集·谢两弟授官状》，广东人民出版社1986年版，第578页。

　　⑤ 《旧唐书》卷24《礼仪志四》，中华书局1975年版，第934页。

而为张九皋。《旧唐书》卷二十四《礼仪志》、《册府元龟》卷三十三《帝王部·崇祭祀》、宋代陈思《宝刻丛编》卷十九《广南东路》引《复斋碑录》亦作"唐张九章祭南海册,天宝十载三月刻",《全唐文》卷九八七《册祭广利王记》仍作"张九章"。除以上原因外,其他原因有三:

第一,开元二十四年(736)六月,兄弟三人在完成母亲三年守孝后,"授臣弟九皋殿中丞、九章太子司议郎"。① 从两人升迁来看,二弟张九皋授予的殿中丞官品为从五品上,而三弟九章授予的太子司议郎为正六品上,九章低于二兄九皋。根据《张九皋墓志铭》记载,此后,皋迁尚书职方郎中(从五品上),历安康(正四品下)、淮安(从三品)、彭城(从三品)、睢阳(从三品)四郡守,迁襄阳郡太守兼山南东道采访处置使、南海太守兼五府节度经略采访处置等使,终殿中监。② 未提及作义王府长史(从四品上)的官职。

第二,杜甫《送翰林张司马南海勒碑》诗,宋人梁权道编此诗作于乾元元年(758),黄希、黄鹤《补注杜诗》云,《新唐书·百官志》翰林无司马官职,在王府长史下有司马一人,此为张司马以司马身份而在翰林院执事。③ 从杜甫(712—770)生平来看,此诗并非作于乾元初,而是作于天宝时,且应是杜甫天宝十载在京城集贤院待制时所作。由于王府长史(从四品上)、司马(从四品下)官职为正副职,很可能杜甫作诗时张氏由司马而迁长史。现藏于洛阳师范学院图书馆的《张招墓志铭》云,张招亡于天宝八载(749),为太中大夫、义王府长史张九章之长子,④ 则杜甫《送翰林张司马南海勒碑》诗所写赠送的人当是张九章。

---

① (唐)张九龄著,刘斯翰校注:《曲江集·谢两弟授官状》,广东人民出版社1986年版,第578页。

② (宋)李昉等编:《文苑英华》卷899《殿中监张九皋碑一首》,中华书局1966年版,第4731~4733页。

③ (宋)黄希、(宋)黄鹤:《补注杜诗》卷十九,文渊阁《四库全书》本,上海古籍出版社1987年版,第735页。

④ 郭茂育、杨庆兴:《唐张招墓志铭并序》,《书法》2015年第5期,第32~33页。

第三，《册祭广利王记》记载，"初，张公作宰南海"，张九章曾任南海县令，而张九皋未曾有此官职。且张九皋在天宝十载（751）至十二载（753）为广州刺史兼任岭南节度经略处置等使，[①]兄弟两人都参与此次祭祀，只是一个为中央专使，一个为地方要员。因此，天宝十载祭祀南海神的中央专使为张九章无疑。由于天宝十载册封碑刻在清代遗失，清代广东地方志与崔弼《波罗外记》都记载为张九皋，[②]也是错误的。

四、唐朝立夏日广州年祭南海神，临时祭祀较多，且后期祭祀内容多与岭南地方有关

唐时，由于广州南海神庙距离都城较远，一般由广州地方州县官员负责祭祀南海神。除一年一祭外，遇到水旱灾害、稼穑丰收、皇帝登基与改元、皇帝上封号、册封太子、改元、外夷降服、岳镇海渎封号等水旱丰歉与国家大事，一般都要祭祀包括南海神在内的岳镇海渎。值得注意的是，唐代祭祀南海神以地方官员为主。以安史之乱为前后期划分标准，前期以中央官员为多，与国家礼制在地方实行得力有关；后期虽以地方官员为多，但多派副手加以祭祀，与祭祀时节多台风、岭南地方庄稼丰歉、社会安定等有关。

虽然地方长官代替中央祭祀南海神为常态，但因为自然与人文原因，中央常派遣专使临时祭祀南海神，上述张九龄、张九章两兄弟分别在开元、天宝祭祀就是例证。除张氏兄弟外，唐代从中央派专使前往广州来祭祀南海神还有数十次之多。[③]

玄宗开元、天宝年间就有 23 次之多下诏祭岳镇川渎、名山大川。除玄宗朝外，按照一般礼仪，一年一祭，南海广利王为立夏日

---

① 郁贤浩：《唐刺史考全编》卷 257《广州（南海郡）》，安徽大学出版社 2000 年版，第 3163 页。

② （清）崔弼辑，闫晓青校注：《波罗外纪》卷 6《碑牒》，广东人民出版社 2017 年版，第 92 页。

③ 王元林：《国家祭祀与海上丝绸之路遗迹：广州南海神庙研究》，中华书局 2006 年版，第 462~468 页。

由广州刺史主持祭祀。

根据《册府元龟》记载，除每年一祭外，临时祭祀南海神，分作以下四类：

第一，岳镇海渎致雨润物，重加祭祀。唐玄宗时尤其如此。诸如开元十八年（730）正月、开元十九年（731）四月、开元二十年（732）四月与十一月、开元二十三年（735）正月，天宝六载（747）正月（封四渎为公）、天宝八载（749）六月、天宝十载（751）正月（封四海为王）、天宝十二载（753）二月多达8次，除两次封海渎外，其他都是与玄宗本人"尚长生轻举之术"，重视神灵祭祀有关。玄宗后也有广德二年（764）二月、大历五年（770）六月、贞元二年（786）四月、元和二年（807）正月、太和元年（827）六月等5次。这13次祭祀皆是因为五岳四渎名山大川，神明职管风雨，多由地方官员致祭，间或派遣中央专使祭祀（开元十四年、开元十九年、天宝十载、大历五年、贞元二年）。①

第二，旱灾祈雨，年丰报谢。贞观三年（630）六月、总章二年（669）二月、神龙二年（706）正月、开元三年（715）五月、开元九年（721）五月、开元十四年（726）六月、开元十六年（728）六月、开元二十五年（737）十月、天宝八载（749）九月、天宝十二载（753）二月、天宝十四载（755）八月、乾元二年（759）三月、大历二年（767）六月、贞元六年（790）三月、贞元十九年（803）七月（春夏连旱）等15次祭祀，皆因旱灾，且多春旱与夏旱。祈祷岳镇海渎名山大川，② 也是以地方长官为主，派遣专使仅有开元十四年、贞元六年。当然，也有年丰或者雨泽合时宜报谢岳镇海渎。开元十六年（728）六月、开元二十二年（734）六月、开元二十五年（737）十月、天宝元年（742）十二月、天宝三载（744）四月、天宝八载（749）九

① （北宋）王钦若等编：《册府元龟》卷34《帝王部·崇祭祀三》，中华书局1960年版，第367~369页。
② （北宋）王钦若等编：《册府元龟》卷144《帝王部·弭灾二》，中华书局1960年版，第1746~1757页。

月、天宝十四载(755)八月等，记有 7 次。①

第三，有关皇帝改元、上皇帝尊号等大事，祭告岳镇海渎名山大川。天宝七载(748)五月群臣上尊玄宗"开元天宝圣文神武应道皇帝"，长庆元年(821)七月群臣上尊穆宗"文武孝德皇帝"等国家大事，祭祀岳镇海渎。② 而皇帝改称年号，诸如天宝元年(742)正月改元、上元元年(760)闰四月改元、永泰元年(765)正月改元、大历元年(766)十一月改元、贞元元年(785)正月改元，共计 5 次祭祀岳镇海渎与名山大川。③ 值得注意的是，太和八年(834)二月庚寅，文宗因疾病痊愈，大赦天下，诏报其五岳四渎名山大川，各委所在长吏致祭。④ 此岳渎山川的祭祀，亦是因皇帝病痊而报谢诸神灵。

第四，册封太子等大事，祭告岳镇海渎名山大川。诸如永贞元年(805)四月册封广陵郡王(《旧唐书·顺宗纪》作三月癸巳)李纯(即后来的宪宗)为皇太子，元和四年(809)十月册封邓王李宁为皇太子(后早亡，赠惠昭太子)，元和七年(812)十月册封遂王李恒为太子(即后来的穆宗)等，皆诏告岳渎及名山大川，委所在州县长官致祭。⑤ 总结以上国家祭祀南海神在内的岳镇海渎，还是主要与皇帝为维护其统治秩序而在礼制方面多所努力，不管是自然旱灾，还是皇帝改元、上尊号、储立太子等大事，岳镇海渎都展现了其作为国家行政管辖下的地理代表，行使政治文化空间的含义。但地方官员是如何执行国家祭祀的，有必要加以揭示。

---

① (北宋)王钦若等编：《册府元龟》卷 33《帝王部·崇祭祀二》，中华书局 1960 年版，第 359~366 页。

② (北宋)王钦若等编：《册府元龟》卷 33《帝王部·崇祭祀二》、卷 34《帝王部·崇祭祀三》，中华书局 1960 年版，第 364、369 页。

③ (北宋)王钦若等编：《册府元龟》卷 33《帝王部·崇祭祀二》、卷 34《帝王部·崇祭祀三》，中华书局 1960 年版，第 361、367~368 页。

④ (北宋)王钦若等编：《册府元龟》卷 34《帝王部·崇祭祀三》，中华书局 1960 年版，第 369 页。

⑤ (北宋)王钦若等编：《册府元龟》卷 34《帝王部·崇祭祀三》，中华书局 1960 年版，第 369 页。

南海神祠东距广州城八十里，特别是一年一度立夏日祭祀南海神时，东南季风盛行，由广州城乘船水路东行，逆风而进，风大浪急，加之又多遇台风，常常人毁船亡。唐前期，国力强盛，祭祀南海神的礼仪地方最高官员广州刺史为主祭官即初献官。而到唐后期，国力衰微，藩镇割据，礼制也常常执行不力。正因为如此，唐朝后期广州刺史多畏于风波，或谎称有疾病①，常常派副手或下属（别驾、长史）代替祭祀②。元和十二年（817）七月，孔戣为广州刺史、岭南节度使。元和十三年（818）立夏日前一天，风雨交加，属下百官阻挠祭祀，孔戣不为所动，仍然前往祭祀，夜宿祠下。立夏日天气晴好，祭具整洁，祭品排列井井有条，官员盛装排列，祭祀有序，音乐配合，逐渐达到高潮。当年风灾熄灭，粮食丰足。元和十四年（819）孔戣又加以祭祀，扩充殿宇，加以修整。元和十五年（820）孔戣率领百官，第三次祭祀南海神，百谷丰收。韩愈在《昌黎先生文集》卷三一《南海神（广利王）庙碑》上详细记载孔戣祭祀南海神的缘由与经过，成为一时盛事。

孔戣以后，历代广州刺史、岭南节度使祭祀南海神庙兴废不常。李愬嗣子、凉国公李批于大中元年（847）至二年（848）任广州刺史兼岭南节度使，③ 今有李群玉《凉公从叔春祭广利王庙诗》可以证明祭祀活动仍然加以开展。④ 值得注意的是，这次祭祀与中央的立春日祭祀一致，期望农桑年丰，疆土安宁。咸通五年（864）四月，岭南群蛮造反，高骈被任命为安南都护，招抚岭南叛众，出征前，高骈至南海神祠，作《南海神祠》，希望神灵保佑船舶安然航行。⑤ 南海神在军事交通中的作用可见一斑。从以上记载可见，唐

---

① （唐）韩愈撰，马其昶校注：《韩昌黎文集校注》卷31《南海神（广利王）庙碑》，上海古籍出版社1986年版，第485~489页。

② 《旧唐书》卷154《孔巢父附从子戣传》，中华书局1975年版，第4098页。

③ 吴廷燮：《唐方镇年表》，中华书局1980年版，第1036页。

④ （唐）李群玉：《李群玉诗集》，岳麓书社1987年版，第49页。

⑤ （唐）高骈：《南海神祠》，《全唐诗》卷598，中华书局1980年版，第6918页。

代后期祭祀南海神，多与南海神庇佑地方风灾、庄稼丰歉、社会安定等有关，南海神在岭南地方的表达逐渐显现。

五、南海神与佛教相互利用，受戒为徒，灵化寺建立，波涛平息

南海神祠位于珠江口喇叭口转折处的北岸，受制于两岸台地、风向与潮水等地理环境的影响，古海湾在广州南海县东南形成了狭长的漏斗湾，这段漏斗状河道处于内河与海洋的交汇地段，风大浪急，使南海神祠前成为船只易覆之地。将这些灾难归罪于南海王性格严急，才使往来舟楫遭风波而溺死的人非常多。[1] 由于唐代南海神祭祀已经在岭南为第一大祭祀的盛事，佛教也似乎欲借助这一祭祀盛事，把南海神祠变成佛教的伽蓝（庙宇），出现了有关南海神受戒，另辟佛教寺院的传说。

北宋元祐二年（1087）正月，广州太守蒋之奇祭祀南海神庙完毕，拜访灵化寺，得到灵化寺主持道行大师的古碑而得知休咎禅师与南海神的关系。根据记载，贞元六年（790）至八年（792）间，[2] 广州刺史兼岭南节度使李复，曾派兵马使李玉从罗浮山迎休咎禅师，至东南道扶胥镇，夜憩于南海神祠（也称镇海将军庙）西庑。二鼓时分，先是两个穿青衣的童子前来，询问休咎禅师何故来此，难道不知道南海神的威灵吗？三鼓时分，电闪雷鸣，南海神紫袍金带驾到，休咎禅师要求把南海神祠变作伽蓝，南海神认为不妥，另

---

① （明）蒋之奇：《灵化寺记》，成化《广州志》卷25《寺》，《广东历代方志集成》（第1册），岭南美术出版社2007年版，第144页。

② 郁贤浩《唐刺史考全编》（安徽大学出版社2000年版，第3168页）载，贞元三年（787）至八年（792），李复任广州刺史兼岭南节度使，而《唐方镇年表》（吴廷燮撰，中华书局1980年版）卷七《岭南东道》载：贞元三年（787）李复为广州刺史、岭南节度使；贞元四年（788）为江陵少尹，复任容州刺史兼御史中丞，三载；贞元六年（790）至八年（792）复为岭南节度使。则李复为岭南节度使期间为贞元时期，而非宋代蒋之奇《灵化寺记》所言的天宝十二载（753），此与李复（739—797）与休咎禅师（746—807）年龄、任职皆不符。

在北五里择地建草庵，号花果院，即后来的灵化寺。休咎禅师又因南海神庙前溺死者多，为南海神"摩顶受戒"，"授三皈五戒"，希望南海神不要残害民众，"保扶社稷"。南海神受戒后，果然风涛平息。佛教护持民众，南海神都听从，何况一般民众呢？①

有关休咎禅师收南海神为徒，南海神归附佛教事迹，这在两宋不断见诸记载。诸如，王象之《舆地纪胜》卷第九十七《广南东路·新州》；建炎三年（1129），名将李纲途经广州南海神庙，作《谒南海神庙》，也记载了休咎大师让南海神受戒之事②等，都歌颂休咎禅师受戒南海神，波涛平息。

这则故事说明，佛教借助人神对话，将南海神收归为自己属下弟子，宣传佛法无边。正是佛家想利用南海神而炫耀自己，宣扬佛法。一方面是南海神成为国家与五岳齐肩的神灵，威名远播岭南，佛教利用南海神的声望，可以抬高身价，扩充势力，宣传佛法。而休咎既想占据南海神庙为佛家寺院，只有将南海神收归为佛门弟子，其寺院自然而然成为佛寺。借助此传说，退而求其次，在南海神庙附近建伽蓝，为建寺寻找借口。另一方面，国家礼制中的南海神，借助佛教，改变自己恶神的形象。如此完美的传说，使南海神脱去了"严急"的性格，皈依佛门，性情温顺，南海再不起波澜；同样，也使休咎在扶胥名正言顺建立寺院，两者互不侵扰，相互利用。其背后都隐藏着两者借助地方官方背景，来控制地方社会的祭祀权力的目的。而灵化寺取"灵通广化之义"，成为与南海神祠并驾齐驱的佛教寺院。总之，宋代流行的休咎禅师收服南海神为徒与建立灵化寺的故事，说明了从属于国家礼制的南海神与佛教的关系。两者相互利用，相互影响，国家礼制与佛教共同庇佑地方安定的作用得以体现。

值得注意的是，开元二十九年（741），密宗高僧不空出使狮子

---

① （明）蒋之奇：《灵化寺记》，成化《广州志》卷25《寺》，《广东历代方志集成》（第1册），岭南美术出版社2007年版，第144~145页。

② （宋）李纲：《李纲全集上》卷26《诗二十二·道中作三十九首》，岳麓书社2004年版，第344页。

国(今斯里兰卡)，第二次来广州，岭南采访使刘巨麟恳请灌顶，于法性寺(今光孝寺)前后灌顶度人成千数万，成为一时盛事。[1] 贞元时李复邀请休咎大师来广州，与刘巨麟邀请不空法师一样，目的是地方长官与高僧大德共同建立地方宗教秩序，维护地方安定。

六、唐代完善与确立地方祭祀岳镇海渎 制度，与都城郊祀一起，成为后世 岳镇海渎祭祀遵循的范式

唐初礼司无定制，遇事临时议定礼仪。虽有《贞观礼》(《吉礼》61篇，《宾礼》4篇，《军礼》20篇，《嘉礼》42篇，《凶礼》11篇，合计138篇)、《显庆礼》(130卷)并行，但没有定制。在《大唐开元礼》撰作之前，礼仪使的设立和在此之后举行的一系列礼仪活动，为《开元礼》的创作进行了礼仪实践和理论准备。开元中从张说奏，取贞观、显庆礼书，折中异同，以改纂《礼记》为目标，以为定制。开元二十年(732)，由徐坚等创始，萧嵩等完成的《大唐开元礼》颁行，《大唐开元礼》150卷成为礼制的集大成者，号称五礼齐备，后世使用，只是稍微增加或减少，无法超越其体例。[2] 杜佑曾采其一部分，载入《通典》，《旧唐书·礼仪志》《新唐书·礼乐志》亦以此为蓝本，加以备录与记载。贞元九年(793)王泾撰的《大唐郊祀录》又称《唐贞元郊祀录》，记叙历代郊庙享祀之制和唐代因革情况，也是多从《开元礼》的郊庙而来。《大唐开元礼》具有总结性、全面性、系统性的特征，[3] 另一方面，以新代旧，使唐前期五礼更加定型，从而确立了中古礼制的框架，实现了国家强盛、经济繁荣之际的礼仪辉煌，表现了唐国家礼仪完全不同于上古礼的时代

---

① (宋)赞宁撰，范祥雍点校：《宋高僧传》卷1《译经篇·释不空》，中华书局1987年版，第7~8页。

② 《新唐书》卷11《礼乐志》，中华书局1975年版，第309页。

③ 赵澜：《〈大唐开元礼〉初探——论唐代礼制的演化历程》，《复旦学报》(社会科学版)1994年第5期，第87~91页。

特色，代表了新兴官僚和士人的理想和追求，其创新精神，也必然为唐中后期的礼制改革奠定了基础。适应时代需要，体现国家和皇帝权威，指导朝廷政治和社会生活。总之，作为上层建筑的礼，与社会经济的发展同步，它的产生既有着极强的目的性，也有着极为鲜明的现实性。①

中晚唐的《开元后礼》《曲台新礼》，北宋的《大常因革礼》《政和五礼新仪》，直至《大金集礼》《钦定大清通礼》，均系承袭《开元礼》而来，但就规模和影响而言，则难与《开元礼》比肩。此书不仅是中国古代礼学的圭臬，更远播东亚、东南亚，对于整个汉字文化圈的礼乐律令制度都产生过重大影响。池田温先生指出，渤海、新罗、日本、高丽都曾请求唐朝传写《开元礼》，日本的礼乐制度更是全面借鉴唐礼而来。《大唐开元礼》涉及唐代社会的各个方面，蕴涵着丰富的学术内容。《开元礼》还保存了大量的唐令、唐式，是唐代法制史不可多得的宝贵史料；其中有关经义、礼法的论争，则是研治中古思想史、经学史的重要素材。正如池田先生所说，《大唐开元礼》从礼制分析研究切入，对从事历史学、人类学、文化和思想研究的学者来说，提供了广阔的领域，此书给立足于新视野的学人提供了无限丰富的宝库。②

具体到有关岳镇海渎的祭祀，同样如此。也是从唐玄宗开元时期开始，唐代逐步确立了郊祀从祀与地方实祀两种体制。虽然后世东海、北海、西海地方祭祀的地点不断变换，但南海祭祀却因位置在南宋境内（金朝地域未达秦岭——淮河以南除外），一直都在国家祭祀的疆域内，成为历来唯一没有变换地点的四海神祭祀。不仅如此，也正是历代位置没有变化，才保存下来大量的碑刻，遗迹丰富。岳镇海渎的郊祀与地方祭祀，成为后世遵循的榜样，特别是祭祀南海神，不管是中央派遣专使，还是地方长官祭祀，一直都有保

① 吴丽娱：《营造盛世：〈大唐开元礼〉的撰作缘起》，《中国史研究》2005 年第 3 期，第 73～94 页。

② ［日］池田温：《唐令と日本令——〈唐令拾遗补〉编纂によせて》，《中国礼法と日本律令制》，东方书店 1992 年版，第 165～193 页。

留。而作为郊祀的部分，也是各代遵循的重要内容。而南海神随着落地岭南，逐步民间化，成为地方上官方与民间共同祭祀的神灵。①

七、结　　论

本章，我主要是想从国家岳镇海渎礼制与南海神祭祀官员、仪式来展开研究，目的是探讨唐代国家礼制逐步完备的过程，包括《大唐开元礼》推行，广州南海神庙祭祀是如何落实中央祭祀政策的，以及将南海神庙作为个案，揭示南海神在国家礼制层面发挥的作用。南海神庙祭祀看似只是一种官方的祭祀，实质上是"天下"地理与国家"正统"即地理上、政治与文化在岭南地区的权力象征。

第一，如果说隋代开始将原来国家郊祀的岳镇海渎部分落实到地方上，那么最终完成这一改变的确是唐朝。唐朝祭祀南海神，由前代的郊祀变成郊祀、地方祭祀两种形态，属于国家礼制三大祭祀的中祀。等级提高，原来隋代巫师祭祀显然不合礼制，地方长官成为地方上祭祀的主体。南海神一年一度立夏日祭祀，祝版颁发、斋戒、摆设祭器、察看三牲牲器、官员位置、祭拜三献次序、奏乐、掩埋等，都有严格的规定，形成了完备的礼制。

第二，唐玄宗一朝两次派遣使者祭祀南海神，都是岭南望族张氏兄弟。开元十四年（726）六月，太常少卿张九龄因天下大旱而到地方祭祀南岳及南海。完成祭祀南海神的使命后，公私兼顾，回家省亲。与长兄张九龄因旱祭祀南岳和南海神不同，天宝十载（751），三弟张九章祭祀包括南海在内的四海的原因是，四海并封为王号，为了彰显崇敬。这次祭祀，从册封文、官职升迁以及张九皋、张招墓志铭记载的内容来看，天宝十载中央专使应为张九章。

第三，唐代祭祀南海神的官员，以地方官员为主，地方最高官员广州刺史为主祭官即初献官。唐前期，规制完备，地方执行有

① 王元林，《国家祭祀与海上丝绸之路遗迹：广州南海神庙研究》，中华书局2006年版，第98~444页。

力。一年一祭南海神，祭日为立夏日，唐后期畏惧风涛，多由长史代替。但也不乏孔戣、李玭、高骈等广州刺史祭祀。唐代后期地方长官祭祀南海神，多与南海神庇佑地方风灾、庄稼丰歉、社会安定等有关，中央礼制在岭南逐步落地，南海神在岭南地方的作用表现明显。

第四，宋代流行的休咎禅师收服南海神为徒与建立灵化寺的故事，说明了从属于国家礼制的南海神与佛教的关系。两者相互利用，相互影响，国家礼制与佛教共同庇佑地方安定的作用得以体现。

第五，唐代郊祀方丘等岳镇海渎从祀与地方上实际祭祀岳镇海渎成为常例。而《大唐开元礼》更完善了国家礼制特别是吉礼的内容，奠定了唐后期以及宋金元明清各代的礼制基础，影响其后1200年的岳镇海渎祭祀，后世基本上都遵循唐朝范式进行南海神祭祀。从南海神历代祭祀的变迁，可窥见岳镇海渎礼制在地方的实践。而南海神随着落地岭南，逐步民间化，成为地方上官方与民间共同祭祀的神灵。

[作者简介]王元林，广州大学人文学院教授，研究领域为中外关系史、历史地理学、历史环境变迁等。

第七章　宋代广州南海神庙祭祀的演变[*]

王元林

一、绪　　言

以往中外学者研究两宋南海神庙，主要关注国家祭祀与地方庙会，没有深入探讨宋代南海神庙祭祀制度的演变，以及在广州祭祀出现的新变化。本章主要探讨如下问题：第一，北宋统一后整顿礼制，取消南海神封号，郊祀与地方祭祀两种形态持续进行，广州祭祀南海神礼仪更加完备。第二，国家四次封赐南海神与庙宇，南海神庇佑地方安定职能进一步凸显，代表天下的王权在岭南文化上的统治进一步稳固。第三，南宋偏安东南，南海神因地理方位的神佑功能更加凸显。南宋时广州南海神庙会成为岭南最大庙会，官民积极参与，盛大庙会进一步加深了南海神与民众的联系。第四，两宋之交《六侯之记》碑刻的出现，反映了地方民众试图通过官员，嫁接地方信仰与南海神的从属关系。岭南广州以外其他州县出现了南海神的离宫，反映了地方政府普遍对南海神的接纳。第五，宋代广州南海神祭祀影响深远，使后世南海神祭祀形成以南海神庙为主，佛道参与，地方上离宫广布，民众"十八乡朝拜""五子朝王"等地

---

　　* 本文英文版 Evolution of the Sacrificial Ritual to the South Sea God in Song China 发表于 *Religions*，2022，13（10），pp. 939-956. https：//doi.org/10.3390/rel13100939。

方上祭祀南海神即洪圣王的现象，南海神地方化进一步深化，民众不断改造自己心目中的南海神。在礼制文化层面上，南海神从国家到岭南在地化的长时间过程，实质上是国家长期推行礼制教化的结果。

二、北宋整顿礼制，南海神祭祀进一步完善

从唐玄宗开元时开始，南海神祭祀已存在郊祀从祀与地方实祀两种体制。[①] 广州实祀南海神，一直持续至唐朝灭亡。五代十国时期，从公元917年至971年，岭南地区为南汉政权所统治。大宝九年（966），南汉后主刘鋹（958—971在位）为了统治与贸易需要，封南海神为"昭明帝"，庙为"聪正（公）宫"，衣饰龙服。夫人为"灵显后"，庙为"昭应宫"，衣饰凤服。[②] 这是历史上唯一一次将南海神与夫人封号帝、后，反映了南汉地方政权对南海神祭祀的重视，也反映了南汉地方政权希望南海神庇佑政权稳定与南海贸易发达。

北宋乾德六年（968）七月，岳镇海渎祭祀礼制未合唐代礼制，仍依旧例祭南海于广州。[③] 当时，广州还被南汉政权控制，只能望祭。开宝四年（971）二月，南汉后主刘鋹投降北宋。至此，北宋完成了全国统一。为了完成国家在思想文化上的统一，有必要整顿礼制，删除南汉所封南海神与夫人的帝后号及宫名，换作一品之王服。[④]

就在开宝四年（971）完成统一的六月，中央派遣李继芳从都城

---

① Yuanlin Wang, The Sacrificial Ritual and Commissioners to the South Sea God in Tang China, *Religions*, 2021, 12(11), p. 960. 中文版已收为本书第六章。

② （宋）欧阳修等编：《太常因革礼》卷49《祭四海四渎》，《续修四库全书》（第821册），上海古籍出版社1996年版，第521页。

③ （宋）欧阳修等编：《太常因革礼》卷49《祭四海四渎》，《续修四库全书》（第821册），上海古籍出版社1996年版，第521页。

④ （宋）欧阳修等编：《太常因革礼》卷49《祭四海四渎》，《续修四库全书》（第821册），上海古籍出版社1996年版，第521页。

汴梁到广州祭南海神，告祭国家统一。同时，又重新审定唐朝《开元礼》。① 开宝六年(973)四月辛丑，《开宝通礼》二百卷、《通礼义纂》一百卷编纂完成，颁布全国施行。② 编纂国家统一的礼规，在思想上确立宋王朝合法与王权的地位。故北宋仍恢复唐朝旧制，南海神祭祀实行郊祀从祀与地方实祀的制度，南海神仍称为"广利王"。③

宋初，岳镇海渎属于9个中祀之一，以五郊迎气日在都城、地方诸州各加以祭祀。遇有大赦，诸州也加以祭祀。涉及坛壝、牲器、玉帛、馔具、斋戒等制，④《开宝通礼》既依旧例设置。宋真宗大中祥符(1008—1016)至天禧(1017—1021)间，如遭遇旱潦、蝗、无雪，都城、诸州才增加包括南海神在内的四海祈报之礼。⑤

宋太祖规定了广州南海神庙的日常负责人与管理规则。开宝五年(971)，下诏南海庙等岳镇海渎各以本县令兼庙令，县尉兼庙丞，专门执掌祀事，"常加按视，务于蠲洁，仍籍其庙宇祭器之数"，"本州长吏每月一诣庙察举"。⑥ 南海神庙所在南海县(皇祐三年即1051年后为番禺县)，县令、县尉分别兼庙令、庙丞，负责日常管理。管理者为地方县一级官员，并非后来的道士、僧侣。开宝六年(973)，又新修南海神庙并立碑，这便是今天仍然屹立于广州南海神庙头门西侧的"大宋新修南海广利王庙之碑"。该碑一方面盛赞南海神的功绩，另一方面歌颂宋太祖统一的功德，两者达到完美的结合。该碑背阴署名有广州最高长官潘美，时任广南转运

①　(宋)李焘：《续资治通鉴长编》卷12"开宝四年六月"，中华书局1979年版，第265~266页。

②　(宋)李焘：《续资治通鉴长编》卷14"开宝六年四月辛丑"，中华书局1979年版，第299页。

③　(宋)欧阳修等编：《太常因革礼》卷49《祭四海四渎》，《续修四库全书》(第821册)，上海古籍出版社1996年版，第521页。

④　《宋史》卷98《礼志一》，中华书局1977年版，第2424页。

⑤　《宋史》卷120《礼志五》，中华书局1977年版，第2490页。

⑥　(元)马端临：《文献通考》卷83《郊社考十六·祀山川》，中华书局2011年版，第2556页。

使、广州知州、市舶使；谢处毗为广州通判、兼市舶判官，负责
"修庙"；林洵美为广州录事参军"监修庙"等。① 由此反映出地方
对新修南海神庙的重视。特别是修建庙宇的经费来源于市舶贸易，
由市舶官员主要负责经费的筹措。

　　宋代开宝时两次在地方上特祀南海神，并没有形成定例，至
北宋淳化年间这一制度才开始逐渐完善。宋太宗淳化二年（991）
二月十二日，秘书监李至请五郊迎气日祭其各方岳镇海渎，继续
执行唐代以来立夏日在广州祭祀南海神的规制，而且地方长官依
次为初、亚、终献礼官。② 真宗时，进一步明确相关的祭祀礼仪
制度。咸平二年（999）四月、十月，规定祭器、礼料（祭祀的各种
用品）整洁，祭文正确无误。③ 景德四年（1007）八月，祝版书写、
校正精谨，祝版用木匣封锁至祠所，地方官员祭祀要求严肃规
整。④ 大中祥符元年（1008）六月，又规定礼料定式⑤；大中祥符五
年（1012）九月，"岳渎四海诸祠庙，遇设醮，除青词外，本庙神位
并增《祝文》"⑥。大中祥符七年（1014）五月，规定祭酒由地方单独
酿造，不与常酒相混，⑦ 其祭祀制度严备可见一斑。

　　① 黄兆辉、张菽晖：《南海神庙碑刻集》，广东人民出版社 2014 年版，
第 24~26 页。

　　② 《宋史》卷 120《礼志五》，中华书局 1977 年版，第 2498 页。

　　③ （清）徐松辑：《宋会要辑稿》"礼一四之一一"《群祀》，刘琳、刁忠
民、舒大刚、尹波等校点：《宋会要辑稿》（第 2 册），上海古籍出版社 2014 年
版，第 747 页。

　　④ （清）徐松辑：《宋会要辑稿》"礼一四之一三、一四"《群祀》，刘琳、
刁忠民、舒大刚、尹波等校点：《宋会要辑稿》（第 2 册），上海古籍出版社
2014 年版，第 749 页。

　　⑤ （清）徐松辑：《宋会要辑稿》"礼一四之一四"《群祀》，刘琳、刁忠
民、舒大刚、尹波等校点：《宋会要辑稿》（第 2 册），上海古籍出版社 2014 年
版，第 749 页。

　　⑥ （宋）李焘：《续资治通鉴长编》卷 78"真宗大中祥符五年九月辛卯"，
中华书局 1980 年版，第 1788 页。

　　⑦ （清）徐松辑：《宋会要辑稿》"礼一四之一七"《群祀》，刘琳、刁忠
民、舒大刚、尹波等校点：《宋会要辑稿》（第 2 册），上海古籍出版社 2014 年
版，第 751 页。

不仅如此，真宗咸平六年（1003）四月还规定，"民祠岳者，自今无得造舆辇、黄缨缴、茜鞍帕及纠社众执兵，违者论如律"。①严格区分官方与民间祭祀的不同。正是有如此严格的制度保证，遇到突发事件，也得以保证祭祀照常进行。大中祥符九年（1016）五月，"殿中张信奉南海祝版，乘驿至唐州（今河南唐河县）震死"。②由于张信在马上被震死，据说当时空中有言曰："无损板祝、香盒。"六月十六日下诏："自今遣官奉青词、祝版、御封香往诸处祭告，并令严加护持，斋戒护送。每置驿舍，安置静处，务极严肃。违者，重科其罪。"③对沿途护送放置祝版、香盒等有如此严格明确规定，说明官方祭祀礼仪制度的细化。

南海神庙祭祀还一度有专门的祭祀音乐。这应与皇祐五年（1053）、至和元年（1054）南海神因庇佑官军保护广州城而封"洪圣广利昭顺王"、赏赐冠冕衣饰等有关。④ 至嘉祐六年（1061）正月，由于乐工不熟悉祭乐，又下诏，规定南海广利洪圣昭顺王所用冠服及三献官、太祝、奉礼祭服。罢本庙所赐乐曲，南海神庙祭祀与岳渎同礼。⑤《宋史·乐志》载有"熙宁望祭岳镇海渎十七首"，迎、送南方神曲采用"凝安"曲，酌献神用"成安"曲，⑥ 应是郊祀所用音乐。至北宋《政和五礼新仪》颁布时，虽有"祭五方岳镇海渎仪""诸州祭岳镇海渎仪"，两个礼仪加以比较，反映官方祭祀中郊祀礼仪较地方礼仪更加完备。地方祭祀时没有演奏官乐，这与地方上

① （宋）李焘：《续资治通鉴长编》卷54"真宗咸平六年四月丙寅"，中华书局1980年版，第1188页。

② 《宋史》卷62《五行一下》，中华书局1977年版，第1364页。

③ （清）徐松辑：《宋会要辑稿》"礼一四之一九"《群祀》，刘琳、刁忠民、舒大刚、尹波等校点：《宋会要辑稿》（第2册），上海古籍出版社2014年版，第752页。

④ 黄兆辉、张菽晖：《南海神庙碑刻集》，广东人民出版社2014年版，第37～39页。

⑤ （宋）李焘：《续资治通鉴长编》卷193"仁宗嘉祐六年正月乙未"，中华书局1985年版，第4661页。

⑥ 《宋史》卷136《乐志十一》，中华书局1977年版，第3193～3194页。

缺乏熟悉祭祀官乐的乐工有关。不过，两个礼仪都由时日、斋戒、陈设、省馔、行事五部分组成，程序相差无几。①

值得注意的是，至和元年（1054）盛大祭祀南海神，佛、道唱法会十日。② 现存宋代碑刻中，有关僧侣、道士与官员共同游历南海神庙并题刻见于记载。今天仍然屹立于广州南海神庙头门东侧的韩愈《南海神广利王庙碑》碑阴第二段，即有皇祐二年（1050）七月，广南转运判官祖无择等官员，僧宗净同行。"上谒广利王，夕宿庙下"，"弹琴道士何可从镌字"，记录此次拜祭，当时庙宇应有一定的规模，有接待官员住宿的房间，僧人、道士参与拜祭活动，南海神庙显然已是地方名胜。皇祐三年（1051）知州田瑜题名，"僧宗净刻字"③；至和元年（1054）刻皇祐五年（1053）"中书门下牒"碑仍是"僧宗净刻"④。此僧三次参与官员拜祭同行，两次刻字题名，足证这一名僧与南海神庙关系密切。这与唐代休咎禅师欲收服南海神为徒传说的互证。⑤ 可见唐宋时，佛教僧侣与国家儒教南海神关系密切，在南海神拜祭中不时出现。

三、北宋时南海神持续发挥拱卫政权的作用

北宋初年，南海神还是国家礼制的一部分，没有凸显在地方上的作用。地方官员遵循国家礼制，祭祀并修庙。继开宝六年（973）

---

① （宋）郑居中：《政和五礼新仪》卷95《祭五方岳镇海渎仪》、卷96《诸州祭岳镇海渎仪》，《景印文渊阁四库全书》（第647册），台湾"商务印书馆"1986年版，第522~525、526~528页。

② 黄兆辉、张菽晖：《南海神庙碑刻集》，广东人民出版社2014年版，第37~39页。

③ 黄兆辉、张菽晖：《南海神庙碑刻集》，广东人民出版社2014年版，第31页。

④ 黄兆辉、张菽晖：《南海神庙碑刻集》，广东人民出版社2014年版，第39页。

⑤ （宋）蒋之奇：《灵化寺记》，成化《广州志》卷25《寺》，《广东历代方志集成》（第1册），岭南美术出版社2007年版，第144页。

修南海神庙后，大中祥符五年（1012）八月（《续资治通鉴长编》卷七八"真宗大中祥符五年八月丁未"条，中华书局 1980 年版，第 1780页）、五年（1013）九月，两次遣使修葺广州南海广利王庙。① 宋真宗还赏赐南海神玉带。② 这些都是宋真宗热衷封神的一部分。康定二年（1041），四海、四渎同封王，诏封南海洪圣广利王。这就是今存南海神庙碑廊的《康定二年中书门下牒》的内容。③ 这次赐封，并未凸显南海神的独特之处。

北宋岭南最大的一次社会动荡为侬智高起义。皇祐四年（1052）五月，侬智高率兵攻破端州（治今广东肇庆），二十二日，离端赴广。官民祈祷南海神，神显灵应，起飓阻敌，疾风掀梯烧敌，而城中降雨饮渴，南海神有保城之功，广南东路转运使元绛应民众之请，请朝廷加封洪圣广利王及夫人。皇祐五年（1053）四月，下诏特封"南海洪圣广利昭顺王"，增加到六字王号，新挂牌匾，荣耀至极，这就是今存南海神庙碑廊的皇祐五年《中书门下牒》《元绛奏章》与《元绛记文》。④ 这次皇祐五年皇帝下诏南海神封号的诰文，由蔡襄拟订，题作"广南转运使元绛奏南海洪圣广利王：（侬智高）僚贼至广州城下，官吏等屡祷有应，乞加崇显之号，奉圣旨特封昭顺王制"。⑤ 皇帝诏文，加上南海神灵应，南海神在民众心目中留有不可磨灭的印象，俨然成为地方土地神，此后各地建立的离宫，一般都以"洪圣王庙"或"洪圣王祠"称呼，应该来源于南海神在此次封号前的"洪圣"称谓。

----

① （宋）李焘：《续资治通鉴长编》卷81"真宗大中祥符六年九月辛卯"，中华书局 1983 年版，第 1846 页。

② （元）吴莱：《渊颖集》卷9《南海山水人物古迹记》，《景印文渊阁四库全书》（第 1209 册），台湾"商务印书馆"1986 年版，第 164 页。

③ 黄兆辉、张菽晖：《南海神庙碑刻集》，广东人民出版社 2014 年版，第 218 页。

④ 黄兆辉、张菽晖：《南海神庙碑刻集》，广东人民出版社 2014 年版，第 37~39 页。

⑤ （宋）蔡襄：《端明集》卷十《制诰》，《景印文渊阁四库全书》（第 1090册），台湾"商务印书馆"1986 年版，第 418 页。

南海神保护城池的灵应，广州民众"皆称道南海神事"。① 为了答谢南海神的灵异，加封"昭顺"号外，还赐冠冕衣饰，举行盛大的庆祝活动。至和元年（1054）春，宋仁宗派遣使臣祭祀南海神，赐南海神九冕、青衣、朱裳之制，封其夫人为"昭顺夫人"，赐簪等衣饰，盛大庆祝、佛道法会十日不停，报谢南海神。② 元绛又于同年十一月再次祭祀，并且题名立传，③ 宣扬南海神的威武庇佑。

嘉祐七年（1062）秋，由于岭南风调雨顺，五谷丰实，人无疫疠，海无飓风，州县无盗贼侵扰，一派声平乐和的气象，官民皆认为是南海神之赐，广州知州余靖因为南海神祠颓败，愿意用自己俸禄修庙答谢南海神。从嘉祐七年（1062）九月至八年（1063）五月，历时九月完成工程。重修南海广利洪圣昭顺王庙，房屋三百余间，并举行了落成与祭祀仪式，神悦民欢，南海神庙庙宇规模达到极盛。④

南海神司职风雨，官民认为诸事都与此有关，一旦风调雨顺、诸事顺遂，则归于南海神显灵，从而更加深了民众对南海神的虔诚膜拜。神宗熙宁年间（1068—1077），南海神的灵异再显，使广州西城修筑顺利完成，风调雨顺，旱时普降甘露，稼丰民祥，岭南安乐，广州知州程师孟作《洪圣王事迹记》记录此事。⑤ 值得说明的是，由于广州地处岭南，夏秋降雨多而易成水灾。加上广州城西地势低下，洼涝泥泞，修城困难。因此主要的筑城工程都在熙宁四年（1071）十月至五年（1072）春完成，广州地区冬季少雨或无雨的天

① 黄兆辉、张菽晖：《南海神庙碑刻集》，广东人民出版社 2014 年版，第 39 页。
② 黄兆辉、张菽晖：《南海神庙碑刻集》，广东人民出版社 2014 年版，第 39 页。
③ 黄兆辉、张菽晖：《南海神庙碑刻集》，广东人民出版社 2014 年版，第 39 页。
④ 黄兆辉、张菽晖：《南海神庙碑刻集》，广东人民出版社 2014 年版，第 134~135 页。
⑤ 黄兆辉、张菽晖：《南海神庙碑刻集》，广东人民出版社 2014 年版，第 222 页。

气状况所起的作用不可低估。广州知州程师孟领导这次修筑，认为南海神助力，未降雨而使广州西城修筑完成。建西城时，也在城西航海门之西建立洪圣王庙（后称西庙），建庙目的并不是因为南海洪圣王显灵，而是镇压皇祐战争中的不祥之气，消除杀戮之气；排灾除患（原来城东八十里的南海庙后称为东庙）。就在西城建成之日，海市蜃楼显现，新城见于水中长时间不消失，海边民众十分惊奇，认为是南海神显灵。① 除保佑这次修城之外，南海神还在熙宁六年（1073）、熙宁七年（1074）岭南发生旱灾时，不断显灵，普降甘霖，程师孟先后六次去南海神庙，祈祷、答谢南海神。熙宁六年（1073）十二月至熙宁七年十月，程师孟六谒南海神庙，祈谢神降甘霖。② 熙宁年间，南海神还在地方官员程师孟的梦中以及民众为挽留程师孟而到南海神庙前乞杯灵验，③ 在官员与民众心目中进一步神化。当然，南海神拱卫国家政权的作用仍有所展现。熙宁八年（1075）十一月，交趾攻陷钦州、廉州，次年春正月，又攻陷邕州。北宋派兵同时，还派使臣祭南岳、南海，告以南伐。④ 正是中央礼制拱卫政权的文化作用，加上南海神保佑地方丰歉、民众危难，才得以官民共同祭祀。

上述在广州航海门之西建立的洪圣王庙，即第一次在广州城附近建立的南海神庙宇。由于当时岭南最高长官广州知州程师孟所作的《洪圣王事迹》流传广泛，而且南海神不断显灵，保佑民众消灾除患，受此影响，岭南其他州县也新建洪圣王庙，更严格地说，是南海洪圣王离宫。正是南海神法力日显，特别是仁宗皇祐中有护民

---

① 黄兆辉、张菽晖：《南海神庙碑刻集》，广东人民出版社 2014 年版，第 222 页。

② 王元林：《国家祭祀与海上丝路遗迹：广州南海神庙研究》，中华书局 2006 年版，第 150~151 页。

③ 黄兆辉、张菽晖：《南海神庙碑刻集》，广东人民出版社 2014 年版，第 222 页。

④ 《宋史》卷 15《神宗纪》，中华书局 1977 年版，第 290 页。

保城之功，朝廷封号加爵，"濒海郡邑靡不建祠"，① 有理由相信，从仁宗皇祐以后至北宋灭亡，岭南各地纷纷建立离宫，以护卫地方，南海神成为保佑地方城池的护佑神。对南海神的祭祀，从国家祭祀的高层逐渐向地方（或民间）底层扩展，从中央或委派广州地方官员祭祀演变为广东沿海县一级建庙祭祀。这些县一级的南海庙建立之初，官员出资，民众出力，由官民共建，带有地方官僚与民众共祠的性质。熙宁初，东莞县王知县在县城东郊建南海王庙，由于地理偏僻，庙宇规制较小。重和元年（1118），东莞知县姜驼改建南海王庙于孤屿之上，四周环水，庙貌宏大，官员致祷，乡民汇集参观这一新庙，这与南海王护佑国家与民众的功绩有关。②

东莞县建庙，除与东莞县距离南海神庙较近有关外，还与宋廷为南海神及夫人加号、赐王冕服有关。上层的提倡，上行下效，地方官员亦顺应潮流建庙。当然，南海神佑民之功，逐渐使民众亦接受了这个国家之神，南海神从国家高高的祭坛走下，向岭南更广阔的地方迈进，俨然成为保护每个州县的地方神。

南海神地位日益隆显，已成为保佑岭南一方百姓的神圣，南海神的庙宇已在广南东路各地建立起来。英州也在元丰元年（1078）至四年（1081）重葺南海（广利）王庙。由于惠州广利庙破败，皇帝命令新郡守修饰庙宇，③ 负责修葺的人应是元丰初年的英州知州林俯。时郑侠在英州，代郡守林俯告谢广利王，保佑自己在英州做官顺利，"惟神之德，天覆地载"，上任前举杯告谢。④ 元丰四年（1081）至元丰七年（1084）林俯担任惠州知州，⑤ 在任应修复惠州

① （清）郭文炳编：康熙《东莞县志》卷9《秩祀一·庙》，东莞人民政府办公室印行1994年版，第272页。

② （清）郭文炳编：康熙《东莞县志》卷9《秩祀一·庙》，东莞人民政府办公室印行1994年版，第272~273页。

③ （宋）郑侠：《西塘集》卷5《代辞广利庙》，《景印文渊阁四库全书》（第1117册），台湾"商务印书馆"1986年版，第424页。

④ （宋）郑侠：《西塘集》卷5《代辞广利庙》，《景印文渊阁四库全书》（第1117册），台湾"商务印书馆"1986年版，第424页。

⑤ 李之亮：《宋两广大郡守臣易替考》，巴蜀书社2001年版，第267页。

广利王庙无疑。

元祐元年（1086）十一月，岑探以妖术惑众，聚党二千人包围新州城（今广东新兴县），扑杀贼寇的官兵也乘机掠杀民众，为害一方。蒋之奇最后派杨先之征讨平叛。① 值得注意的是，此年冬天天气寒冷，寒潮常常南下，"震风凌雨，凝为冰冱"，岑探等寇众因冷颤抖，难以立足，又见城上士兵无数，异常恐怖，寇众溃散。官民皆认为南海神显灵，请旨加以封号，太常寺以为南海神已有"洪圣广利昭顺"六字王封号，不可再加。但即使如此，仍让工部赐官钱，修复神庙，感谢神灵保佑。② 这次蒋之奇重修南海神庙，一起重修广州城旁的南海神西庙，以及原来的南海神东庙，③ 应是答谢南海神保佑剿灭岑探叛乱的神功。政和年间（1111—1118），范周安又修葺南海东庙。④ 官方在南海神庙的重修中发挥着重要作用。

根据《宋史》记载："故凡祠庙赐额、封号，多在熙宁、元祐、崇宁、宣和之时。"⑤南海神庙也是其中一个例证。虽然元祐元年（1086）南海神灵异没有封号，但在徽宗宣和六年（1124）十一月，封南海王配偶明顺夫人为"显仁妃"，长子封辅灵侯，次子赞宁侯，女封惠佑夫人。⑥ 南海神夫人与子女有封号，地位的上升应与南海王崇拜日盛有关。总结北宋的赐号、修庙、修建离宫，当与官民认为南海神不断显灵，护佑地方安定、建设广州西城、普降甘霖等密

① 《宋史》卷343《蒋之奇传》，中华书局1977年版，第10915～10917页。

② 黄兆辉、张菽晖：《南海神庙碑刻集》，广东人民出版社2014年版，第150～153页。

③ （明）郭棐编撰，王元林校注：《岭南名胜记校注》卷10《南海庙记》，三秦出版社2012年版，第385页。

④ （明）郭棐编撰，王元林校注：《岭南名胜记校注》卷10《南海庙记》，三秦出版社2012年版，第385页。

⑤ 《宋史》卷150《礼志》，中华书局1977年版，第2562页。

⑥ （清）徐松辑：《宋会要辑稿》礼二〇之八二"南海龙王祠"条、礼二一之十九"洪圣广利昭顺威显王庙"条，刘琳、刁忠民、舒大刚、尹波等校点：《宋会要辑稿》（第2册），上海古籍出版社2014年版，第1030、1085页。

切相关，国家利用南海神在地方上达到拱卫政权的政治、文化作用，同时，国家祭祀稳固实践于岭南，为南海神信仰的进一步扩展奠定基础。

四、南宋时南海神与民众的联系进一步加深

靖康二年（1127），徽宗、钦宗被金人掳掠，宋高宗建立南宋。绍兴二年（1132）宋高宗迁都杭州。南宋建立之初，恢复一年中四季祭祀五方神的惯例，立夏日祭祀南岳、南海神；恢复前代祭祀岳镇海渎礼制，[①] 郊祀与地方上祭祀岳镇海渎。由于四方地理中，南宋王朝只有辖境南方、部分东方。因此南方特别是南海神受到宋高宗的特别垂青。廖颙《重修南海庙记》记载绍兴三年（1133）至五年（1135）广州知州季陵修复南海西庙。[②] 绍兴七年（1137）九月，在恢复明堂等礼制的同时，特别单独"加封南海神为洪圣广利昭顺威显王"[③]八字褒封南海神，南海神享有崇高的地位。南海神造福岭南，沿海民众饱食鱼蟹，舟行万里安然，水旱顺时，这次加封封号，不但超越了皇祐、元祐年间南海神的六字封号，甚至超过了东海神的"渊圣广德助顺"六字王的称号。"自渡江以后，惟南海广利王庙岁时降御书祝文，令广州行礼。"而"国家驻跸东南，东海、南海实在封域内"，乾道五年（1169），接受太常少卿林栗建言，因东海神在绍兴时庇佑胶西大捷，特封东海神"助顺孚圣广德威济"八字王爵，改原来北宋在莱州（今山东莱州）祭祀为明州（今浙江宁

① 《宋史》卷102《礼志》，中华书局1977年版，第2496页。

② （明）郭棐编撰，王元林校注：《岭南名胜记校注》卷10《南海庙记》，三秦出版社2012年版，第385页。

③ （宋）李心传：《建炎以来系年要录》卷114"绍兴七年九月"条，《景印文渊阁四库全书》（第326册），台湾"商务印书馆"1986年版，第558页；（清）徐松辑：《宋会要辑稿》礼二〇之八二"南海龙王祠"条，刘琳、刁忠民、舒大刚、尹波等校点：《宋会要辑稿》（第2册），上海古籍出版社2014年版，第1030页。

波)祭祀。① 南海、东海"威显""威济"新封号，体现出统治者希望南宋东南半壁江山得到庇佑。

由于高宗偏居东南，"国势偏安，不克振作，徒以加封神号为望祐之举，所谓听命于神也"。② 东南为南宋龙兴之地，东海、南海自然得到朝廷重视。绍兴十三年（1143）③、绍兴十六年（1146）④、绍兴二十五年（1155）⑤、绍兴二十八年（1158）⑥、绍兴三十二年（1162）⑦、乾道元年（1165）⑧、乾道六年（1170）⑨等年，遣官郊祭五岳四渎四海后，专遣官去地方上祭南岳、南海、南渎。与北宋相比，郊祀岳镇海渎所用祭祀音乐更加复杂，《宋史·乐志》载有"绍兴祀岳镇海渎四十三首"，在原来熙宁郊祭迎、送南方神曲采用"凝安"曲，酌献用"成安"曲的基础上，增加初献盥洗、升降用"同安"曲，奠玉币用"明安"曲。⑩ 不但如此，还增加"淳祐祭海神十六首"所用音乐，迎神用"延安"曲，升降用"钦安"曲，南海神位奠玉币用"瀛安"曲，酌献用"贵安"曲，亚献、终献用"享

---

① （元）马端临：《文献通考》卷83《郊社考十六·祀山川》，中华书局2011年版，第2560页。

② （清）秦蕙田：《五礼通考》卷47《吉礼·四望山川》，《景印文渊阁四库全书》（第136册），台湾"商务印书馆"1986年版，第51页。

③ （宋）礼部太常寺纂修：《中兴礼书》卷30《南岳南海南渎祝文》，《续修四库全书》（第822册），上海古籍出版社1996年版，第129页。

④ （宋）礼部太常寺纂修：《中兴礼书》卷30《南岳南海南渎祝文》，《续修四库全书》（第822册），上海古籍出版社1996年版，第133页。

⑤ （宋）礼部太常寺纂修：《中兴礼书》卷31《南岳南海南渎祝文》，《续修四库全书》（第822册），上海古籍出版社1996年版，第136页。

⑥ （宋）礼部太常寺纂修：《中兴礼书》卷31《南岳南海南渎祝文》，《续修四库全书》（第822册），上海古籍出版社1996年版，第138页。

⑦ （宋）礼部太常寺纂修：《中兴礼书》卷32《南岳南海南渎祝文》，《续修四库全书》（第822册），上海古籍出版社1996年版，第140页。

⑧ （宋）礼部太常寺纂修：《中兴礼书》卷32《南岳南海南渎祝文》，《续修四库全书》（第822册），上海古籍出版社1996年版，第141页。

⑨ （宋）礼部太常寺纂修：《中兴礼书》卷32《南岳南海南渎祝文》，《续修四库全书》（第822册），上海古籍出版社1996年版，第148页。

⑩ 《宋史》卷136《乐志十一》，中华书局1977年版，第3196~3197页。

安"曲,送神用"成安"曲。① 郊祀音乐更加完备,音乐曲目也增加不少,对祭祀海神特别制定音乐,反映南宋朝廷对海神的重视。

朝廷如火如荼郊祀海神的同时,地方上祭祀南海神的活动频繁。洪适(kuò)从绍兴十七年(1147)十一月至二十八年(1158)四月知荆门军前,侍奉父亲洪皓九载和守孝三年,十二载皆在岭南。其间曾作多篇疏、祭文,《盘州文集》卷七十一《祝文》有"《祈晴文》以下二十七首系代广帅作"。其中与南海王直接相关的祭祀祝文八篇。② 以祷祭南海神的文章最多,占到总数近十分之三。《祭南海神庙广利王文》为暮春代广帅祭南海所作的祝文,希望南海神保佑风调雨顺、瘴疠熄灭。③《祷南海神庙文》因为海盗未尽灭,希望南海神威力,潜变民众改过自新。④《祷南海神文》则为广帅祈求神灵保佑,免自己一家瘴疠和疾病之苦。⑤《祭南海庙文》,希望南海神庇佑官军镇压虔州兵乱(虔州,绍兴二十三年后改为赣州,今江西赣州)。⑥《祷东庙文》则是广帅感谢南海神谷嫁胥熟,瘴疠不作,希望闰年不要多瘴气,自己一家安然北归。⑦《立夏东庙祝文》为立夏日祭南海祝文,但由于虔州兵乱,祝册不至,先躬身以牺币致祭,等祝册至,再一次加以祭祀。⑧《奉安南海王文》则为重修广州

---

① 《宋史》卷136《乐志十一》,中华书局1977年版,第3201~3203页。

② (宋)洪适:《盘洲文集》卷71《祭南海神庙广利王文》,《景印文渊阁四库全书》(第1158册),台湾"商务印书馆"1986年版,第720~723页。

③ (宋)洪适:《盘洲文集》卷71《祭南海神庙广利王文》,《景印文渊阁四库全书》(第1158册),台湾"商务印书馆"1986年版,第720页。

④ (宋)洪适:《盘洲文集》卷71,《景印文渊阁四库全书》(第1158册),台湾"商务印书馆"1986年版,第720页。

⑤ (宋)洪适:《盘洲文集》卷71,《景印文渊阁四库全书》(第1158册),台湾"商务印书馆"1986年版,第720~721页。

⑥ (宋)洪适:《盘洲文集》卷71,《景印文渊阁四库全书》(第1158册),台湾"商务印书馆"1986年版,第721页。

⑦ (宋)洪适:《盘洲文集》卷71,《景印文渊阁四库全书》(第1158册),台湾"商务印书馆"1986年版,第722页。

⑧ (宋)洪适:《盘洲文集》卷71,《景印文渊阁四库全书》(第1158册),台湾"商务印书馆"1986年版,第722页。

城堞，又重修了城南的南海神西庙。①《辞南海神文》则为广帅感谢南海神赐福，"岁登（丰收）、盗革、讼希（稀少）"，期望神灵保佑北归长途顺利。② 从洪适《盘州文集》卷七十一《祝文》可见，绍兴中后期广州长官，官方祭祀严谨，立夏日祭祀不误时辰，重修南海神西庙，感谢南海神广施威力，保佑自己在广州为官期间庄稼丰收，盗寇消灭，诉讼减少，风调雨顺，瘴疠不兴。甚至在祭祀祝文中，还祈祷保佑自己与家人平安，不染瘴疠，归途顺利。

乾道元年（1165）春，"湖南盗起，入广东焚掠州县"，③ 郴州盗寇猖獗，影响到连州。广南路经略安抚使陈辉率官员到南海神庙祈祷。由于官军追剿，未几郴众北返，岭南安然。兵民皆以"神之威灵排难，如摧枯拉朽之易"，"式遏寇攘，惟神之灵"。④ 又过了两年，乾道三年（1167）十月，广南东路市舶提举陶定以官缗修复南海东西二祠⑤，新建风雷雨师殿⑥。将外贸税收的官银用于修建南海庙，当然是希冀南海神保护海上交通平安。

庆元三年（1197）夏，广东提举茶盐使徐安国"遣人入（大奚）岛捕私盐，岛民不安，即啸聚千余人入海为盗"。⑦ 大奚岛即今香港大屿山，扼珠江口要冲。新任广州知府钱之望一方面"即为文以告于（南海）神"，祈求南海神保佑平乱，另一方面调兵遣将，与大奚岛众四十余艘战于扶胥口前大海中，"军士争先奋击，呼（南海）王

---

① （宋）洪适：《盘洲文集》卷71，《景印文渊阁四库全书》（第1158册），台湾"商务印书馆"1986年版，第722页。

② （宋）洪适：《盘洲文集》卷71，《景印文渊阁四库全书》（第1158册），台湾"商务印书馆"1986年版，第723页。

③ 《宋史》卷33《孝宗纪》，中华书局1977年版，第631页。

④ 黄兆辉、张菽晖：《南海神庙碑刻集》，广东人民出版社2014年版，第150~153页。

⑤ （明）郭棐编撰，王元林校注：《岭南名胜记校注》卷10《南海庙记》，三秦出版社2012年版，第385页。

⑥ 黄兆辉、张菽晖：《南海神庙碑刻集》，广东人民出版社2014年版，第231页。

⑦ 汝企和点校：《续编两朝纲目备要》卷5"宁宗庆元三年夏"，中华书局1995年版，第81页。

之号以乞灵”，纵火焚船，擒首徐绍夔，又捕余众。皆“益仰王之威灵，凡臣（钱之望）所祷，无一不酬”，得胜之时，官民皆以南海王神力相助，“阖境士民以手加额，归功于王，乞申加庙号，合辞以请”。官员“除已先出帑钱千缗崇饰庙貌外”，次年五月，尚书省下牒赐“英护庙”额。① 这是继南海神八字王爵封号后，南海神庙也得到赐额。乾道六年（1170）、庆元三年（1197）两次岭南战事，南海神仍然发挥庇佑地方安定的作用。

南宋较大规模地修整南海神庙发生在曾噩担任广南东路转运判官时，从嘉定十七年（1224）十一月至宝庆元年（1225）六月，花费六百多万两，用广南东路转运使司的财赋资金，大修南海神庙。殿堂门庑、砖瓦墙壁，拆旧换新，壁画重新施彩，庙貌焕然一新。② 修庙的钱来源于广东的地方税收。市舶司、转运司成为宋代修复南海神庙的重要来源。除修庙外，有关每年立夏日广州祭祀南海神的惯例，地方官员都十分重视并且参与。根据史料以及现今广州南海神庙碑刻上留有大量地方官员题记与祭祀的庙记，杨万里、曾丰、留筠、彭铉、刘克庄等都亲自参与了这些祭祀。③

综上所述，在南宋官民的认识中，南海神庙，弭兵灾之险，降旱之甘霖，在庇佑国家社稷和地方安定，卫国护城，保佑南方水上交通畅达等方面，都起到了不可代替的作用。熙宁九年（1076）正月，宋廷遣使祭南岳、南海，告以南伐交趾等大事。就连对外征伐等国之大事亦在南海王神职范围内。南海王地位步步高升，三次加字王号，一次封庙号，成为国家和地方上不可或缺的祭祀神灵。民间的祭祀和赛海神庙会也开展得如火如荼。相对来说，南海神地位的升迁主要是因为其保佑地方社会安定，护佑海上交通的作用反倒不太显著。

---

① 黄兆辉、张菽晖：《南海神庙碑刻集》，广东人民出版社 2014 年版，第 43~44 页。

② 黄兆辉、张菽晖：《南海神庙碑刻集》，广东人民出版社 2014 年版，第 157 页。

③ 王元林：《国家祭祀与海上丝路遗迹：广州南海神庙研究》，中华书局 2006 年版，第 474~475 页。

从今天遗留下来的史料中可知，大量官员经过南海神庙以及庙旁的浴日亭，都会留有诗文或者题记，南海神庙俨然是岭南最大名胜以及官方祭祀最重要的庙宇。宋代"羊城八景"的首景便是南海东庙旁的"扶胥浴日"。① 宋代著名文学家苏轼留有《浴日亭》诗，② 与唐代韩愈的南海神庙碑成为今天广州南海神庙的"双璧"。这些文豪、名宦的题记，无疑为南海神庙增添了更多的文化元素，吸引更多的文人墨客、达官贵族来此游赏祭拜。文化精英无疑为南海神庙增添了浓墨重彩的一笔。每年立夏日南海神庙会，无论官员还是民众都热衷参与，官民狂欢空前。杨万里《二月十三日谒西庙早起》，即反映了南海诞日官员早起朝拜南海神前的情形："起来洗面更焚香，粥罢东窗未肯光。古语旧传春夜短，漏声新觉五更长。"③而刘克庄(广州)《即事十首》之一亦描绘了祭祀南海神时万人空巷、热闹非凡的场景："香火万家市，烟花二月时。居人空巷出，去赛海神祠。"④

南海东、西祠皆有庙会。虽然杨万里诗"大海更在小海东，西庙不如东庙雄"，⑤ 但南海西庙近在广州城南，距广州市舶亭与南濠商贸发达区不远，是广州城内官民参拜南海神的场所。而东庙为官方正式立夏日祭拜之所，在祭祀日人潮涌动，热闹非凡。"东庙小儿队，南风大贾舟。不知今广市。何似古扬州。"⑥南海神庙庙会成为岭南最大的庙会，背后反映了南海神已经深入人心，成为民众

---

① （清）崔弼著，闫晓青校注：《波罗外纪》卷 2《庙境》，广东人民出版社 2017 年版，第 65 页。

② （宋）苏轼：《东坡全集》卷 22，《景印文渊阁四库全书》第 1107 册，台湾"商务印书馆"1986 年版，第 330 页。

③ （宋）杨万里：《诚斋集》卷 16《二月十三日谒西庙早起》，《景印文渊阁四库全书》（第 1160 册），台湾"商务印书馆"1986 年版，第 168 页。

④ （宋）刘克庄：《后村集》卷 12《即事十首》，《景印文渊阁四库全书》（第 1180 册），台湾"商务印书馆"1986 年版，第 127 页。

⑤ （宋）杨万里：《诚斋集》卷 18《题南海东庙》：《景印文渊阁四库全书》（第 1160 册），台湾"商务印书馆"1986 年版，第 193 页。

⑥ （宋）刘克庄：《后村集》卷 12《即事十首》，《景印文渊阁四库全书》（第 1180 册），台湾"商务印书馆"1986 年版，第 127 页。

祭祀的重要神灵。

五、官员推动，民众参与，南海神
真正融入岭南社会

南海神官方祭祀不断，南海神封号赐额，重新修庙，地方官员在其中发挥了重要作用。正是由于地方官员的教化推动，南海神在民众心中的地位一步一步提高。有文献记载，对南海神不敬之事，必遭惩罚。绍兴（1131—1162）中，广南东路税官赵士藻在任贪污行贿，归临安，过南海神广利王庙，士藻欲要拜祭，同行刘县令、孙校尉皆阻止，后南海神发威，二人被大蟒蛇缠绕而亡，其船也被吹溺，士藻妻妾等溺毙，仅士藻得以生还。① 这则故事说明在当时人的认知中，南海神杀伐有因，一般官员过南海神庙须崇敬拜祭，不得亵渎南海神。

民间的神灵如何进入国家殿堂，这是一个复杂的过程。首先，神灵要灵异，满足人们的需求；其次，神灵的神迹必须护国佑民，有功于国家与民众，符合儒教的礼法，才可以成为后世祭祀的对象。而得到国家的封号和赐额，成为神灵有力的通行证。民间神灵要进入南海神庙，必须有故事与神迹才能达到此目的。因此，民众不惜造出有关神灵。民间造神运动中，要正统化，必须有代表儒教的文化精英官员的参与。因此，在南海神增加辅助神的造神活动中，也可以看到广东地方官员的身影。《六侯之记》碑刻即一个很好的例证。

南宋绍兴十一年（1141）方渐拜祭广州南海神，寻访六块碑刻得知六侯作为南海神辅助神的事迹，担心相关事迹不得流传，于绍兴十五年（1145），方渐根据六侯事迹，刻成《六侯之记碑》。② 这

---

① （宋）洪迈撰，何卓点校：《夷坚志》（乙志）卷3《赵士藻》，中华书局2006年版，第217~218页。

② 黄兆辉、张菽晖：《南海神庙碑刻集》，广东人民出版社2014年版，第144~147页。

块碑石除南海神长子辅灵侯，次子赞宁侯得到官方的封号，没有相关事迹外，① 其他四侯的出现均围绕广州官员及相关事件，且这些官员在广任职时间皆与碑文记载相符。实际上，这与地方上民众的造神运动相关。②

达奚司空为六侯之一，庆历（1041—1048）时，阮遵记载，佛教禅宗始祖菩提达摩携两个弟弟来中国传播佛教，三弟达奚在南海庙东立身坐化。这明显是附会神化。元丰（1078—1085）中，广州知州曾布因秋雨连绵祈祷达奚司空神止雨，果如所愿，答谢神灵，修饰祠像，后封助利侯。③ 许得已《南海庙达奚司空记》也记载有达奚司空庇佑海上航行安全、疾病水旱等神迹。④ 看来，北宋时达奚司空虽然没有官方封侯记载，但民间传说借助官员行为，想取得合法的身份。南宋时，在南海神庙旁已出现助利侯庙。⑤ 这也是明代达奚司空在南海神庙头门东立有神像的原因。⑥ 达奚司空是有关南海神六侯地方上神迹最丰富的一位，其神化过程也应该出现最早。

六侯中第四位，杜公司空由人而成神。据说，明道中（1032—1033）杜公司空曾监修南海神庙。修庙后愿为南海神辅助神管理阴兵而坐化，后庙内飞出无数飞鼠。皇祐中侬智高叛乱、元祐间岑探

---

① （清）徐松辑：《宋会要辑稿》礼二〇之八二"南海龙王祠"条、礼二一之十九"洪圣广利昭顺威显王庙"条，刘琳、刁忠民、舒大刚、尹波等校点：《宋会要辑稿》（第2册），上海古籍出版社2014年版，第1030、1085页。

② 王元林：《国家祭祀与海上丝绸之路遗迹：广州南海神庙研究》，中华书局2006年版，第156~174页。

③ 黄兆辉、张菽晖：《南海神庙碑刻集》，广东人民出版社2014年版，第144~147页。

④ 黄兆辉、张菽晖：《南海神庙碑刻集》，广东人民出版社2014年版，第237页。

⑤ （宋）王象之原著，李勇先校点：《舆地纪胜》卷89，四川大学出版社2005年版，第3065页。

⑥ （明）郭棐编撰，王元林校注：《岭南名胜记校注》卷10《南海庙记》，三秦出版社2012年版，第370页。

叛乱，杜公皆显灵。① 显然把南海神的神迹附会到其下属杜公身上。六侯中第五位巡海曹将军，早在元丰六年（1083）前，已在南海神庙内有其殿堂，只是不知其姓氏，与神职平波伏浪有关。元丰六年（1083）四月博罗县县令梅菁上任，在南海神庙前的扶胥海遭遇波涛，梅菁疾呼南海神，见金甲神人平波而安然。梅菁后至巡海将军堂前，感谢书写放置神牌，后封济应侯。② 六侯中第六位蒲姓巡海提点使，成神最晚，元祐五年（1090）五月十三日夜晚，广州知州蔡卞做梦，梦见身穿紫袍金带、身长丈余的神人告诉他，自己昨日才去世，上帝任命他为南海神下属巡海提点使，请求蔡卞在南海神庙内为自己设置牌位。蔡卞次日便为巡海提点使设置牌位。③广州蒲姓人变成神，应该与广州蒲姓外商有关。这些外商能够成为南海神庙的辅助神，反映了民众参与神灵塑造的过程。除了南海神的两个儿子外，从上述相关其他四侯官职大小、封号避讳、梦境等来看六侯成神的故事，良莠混杂，张冠李戴，④ 分明是民间借助官员之手，创造出了六侯。方渐《六侯之记》碑刻，将它们从分属不一的状态整合到了一起。六侯出现的实质是民间信仰的神灵服从国家礼制的神灵，官民信奉的神灵在南海神庙内都有自己的一席之地，官民祭祀达成了一致。

六侯在两宋之交纳入国家祭祀中，反映了民间祭祀南海神的地方化。南宋蔡如松有《九侯山神诗》，其《序》在谈及漳州废怀恩县（治今福建诏安县北）南九侯山时言，"此盖山之九峰，各有神主

---

① 黄兆辉、张菽晖：《南海神庙碑刻集》，广东人民出版社 2014 年版，第 144~147 页。

② 黄兆辉、张菽晖：《南海神庙碑刻集》，广东人民出版社 2014 年版，第 144~147 页。

③ 黄兆辉、张菽晖：《南海神庙碑刻集》，广东人民出版社 2014 年版，第 144~147 页。

④ 王元林：《国家祭祀与海上丝绸之路遗迹：广州南海神庙研究》，中华书局 2006 年版，第 173~174 页。

之，如今之广州南海庙达奚司空等，谓之九侯是也"，① 创造出南海神六侯与九峰山九侯一样，都是泛指多数，显示有众多辅助南海神的神侯而已。这些都是民众信仰的神灵，因为创造出的故事与南海神有关，所以列为南海神的辅助神。这与宋代蒋之奇所言的唐代休咎禅师招收南海神为他的弟子一样，② 都是假借南海神之威名，塑造自己的神灵或高僧，达到入驻南海神庙的目的，只不过是结果不同。一个是在名义上从属于南海神而得以入驻，而后者欲占有南海神庙不成，只有另辟他处建灵化寺。两者背后实质上是儒教与佛教、地方信仰的角逐，儒教在此过程中显示了其王权的力量。

六、宋代完成南海神向地方神的转变，后世南海神祭礼受其影响并发生变化

第一，与宋代国家祭祀南海神不一样，明清南海神国家祭祀仍然执行，但礼仪程序僵死，内容多与皇帝、皇后寿辰，加封号、求子嗣等皇家私事相关。虽然也涉及部分国家大事，但大部分未在岭南地域上发生，只是国家礼制岳镇海渎祭祀的一部分，③ 与宋代在岭南的不断灵异、封号叠加形成鲜明对比，这一国家祭祀发挥的作用远不如宋代重要。虽然也有南海神庇佑成化二年（1466）剿灭广西瑶变④，崇祯七年（1634）剿灭海寇刘香的神迹⑤等，但仅是零星的显灵而已，无法与宋代多次显灵、封号相比。

---

① （明）解缙、姚广孝等编：《永乐大典》卷2952《神》引（宋）蔡如松：《九侯山神诗·序》，中华书局缩印原刻本1986年版，第1564页。
② （宋）蒋之奇：《灵化寺记》，成化《广州志》卷25《寺》，《广东历代方志集成》（第1册），岭南美术出版社2007年版，第144页。
③ 王元林：《明清国家礼制中的四海祭祀》，《探索与争鸣》2011年第4期，第73~77页。
④ （明）韩雍：《襄毅文集》卷15《祭文·祭南海之神文》，《景印文渊阁四库全书》（第1245册），台湾"商务印书馆"1986年版，第805~806页。
⑤ 黄兆辉、张菽晖：《南海神庙碑刻集》，广东人民出版社2014年版，第298~299页。

第二，如果说隋代在岭南建立国家祭祀南海神的庙宇只是物质、形式上的在当地的落地，那么经过唐代与南汉，至宋代才算完成了官方南海神在地方上的落地。从北宋开始，地方官员在本地推行国家的正统祭祀礼仪；在这个基础上，到南宋时期，发展出由理学家提倡的地方性礼仪。① 国家礼制在地方得以推行，国家观念被地方上接受，国家神灵在地方上已经逐步落地。通过赐号、建庙，神灵获得国家认可的同时，在地方上不断显灵，民众也逐步开始接受来自官方的神灵，而神人共庆的庙会是地方最大的祭祀活动，也是民众参与南海神祭祀的体现。广州最重要的官员在此过程中担任初献、亚献、终献礼官，祭祀活动庄严，成为国家礼制在地方上的最好阐释，同时通过官方的宣传与引导，地方民众逐渐接受这一神灵，最终成为岭南最大的神灵。在民众心目中，南海神成为当地真正的庇佑神灵这一过程在宋代是通过神灵显灵—地方官员奏请—中央赏赐封号庙额—神庙获得殊荣—离宫建立—庙会盛大—官民共同祭祀等活动完成的。分庙即离宫建立，是南海神落地的最好表现形式之一，南海神通过一系列地方大事的灵异，拉近了中央与地方、国家祭祀与民众信仰的关系，最终南海神不仅是国家神灵，还是岭南地方与民众信仰的神灵。

16 世纪，是广东社会逐步走向儒教普及的重要时期，为抗衡民间信仰，地方大族采取注重祭祀祖先、建筑宗祠的手段。② 为取得合法的祭祀身份，他们依附在国家庙宇内，通过捐献祀田与香火钱等方式，把他们家族有名望的祖先神灵带入南海神庙中，南海神庙出现以祭祀家族的宗祠——屈公祠，就是番禺沙亭乡屈鉴、屈怀义舍田以供祭祀而建立的。③ 这些番禺地方大族的祖先神有功于南海神的祭祀，才得以名正言顺地进入国家祭祀的庙宇中。不独有

① ［美］科大卫：《国家与礼仪：宋至清中叶珠江三角洲地方社会的国家认同》，《中山大学学报》（社会科学版）1999 年第 5 期，第 65～72 页。
② ［日］井上彻：《魏校的捣毁淫祠令研究——广东民间信仰与儒教》，《史林》2003 年第 2 期，第 41～51 页。
③ （清）崔弼著，闫晓青校注：《波罗外纪》卷二《庙境》，广东人民出版社 2017 年版，第 62 页。

偶，陈大震（1228—1307），字希声，号蘧（qú）觉，番禺县沙村人，也是舍地展拓南海庙而得以在南海庙屈公祠南建陈蘧觉祠。① 这些祭祀祖先祠堂在南海神庙中出现，反映了地方大族用土地权换取祭祀权，名正言顺地在南海神庙中占有一席之地，其实质是地方宗族服从国家礼制权力下自我力量的体现。

第三，民众在国家祭祀的正统体系上，不断增加六侯等作为辅助神，不但创造出"十八乡奉侯""五子朝王"等祭祀形式，这些都是民众在服从国家统治秩序下，在南海神信仰空间上展拓的表现。宋以后，岭南地方社会根据自身的需要创造出新的解释，把官方南海神庙进一步地方化，建立了相关离宫，这与宋代官方主导在各州县建立的南海神庙宇又不同，可以说是南海神地方化的再延续。明代洪武二年（1369），南海神庙因为庙前有波罗树而称作"波罗庙"，虽然波罗庙焚香修行延续元代道士主持的传统，由广州元妙观主持萧德舆负责，② 但民间以及地方志都称作波罗庙，南海神庙会也称作"波罗诞"，民间流行"第一游波罗，第二娶老婆"。甚至在庙会时买波罗鸡相互赠予祈福辟邪。③ 南海神夫人也附会姓岑氏。④ 清康熙时，番禺县"新茭、塘都、板桥、冈尾、新厅各乡皆分祀之"。⑤ 其中冈尾十八乡，在潭山村共建南海王冈尾庙。乾隆时，每年神诞前笏日巡游十八乡。"依仗执事春色，分乡轮值置办，争新斗艳，周而复始。至诞期，演戏七日，岁时祈赛之盛亚于波

---

① （清）崔弼著，闫晓青校注：《波罗外纪》卷2《庙境》，广东人民出版社2017年版，第62页。

② （清）崔弼著，闫晓青校注：《波罗外记》卷6《碑》，广东人民出版社2017年版，第151~152页。

③ （清）崔弼著，闫晓青校注：《波罗外纪》卷2《庙境》，广东人民出版社2017年版，第65页。

④ （清）崔弼著，闫晓青校注：《波罗外纪》卷2《庙境》，广东人民出版社2017年版，第45页。

⑤ （清）汪永瑞修：康熙《广州府志》卷14《祀典志》，《广东历代方志集成》（第2册），岭南美术出版社2007年版，第248页。

罗。"①地方势力通过原有的一乡或一族祭祀组织，逐步与村社组织结合，发展成为区域性祭祀组织"多乡之祀"，延续里社、乡约组织与团练组织的功能。②

这种逐步形成的多乡祭祀南海神的风俗是南海神最终落地地方的最有力证明。《波罗外记》则记录着一个类似的故事"十八乡各奉六侯"故事。近南海神庙的鹿步、墩头、芳园等十八乡各奉六侯神像，跟随在主祀神南海神行辕之后充当仪仗队伍，③ 除文献外，"五子朝王"只存在于当地人的口耳相传与实际的祭祀中，一年一小祭，三年一中祭，五年一大祭，每年轮流执事。每三村共奉一个神像，这五个神像分别是南海神的五个儿子：大安、元安、始安、长安和祖安，五个儿子的首字意思都是"第一""先""首位"，是地方为了平均分配祭祀达成的结果。巡游的"案"变成了"安"，原来加有血缘、下属的六侯变作血缘关系更亲密的儿子，地方不断在改变着地方祭祀系统的神灵。无论是"五子朝王"，还是"十八乡各奉六侯"，背后反映的都是，明代中期以来，地方社会围绕南海神庙而展开的正统化的寻求以及对沙田利益分配权的争夺。④ 地方民众不断改造着南海神的话语体系，形成自己的祭祀体系。正是在此情况下，除了以上与南海神有关的辅助神的祭祀外，地方上有关的神灵也在南海神庙建筑廊道中出现，诸如今天南海神庙头门东部的金花夫人等。后世的附会与添加，更丰富了南海神的祭祀，南海神也随着时间变化，不断演变发展。

第四，佛教、道教不断参与广州实祀南海的国家祭祀，元明两

① （清）任果、檀萃等修：乾隆《番禺县志》卷8《典礼》，《广东历代方志集成》（第19册），岭南美术出版社2007年版，第117页。

② 朱光文、刘志伟：《番禺历史文化概论》，中山大学出版社2017年版，第272页。

③ （清）崔弼著，闫晓青校注：《波罗外纪》卷2《庙境》，广东人民出版社2017年版，第65页。

④ 史明立：《波罗诞"五子朝王"与"十八乡各奉六侯"——明清地方社会争夺沙田利益的结果》，《北京民俗论丛》第8辑，中国社会科学出版社2021年版，第72~82页。

代南海神庙主管为道士，清代道士、僧侣不断参与南海神诸多事务中，海光寺、凝真观成为南海神庙的一部分。① 南海神庙，形成了儒教、佛教、道教共享南海神祭祀的多个建筑，但南海神庙的中心地位没有动摇。明代，南海神庙积蓄丰厚，僧道富足。"庙中积贮，刻契借人，如世间子母钱。"②清代位于庙东的海光寺有房两间，僧人在庙内摆卖字画、碑刻、古帖、虫鱼、卉木，甚至闺房密器、淫亵之图，都摆在神前。而民众都认可触摸大肚卧佛的肚脐可以求子。佛教世俗化以符合民众需要。位于庙西的凝真观有房一间，为道士所居，是官府斋宿之所，道士拓卖碑文。僧道共同收取庙田管理庙宇。③ 这与隋唐、宋代县令管理已经完全不同，也与元代、明代让道士管理与执掌祭祀明显不同。④

第五，与天妃从民间神灵到国家神灵的发展足迹相反，南海神由中央而到地方。宋时南海神先后四次封号赐额，更多表现出庇佑国家社稷和保护地方安定的作用。正因为如此，南海神从国家祭祀的神坛上走下，逐渐靠近民众，有涉百姓生计、安全诸事，风调雨顺，民众安乐，南海神皆显神威。南宋南海庙会的形成与繁荣，也从侧面证明了南海神已成为岭南最高的地方神。相反，天妃来自民间，在天妃未有第一个封号灵惠夫人前，其仅是福建莆田众多地方神灵中的一个。宋代随着对外贸易和外交活动的发展，其神因宣和五年(1123)襄助官方出使高丽之事发端。"宋自灵惠封十五次，更曰夫人、妃等。"⑤

---

① （清）崔弼著，闫晓青校注：《波罗外纪》卷2《庙境》，广东人民出版社2017年版，第60~61页。

② （明）董说：《丰草庵集》卷9《广利谣》，《丛书集成续编》（第150册），新文丰出版公司1988年版，第237页。

③ （清）崔弼著，闫晓青校注：《波罗外纪》卷2《庙境》，广东人民出版社2017年版，第60~61页。

④ 王元林：《国家祭祀与海上丝绸之路遗迹：广州南海神庙研究》，中华书局2006年版，第218、220、229、253页。

⑤ （元）程端学：《积斋集》卷4《灵济庙事迹记》，《景印文渊阁四库全书》（第1212册），台湾"商务印书馆"1986年版，第354页。

上述南海神在庆元三年剿灭广东大奚岛寇众叛乱中大显神威而赐庙为英护庙。无独有偶，剿灭广东大奚岛事中，灵惠妃（即后来的天妃）也显灵，在空中"以雾障之"助之而全剿贼寇，[①] 显然是后世的附会。随着天妃在众多事件中不断显灵，天妃信仰也传播到东南沿海各个地区。刘克庄在岭南，"广人事妃，无异于莆，盖妃之威灵远矣"。[②] 但岭南的天妃庙，还是无法与岭南的南海神庙相比。后世虽然信仰天妃的地区比南海神广大，但在岭南南海神始终居首。[③]

七、结　　论

本章，我主要是想从宋代广州国家实祀南海神发生的变化来展开研究，目的是探讨北宋与南宋，广州南海神庙祭祀是如何在岭南落地的。虽然这种落地只是官方在州县建立离宫，但无疑是其地方化迈出的重要一步。南海神庙作为个案，在国家礼制层面与地方层面发挥着重要作用。南海神庙祭祀看似只是一种官方的祭祀，实质上是"天下"地理与国家"正统"即地理上、政治与文化在岭南地区的权力象征，也是官方把国家礼制在岭南推行的结果。宋代南海神祭祀出现了诸多变化，特别是岭南地区国家祭祀的地方化，影响到后世南海神的祭祀。

第一，北宋结束分裂局面，整顿礼制，按照唐代大一统王朝的礼制，南海神国家祭祀进一步完善。郊祀与广州实祀仍然在持续进行，这种教化作用通过官员作为献礼官，庙宇的常祀与特祀、重修，继续发挥着国家礼制在岭南的推行作用。广州多次重修南海神庙的钱财都来源于广州贸易与财赋，以及部分官员捐出的俸禄。

---

① （明）张燮著，谢方点校：《东西洋考》卷9《舟师考·祭祀》，中华书局2000年版，第185页。

② （宋）刘克庄：《后村集》卷36《祝文·圣妃庙》，《景印文渊阁四库全书》（第1180册），台湾"商务印书馆"1986年版，第391页。

③ 王元林：《国家祭祀与海上丝绸之路遗迹：广州南海神庙研究》，中华书局2006年版，第183~196页。

　　第二，国家祭祀成为拱卫政权的重要方式。国家封号赐额，南海神与地方重大事件关系密切，封赐神灵成为宋代加强岭南统治的文化手段。如果说唐代南海神祭祀开始完备，那么，宋代南海神更加贴近岭南，诸如维护地方安定、建设广州西城、普降甘霖、水上安全等，都与岭南地方社会密切相关。在神灵地方化的过程中，地方官员起到重要作用。他们一方面是国家礼制最有力的推行者，另一方面又是地方安定、庄稼丰歉的见证者，起到沟通国家与地方、官方与民众的桥梁作用，在南海神祭祀中发挥着重要作用。

　　第三，南宋偏安东南一隅，南海神因地理方位的神佑功能更加凸显，对岭南安定与海上交通的重视更加突出。北宋、南宋一般官员常祀也更加完善。南宋与北宋国家祭祀有所差别，单独赐"威显"增加到八字封号，赐南海神庙"英护庙"，赐乐、冠冕衣饰等，都反映了南海神地位在南宋的进一步提高。广州南海神庙会成为岭南最大庙会，官民同乐，庙会加强了官民的联系。

　　第四，南海神地方化，岭南各地建立相关以官方为主的离宫。由于官方的推动，以及南海神的灵异，民众从心理层面逐渐接受这一神灵，南海神护佑城池的作用深入人心，成为地方的保护神。民众在南海神地方化中，接受南海神的同时，创造与增添自己的民间神灵，并与地方官员、重大事件联系起来，把民间神灵也带入南海神的祭祀殿堂。《六侯之记》碑刻的出现，可以说是国家祭祀与地方民众祭祀达成一致，民众通过从属于官方南海神的祭祀，附会创造出达奚司空等四神作为南海神的辅助神。

　　第五，宋代形成的官方祭祀与民间祭祀并存的现象，影响到后世。宋代南海神深入地方，国家观念被地方上接受，变成地方神。此后南海神形成祖庙（东庙）为主，离宫分立广布的态势，而且后世民间自发修建南海神庙，国家与地方通过礼制达到和谐。与宋代国家祭祀南海神不一样，明清南海神国家祭祀仍然执行，但礼仪程序僵死，内容多与皇帝私事关系密切，与国家战事、岭南地方不如宋代紧密。宋以后，岭南地方社会根据自身的需要创造出新的解释，把官方南海神庙进一步地方化，民众自发建立了相关的南海神离宫，这与宋代官方主导在各州县建立的南海神庙又不同，可以说是南海神地方化的再延续。"十八乡奉侯""五子朝王"等多乡祭祀，是地方上民众从沙田利益争夺到分享南海神祭祀权的表现。地方上出现许多民众解释南海神的故事与传说，都是南海神进一步地方化的表现。

与天妃从民间神灵到国家祭祀不同，南海神从国家祭祀到地方祭祀，但官员无疑在其中都发挥了重要作用。宋代开始，佛教、道教不断参与广州实祀南海的国家祭祀中，元明两代形成南海神庙主管为道士，清代道士、僧侣不断参与南海神诸多事务，儒释道三教在南海神祭祀中都占有一席之地，南海神庙、海光寺、凝真观建筑交相辉映，成为南海神祭祀体系中重要的载体，但仍以南海神庙为主的祭祀，反映了儒教在推行教化中的中心地位没有改变。

[作者简介]王元林，广州大学人文学院教授，研究领域为中外关系史、历史地理学、历史环境变迁等。

第八章　道教与元明清东镇庙的日常运作：以东镇碑刻为中心的考察[*]

白照杰

　　岳镇海渎观念和祭祀，是中国古代特有的文化和政治现象。有关这一现象的整体性研究已积累一定成果。[①] 作为岳镇海渎组成部分的东镇沂山，在国家祭祀和地方传统中占据颇为重要的位置。宋代之后的东镇庙位于今山东省潍坊市临朐县沂山山麓，作为岳镇海渎祭祀场地之一的沂山东镇庙自隋代开始就是重要的国家祭祀场所。[②] 既然是国家祠祀，便主要承担官方礼仪祭祀功能，在道理上讲应由官方负责一应日常工作。但近年来的研究指出，金元以降道教对国家镇山庙宇的维系厥功至伟，有关元代北岳庙、中岳庙、南镇庙，甚至泰山岳庙的研究，均反映出道士在维系这些国家祠庙日

---

　　[*] 本文英文版 Daoism and the Operation of the Eastern Stronghold Temple in the Late Imperial China 发表于 *Religions*，2022，13（2），pp. 159-173. https：//doi. org/10. 3390/rel13020159。中文发表于《世界宗教文化》2022 年第 3 期，第 127~133 页。此次经过大幅扩展及修订后收入本书。

　　[①] 相关总结及最近研究，参 Jinhua Jia, Formation of the Traditional Chinese State Ritual System of Sacrifice to Mountain and Water Sprits, *Religions*, 12（5），pp. 319-333. 中文版已收为本书第一章。

　　[②] 有关中国古代镇山系统的形成过程，参张目：《古代国家镇山祭祀格局初探》，暨南大学硕士学位论文，2011 年；梁勇：《镇庙建筑与祭祀研究》，东南大学硕士学位论文，2013 年；等等。

常运行中发挥了重要的作用,① 同时诸如明代神乐观道士在内的道教机构对朝廷祭祀礼制的影响也已获得学界关注。② 元以降的东镇庙呈现出类似现象——官方将东镇庙作为重要的祭祀场所,却将东镇庙的日常打理和维持工作交给"守庙道士"负责。

有关东镇的研究目前已经积累不少成果,包括专题论著、毕业论文和地方文史通俗读物在内的成果均具有一定参考价值。尽管这些研究并没有彻底忽视东镇庙中的道教因素,但绝大多数的讨论却都将关注点放在朝廷的礼仪制度和祭祀实践方面③,而将东镇道士作为核心研究对象进行深入探讨的成果依旧罕见④。与此同时,最

① [日]森田宪司:《元朝における代祀について》,《东方宗教》第 98 号,2001 年,第 17~32 页;[日]櫻井智美:《元代の北岳庙祭祀とその遂行者たち》,[日]气贺泽保规编:《中国石刻资料とその社会——北朝隋唐を中心に》,汲古书院 2007 年版,第 113~142 页;周郢:《全真道与蒙元时期的五岳祀典》,刘凤鸣主编:《丘处机与全真道》,中国文史出版社 2008 年版,第 284~282 页;马晓琳:《地方社会中官方祠庙的经济问题:以元代会稽山南镇庙为中心》,《中国社会经济史研究》2011 年第 3 期,第 15~16 页;刘江:《元代全真道的岳渎代祀》,《湖南科技学院学报》2012 年第 1 期,第 77~79 页;张琰:《泰山全真道与元代东岳祭祀》,赵卫东主编:《全真道研究》第 3 辑,齐鲁书社 2014 年版,第 167~188 页;林巧薇:《试论嵩山中岳庙与宋以后国家祭祀礼制的关系》,《世界宗教文化》2017 年第 3 期,第 105~111 页;等等。

② 参刘永华:《明清时期的神乐观与王朝礼仪——道教与王朝礼仪互动的一个侧面》,《世界宗教研究》2008 年第 3 期,第 32~42 页。明初神乐观道士致祭岳镇海渎现象并不罕见,例见许芳:《中镇霍山信仰的研究》,陕西师范大学硕士学位论文,2018 年,第 31 页。就东镇庙而言,也有洪武二十八年(1395)神乐观道士诸不溪代祀等不少案例,见姚延福修:光绪《临朐县志》卷 16,《临朐县旧志汇编》,潍坊市新闻出版局 2002 年版,第 288 页;又见本章附表 8-1。

③ 赵卫东:《沂山东镇庙及其宗派传承》,赵卫东主编:《全真道研究》第 2 辑,齐鲁书社 2011 年版,第 274~289 页;马晓琳:《元代岳镇海渎祭祀考述》,《中国史研究》2011 年第 4 期,第 131~144 页;郭明明:《明代沂山信仰》,山东大学硕士学位论文,2015 年,第 30~41 页;孔维京:《金代岳镇海渎祭祀研究》,辽宁师范大学硕士学位论文,2018 年;等等。

④ 目前仅见者为赵卫东:《沂山东镇庙及其宗派传承》,赵卫东主编:《全真道研究》第 2 辑,齐鲁书社 2011 年版,第 274~289 页。

晚从元代开始东镇庙已为全真教团体所占据。有关山东全真道的研究也不时提及东镇道教，但由于主题不同而导致这些研究对东镇道教的探讨难以深入。① 故有关东镇道教的相关问题，仍有较大的讨论空间和探索价值。

导致东镇道教研究相对薄弱的主要原因，在于资料太过零散。目前所见专门记述东镇情况的材料只有《东镇沂山志》，但其中对道教情况的记载却极为破碎。其他明清时期的资料如临朐、青州、山东的方志，对东镇道教的记载也没有多少笔墨。另一部据传为明末清初东镇住持赵守身所著的《东镇述遗记札》，秘藏于私人之手，外人难得一见。故对于东镇道教的研究，需求助于一般传世文献之外的材料才能获得转机。近年沂山石刻的整理工作为东镇道教的研究带来福音，赵卫东及当地专家分别整理出数部系统呈现沂山碑刻（尤其道教碑刻）的著作，使对东镇道教历史的进一步挖掘成为可能。② 东镇庙中碑石林立的情况数百年前已引起当地人士关注，明代傅国（1581？—1644）《昌国艅艎》记载："山之东谷中为东镇庙，其历代敕告祀文俱勒石祠下，及古今游人题咏多坎壁间。"③今日所见东镇碑刻以元明清石刻为主，据信光绪三十年（1904）时东镇庙中有古碑 360 余座，此后因人事不断损毁，至 20 世纪 80 年代东镇庙修复时复立 85 座，又得残碑数十块，现存古碑约 145 幢。④ 尽

---

① 此类研究数量不少，其中以赵芃《山东道教史》（中国社会科学出版社 2015 年版）最为典型。有关山东全真道的丰富研究可为理解东镇庙道教情况建立宗教史背景。海内外对山东全真道的研究非常丰富，参秦国帅：《山东全真教的教团规模、分枝岔派与地域分布（1368—1949）》，赵卫东主编：《全真道研究》第 3 辑，齐鲁书社 2014 年版，第 188~189 页。

② 赵卫东、宫德杰编：《山东道教碑刻集·临朐卷》，齐鲁书社 2011 年版。

③ （明）傅国：《昌国艅艎》卷 2，《临朐县旧志续编》，山东省新闻出版局 2003 年版，第 10 页。

④ 张孝友主编：《沂山石刻》，山东友谊出版社 2009 年版，第 14~15 页；张敬华、王萱：《东镇庙碑林石刻档案》，《山东档案》2001 年第 4 期，第 41~42 页。

管现存东镇碑刻尚不及已知的东镇碑目半数,① 但相较于其他传世材料，仍能揭示历史上东镇道教的一些情况。本章以现存东镇碑刻为中心，结合方志、正史、金石著作等材料，尝试对元明清东镇庙道士的基本情况，及其在东镇庙历代修造工程中的作用进行讨论，希望能所发现。

一、碑铭所见东镇庙道教整体情况

正如前文所述，能够反映东镇庙道士情况的原始资料主要包括：（1）方志；（2）东镇庙道士赵守身的《东镇述遗记札》；（3）与东镇庙有关的各类碑刻。青州、临朐、山东等地方志材料中有关东镇庙道士的记载非常零散，甚至没有一位东镇庙道士传记得以保存，故仅能作为辅助性资料使用。赵守身的《东镇述遗记札》是一部重要的地方文献，但这部著作目前仅有的一件抄本保存在私人手中，② 暂时仅能从当地专家文章中辗转获悉《东镇述遗记札》内容。此书"秘传"，且其本身尚未经过学术检讨，书籍性质仍有待确定。因是之故，本章对于这本书的参考（即使是少量的二手引文）采取最保守的方式。③ 尽管记述依旧颇为零散和简略，但东镇碑刻对这里所要讨论的问题而言，依旧是最有价值的材料。有关东镇碑刻所反映的东镇道士情况，赵卫东等学者曾作过深入研究，具有较大启

---

① 已知东镇庙碑目，见张孝友主编：《沂山石刻》，山东友谊出版社2009年版，第418~432页。

② 据赵卫东所述，临朐县政协文史委员吉星田曾拥有该书。吉星田去世后，此书为其家人收藏，秘不示人。见赵卫东：《沂山东镇庙及其宗派传承》，赵卫东主编：《全真道研究》第 2 辑，齐鲁书社 2011 年版，第 303 页，注 1。吉星田本人多次引用书中内容，《东镇沂山》《沂山石刻》等当地文史著作亦见引及。笔者以三部当地学者著作为依据，以"辑佚"的方式整理出《东镇述遗记札》的部分内容并对之作以简要讨论，见本章附录。

③ 吉星田：《临朐县佛教、道教兴衰述略》，《文史资料选辑》第 11 辑，潍坊市新闻出版局 1993 年版，第 147~161 页。需要指出的是，从临朐当地学者给出的《东镇述遗记札》引文来看，这部书是事实、传说、想象交织而成的奇特著作，很多叙述并不可信。

发性。在这些研究的基础上，我们可以对元明清东镇道士群体的大致变迁脉络作整体梳理。

就目前掌握的资料来看，沂山东镇庙以道士管理日常事务的现象始于金代。梁勇依据《续通志》《宋史》《职官分纪》的记载指出，宋代岳镇海渎设庙令、庙丞等职，由当县县令（或年老州官）、县尉兼任，负责日常祭祀和管理工作。最晚至金大定十三年（1173）开始，岳镇海渎庙宇改为道士主管。[①] 赵磊近来对唐宋时期"岳渎庙令"作以细致研究，梳理出相关制度、庙令薪俸、职责等主要信息，[②] 使我们确定宋代东镇庙中不应存在稳定的道士群体。一些学者以宋代的《沂山设醮碑》为依据，认为东镇庙自宋代开始可能就由道士管理，[③] 但此论似不易成立。《沂山设醮碑》碑文及石刻均已不存，此碑在《山左金石志》中著录为《张从训东安庙设醮记》，记述庆历六年（1046）张从训奉旨于东镇庙设醮禳登州地震一事。[④] 光绪《临朐县志》著录此碑为"道士吴太昭书"。[⑤] 有道士参与的"醮"祭确实有可能属于道教传统，但仅从这些记载无法得出吴太昭是东镇庙道士的判断，更不能据此判定宋时东镇庙已由道士负责日常工作。如梁勇所述，金代转由道士管理岳镇海渎庙起源于中岳庙的一场避免地方小吏借机盘剥祈福民众的改革。大定十三年，"嵩山中岳祈依旧令本处崇福宫道士看守"，得到的回应是可以选择"德行名高道士二人看管"。此制度继而铺展开来：

---

① 梁勇：《镇庙建筑与祭祀研究》，东南大学硕士学位论文，2013 年，第 50 页。

② 赵磊：《唐宋时期岳镇海渎管理研究——以"庙令"为中心》，《山西大同大学学报》2020 年第 2 期，第 51~55 页。

③ 如郭明明：《明代沂山信仰》，山东大学硕士学位论文，2015 年，第 50 页。

④ （清）阮元：《山左金石志》卷 16，《石刻史料新编》第 1 辑第 19 册，新文丰出版公司 1988 年版，第 14619 页 a。

⑤ （清）姚延福修：光绪《临朐县志》卷 9 之下，《临朐县旧志汇编》，潍坊市新闻出版局 2002 年版，第 176 页。

契勘岳镇海渎系官为致祭祠庙，合依准中岳庙体例，委所隶州府选有德行名高道士二人看管，仍令本地八官员常切提控。①

根据此则材料看来，金大定十三年规定的岳镇海渎庙负责道士的人数是二人，但这一数字可能很快就因事务超载而获准扩充。《大金集礼》记载东岳庙在大定十九年（1179）即"后蒙批降，仰设道士十人勾管，如本处数少，于附近州府县分选取，满替依旧"。②《大金集礼》中有关中岳庙和东岳庙道士的情况存在一个细节差异值得注意，即旧时中岳庙是由位于嵩山山麓的崇福宫道士托管，而东岳庙有关的新规定则似乎是改为选择十位高道隶属此庙，专门负责管理工作。从"托管"到"专管"的转化，可能也发生在东镇庙上（详见下文）。大定之后，沂山东镇庙已属道士管辖，杨道全即最初的东镇道士之一。《金史》记载，金章宗明昌年间（1190—1196），"从沂山道士杨道全请"，封四镇、四渎为王。③ 元至治二年（1322）《东镇沂山元德东安王庙神佑宫记》（后简称《神佑宫记》）作者郦道顺节录东镇庙"大安故碑"中涉及东镇庙田四至的内容，记为"知庙道士传度师杨道全立石"。④ 考大安三年（1211）间曾立《律令禁约樵采东镇庙界内山场之碑》，明列东镇庙专属山场禁百姓樵采云云，当即杨道全所立之碑。根据本章附表 8-1"现存元明清东镇庙碑刻中的道士名录"可知，元明清三朝均承金制，东镇庙一直委托道士负责日常事宜。以下依托附表统计及其他相关材料，对东镇庙道士基本情况进行分析。

1. 东镇庙道众规模

由于缺少整体性的描述和具有统计意义的数字，有关东镇庙道

---

① 任文彪点校：《大金集礼》卷 34，浙江大学出版社 2019 年版，第 337 页。
② 任文彪点校：《大金集礼》卷 34，浙江大学出版社 2019 年版，第 337 页。
③ 《金史》卷 34，中华书局 1975 年版，第 810 页。
④ （元）郦道顺：《东镇沂山元德东安王神佑宫记》，赵卫东、宫德杰编：《山东道教碑刻集·临朐卷》，齐鲁书社 2011 年版，第 8 页。

士在元明清不同时段的规模不可能得出非常明确的答案。但一些东镇碑刻中的道众题名和方志对东镇庙道士居住空间的记载，或许多少提供了一些线索。刊刻道士题名数量较多的东镇碑刻主要有至治二年(1322)《神佑宫记碑》、万历四十二年(1614)《重修东镇沂山庙记碑》，康熙二年(1663)《重修东镇庙落成记》，以下逐一分析。

　　神佑宫是元代在东镇庙内专门兴建的道教建筑，《神佑宫记》记载了这座宫观的建造始末。① 有关这方碑刻及神佑宫的修造，本章第二部分将详细讨论，这里需要指出的是：一者，《神佑宫记》碑阴题名中出现的多数道士并非神佑宫或东镇庙道士，而是隶属于青州太虚宫或益都路道录司的道士；二者，碑阴题刻中存在一些残沥现象，导致无法确定部分道士题名是否属于东镇庙道士。但有理由相信，东镇庙道士均有参与此次道观修造活动、获得题名的机会。因此，似乎将此碑现存题名中带有"本宫""本庙""东镇""神佑宫"的道士均判定为"东镇道士"，便可以得出一个相对有效的统计数字。然而，笔者非常怀疑，这里的"本宫"并不指神佑宫，而是指太虚宫，这一点从唐志迁身上即可看出端倪。《神佑宫记》正文记载唐志迁以"太虚宫提点"的身份主持神佑宫修造事宜，碑阴题名中称其为"中玄妙义大师本宫提点唐志迁"，此处之本宫显然是指太虚宫。赵卫东依据《神佑宫记》内容判定唐志迁担任东镇庙提点，② 可能还可讨论。《神佑宫记》确实记载唐志迁管理神佑宫修造，但并未说他担任东镇庙提点，而始终称其为"太虚宫提点"。这一现象有可能反映元代东镇庙在管辖关系上的一些问题，有关于此，容稍后再作讨论。《神佑宫记》碑阴题名中还有一例比较特殊，即"明贞大师知东镇庙事本宫□张□"。此题名残缺两字，从现有文字推测此人确实既是太虚宫道士，又被派来参与东镇庙的管理事务。如果舍去碑刻中的"本宫"道士，则《神佑宫记》正文和题名中

---

　　① （元）郦道顺：《东镇沂山元德东安王神佑宫记》，赵卫东、宫德杰编：《山东道教碑刻集·临朐卷》，齐鲁书社2011年版，第8页。
　　② 赵卫东：《沂山东镇庙及其宗派传承》，赵卫东主编：《全真道研究》第2辑，齐鲁书社2011年版，第285页。

所给出的专属东镇庙的道士，只有梅道隐、张德显、王道融、"明贞大师"、刘道源、李道成数人。

神佑宫的建立有利于东镇道众的扩充，道房规模在一定程度上可以作为衡量道士数量的标准之一。明代傅国《昌国艅艎》称东镇庙中有"道房七十余间"，[1] 明代王居易的《东镇沂山志》也记载称"道士居室共七十间"，[2] 显示明代东镇庙最少具备容纳数十位道士的条件。万历四十二年（1614）《重修东镇沂山庙记碑》中的道士题名给出了更具统计价值的明代道士数字。[3] 这方重修碑铭给出 3 位住持和 33 位"本庙道士"的题名。尽管严格意义上讲 36 这个数字只能代表东镇庙道士数量的下限，但此次重修为民间主导行为，又涉及东镇庙全体道众切身利益，或可推测这个名单实际囊括当时所有（至少大多数）的东镇道士。康熙二年（1663）的《重修东镇庙落成记》与前者类似，此次重修活动东镇庙道众肩负募化之责，推测碑记最末题名可能也涵盖东镇庙所有道士（9 人）。但有一特殊现象值得注意，碑文提及重修活动中道众内部产生矛盾，曹真惟、石冲月、石冲明三人隐匿石灰受到谴责，此三人未出现在碑刻最后的题名中。二者相加，此时东镇庙最少有 12 位道士。如果康熙二年《重修东镇庙落成记》给出的题名就是东镇道士的总数或涵盖大多数东镇道士，那么便可发现明末到清初重修之前东镇道士数量有明显的缩减趋势。秦国帅有关山东全真道分布的研究，发现乾隆初年黄册记载的山东府县僧道统计数据，其中临朐县全真道士共计 16 位。[4] 显然，这 16

① （明）傅国：《昌国艅艎》卷 4，《临朐县旧志续编》，山东省新闻出版局 2003 年版，第 26 页。

② （明）王居易：《东镇沂山志》卷 1，《临朐县旧志续编》，山东省新闻出版局 2003 年版，第 124 页。

③ （明）赵秉忠：《重修东镇沂山庙记碑》，赵卫东、宫德杰编：《山东道教碑刻集·临朐卷》，齐鲁书社 2011 年版，第 88 页。

④ 秦国帅：《山东全真教的教团规模、分枝岔派与地域分布（1368—1949）》，赵卫东主编：《全真道研究》第 3 辑，齐鲁书社 2014 年版，第 193 页。需要注意的是，庙宇中存在"不在编"道士的情况，这些确实存在的修道者未必被登记在册。

位全真道中包含着东镇庙的全部正规道众。除以上碑记外，晚清和民国临朐方志显示东镇庙日渐荒颓，庙中道士居所数量锐减，东镇庙道士数量大幅下降。光绪《临朐县志》记载当时东镇庙已破败不堪，"公所、道房各三间，瓴甋不具，荫以重茅"。① 此后在地方官府不作为和地方匪乱昌盛的背景中，东镇庙情况更是江河日下，至民国时期"庙宇日荒颓矣"②，道士似乎也仅剩下张礼修、侯智深而已③。

根据以上讨论，大致可给出如下判断：东镇庙在金代开始由道士管理，庙中最初只有两位道士，但可能很快便开始扩充。元代东镇庙神佑宫建立，东镇庙道士人数快速增长，至明万历年间东镇庙最少有 36 位道士。清代开始东镇庙道士总数不断减少，乾隆初年时东镇庙正规道士人数上限是 16 位，至光绪时期恐怕只有数人（依"道房三间"判断），民国二十九年（1940）时只余两人。以上有关东镇庙道士人数的推定无法涵盖"道童"等尚未获得正式道士身份的人等，所得数字偏向保守，但道众规模的明显起伏亦足以揭示东镇庙在历史上的兴衰大势。

2. 东镇庙道士宗派归属及与地方道司关系

赵卫东的一项研究，关注东镇庙道士题名（尤其有师徒关系者，如《唐教玉墓碑》和《赵守身墓碑》的记述），将道士姓名与《诸真宗派总簿》等材料记载之全真道字派进行对比，并联系全真道传布范围的时空变化，认为元代东镇庙道士确属全真道，但具体派系不明；自嘉靖末开始，东镇庙中明显存在华山派和丘祖又派两派全真道士，其中丘祖又派为华山派道士唐教玉所创，两派法脉一同居

---

① （清）姚延福修：光绪《临朐县志》卷 5，《临朐县旧志汇编》，潍坊市新闻出版局 2002 年版，第 148 页。

② 刘仞千主编：民国《临朐续志》卷 15，《临朐县旧志汇编》，潍坊市新闻出版局 2002 年版，第 532 页。

③ 李焕章：《民国二十九年重修寝殿碑记》，赵卫东、宫德杰编：《山东道教碑刻集·临朐卷》，齐鲁书社 2011 年版，第 131 页。

于东镇庙中。① 赵卫东的以上判断当可依从，此无必要重复论述。

金代东镇庙道士是否全真道不易确定，根据前述东镇道士杨道全被称为"传度师"的情况来看，他们更可能是"正一道士"。以此而论，全真道入主东镇庙的情况，发生时间可能要更晚一些。根据目前所见材料，有理由怀疑全真道入主东镇庙起源于元代，且与当时东镇庙的"托管"存在关联。前述元至治二年（1322）《神佑宫记》信息丰富，值得关注。碑记的作者为"本宫上院太虚延寿宫玄坛提举"郦道顺，根据碑文记述，梅道隐曾任东镇庙提点，元大德二年（1298）朝廷遣使致祭东镇后，梅道隐受命"选保到太虚宫"，此时"提点张德显可知本庙事"。② 次年，掌教大真人下命，正式任命张德显"充东镇沂山神佑宫提点勾当，知元德东安王庙事"。从"提点张德显可知本庙事"的用语，可判断张德显原本应当就是东镇庙中的一名"提点"。张德显在任期间，积极兴建神佑宫，但不久去世，由"太虚宫提点唐志迁摄管其事"，完成修造工程。曾担任东镇提点的梅道隐在去往太虚宫后，"官运亨通"，于"至大二年己酉（1309）、延祐三年丙辰（1316），两经宣授真静纯德大师、本路都道录、东镇、太虚宫提点，经今积有其年"。梅道隐在大德二年转任太虚宫提点后似乎在某个时间再次担任东镇庙提点，如元皇庆二年（1313）《脱欢、蔡文渊昭告碑》中即有"东镇提点梅道隐"的题名。③ 接着，郦道顺为神佑宫的修造表达敬意，在接下来的题名中，出现大量"本宫"（太虚宫）道士。正如赵卫东所述，这方碑刻展现出神佑宫、太虚宫、东镇庙之间的密切关系，但其有关东镇庙

---

① 赵卫东：《沂山东镇庙及其宗派传承》，赵卫东主编：《全真道研究》第2辑，齐鲁书社2011年版，第274~289页。

② 此句赵卫东等人断为"道录梅公，依奉御史台官之命，选保到太虚宫提点，张德显可知本庙事"，见赵卫东、宫德杰编：《山东道教碑刻集·临朐卷》，齐鲁书社2011年版，第8页。笔者认为此句当标点为"道录梅公，依奉御史台官之命，选保到太虚宫，提点张德显可知本庙事"。断句不同对文意理解有一定影响。

③ （元）梅道隐：《脱欢、蔡文渊昭告碑》，赵卫东、宫德杰编：《山东道教碑刻集·临朐卷》，齐鲁书社2011年版，第6页。

是太虚宫"下院"的观点或许还可商榷。[1] 有关东镇庙是太虚宫下院的观点，系从碑文作者自称"本宫上院太虚延寿宫玄坛提举"郦道顺得来。但这一判断道理不畅，且无任何材料称东镇庙或神佑宫为"下院"，恐推求过度。本人怀疑太虚宫与东镇庙和神佑宫之间，更可能是道官制度上的"上下级"关系，而这又涉及东镇庙道士的"独立性"问题。

简单而言，我怀疑元代益都路道录司设在太虚宫。《神佑宫记》中提及的太虚宫，赵卫东已经作过讨论，指出其就是青州城内的太虚宫。[2] 有关太虚宫的情况，青州地方资料多有记载，内容较为一致。元代于钦《齐乘》指出普照寺位于府署东北隅美政坊，而太虚宫则位于普照寺之南，是益都知府将自家馆舍施舍给丘处机而建立的道观。[3] 但正如赵卫东指出的那样，更具史料意义的《清虚纯德辅教真人祠堂记》指出，丘处机修道的太虚宫是"栖霞太虚宫"（位于今烟台），益都路太虚宫则是丘处机弟子范全生购买知府徐氏馆舍建立的道观。[4] 由于范全生与栖霞太虚宫的深厚因缘，导致两所太虚宫之间很可能形成"上下院"关系。《齐乘》等当地方志在介绍青州寺观时，太虚宫往往作为道观中的第一所出现，由此推测太虚宫至少在元代曾是益都路道教中心之一。根据元代道教管理制度规定来看，自元世祖忽必烈（1260—1294 在位）时开始，路设道录司，州设道正司，县设威仪司形成定制。[5] 益都路道录司的所在

---

①　赵卫东：《沂山东镇庙及其宗派传承》，赵卫东主编：《全真道研究》第 2 辑，齐鲁书社 2011 年版，第 285 页；《昊天宫的创立及其宗派传承》，《宗教学研究》2014 年 4 期，第 3 页。

②　赵卫东：《昊天宫的创立及其宗派传承》，《宗教学研究》2014 年 4 期，第 3 页。

③　（元）于钦：《齐乘》卷 4，《景印文渊阁四库全书》第 941 册，台湾"商务印书馆"1986 年版，第 764 页 b。

④　（元）王瑞：《清虚纯德辅教真人祠堂记》，王宗昱编：《金元全真教石刻新编》，北京大学出版社 2005 年版，第 40~41 页。

⑤　元代地方道官系统的详细情况，参程越：《金元时期全真道宫观研究》，齐鲁大学出版社 2012 年版，第 122~130 页。

缺少直接记载，本人之所以怀疑太虚宫即益都路道录司的根据如下：

（1）根据目前搜集到的资料来看，梅道隐仅担任过东镇庙和太虚宫两庙提点，但他同时又是"益都路都道录"，拥有总领益都路道录的权力和义务，依理当为道录司所在宫观道士。毫无疑问，益都路道录司所在绝非东镇庙，于是唯一选项即太虚宫。

（2）《神佑宫记》记载梅道隐从东镇庙选保太虚宫，是奉"御史台官之命"，而张德显知东镇庙事则只需全真道掌教大真人降札。任命机构的差异，显示梅道隐改属太虚宫是去担任具有一定官方地位的"道官"，推测太虚宫应当是道官所在之宫观。

（3）根据附表8-1所列道士名录可知，明初一段时间内，陪同官员致祭东镇的地方道士主要是临朐县道会司道士。稍早的洪武二年（1369）致祭东镇时，则是太虚宫道士陪祭。① 事实上，表格中所列元代《伽八徵残碑》中的"宣道和"在至正八年（1348）《东镇时享之记》和至正十年（1350）的《代祀东镇记》中也曾现身，身份也都是"太虚宫提点"。② 两相参照，推测至洪武初年以前太虚宫可能是当地道教管理中心。

若以上分析成立，那么益都路太虚宫与东镇庙之间就存在制度层面的"上下级关系"，太虚宫可以向东镇庙派驻道士，甚至在一定程度上托管国家祠祀。然而，东镇庙毕竟是"国家祠庙"，一所地方道观不可能将之彻底改造为自家"下院"，于是在东镇庙中建造一所专属道教的神佑宫便成为方便守庙道士管理和生活的不错选择。因此，尽管《神佑宫记》信誓旦旦地宣称前代碑刻记载"庙之右神佑宫者，乃知庙道士参礼之所"，但这样的道教建筑在金代之前东镇仍由

---

① 沂山作为"青州之镇"，由青州（或元代的益都路）道司负责陪同祭祀，要比由临朐县道司陪同更为合理。推测明前期临朐道会介入东镇庙祭祀事务，可能主要是出于近便等原因的考虑。

② （元）咬哥：《东镇时享之记》，见（明）王居易：《东镇沂山志》卷4，《临朐县旧志续编》，山东省新闻出版局2003年版，第139~140页；（元）桑哥的斤：《代祀东镇记》，见（明）王居易：《东镇沂山志》卷4，《临朐县旧志续编》，山东省新闻出版局2003年版，第139页。

庙令管辖的时代却并不容易存在；而在金大定十三年后，考虑到金代东镇庙道士人数不多，即使这座神佑宫真的已经建立，规模也不可能太大。因此，太虚宫或益都路道录司的介入应当可以作为东镇庙道教史上的一个分水岭，神佑宫的建立则可以算是东镇庙道教团体拓展的标志。东镇庙与太虚宫之间的制度性关联，导致太虚宫中的全真道派得以在东镇庙中顺利传播——东镇庙也由此得以"全真化"。与太虚宫或益都路道录司的关系，有可能使东镇庙道团缺少真正的"独立性"。原始材料缺失严重使我们无法了解至治二年至明代初年间双方关系的变迁，但由前揭洪武二年《敕祀东镇庙记》中陪祭道士是"太虚宫守庙道士王德祚、邹德明"的情况，① 可以推测太虚宫之于东镇庙的"托管"关系（不论实际上的还是名义上的）有可能维持至少数十年时间。但在洪武二年之后，现存东镇碑刻显示东镇庙不再与太虚宫存在任何关联。事实上，根据嘉靖《青州府志》的记载，太虚宫在明代嘉靖之前就已被改造为青州府儒学。②

从本章附表 8-1 搜集的永乐四年（1406）到成化元年（1465）朝廷致祭碑题名来看，明初"道会司"取代太虚宫（益都路道录司）参与东镇庙的官方祭祀活动。道会司是明代洪武十五年（1382）开始设立的县级道教管理组织。③ 综合嘉靖《临朐县志》、康熙《临朐县志》、咸丰《临朐县志》、民国《临朐续志》等材料的记载，④ 可知明

---

①　（明）金斗辅：《敕祀东镇庙记》，赵卫东、宫德杰编：《山东道教碑刻集·临朐卷》，齐鲁书社 2011 年版，第 15 页。

②　（明）冯惟敏等修：嘉靖《青州府志》卷 7，《天一阁藏明代方志选刊》（第 56 册），上海书店 2014 年版，第 32 页。

③　参刘康乐：《明代道官制度与社会生活》，金城出版社 2017 年版，第 73~84 页。

④　（明）冯惟敏等修：嘉靖《临朐县志》，《临朐县旧志汇编》卷 2，潍坊市新闻出版局 2002 年版，第 14 页；《临朐县旧志汇编》卷 4，第 27 页；（清）尹所遴等修：康熙《临朐县志》卷 1、卷 2，《临朐县旧志汇编》，潍坊市新闻出版局 2002 年版，第 50、54 页。（清）姚延福修：光绪《临朐县志》，《临朐县旧志汇编》卷 4，潍坊市新闻出版局 2002 年版，第 141 页；《临朐县旧志汇编》卷 5，第 147 页；刘仞千主编：民国《临朐续志》卷 6，《临朐县旧志汇编》卷 8，潍坊市新闻出版局 2002 年版，第 417~418、449 页。

初东镇致祭碑上的"道会司"位于临朐县紫微观。紫微观位于临朐县衙以南，在康熙《临朐县志》所附临朐县图中有所反映。此观为元中统年间（1260—1264）建，但暂未发现有资料显示元代地方道司设立其中。《山左金石志》著录《紫微观碑阴》，怀疑是中统建观时所刻。① 明至清，临朐道会司长期定于此观，康熙《临朐县志》给出道会司两位道士姓名："杨和芳；遗徒：李教真。"②降至光绪年间，临朐道会司"今无定所"，③ 显示紫微观道教已经失势。至民国二十二年（1933），紫微观改为国术馆。④ 在明初官方东镇祭祀活动中，临朐道会司取代了太虚宫的位置，但其却不可能在二者之间建立原先"太虚宫-东镇庙"的"托管"关系。因此，即使永乐四年到成化元年间，临朐道会司参与了东镇庙的祭祀活动，也不会对东镇庙道教团体的独立性造成任何影响。事实上，自成化三年（1467）至清末的东镇庙石刻中，现有东镇碑刻上再也没有出现道会司道士的题名。此时临朐县道会司显然并未消失，题名的缺位显示出其权力和地位的坍缩。同时，也从侧面反映东镇庙道士的"独立性"有所增强。

3. 东镇庙道士的地位

整体而言，从元至清，东镇庙道士的政治地位有逐渐降低的趋势。元至明洪武年间，东镇庙神佑宫可能是由太虚宫（益都路道录司）派驻、托管，此时段主管东镇庙的一些道士拥有相对较高的道

① （清）阮元：《山左金石志》卷21，《石刻史料新编》第1辑第19册，新文丰出版公司1988年版，第14719页a。

② （清）尹所遴等修：康熙《临朐县志》卷2，《临朐县旧志汇编》，潍坊市新闻出版局2002年版，第54页。

③ （清）姚延福修：光绪《临朐县志》卷5，《临朐县旧志汇编》，潍坊市新闻出版局2002年版，第147页。

④ 刘仞千主编：民国《临朐续志》卷8，《临朐县旧志汇编》，潍坊市新闻出版局2002年版，第449页：国术馆："民国二十二年春成立，初以北关财神庙院为馆址，旋移居城南门里紫薇观。经费系省款。以县长周钧英为正馆长，邑人郎益文为副馆长，内设教练二人，招生学习国术。今共有学生三十余人云。"

官身份。以目前所知最详的梅道隐为例，其不仅出现在至少两个元代东镇致祭碑题名中，还曾作为益都路道判和益都路都道录参与青州的道教活动。① 然而，与其说梅道隐等东镇庙道士拥有相对较高的政治身份，不如说太虚宫道士拥有特权。降至明代，东镇庙道士的政治身份主要反映在参与朝廷致祭活动和纪念碑刻题名中。从附表 8-1 可以发现，尽管中央派遣道士担任东镇祭祀官的现象在永乐（1403—1424）之后就已不再出现，② 但贯穿整个明代，东镇庙的守庙道士均能以正式身份参与东镇祭祀活动。在清康熙统治时期（1662—1722），东镇庙道士仍可在东镇致祭碑上留下题名，但在康熙之后的大量官方东镇祭祀碑刻中，再无东镇庙道士出现。结合对清代道教史的了解，这一现象反映清代统治者将道教排除在国家祭祀礼仪之外的努力——尽管官方还是需要道士作为义工维系国家祠庙的存在。③

之所以说道士对东镇庙的维持具有一定"义务性"，在于除祭田外，东镇道士无法从官方祭祀中获得经济利益。元至元二年（1336）《代祀沂山记》记载，当年祭祀东镇前夕，"遂命道士鸣钟鼓、列樽俎醮事焉"。④ 其余涉及东镇祭祀的元明清碑文均含混地称"有司"负责仪式准备工作，因此不易判断道士参与仪式准备之程度和延续性到底如何。但考虑到诸如铁锅等祭器一直保存在

---

① （元）杨志运：《重建昊天宫碑》，赵卫东、庄明军编：《山东道教碑刻集·青州 昌乐卷》，齐鲁书社 2010 年版，第 349 页；（元）马骧：《大元降御香之记》，赵卫东、庄明军编：《山东道教碑刻集·青州 昌乐卷》，齐鲁书社 2010 年版，第 350 页。

② 林巧蔚对嵩山中岳庙的研究也发现明仁宗（1424—1425 在位）之后，朝廷改派遣儒臣祭祀中岳，再未有道士充当致祭使者。这一现象代表着"至明朝中后期，祭祀五岳的权利已收回儒家手中。"见林巧薇：《试论嵩山中岳庙与宋以后国家祭祀礼制的关系》，《世界宗教文化》2017 年第 3 期，第 129 页。

③ 相应的，道教方面则获得一所由国家提供部分支持的宫观。在某种程度上讲，由道士来打理这座远山中的祠庙，对道教和官方而言是"双赢策略"。

④ （元）刘思诚：《代祀沂山记》，见（明）王居易：《东镇沂山志》卷 4，《临朐县旧志续编》，山东省新闻出版局 2003 年版，第 138 页。

东镇庙中，① 推测道士长期参与东镇祭祀的准备工作应当合情合理。以清代临朐方志给出东镇祭祀的规定费用为例，便可发现县府所支出的祭祀费用相当低，② 东镇庙道士没有什么从中获利的机会。③

综上，尽管能够反映东镇庙道士政治地位的材料非常少见，但从致祭碑题名等情况可知，自元至清，东镇庙道士未因打理"国家祠庙"而获得特殊的权力和地位。与此同时，东镇庙也从来没能成为地方（不论是临朐县还是青州府）道教的中心。在官方眼中，东镇庙中的道士主要充当着山中祠祀的"义务看守人"。对东镇庙道士的无视态度在地方志文献中也获得反映——如前文所述，历朝临朐县志均未录入任何一位东镇庙道士的事迹。④ 但东镇庙道士并非全然按照朝廷的意愿约束自身功能，而是通过参与东镇庙的修造等活动成为东镇庙的实际维持者和掌控者，在此过程中不断加深东镇庙的道教色彩和民间特色。有关这些情况，待第二部分详论。

4. 诗歌游记中的东镇庙道士

保存至今的东镇碑刻中，以官方祭祀碑所占比重最大，但其中对东镇道士的记述太过稀少零散，很难从祭祀记文中获得东镇道士的描述性信息。但若干赞颂沂山景致的诗歌文章却给出了些许东镇

---

① 王居易记载祭器中的三百斤大铁锅保存庙中。此外，诸如洪武年间敕赐的"桌三十六张"之类，显然不可能收在县衙库房，而只能由东镇庙道士保管。有关这些祭器，见（明）王居易：《东镇沂山志》卷1，《临朐县旧志续编》，山东省新闻出版局2003年版，第124页。

② 顺治十四年（1657）的《临朐县赋役全书》记载东镇祭祀支出为"十两"（见《临朐县旧志续编》，山东省新闻出版局2003年版，第228页）。这个数字后来又经历减损，光绪《临朐县志》卷6记为"东镇庙祭银九两八钱一分六厘"（《临朐县旧志汇编》，潍坊市新闻出版局2002年版，第157页）。

③ 这一现象也发生在同样由道士打理的南镇庙中，见马晓琳：《地方社会中官方祠庙的经济问题：以元代会稽山南镇庙为中心》，《中国社会经济史研究》2011年第3期，第12~17页。

④ 有关于此，并非东镇祭祀碑记和方志中特有的现象，儒生对将岳镇海渎庙宇交与道士打理怀有一定负面态度，见马晓琳：《国家祭祀、地方统治及其推动者：论元代岳镇海渎祭祀》，《西南大学学报》2011年第5期，第193~196页。

道士的描写，这类材料中有相当一部分曾刻碑沂山。因此有必要转换角度，从这些文学作品中寻找东镇道士的蛛丝马迹，管窥东镇庙道士的日常生活。

图 8-1　东镇图，引自咸丰《青州府志》卷 1

沂山风景优美、林木茂盛，百丈崖、瀑布泉等自然景观驰名遐迩，历史和人文景观均具有很高的游赏价值。青州和临朐等历代方志对这些景观大加赞赏，民国《临朐续志》给出所谓的"临朐八景"中"百丈瀑布"和"沂山晚翠"正是东镇沂山的盛景。① 不少文人留下赞誉东镇沂山的诗篇，被方志和今人编纂的地方文史著作收录。在这些文学作品中，偶尔会出现东镇道士的形象。

明代游览东镇沂山的山东参政陈沂（1469—1538）和西峰主人张继孟（卒于 1644）的两首诗歌，显示东镇道士擅长笙箫：

　　陈沂《东镇道院松下看月闻道人吹笙》：月满松荫露满苔，

---

① 刘仞千主编：《民国临朐续志》卷 7，《临朐县旧志汇编》，潍坊市新闻出版局 2002 年版，第 431～432 页。沂山景观的完整介绍，参潘心德主编：《东镇沂山》，济南出版社 1998 年版，第 27～264 页。

偶乘清夜坐仙台。道人两两闻笙吹，疑是缑山子晋来。①

　　张继孟《观百丈崖瀑布》十绝之六：道士笙箫聒瀑泉，洞中为问有无仙。神仙若有知吾到，定扫云床夜对眠。②

东镇道士的笙箫不仅是为了自娱，百丈崖瀑布边的乐声更像是为接待重要宾客而进行的表演。明人欧阳琠的《丙申秋，摄祭东镇登百丈崖时，道士操箫鼓以从》盛赞东镇道乐"狂歌清与箫声和，天乐层霄奏几回"。③

　　东镇景观中有一"三歧古柏"较为著名，获得不少记述和赞誉。东镇庙道士作为古柏"奇迹"的解说者，多次出现在东镇游记文章中。王居易在对三歧古柏的描述中写道："柏在神殿前，殆千余年物。道士相传，每朝廷将有祭祷，即此柏先有声，自本达于树杪，久乃寂然，数日辄有中使至。"④古柏与官方祭祀之间产生通感，东镇道士既是奇迹的见证者，同时也是奇迹的解说者。王居易的记述很可能是从黄景的作品中继承而来。黄景曾在成化二十三年（1487）祭祀东镇，并留下《祠东镇留题》和《咏古柏》等作品，二者均为王居易《东镇沂山志》收录，相关石刻也保存至今。⑤《祠东镇留题》中的"柏鸣羽客占新典"一句，在《咏古柏》的序言中获得

---

① （明）陈沂：《东镇道院松下看月闻道人吹笙》，见（明）王居易：《东镇沂山志》卷5，《临朐县旧志续编》，山东省新闻出版局2003年版，第155页。

② （明）张继孟：《观百丈崖瀑布》，见（明）王居易：《东镇沂山志》，卷5，《临朐县旧志续编》，山东省新闻出版局2003年版，第155页。

③ （明）欧阳琠：《丙申秋，摄祭东镇登百丈崖时，道士操箫鼓以从》，见（明）王居易：《东镇沂山志》卷5，《临朐县旧志续编》，山东省新闻出版局2003年版，第166页。

④ （明）王居易：《东镇沂山志》卷1，《临朐县旧志续编》，山东省新闻出版局2003年版，第125页。

⑤ （明）黄景：《祠东镇留题》《咏古柏》，见（明）王居易：《东镇沂山志》卷5，《临朐县旧志续编》，山东省新闻出版局2003年版，第150页；碑石信息和拓片，见赵卫东、宫德杰编：《山东道教碑刻集·临朐卷》，齐鲁书社2011年版，第48~49页。

解释：

> 东镇庙前古柏，不知若干岁矣……典庙羽流云：相传为尧时所植，东一株每有声若吼，远听之则乌乌然，起于本，即之则闻于末。如是者，朝廷必遣祭至，累验不爽。①

孟养性嘉靖四十年(1561)所作《游沂山记》与东镇庙的一起修造事宜有关，在这篇文章中可以发现有关三歧古柏和东镇庙道士的一段记述。据孟养性所述，其与朋友游沂山时发现，"一本三歧"的古柏"见存者二，其一倒置于旁，长数围丈，围数尺"。此时东镇庙道士正在为重修庙宇缺少巨木为梁而苦恼，孟养性的友人王守吾建议以倒伏的古柏为梁。② 寿光刘昺(1401—1489)的《游东镇偶作》与王文翰嘉靖四十四年(1565)的《乙丑夏宿东镇》给出东镇庙道士日常场景的两则描写，前者称"茂林道者游，深涧仙人迹"③，后者则记载"道士住宫人半老，诗人刻石旧加多"④。从刘昺和王文翰简单的诗文中当然无法获得东镇道士的活动范围和年龄段分布信息，但却可以抓取东镇道士的朦胧印象。

　　原始材料的稀缺阻碍了对元明清东镇道士情况的更多追索，但保存至今的大量东镇庙修造碑记却提供了一条线索，使我们可以从东镇庙宇的修造活动中窥探道士与这座庙宇日常运作和维系间的关系。

---

① （明）黄景：《咏古柏》，赵卫东、宫德杰编：《山东道教碑刻集·临朐卷》，齐鲁书社2011年版，第48页。

② （明）孟养性：《游沂山志》，见王居易：《东镇沂山志》卷4，《临朐县旧志续编》，山东省新闻出版局2003年版，第144页。

③ （明）刘昺：《游东镇偶作》，见王居易：《东镇沂山志》卷5，《临朐县旧志续编》，山东省新闻出版局2003年版，第150页。

④ （明）王文翰：《乙丑夏宿东镇》，赵卫东、宫德杰编：《山东道教碑刻集·临朐卷》，齐鲁书社2011年版，第83页；张孝友主编：《沂山石刻》，山东友谊出版社2009年版，第317~318页。

二、"官府—道士—民间"：守庙道士 与东镇庙历代修造工程

隋代以来，东镇庙一直是朝廷设置在沂山的国家祠庙。然而，元代以降，不论中央朝廷还是地方官府对这座祠庙的维系工作都没能做到恪尽职守。对朝廷而言，五岳之属是更具政权象征意义的祭祀对象，①作为附属的镇山祠庙的重要性则相对较低，因此对远方庙宇的维持工作并不特别用心。稍后即可发现，宋代②以后中央朝廷对东镇庙的日常维系未发挥持续性作用。地方而言，作为临朐县

①　有关五岳祭祀问题，可参牛敬飞：《古代五岳祭祀演变考论》，中华书局 2020 年版。

②　隋唐时期东镇祠庙的修造情况不详，目前仅有《隋文帝诏东镇沂山碑》（开皇十四年，594）、《重修东镇沂山祠记》（长安四年，704）、《修东镇沂山记》（天宝元年，742）碑目存世（见附表 2），而碑石和碑文则早已亡佚。记述宋太祖修造东镇庙的碑石主要有三方，分别是《创建东镇庙记》（或名为《宋太祖诏重修东镇庙碑》）（建隆三年，962）、《沂山东镇庙落成记》（乾德二年，964）、《东镇沂山界碑》（乾德二年，964），三者也已亡佚（见附表），但从碑名等信息可知，此次东镇庙重修为宋太祖下诏所致，是中央朝廷主导的活动。修造工程自 962 年开始，至 964 年结束。除重修东镇庙外，还规定东镇庙享有一片专属辖区。根据《昌国𦡊腴》等临朐方志记载，隋唐时期"庙故在山椒，距今庙三十里"。"宋始移于此。"〔（明）傅国：《昌国𦡊腴》卷 4，《临朐县旧志续编》，山东省新闻出版局 2003 年版，第 26 页〕宋代移建东镇庙的活动，实际就是这次宋太祖诏令下的工程。有关《东镇沂山界碑》所记载东镇庙的专享区域，在另外一方也已亡佚的碑刻中得到复述。据成书于 1796 年的《山左金石志》记载，彼时沂山东镇庙中尚存大安三年（1211）所立《律令禁约樵采东镇庙界内山场之碑》，碑文申述东安王庙（东镇庙）拥有之山场，禁止百姓砍伐山场树木，委任"知庙道士及庙户人等一同收执"，并列出犯禁者所当遭受之惩罚，见（清）阮元：《山左金石志》卷 20，《石刻史料新编》第 1 辑第 19 册，新文丰出版公司 1988 年版，第 14712 页。尽管大安三年《律令禁约樵采东镇庙界内山场之碑》全文已不存，但前揭元至治二年（1322）《神佑宫记》中的一段话抄录东镇庙禁樵采的赔庙土地四至，"东至义道约三里，南至大岭约三里，西至黄泥户洞约二里，北至凤凰岭分水流处为界"。见赵卫东、宫德杰编：《山东道教碑刻集·临朐卷》，齐鲁书社 2011 年版，第 8 页。此外，《东镇沂山志》卷 1 亦记载东镇庙有祭田百亩，"在庙之侧，皆守庙者种之"（《临朐县旧志续编》，山东省新闻出版局 2003 年版，第 125 页）。

最重要的国家祭祀对象，东镇庙理应获得地方官府的重视。然而，根据下文揭示的碑铭材料来看，虽然地方官员对东镇较为看重，但对东镇庙的维护却常常显得力不从心。究其原因，既与临朐县的财政和社会情况相关，又与主政者的想法不无联系。有关临朐县自元至清的详细财政情况不得而知，但类似隆庆三年(1569)《临朐县重修东镇庙记》中的话语却屡见不鲜：

> 我明厘正封号，虔祀有加，庙貌崇严，规制大备。第时久就废，修建维艰。入嘉靖辛卯以来，废殆极矣，而正典亦废。绌于财力，仅成类小室者以奉主位，大不称制。①

根据清顺治十四年(1657)的《临朐县赋役全书》和光绪十年(1884)的《临朐县志》的记载来看，临朐县的财政中并没有专门用来维持东镇庙日常修造活动的经费，每年唯一配给东镇庙的只有约十两纹银的祭祀开支。② 另一个导致临朐官府对东镇庙日常维系用力不足的原因，可能在于东镇庙的地理位置。东镇庙位于距临朐县城近百里之遥的沂山山麓，对于临朐县府而言，这座国家祠庙既位于空间上的边地，又处于社会意义上的边缘，消极对待成为节约统治成本的必要策略。事实上，正是由于东镇庙距临朐县城太过遥远，明代临朐县民众为方便之故又在县城东北三里的委粟山上建起东镇行宫，方便祭拜，免去长途跋涉之苦。③ 由于东镇庙远离县府的保护，导致此庙常常受到啸聚沂山的土匪骚扰。而对于时常出现的土匪(详见后文)的忌惮和对庙宇有可能遭到洗劫和破坏的担忧，则又加深了地方官府对于资助东镇庙的疑虑。

---

① (明)王居易：《东镇沂山志》卷4，《临朐县旧志续编》，山东省新闻出版局2003年版，第144~145页。

② 《临朐县赋役全书》，《临朐县旧志续编》，山东省新闻出版局2003年版，第228页；(清)姚延福修：光绪《临朐县志》卷6，《临朐县旧志汇编》，潍坊市新闻出版局2002年版，第157页。

③ (明)邓鹤：《重修委粟山东镇行宫记》，见(明)王居易：《东镇沂山志》卷4，《临朐县旧志续编》，山东省新闻出版局2003年版，第145~146页。

因此，虽然东镇庙确属朝廷所有的官方祠庙，但仅凭官方之力并不能保障这座庙宇的运行，庙宇的勉强维持还需等待其他力量的介入。最持续关注东镇庙庙貌的人，其实更可能是从金代就开始居住其中的守庙道士。从东镇碑铭材料的记述来看，东镇庙的守庙道士当然希望向官方请求足够的经济支持来保障庙宇完好，但当官方越来越无法满足其要求时，联合包括士绅乡老在内的民间力量便成为更加务实的选择。① 与此同时，民间力量对沂山神信仰怀有好感，在力所能及的前提下，愿意介入庙宇的维持工作，以此为个人和社群赢得神灵庇佑，并争取荣誉和社会权力，实现增强社群凝聚力的现实效果——这一点在匪乱深重的临朐地区尤其重要。② 这导致所谓的"官方祠庙"，常常成为展示民间力量的舞台。道士由此扮演起特殊的中间人角色，帮助民间力量更顺利地进入东镇等官方庙宇之中。由此，以道士打理日常的东镇庙成为中央朝廷、地方官府、民间团体力量交织的场域，庙宇的修造活动则成为表现这些复杂关系的典型方面。有鉴于此，下面以现存东镇碑铭为主要材料，着重讨论金元明清东镇庙的重要修造工程，借此展示守庙道士与官方和民间不同人群之间的互动关系。

有关东镇庙历代重修，梁勇曾以"东镇庙建设情况表"进行罗列③，所列条目已较完善，但其列表仅给出"时间"和"建设性质"

---

① 这里所谓的"民间"，采取杨美惠的观点，指从"关系"角度而言，促成其运作的机制和关系是非官方的。相关论述参[美]杨美惠著，赵旭东、孙珉译：《礼物、关系学与国家——中国人际关系与主体性建构》，江苏人民出版社 2009 年版。

② 明清以来，在匪乱逼迫下，依托庙宇凝聚人心的现象在当地并不罕见。如临朐县五井镇西峪存《清同治十三年重修三元庙记碑》，记载咸丰（1851—1861）末，土匪劫村，"村民依山寨以图存"。事后发现村子半成焦土，唯三元庙安然无恙，认为此庙灵验，故集众重修，供奉香火。见赵卫东、宫德杰编：《山东道教碑刻集·临朐卷》，齐鲁书社 2011 年版，第 196~197 页。

③ 梁勇：《镇庙建筑与祭祀研究》，东南大学硕士学位论文，2013 年，第 7~8 页。

两种信息①。本章附表 8-2 则尝试作出两方面调整：第一，丰富信息内容，除年代、建设内容外，同时给出发起者、有否道士参与、碑刻出处等；第二，增加包括神佑宫在内的东镇庙附属建筑的修造活动。表 8-2 中所列自唐至民国共计 23 起东镇庙修造事宜，但这里的统计数据显然没能囊括所有的东镇庙修造事件。部分记载东镇庙修造事件的碑石消亡，甚至某些修造活动原本可能就没有立碑刻铭。如表 8-2 中所述正德二年（1507）和嘉靖五年（1526）的重修活动，便无相应碑铭可考，唯《东镇沂山志》话及此事。② 然临朐方志对东镇庙修造事宜的记载显然也不完整，表格中金代之前修造活动异常稀少的现象更令人对这些较晚成书的方志的完备性心存疑虑。材料上的问题，使计量分析的方法不完全适用于这里的研究，但对本章所搜集的经典样本的逐一考察，却可呈现一些重要的历史信息。

　　记载唐宋时期修造情况的碑铭已亡佚，且与本章所关注内容无关。金代正隆四年（1159）的《东镇修瓦殿记》碑石和碑文全文也已亡佚，仅《山左金石志》和光绪《临朐县志》著录一些有效信息。③元代开始，因碑石、文章俱存，东镇庙一些修造活动的详情可为人所知，以下详论。

1. 元大德二年（1298）之后东镇庙神佑宫的修造

　　元至治二年（1322）的《神佑宫记》无疑是道教信息最丰富的沂山石刻。此碑长期矗立于东镇庙中，基本信息为《山左金石志》卷

---

　　①　"时间"包括朝代和建设年代，"建设性质"实际指建设项目所包括的内容。

　　②　（明）王居易：《东镇沂山志》卷 1，《临朐县旧志续编》，山东省新闻出版局 2003 年版，第 124 页。

　　③　（清）阮元：《山左金石志》卷 19，《石刻史料新编》第 1 辑第 19 册，新文丰出版公司 1988 年版，第 14675 页 a；（清）姚延福修：光绪《临朐县志》卷 9，《临朐县旧志汇编》，潍坊市新闻出版局 2002 年版，第 178~179 页；又参赵卫东、宫德杰编：《山东道教碑刻集·临朐卷》，齐鲁书社 2011 年版，第 342~343 页。

23、光绪《临朐县志》卷9、民国《临朐续志》卷17著录，目前最好的录文和研究是赵卫东的成果。① 有关此碑所反映的元代东镇道士情况，前文已结合赵卫东的研究作以讨论，这里着重关注碑文记载的庙宇修造活动。

根据碑文所述，元大德二年（1298）诏封沂山神为元德东安王，② 事后参与祭祀者读东镇旧碑，发现天宝、大安等碑称：

> 庙之右神佑宫者，乃知庙道士参礼之所也。庙之左馆驿者，乃祭者宿斋之处也。又有陪庙之地四至……知庙道士传度师杨道全立石。③

前文指出《神佑宫记》所录古碑"四至"当出自大安三年的《律令禁约樵采东镇庙界内山场之碑》，但前半段的来源则难以判定。根据下文可知，原本的神佑宫在元大德二年时已不存，次年张德显正式获掌教大真人任命，担任东镇沂山神佑宫提点、知元德东安王庙事。按时间来看，颁布任命的掌教大真人是全真道士张志仙（1224—1308？；1285—1307在任）。④ 程越指出元代全真掌教拥有代皇帝祭祀岳镇海渎和任命宗门提点、宫观住持的权力，⑤ 与《神佑宫记》所述吻合。然此时既无神佑宫，则"神佑宫提点"一职便尤显突兀。

---

① 赵卫东、宫德杰编：《山东道教碑刻集·临朐卷》，齐鲁书社2011年版，第8~10页；赵卫东：《沂山东镇庙及其宗派传承》，赵卫东主编：《全真道研究》第2辑，齐鲁书社2011年版，第274~289页。

② 此次诏封碑刻存世，相关信息见赵卫东、宫德杰编：《山东道教碑刻集·临朐卷》，齐鲁书社2011年版，第1~2页。

③ （元）郦道顺：《东镇沂山元德东安王神佑宫记》，赵卫东、宫德杰编：《山东道教碑刻集·临朐卷》，齐鲁书社2011年版，第8页。

④ 参程越：《金元时期全真道宫观研究》，齐鲁大学出版社2012年版，第29页。

⑤ 程越：《金元时期全真道宫观研究》，齐鲁大学出版社2012年版，第127页。

概大德二年诏封元德东安王后，道士们确定重修神佑宫的计划，故在提请张德显接替转任"太虚宫提点"的梅道隐担任东镇提点的同时，① 一并提请令他担任神佑宫提点，借此使神佑宫的复建工作获得来自道教上层的支持。

据《神佑宫记》记载，成为神佑宫提点知东镇庙事的张德显随即展开修造工作。"其人任内，建三门，复隐殿，补神像，又于庙右其旧址重修神佑宫。"然张德显不久羽化，太虚宫提点唐志迁继承事业。② 至《神佑宫记》立碑之前，又"奉上重修，庙宇更张"，最终使得包括神佑宫在内的东镇庙建筑群获得良好修缮。根据此碑正文及碑阴题名来看，这次修造活动虽然有地方官员参与且最终获得朝廷支持，但整体而言却是由东镇庙和太虚宫道士主导的工程。非常有趣的是，碑阴题名中本应作为全碑收束的刊石和书丹人题名之后，又列出大量当地庄户百姓的题名，显示碑阴文字至少分两次刻成，地方民众在道士的感召下也积极参与此次神佑宫和东镇庙的修造活动。从民众题名可知，此次受到感召的民众基本以个人和小家庭身份参与东镇庙修造活动，与下文将看到的一些以村社为单位的集体行为有所不同。

---

① 有关梅道隐转任太虚宫提点而将东镇庙事委托张德显的情况，《神佑宫记》述之甚详。又据《元皇庆二年（1313）脱欢、蔡文渊昭告碑》题名，可知此前"圆明真静纯德大师"梅道隐曾担任东镇提点，见赵卫东、宫德杰编：《山东道教碑刻集·临朐卷》，齐鲁书社2011年版，第6页。《元延祐六年（1319）残碑》题名"圆明真静纯……"，当亦为担任东镇提点的梅道隐，见赵卫东、宫德杰编：《山东道教碑刻集·临朐卷》，齐鲁书社2011年版，第7页。

② 从《神佑宫记》来看，太虚宫"提点"不止一位，正文之后的题名中除"本宫提点张志迁"外，还有"本宫提点曹志明""本宫提点赵志元""本宫提点杜道方"等。立碑时全权掌管神佑宫者当为"东镇庙神佑宫住持提点王道融"。见《神佑宫记》，赵卫东、宫德杰编：《山东道教碑刻集·临朐卷》，齐鲁书社2011年版，第9页。

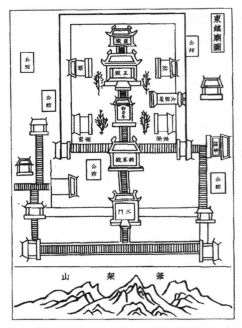

图 8-2　东镇庙图，引自王居易《东镇沂山志》

　　有关神佑宫的废止情况缺少直接记载。《明成化元年（1465）李木代祀碑》碑阴题名出现"神佑宫住持崔守诚"，则此时神佑宫尚存。[①]《明成化三年（1467）重修东镇庙记碑》道士题名为"本庙住持王志琮"。[②]《明成化六年（1470）李希安代祀碑》中崔守□（诚?）也为"本庙住持"。[③] 结合此后明清沂山和临朐方志以及碑石材料均不见神佑宫，王居易《东镇沂山志》所绘东镇庙图（图 8-2）亦不见此宫

　　① （明）崔守诚：《明成化元年李木代祀碑》，赵卫东、宫德杰编：《山东道教碑刻集·临朐卷》，齐鲁书社 2011 年版，第 32 页。
　　② （明）刘珝：《明成化三年重修东镇庙记碑》，赵卫东、宫德杰编：《山东道教碑刻集·临朐卷》，齐鲁书社 2011 年版，第 35 页。
　　③ （明）崔守诚：《明成化六年李希安代祀碑》，赵卫东、宫德杰编：《山东道教碑刻集·临朐卷》，齐鲁书社 2011 年版，第 37 页。

踪影的情况,① 推测神佑宫可能在成化初年废止。②

2. 明成化(1465—1487)至正德(1506—1521)年间的几次重修活动

明成化年间两次由地方官府主导的东镇庙重修活动，使我们有机会看到围绕东镇庙重修展开的权力和话语博弈。正德十年(1515)的重修则反衬出官府对东镇庙的维持和管控存在很大疏漏，东镇庙的维持需多方协作方可完成。

明太祖朱元璋(1368—1398 在位)取消岳镇海渎人爵的诏令对沂山东镇庙产生直接影响，巨大的《大明诏旨碑》(即《明洪武三年(1370)明太祖诏定岳镇海渎神号碑》)成为东镇庙中最具象征意义的帝国建筑之一。③ 朝代更替时对正统性和统治合法性的诉求，使中央朝廷在一段时间内尤其关注对帝国象征物和象征仪式的维护，对包括东镇庙在内的国家祠庙的修复工作给予大力支持。文字漫漶但碑石仍在的《明洪武九年(1376)敕修东镇庙记碑》记录了明初期中央朝廷下令，委派临朐县府重修东镇庙的情况。④ 从残存碑文来看，此次重修完全是中央朝廷命令下，由临朐县官府全权负责的修造活动，不见道士和民间力量参与的任何迹象。洪武九年至成化初年(1465)，朝廷不断派遣使者前往东镇祭祀，但从方志和碑铭的记载来看，在近百年的时间里东镇庙没能获得来自中央朝廷的重修资助。

《临朐县重修东镇庙记》记载了成化三年由临朐县官府负责的

---

① (明)王居易：《东镇沂山志》,《临朐县旧志续编》,山东省新闻出版局 2003 年版,插图(无页码)。

② 即将论及的成化三年东镇庙重修活动中,也不见提及神佑宫,亦可作为辅证。

③ 《大明诏旨碑》于岳镇海渎庙皆曾树立,此碑甚为著名,对国家山川祭祀产生直接影响。有关树立在东镇的这方碑刻的基本情况,见赵卫东、宫德杰编：《山东道教碑刻集·临朐卷》,齐鲁书社 2011 年版,第 16~17 页。

④ 《明洪武九年敕修东镇庙记碑》,赵卫东、宫德杰编：《山东道教碑刻集·临朐卷》,齐鲁书社 2011 年版,第 18~19 页。

重修活动。① 据记载，东镇庙"旧在沂山之麓，庙貌废置不一，皆不足以惬观瞻"。成化二年（1466）冬，原杰（1417—1477）出巡山东拜谒东镇庙后，叹道："庙之弗饬，何以妥神灵，是可后乎？杰奉命抚临一方，既期民不告饥，岁仍大稔，非神默佑之所致乎？又况事神治民，吾徒之所当尽者乎？"于是命青州府知府李昂、临朐县知县卜钊"力假于民，财出于公"，负责整饬庙貌。面对原杰的叹息和命令，两位地方官员感到惶恐紧张，于是"毋懈毋缓"，立即投入东镇庙的修复工作。工程从成化三年（1467）正月延续到六月，成果是："自正殿及西序，凡一十五楹，神库、神厨、披兵房、宰牲房、门楼，凡二十五楹。我太祖高皇帝御制碑文，楼于其上，及香亭三门凡五楹，外至公馆使客之位，靡不毕具。"原杰的几重考问无疑是在反复重审东镇庙的国家祠祀性质，对地方官府肩负修缮国家祠庙义务的强调实际就是在明确官方拥有掌控国家祠祀的大权。原杰的观点获得青州府、临朐县官员们的认同，碑末称："大臣忧国忧民，兴废举坠，而图惟辑宁者，大臣之职也。有民人社稷之寄，而能协志毕力，不劳于下者，守令之职也。"值得指出的是，成化三年的重修确实是官府主持的修造活动，但题名显示包括东镇庙主持在内的至少四位守庙道士参与了相关活动，只是具体负责事项无从得知。

负责成化三年东镇庙重修活动的李昂和卜钊，作为陪祭官员也参与了接下来几年里朝廷使者的致祭活动，如成化四年（1468）原杰代祀碑、成化六年（1470）李希安代祀碑中皆列出他们的名字。② 根据《成化六年李希安代祀碑》可知，当年五月李希安祭告东镇的原因是山东自成化五年（1469）秋至六年夏持续干旱，"夏麦无成，秋田未种"，望神灵有好生之德，体恤下民，降下甘霖。稍晚，翁

---

① （明）刘玥：《临朐县重修东镇庙记》，赵卫东、宫德杰编：《山东道教碑刻集·临朐卷》，齐鲁书社 2011 年版，第 34~35 页。本段引文皆出于此，不赘出注。

② 《明成化四年原杰代祀碑》《明成化六年李希安代祀碑》，分别见赵卫东、宫德杰编：《山东道教碑刻集·临朐卷》，齐鲁书社 2011 年版，第 36、37 页。

世资的东镇庙祭祀,[①] 引起东镇庙的又一次修造活动,并在两年之后树立一方纪念性碑刻——《东镇沂山寝庙成记》。据这方树立于成化八年(1472)的碑刻记载,成化六年干旱,都察院右副都御史翁世资率领李昂等人祭祀东镇,仪式期间发现沂山神像旁设女神配享。秉持儒家立场的翁世资叹息,认为"设神之像以祭,固非所经,复设女神以配其享,尤为渎礼,左右又列男女之神以为从卫,其亵神渎祀孰有过于此哉?"于是命青州府知府李昂纠正。有关沂山东镇庙中有女神像存在的情况,元代于钦的《齐乘》中给出一些线索。于钦记载称,沂山地区存在山神夫妇化身"石翁媪"帮助宋太祖赵匡胤的传说,故当地人又称东镇庙为"翁婆庙",庙内有石刻神像享受香火。由这一称谓,可推测东镇庙当时应有男、女两位主神神像。同百年后的翁世资一样,针对这一乡野气息浓烈的现象,于钦也嗤之以鼻:"俚俗诞妄,不经甚矣。"[②]面对翁世资的指责,李昂则称,设立女神确实无朝廷礼制依据,但贸然移除女神恐使百姓"疑骇",建议另创寝庙安置女神,"庶上不失典礼之正,下则顺愚民之心"。翁世资遂同意此建议。寝庙建成后,李昂又向翁世资报告了建造经历,指出工程自成化六年十月开始,至成化七年(1471)闰九月结束,由官府全权负责修造活动。事后山东地方官员集体请翁世资记述此事,立碑刻石。[③] 东镇庙中的这座寝庙意义特殊,后世正殿衰败不堪,这座寝庙被挪充正殿。与成化三年的修造相比,成化六年的修造活动对神像的关注和调整尤其引人瞩目。女神像的存在与李昂的回复显示地方民众对沂山神和东镇庙的认识有别于朝廷礼制。翁世资自然可以从儒家意识形态和礼制出发,要求对国家祠祀东镇庙进行整改,但地方官员却必须考虑地方的现实

---

① 之所以判断此次祭祀是与李希安代祭不同的另一祭告,原因在于《东镇沂山寝庙成记》中列出的祭祀官员组成与《明成化六年李希安代祀碑》不同,尽管二者祭告的原因都是当年山东干旱。

② (明)于钦:《齐乘》卷1,《景印文渊阁四库全书》(第941册),台湾"商务印书馆"1986年版,第690页a。

③ (明)翁世资:《东镇沂山寝庙成记》,赵卫东、宫德杰编:《山东道教碑刻集·临朐卷》,齐鲁书社2011年版,第38~39页。

情况对上官的整改方案作出调整。因此，尽管成化六年的这次修造无疑是一场官方引领和主导的活动，没有任何迹象反映道教和民间人士参与其中，但沂山女神的存在和不可随意抹杀却成为当地民间力量的直观反映。因此，有关女神像的安置和寝殿建造活动，隐含着官方和民间两种话语和理解体系的冲突。寝庙的建立可以看成两种话语的互相妥协，来自官方的礼制要求似乎占据上风，但沂山女神的继续存在却象征着对朝廷掌控权的潜在挑战。① 成化三年和成化八年两次官方重修活动，成为明代士人有关东镇庙的重要记忆，傅国在《昌国艅艎》中对之作以专门记述。② 但我们马上就会看到，中央朝廷和地方官府对东镇庙这样的远郊祠庙的掌控，在持续性上往往比较有限。自上而下的加压和名正言顺的监管确实可以收到实效，但切实地管控一座祠庙却需要持续不断的经济和精力投入，这对于中央朝廷和地方官府而言会带来较大的统治成本。当国家衰落、地方贫乏或朝廷对地方祠庙关注有所下降时，这样的成本付出与信仰收益，便显得缺少效率了。③

根据《东镇沂山志》的记载，东镇庙在正德二年（1507）和嘉靖五年（1526）分别出现青州府同知杨谏和临朐县知县王舜民主导的重修活动。④ 但有关这两次重修活动的细节却并无任何材料可资参考。同书卷4保存的《重修东镇庙记》是青州府同知杨谏所撰的碑记，碑石今已不存，所记者为正德十年（1515）由青州知府朱岚溪

---

① 据调查，沂山地区民众对于沂山女神（东镇娘娘）神像仍存有记忆。据称20世纪50年代之前东镇爷爷和东镇娘娘神像仍然存在，此后才被捣毁。2006年5月6日，在东镇寝殿下掘出一残像，怀疑是东镇娘娘神像。《东镇娘娘神像残片》，张孝友主编：《沂山石刻》，山东友谊出版社2009年版，第350~351页。

② （明）傅国：《昌国艅艎》卷4，《临朐县旧志续编》，山东省新闻出版局2003年版，第25~26页。

③ 考虑到中央朝廷在京城的年度祭祀中已经为东镇等地方神设置牌位，朝廷对这些山川神灵的祭祀未必会因地方庙宇的破败和混乱而受到巨大影响。

④ （明）王居易：《东镇沂山志》卷1，《临朐县旧志续编》，山东省新闻出版局2003年版，第124页。

下令开展的重修活动。① 据碑文所述，正德十年六月，新上任的朱岚溪发觉东镇庙"庙宇倾圮日甚，弗称吾皇尊崇之意"，于是命令沂水县、临朐县地方官负责重修，后者筹集纹银四百两用于重修项目。然地方官面临的情况异常艰难："今以饥馑相仍，乌合弄兵，于青者为尤甚。故材木四空，民生告劳也甚矣。水不可舟，山不可车，恒以弗克就绪为惧。"于是再次征询朱岚溪意见，希望增加负责人员，群策群力。朱岚溪同意建议，在其斡旋下动用大量民力物力，不惜远途运输，半年后修庙物资方大致完备。杨谏似乎对朱岚溪在民生不济时仍执着修庙的"劳民伤财"之举有所不满，以暗含谴责的语言评价道："其木石转运远至千里，近亦不减百里，左牵右曳，民若弗胜。"在地方人士进一步捐献巨木后，材料终于齐备，东镇庙重修工程于正德十一年（1516）正月正式动工，耗时四个月完成。从杨谏的描述来看，修造工作并无任何扩建和更改，而主要是翻新和加固旧有建筑结构，"文章虽如旧式，而劳实过之"。毫无疑问，此次大型重修活动也是官府主导和引领的工程，但杨谏对重修之前东镇庙的破败及对青州、临朐地区的统治困难的描述，印证了官府对这座"居深山穷谷"的东镇庙的管控和维系能力在持续性方面的缺陷。尽管官府可以动用大量人力物力对东镇庙进行大规模修缮，但这样的修缮活动却充满"心血来潮"的意味，而这样的问题也为道教和当地民间力量深入东镇庙的维系工作提供了机会。

与元朝的情况相比，上述明洪武、成化、正德年间的修造活动，显示出官方对于民间力量的抵制和对守庙道士权力的限制——责任与权力之间存在对等性，地方官府主动承担责任，意味着对东镇庙所有权的严格把握。然而，毕竟朝代有兴衰，人事有兴替，唯有居于沂山的道士和民众长期环伺在东镇庙周围，他们对于这座庙宇的权力渗透和功能运作，在嘉靖之后的几次修造活动中逐渐展现。

---

① （明）杨谏：《重修东镇庙记》，见（明）王居易：《东镇沂山志》卷4，《临朐县旧志续编》，山东省新闻出版局2003年版，第142～143页。此碑已不存，无法判断是否有题名、题名中是否又有守庙道士。

3. 明嘉靖（1522—1566）至万历（1573—1620）年间的几次修造活动

沂山地区山林茂密，历史上是著名的匪寇聚集之所。匪患严峻的情况，对东镇庙的日常运作产生直接影响，以神力剿灭匪患成为沂山神的一项特殊功能。金正隆四年（1159）《东镇修瓦殿记》中记载伪齐阜昌年间（1130—1137）"巨寇类臻啸聚此山，余党归集满万余数"，地方官田绍祖题诗东镇庙壁，当日大破类臻，剿灭贼巢。①当沂山神在剿匪活动中发挥作用时，作为酬谢，地方人士会选择以修缮东镇庙等方式报答神恩，明嘉靖三十五年（1556）的东镇庙重修活动很可能就发生在类似背景下。非常重要的是，此次重修是募集十方之力的结果。

据王居易《东镇灭寇记》所述，嘉靖丙辰年（1556），"巨寇赵慈等恃强为乱"，将攻临朐。赵慈进攻前，先往东镇庙卜签，三卜皆得下下。赵慈盛怒而去，未十里遭遇官军。双方交战间，风向突变，有利官军，贼寇大败。事后官军讯问俘虏，后者称战斗时看到东镇神助官军作战，故有此败。王居易感慨道："以为东镇之灵应，果不负国家崇祀之意云。"②或许就是在这次官军战胜赵慈之后，地方人士开始筹划重修东镇庙。王居易为这项工程撰写了《重修东镇庙缘簿引》。③ 王居易在倡议中指出，东镇庙状况堪忧，"正

---

① 原碑及碑文均不存，碑文节录见（清）姚延福修：光绪《临朐县志》卷9，《临朐县旧志汇编》，潍坊市新闻出版局2002年版，第179页。

② （明）王居易：《东镇灭寇记》，《东镇沂山志》卷4，《临朐县旧志续编》，山东省新闻出版局2003年版，第143页。同一事件在傅国《昌国艅艎》（《临朐县旧志续编》，山东省新闻出版局2003年版，第57页）等材料中也得到记载。

③ 一些著作依据《东镇沂山志》的记载将《重修东镇庙缘簿引》的作者写为"前人"。但考察《东镇沂山志》的录文体例可知，此处的"前人"指与上一篇文章作者相同。这份募集号召，紧接于王居易《东镇灭寇记》之后，作者为王居易无疑。《重修东镇庙缘簿引》没有写明年月，笔者判定其与嘉靖三十五年丙辰修庙有关的依据如下。（1）王居易在《东镇沂山志》中将自己的（转下页）

殿寝宫半遗，夫故趾回廊翼室奚取于虚名"，"断础残碑竟剥蚀于风雨"。① 事实上，《临朐编年录》提及嘉靖廿八年（1549）时东镇庙曾建小殿。② 临朐知县王家士编修，成书于嘉靖三十一年（1552）的嘉靖《临朐县志》亦记载其对东镇小殿的修造活动，称东镇庙"岁久倾颓……建小殿三间，以覆神像"。"烧砖数万，但巨木难得。镇庙祀典非他兴作可拟，焕然鼎新，固有待于丰年邻邑共成之力也。"③可见，东镇庙破败不堪，地方官府无力维持，已经是存在已久的难题。面对残败的东镇庙，此时的王居易将一切责任归结为官府的不作为——"盖上既狃于因循，斯下遂成夫玩愒"。考虑到这份募缘通告具备公开宣示的性质，这样的批评多少显得有些激烈。类似的，就在王居易的这篇文章中，还有一句非常值得注意的用语——"粢盛虽洁于春秋，壮丽难凭乎轮奂"。春秋、粢盛指朝廷礼制规定的春秋祭祀，"轮奂"则指东镇庙的实体建筑。显然，王居易是在批评官方仅将东镇庙作为偶尔祭祀的场所，对东镇庙的日常情况毫不关心。在这里东镇庙似乎被分为两个层面，分别是"官

（接上页）两篇文章《东镇灭寇记》《重修东镇庙缘簿引》相邻排列，暗示二者之间可能存在关联。（2）康熙《临朐县志》明代"义士"中给出侯之屏、刘泮、陈巽言等人参与"丙辰修东镇庙"工程。明代丙辰分别有：洪武九年（1376）、正统元年（1436）、弘治九年（1496）、嘉靖三十五年（1556）、万历四十四年（1616）。其中洪武九年重修碑残存，不见几位义士题名；现存材料不见正统元年、弘治九年重修东镇庙的蛛丝马迹；万历四十二年（1614）东镇庙刚刚获得大型修缮（见下文），正常情况下不应在一两年后立即重修。故康熙《临朐县志》所述之"丙辰修东镇庙"最可能指嘉靖三十五年丙辰。（3）下文将提及嘉靖三十七至四十年东镇庙又展开重修工作，笔者之所以不认为《重修东镇庙缘簿引》与之同为一事，原因在于嘉靖四十年的《重修东镇庙题名记》中没有出现《重修东镇庙缘簿引》作者王居易的名字，同时也没有出现侯之屏、刘泮、陈巽言三人。

① （明）王居易：《重修东镇庙缘簿引》，《东镇沂山志》卷4，《临朐县旧志续编》，山东省新闻出版局2003年版，第143~144页。

② （明）张敦仁：《临朐编年录》卷6，《临朐县旧志续编》，山东省新闻出版局2003年版，第197页。

③ （明）冯惟敏等修：嘉靖《临朐县志》卷2，《临朐县旧志汇编》，潍坊市新闻出版局2002年版，第13页。

传统中国岳镇海渎研究

方——偶尔的祭祀场所"与"民间(包括守庙道士和周遭百姓)——日常的信仰中心"。对于傅希孟领导的地方官府的失望,① 使王居易及其背后其他关心东镇庙的当地人士不再将官方作为依赖对象,转而向民间寻求帮助:"但积少成多必旁求乎列邑,而绝长补短须仰赖于十方。为此,竭诚专祈共济。或贫或富,量所有以相周;无智无愚,随其心而协助。"于是,正如康熙《临朐县志》所记载的那样,这次丙辰年的东镇庙重修活动获得当县"义士"多种赞助,包括"助菜三年""助砖瓦五万""助石灰五百秤"等。②

如果此次重修确实如本人判断的那样发生在平定赵慈匪乱之后,那么地方官府在财政和维稳等方面所面临的压力,可能是导致其无法成为修缮活动的组织者的重要原因。从王居易对地方官府的批评言辞来看,临朐县府很可能完全缺席了这次东镇庙的重修活

---

① 嘉靖《临朐县志》卷2记载王家士于嘉靖二十六年(1547)开始担任临朐知县(《临朐县旧志汇编》,潍坊市新闻出版局2002年版,第17页)。东镇庙保存王家士写于嘉靖三十一年(1552)的"诗碑",以及嘉靖三十二年(1553)陪祭题名(见赵卫东、宫德杰编:《山东道教碑刻集·临朐卷》,齐鲁书社2011年版,第75~76页)。嘉靖三十二年开始,傅希孟开始担任临朐县令,直到嘉靖三十九年(1560)由郭镇出任此地县令[见(清)姚延福修:光绪《临朐县志》卷11,《临朐县旧志汇编》,潍坊市新闻出版局2002年版,第199页]。但康熙《临朐县志》卷1所录临朐县知县名单中,王家士与傅希孟之间还有一卢云龙,仅录人名,并无其他记述(《临朐县旧志汇编》,潍坊市新闻出版局2002年版,第52页)。但无论如何,本节涉及的嘉靖三十五年和嘉靖三十七年重修,都是在傅希孟担任临朐县令期间的活动。与王家士嘉靖廿八年的作为相比,傅希孟虽然按照礼制规定参与沂山祭祀,并曾在嘉靖三十六年(1557)时留下谒庙"诗碑",但却对东镇庙的重修活动不甚用心。或许正是由于存在这样的对比,才引起王居易等地方精英的反感与谴责。傅希孟的"诗碑"已亡佚,碑石信息为地方金石文献整理著录,见《沂山石刻名录》,张孝友主编:《沂山石刻》,山东友谊出版社2009年版,第427页。下任临朐县令郭镇也有沂山"诗碑"传世,其所造访的是东镇附近著名的自然景观百丈瀑布,见赵卫东、宫德杰编:《山东道教碑刻集·临朐卷》,齐鲁书社2011年版,第77页。

② (清)尹所遴等修:康熙《临朐县志》卷4,《临朐县旧志汇编》,潍坊市新闻出版局2002年版,第87页。

226

动。而临朐县府的退出，最终使民间力量得以有组织、成规模地进驻东镇庙。不难理解的是，官府让渡责任，同时也就让渡了权力。有关嘉靖三十五年的这次重修活动，目前并无其他材料可资查考。但一年多后另一场修建活动的兴起，却不免令人推测此次重修的成果很可能相当有限，经历兵乱的地方社会也需要时间来平复创伤。

时间来到嘉靖三十七年，一场历时四年的重修活动即将展开。对我们而言最为有趣的是，这次重修活动中扮演主角的是东镇庙道士。在致祭碑刻、地方志等带有官方性质的材料中，东镇庙道士的活动常常遭到刻意的掩盖和无视，但记载这次重修活动的一方碑石终于使这些默默无闻的道士走到历史的前台。嘉靖四十年（1561）九月所立的《重修东镇庙题名记》记载了这一事件的原委。碑铭记载：

> 东镇庙宇，近年以来，风雨摧残，神像暴露，本庙住持唐教玉等，具呈到县，转申本府兵备道给印信，□□缘募四方钱粮。临朐、沂水二县城，夫役督工，修理寝殿五楹，具用琉璃瓦兽，两庑十楹，灵星门一座。自嘉靖三十七年起工，至四十年落成。四方施财达官长者姓名，借此碑阴开列于后，以识岁月。①

这段文字宣明此次东镇庙修复工作所包含的内容，同时阐明重修活动的主要发起者是东镇庙唐教玉等守庙道士。从碑文来看，包括临朐县、沂水县甚至青州府在内的地方官府对唐教玉的重修给予鼓励。然而，除允可唐教玉的募缘行为外，地方官府仅"夫役督工"予以配合。实际为此次重修活动前后奔走的则是"道士陈崇进，募

① 《重修东镇庙题名记》，赵卫东、宫德杰编：《山东道教碑刻集·临朐卷》，齐鲁书社2011年版，第78页。所谓"借此碑阴开列于后"并非指此碑文字分别刻于碑石之两面。《重修东镇庙题名记》借用嘉靖六年诗碑之背面刊刻，故有此说。标点略有修改，原文"兵备道"被点断为"……兵备，道……"不确。

缘住持唐教玉，助缘杜教用、郇一林、王教洪、李教允、孟道胜、申道贵"，以及最后题名的"住持崔崇祐"。从唐教玉自主募缘行为来看，东镇道士已不将维系东镇庙的愿望寄托在地方官府身上——事实上，地方官府的长期不作为或无能为力正是导致东镇庙破败的主要原因。官方"印信"对道士的募缘活动确可提供一定帮助，尤其是可以使本质上是"民间"募资的活动渲染上一些"官方"色彩，有利于争取地方官员、士绅慷慨资助。从碑石题名来看，这样的策略确实收到预期效果，尽管地方官府没有从"官方层面"给予制度之内的经费支持，但不少当地官员还是以个人身份参与捐赠；同时"临朐乡民""沂水乡民""昌乐乡民"纷纷解囊，尤其以东镇庙所在的临朐县乡民捐献人数最众。

有关此次重修活动的结果，前揭孟养性的《游沂山记》也提供了一些线索。文章称，孟养性在嘉靖辛酉年（1561）九月与弟子读书东镇庙。据《重修东镇庙题名记》所记，当月初一即唐教玉主导的重修活动告成立碑的时间。《昌国舻艎》等书记载孟养性曾任武定学正[1]，其是否捐助嘉靖三十七至四十年的东镇庙活动不详，但《重修东镇庙题名记》官员题名中监生中有一"孟□□"[2]，而康熙《临朐县志》将孟养性列为"贡生"[3]。明代贡生可入国子监学习，即为监生，或此监生"孟□□"即"读书东镇"的孟养性。从孟养性的文字来看，他自嘉靖四十年九月至次年（1562）九月初一直在东镇庙中读书讲学。嘉靖四十一年九月，友人王守吾来访，夜宿其馆，拜谒神灵，游览庙宇，发现"登阶环视，殿宇狭小，不称神居"。庙中道士解释称："庙制高阔，原见视泰岳，岁久圮废，遗

① （明）傅国：《昌国舻艎》卷5，《临朐县旧志续编》，山东省新闻出版局2003年版，第34页。

② 《重修东镇庙题名记》，赵卫东、宫德杰编：《山东道教碑刻集·临朐卷》，齐鲁书社2011年版，第78页。

③ （清）尹所遴等修：康熙《临朐县志》卷2，《临朐县旧志汇编》，潍坊市新闻出版局2002年版，第58页。

址虽存，巨木难觅，工役之大，非通省协力莫能复也。"①王守吾给出以枯柏为梁的建议，但从马上就要介绍的隆庆和万历年间重修情况来看，这则建议并没有获得采纳。将孟养性的这段记述与前引《重修东镇庙题名记》文字相比较，不难发现此次重修的效果同样不理想。重修工程主要包括寝殿和灵星门，② 而并未触及最重要、损毁可能最严重、修缮难度也最大的正殿。但嘉靖三十七年到四十年的重修活动，依旧为我们揭示出有关东镇庙日常情况的重要信息。首先，在制度上来看，守庙道士没有义务为东镇庙的维持付出过多努力，修缮国家祠庙的工作本应是官方本分。但在现实中，官府每每无力也无心妥善管理这座国家祠庙，致使居住其中的道士必须承担起一些责任。承担责任的同时，这些道士便可能获得灵活而合理地运作东镇庙的一些权力，比如后文将要提到的带领民众在庙中建醮。其次，庙宇的完备或倾颓，直接影响着庙中道士的切身处境，但住庙道士同样没有充裕的经费来维持这座庞大的庙宇，因此争取官府和民间力量的支持便成为必然选择。当官方不能给予充分支持时，守庙道士与民间力量的合作在维系庙宇方面便尤显重要。与此同时，以士绅、乡老为代表的民间力量也有机会进入东镇庙，并对这座祠庙产生深远影响。不得不承认的是，唐教玉领导的重修活动使我们看到官方、道士、民间势力任何一方都无法长期为东镇庙提供保护，勉强维持成为明中期以后东镇庙的常态境况。三方在修缮东镇庙工程中的协作、推诿以及由此而来的实际控制权的博弈，导致东镇庙的"属性"产生游移。对于这些不同人群的不同目的而言，东镇庙既可以是享受朝廷制度性祭祀的"国家祠庙"，也可以是一座名正言顺的道观，同时还能够成为寄托民众情感和信仰实践的"民间庙宇"。

---

① （明）孟养性：《游沂山记》，见（明）王居易：《东镇沂山志》卷4，《临朐县旧志续编》，山东省新闻出版局2003年版，第144页。

② 东镇庙中发现刻有"灵星"二大字的残石两块，可拼合，拼合后高52厘米，宽84厘米，右侧书"大明□□□十七年闰七月之吉□"。张孝友等人指出右侧缺字为"嘉靖三"及"旦"，而此石即嘉靖三十七年重修东镇庙灵星门的成果。见张孝友主编：《沂山石刻》，山东友谊出版社2009年版，第314页。

　　自嘉靖末年重修工程之后，官府、道士及民间精英合作修缮东镇庙，成为常例。这里可以再举隆庆三年（1569）和万历四十二年（1614）两个例子作以观察。隆庆三年《重修东镇庙碑记》的原石磨损严重，仅有三十余字可辨识，① 但这篇由临朐县著名乡贤迟凤翔所撰写的碑记却因《东镇沂山志》的收录而保存完整。根据碑文记载，东镇庙自嘉靖辛卯年（1531）以来年久失修，"正殿亦废"。"绌于财力，仅成类小室以奉主位，大不称制。"嘉靖丙寅年（1566）县令张体乾上任。② 次年改元，朝廷遣使告祭东镇，张体乾在东镇庙中临时搭建大棚举办祭祀，虽解一时之急，但"所费不赀"，且非长久之计。于是寻求一劳永逸之策，但"公私俱竭，计无所出。"岁至隆庆二年（1568），其岁大稔，乡民陈镗等人"请愿助工以拓神居"。张体乾自然乐见其成，并从民众中"选殷实好义"者监督工程。临朐县乡民积极参与，未及一月积累四百金。九月九日，张体乾祭土正式开工。此时张体乾等人发现恢复正殿非千金不可，但同时发现"寝宫宏丽"，故与乡民商量将寝殿改为正殿，将沂山神像移入其中，另建寝殿安置沂山女神。经一番磋商，计划得到执行。寝殿的"宏丽"，显然要归功于唐教玉主导的那次重修。张体乾的重修据说起到不错的效果，至隆庆三年四月落成时，"虽未尽复建置之初，视往昔殊大备矣"。③ 从以上叙述可见，这次重修活动虽然是由临朐县官府允可和深度参与的活动，但维修经费却完全仰仗地方民众的支持。同时，尽管碑记中没有出现任何道士的身影，但带有官方背景的纪念性文章并不是没有刻意掩盖道士活动的可能。就在东镇重修刚刚结束后的五月，张体乾所作的《颂东镇诗碑》就被刻立于东镇庙中，刻碑人包括县丞赵凤、张巍、典史张洪，以及

---

　　① 此碑及作者迟凤翔的基本情况，参张孝友主编：《沂山石刻》，山东友谊出版社 2009 年版，第 177 页。

　　② 张体乾基本情况，见张孝友主编：《沂山石刻》，山东友谊出版社 2009 年版，第 179 页。

　　③ （明）迟凤翔：《临朐县重修东镇庙记》，见（明）王居易：《东镇沂山志》卷 4，《临朐县旧志续编》，山东省新闻出版局 2003 年版，第 145 页。

"本庙住持崔崇祐"。① 根据迟凤翔《临朐县重修东镇庙记》来看，除崔崇祐之外的这几名官员都参与了隆庆三年重修东镇庙的筹划工作。尽管仍无法确定此前曾参与嘉靖末年重修东镇工程的崔崇祐等道士是否也在这次重修活动中扮演着某种角色，但有理由相信他们恐无袖手旁观的可能。

万历四十二年的重修活动中，临朐县令的作为与之前的张体乾类似，但相关碑记没有忽略东镇庙道士的存在。赵秉忠所撰《重修东镇沂山庙记》碑石今存，裂为三块，部分残缺，方志文献未著录此碑。② 根据残碑所述，东镇庙又一次陷入"岁久浸坏"的境地。万历三十九年，麻友椿担任临朐县令，③ 当年秋祭拜沂山东镇庙，"环视庙制渐颓"，希望修缮，但苦于力不能及。后在地方儒士陈致恭、乡耆王来聘等人请愿下，临朐官府与民间力量一同展开募集和重修工作。由于较为顺利地获得最难寻获的巨木，"不三月而大殿落成"，而后又修复了寝殿、钟鼓楼等建筑。碑文的后半部分一如既往地将大部分功劳归于作为领导的地方官麻友椿，但在碑阳最末的题名中却没有忘记给东镇庙主持吕玄阳等人留出位置。有关此次东镇庙重修的"官府-道士-民间"三方合作情况，在碑阴题名中表现更为明显。尽管碑石存在残缺，但现存碑阴题名依旧能够看出几种明确的人员分类，包括地方生员、儒士吏员、乡耆、东镇住持、工匠，以及除住持外的 33 位"本庙道士"。列名其间的道士赵守身我们已不陌生，其正是《东镇述遗记札》的作者。

最后，以目前所见材料来看，明代东镇庙的重建工程中有一现象较值得注意。受封青州的衡藩热衷道教信仰，拥有家庙，衡王及

---

① （明）张体乾：《明隆庆三年张体乾颂东镇诗碑》，赵卫东、宫德杰编：《山东道教碑刻集·临朐卷》，齐鲁书社 2011 年版，第 84 页。

② 此碑现状及拼合情况等，参张孝友主编：《沂山石刻》，山东友谊出版社 2009 年版，第 186~187 页；见赵卫东、宫德杰编：《山东道教碑刻集·临朐卷》，齐鲁书社 2011 年版，第 87 页。

③ 有关麻友椿，参（清）尹所遴等修：康熙《临朐县志》卷 1，《临朐县旧志汇编》，潍坊市新闻出版局 2002 年版，第 52 页。

王府官员也资助过多个青州府辖区内的道观修造活动,①但似乎对东镇庙的修造毫无兴趣;同时,从现存资料来看,东镇庙道众似乎也从没向衡藩求助的打算。尽管没有其他材料的佐证,但这一现象有可能反映藩王主动回避卷入拥有地域统治合法性象征的东镇庙的相关活动,以免遭到觊觎帝国权力的怀疑和指责。

4. 清康熙二年(1663)和四十年(1701)、四十一年(1702)的三次修造活动

清朝取代明朝之初,对于作为统治象征的岳镇海渎庙的祭祀提起重视。就东镇而言,保存至今的碑目显示,最晚顺治三年(1646)清朝便开始派遣使者致祭沂山。②但清代东镇庙的首次大型重修似乎直到康熙二年方才展开。

康熙二年的重修活动留下两篇原始记述,皆为临朐县进士张印立撰文,分别是《重修东镇庙记》与《重修东镇庙落成记》。从内容来看,《重修东镇庙记》似乎不是为了刻碑而撰写的文章,目前也没有发现刊刻这篇文章的碑石。此文撰写于重修工程开始之前,约为康熙元年(1662)之作。文章前半讲述沂山和东镇庙的圣境美景及庙宇现状,提及因读前朝重修碑得知女神移入寝殿等掌故。文章后半强调"治民事神,司土之责",指出经过明末战争的摧残和岁月轮替的洗刷,东镇庙"久雨侵飘瓦矣"。康熙元年秋,"司土者"谢赐牧祭祀东镇,适值淋雨,大殿淋漓,于是召住持道人朱全周商议重修庙宇。此时发现,庙宇为雨水侵凌坏损者,"岂惟大殿,盖后寝殿及两配殿尤甚,而大殿前龙亭复颓废无余,而中门左宰牲亭又久属子虚"。③《重修东镇庙记》行文至此基本结束。据光绪《临朐县志》记载,有心重修东镇庙的谢赐牧于顺治十五年(1658)开始

① (明)冯裕:《重修驼山昊天宫记》,赵卫东、庄明军编:《山东道教碑刻集·青州 昌乐卷》,齐鲁书社2010年版,第15~16页;等。明代藩王对道观的支持,参[美]王岗著,秦国帅译:《明代藩王与道教:王朝精英的制度化护教》,上海古籍出版社2019年版,第134~174页。

② 张孝友主编:《沂山石刻》,山东友谊出版社2009年版,第429页。

③ (清)张印立:《重修东镇庙记》,见(清)尹所遴等修:康熙《临朐县志》卷4,《临朐县旧志汇编》,潍坊市新闻出版局2002年版,第95页。

担任临朐知县，至康熙八年(1669)邓开桂继任。① 另一篇由谢赐牧撰写、张印立书丹的《重修纪山庙记》显示，康熙三年(1664)谢赐牧还与地方善信及纪山庙道士合作，修复了这座年久荒败的庙宇，② 可知谢赐牧对于修复地方庙宇的工作较为用心。张印立的《重修东镇庙落成记》是此次东镇庙重修工程完成后的纪念文章，碑石现存。③ 碑文前半讲述沂山东镇庙的光辉历史，接着指出当时东镇庙已颇为萧索，"榱桷不蔽风雨"。"祁闾春台谢公"谢赐牧担任县令六年来，祭祀东镇十余次。与张印立在之前文章中的记述对应，康熙元年秋谢赐牧祭祀东镇时恰值淋雨，发现东镇庙年久失修，于是有兴复之愿。次年(1663)春旱，谢赐牧求雨东镇庙，顿时云兴雨至。值此之际，谢赐牧正式倡议重修，带头"捐俸百三十金"，官吏乡耆积极响应。工程自康熙元年九月初提议，至康熙二年十月结束。"凡添瓦五万余个，用灰七万余斤，易椽千有余根，凡阅岁余而轮奂之，厘然者犹孔庙也。而龙亭、宰牲亭，且钟兴焉，而海神，亦得肃然垂绅端笏于别殿内。"④接下来的记载非常有价值，文中细致讲述庙中道士为重修东镇庙所付出的努力，同时也为我们呈现出这座"道观"中道士内部可能存在的复杂关系。据张印立所述，东镇庙道士"曹□惟"，雇人于庙门外挖土，挖出石灰数千斤，"曹秘不以宣，曹徒有石冲月者，暗追此息，庙众皆知之，弗敢先发也"。至康熙二年三月，"督工诸公"向曹索取，"曹弗吐，已命冲月弟冲明于所在掘之"。这一事件中的核心人物"曹□惟"，可能就是万历四十二年《重修东镇沂山庙记》三十三位道士

---

① （清）姚延福修：光绪《临朐县志》卷 11 下，《临朐县旧志汇编》，潍坊市新闻出版局 2002 年版，第 204 页。

② （清）谢赐牧：《重修纪山庙记》，赵卫东、宫德杰编：《山东道教碑刻集·临朐卷》，齐鲁书社 2011 年版，第 205~207 页。

③ 此碑碑首原本残缺，近年征集寻获，见张孝友主编：《沂山石刻》，山东友谊出版社 2009 年版，第 194 页。

④ （清）张印立：《重修东镇庙落成记》，赵卫东、宫德杰编：《山东道教碑刻集·临朐卷》，齐鲁书社 2011 年版，第 92 页。

题名中的"曹真惟"。① 根据《重修东镇庙落成记》最后的题名可知，此次工程有督工和督摧道人的职位，与曹真惟对峙者应当就是这些人。督摧道人的首位就是我们已经熟悉的赵守身，根据题名位次来看，他的地位已较万历四十二年时高出很多；同为督摧道人的祖悟赞则是赵守身的弟子。② 尽管张印立没有记载是否对曹真惟进行惩罚，但公开树立的碑刻却可以成为曹真惟等人的耻辱柱，曹真惟及其弟子恐怕不便在东镇庙中继续常驻。张印立笔下还记载了另一个道士募缘事件。临朐县牛家沟牛四家有杨树一株，道士募化三次，但牛四始终拒绝施舍，不久身患重病。家人为之捐献杨树，但牛四最终病亡。不论这则募缘牛四事件多么不符合今人的价值观，但却仍能展现东镇庙道士为庙宇重修工作所付出的百般努力。通过这两次获得记载的募缘行为，可以想象，多数东镇庙的重修工程（即使是地方官府所领导的项目）背后，可能都有往来民间募化经费的守庙道士身影。或许是由于他们的募缘行为太过正常，或许是因为官方碑记常常掩盖道士的功劳而突出地方官的卓越领导，相关记载总是遮遮掩掩。

三十八年后，东镇庙迎来又一次重修。据陈霆万所撰康熙四十年《重修东镇庙碑记》记载，此时东镇庙复又破败。张曾裕担任临朐知县第三年（1697）时③，计划修葺庙宇，"召黄冠为疏以募资"④。后张曾裕丁忧离任，陈霆万继任知县，工程最终完成于后者任内。据陈霆万所述，此次工程"群力局多，谋始则昆诒张君，而黄冠王正位实与劳勋焉"。根据这方碑记的题名可知，王正位正是此时东镇庙的住持。此次修缮完成于康熙四十年（1701）八月，

---

① 《沂山石刻》编者补此缺字为"左"，不知何据。

② 《清康熙十六年道士赵守身墓碑》，赵卫东、宫德杰编：《山东道教碑刻集·临朐卷》，齐鲁书社 2011 年版，第 95 页。

③ 据光绪《临朐县志》卷 11 记载，张曾裕于康熙三十四年（1695）担任临朐知县，康熙三十八年（1699）陈霆万继任。见《临朐县旧志汇编》，潍坊市新闻出版局 2002 年版，第 204 页。

④ （清）陈霆万：《重修东镇庙碑记》，赵卫东、宫德杰编：《山东道教碑刻集·临朐卷》，齐鲁书社 2011 年版，第 101 页。

前后共计数年时间，因碑记不详，不知到底修缮了哪些方面。但从康熙四十一年(1702)的又一其修造活动来看，前一年完工的修缮活动恐怕谈不上完备。据当地儒学训导陈维寅所撰《重新东镇神像记》可知，彼时东镇庙中神像缺损，有人计划以"木主"代替神像。但当地民众对这一计划持否定态度，认为没有神像不合旧制，且无法令普通百姓升起虔敬之心。于是在当地"乡耆会首宗炌、张捷"带领下，"结社纠资"，雕造出新的神像，于康熙四十一年七月立碑纪念。① 根据以上记载，可以发现地方精英组织的会社对东镇庙的维系作用相当大，宣称"守兹土者，是余之责"②的临朐县府做起事来却捉襟见肘。

《重新东镇神像记》的题名显示，参与神像修造者除地方社众外，还包括徐和风、刘无祥等多位道士。造神像一事之外，这方碑铭中的一段话为我们提供了当地民间力量进入东镇庙的线索，有必要引起注意：

> 况沂山之神□镇东方，天子遣官致祭，有司春秋告祀，水旱□疫，有祷必应，远近进香设醮者，络绎而至……③

对于东镇庙的使用，朝廷有一套礼制规定，而民间也依其常规信仰模式前来进香、设醮。有材料显示东镇沂山在清代或更早便已经出现春秋两季的庙会，吸引四方百姓辐辏参与。④ 最晚在清代康熙年

---

① （清）陈维寅：《重新东镇神像记》，赵卫东、宫德杰编：《山东道教碑刻集·临朐卷》，齐鲁书社2011年版，第103~104页。

② （清）陈霆万：《重修东镇庙碑记》，赵卫东、宫德杰编：《山东道教碑刻集·临朐卷》，齐鲁书社2011年版，第101页。

③ （清）陈维寅：《重新东镇神像记》，赵卫东、宫德杰编：《山东道教碑刻集·临朐卷》，齐鲁书社2011年版，第103页。

④ 笔者在已知的临朐方志中未发现沂山东镇庙会的记载，但《东镇沂山》（济南出版社1998年版，第19页）指出："《古拾遗》云：'东镇庙会、山会为一年二会，春于"放生节"（农历四月初八）'，秋在下元节（农历十月十五）。香客游人，商贾摊贩，八方麇集，面广三州数十县。人众如（转下页）

间便有民众在东镇庙设醮一事更有碑石可证。《仁寿乡盘羊社修醮残碑》存于东镇庙中，记述临朐县仁寿乡盘羊社在若干会首带领下，于东镇庙修醮三年，功德圆满，勒碑纪念。① 因碑石残缺，确切系年不详，但碑文记载带领民众建醮的"玄门弟子苑静云"，又出现在前揭康熙二年《重修东镇庙落成记》中，由此可推断盘羊社建醮事亦当发生在康熙初年前后。《仁寿乡盘羊社修醮残碑》显示东镇庙在当时确实获得来自朝廷和民间的双重祭祀，其作者认为朝廷有春秋致祭的制度，"在上者，既已如斯也"；而受东镇沂山神庇护的乡野小民也当祭祀报恩，以东镇庙道士带领修醮的方式回馈神灵。康熙二十二年（1683）的《渠丘泊里庄碑记》是一篇民间社会东镇建醮的纪念性文章，记载安丘县西乡泊里庄村民，在会首任复初带领下在东镇建醮一事。此时担任东镇庙主持的是李德仁，负责此次醮仪的则是"领醮弟子于德江"。② 东镇庙虽然位于临朐县，但从这则建醮记可以发现，其在地方的信仰辐射并不局限于临朐一县，包括安丘县在内的周边县区也被吸引而来。据《沂山石刻》编者转引的赵守身《东镇述遗记札》所述，泊里庄修醮碑记至少还有三块："先者南宋嘉定十五年，祈攘兵戈之灾；次于元至正七年祷息地震；三者隆庆二年禳祛水患。"③若其言可从，则当地民众于东镇庙修醮的传统便可追溯到宋代；而即使所言不实，也至少证明在赵守身生活的明末清初，东镇庙为地方民众修醮必然已成为一项日

（接上页）潮，拥塞官道，延至山际。杂货土物充斥市面，售购兴旺。时短经旬，长则半月余。庙会繁华，不亚于唐之香火。"然而，因《东镇沂山》并未给出文献来源，本人又未能在常见古籍库、方志库中发现《古拾遗》原书，无法确定《古拾遗》到底是怎样一部著作，故有关古代东镇庙会的问题暂时不便深究。有关当代东镇庙会的情况，参马广田、马广海：《沂山东镇庙和东镇庙会》，《民俗研究》1990 年第 3 期，第 61~62 页。

① 《仁寿乡盘羊社修醮残碑》，赵卫东、宫德杰编：《山东道教碑刻集·临朐卷》，齐鲁书社 2011 年版，第 132 页。

② 《渠丘泊里庄碑记》，张孝友主编：《沂山石刻》，山东友谊出版社 2009 年版，第 205~207 页；赵卫东、宫德杰编：《山东道教碑刻集·临朐卷》，齐鲁书社 2011 年版，第 96 页。

③ 张孝友主编：《沂山石刻》，山东友谊出版社 2009 年版，第 205 页。

常服务。

康熙之后，东镇庙成规模的维修活动似乎到嘉庆五年（1800）才再次出现，而此次重修是配合乾隆配享圆丘礼成告祭岳镇海渎活动而来。① 此后至清朝结束，未见官方重修东镇庙的任何线索。地方民众而言，嘉庆十一年（1806）地方民众自发在"沂山东镇之西□"修三元庙一所，② 但由于"西□"残沥，不详此庙是否在东镇庙中，碑文亦未透露三元庙是否与东镇庙存在任何隶属关系，暂置之不论。咸丰（1851—1861）至民国时期，临朐和沂山地区土匪纵横③，东镇庙道士离散不堪④，以至东镇庙"祀事不修，人迹罕至，时有匪徒啸聚其间，空山梦俪庙宇益荒颓矣"⑤。东镇庙不属于中华民国的"国家祠祀"，官方便也无义务提供支持；东镇道教的衰落又使与此庙兴衰利益最为关切的人群消失殆尽。自此东镇庙的修造活动只能委地方结社以重任，如民国二十九年（1940）之寝殿重修即属其例。⑥

以上完整回顾沂山东镇庙从元至清有史可查的修造事件。与想当然的猜测不同，尽管东镇庙拥有"国家祠祀"的崇高地位，是岳镇海渎祭祀中不可或缺的组成部分，中央朝廷和地方官府也依礼制规定对之进行各式各样的祭祀，但中央朝廷似乎更关注东镇的"象

---

① 《清嘉庆五年赓音布致祭碑》《清嘉庆五年重修东镇庙落成诗碑》，赵卫东、宫德杰编：《山东道教碑刻集·临朐卷》，齐鲁书社2011年版，第117~119页。

② （清）胡树：《新建三元庙记》，赵卫东、宫德杰编：《山东道教碑刻集·临朐卷》，齐鲁书社2011年版，第120~121页。

③ 匪患是影响当地生活的重要问题，前注所揭临朐县五井镇同治十三年（1874）所立《重修三元庙记碑》即记载："咸丰末，南匪扰二东，淄贼附起，村民依山寨以图存，所遗居宅半劫灰"（见赵卫东、宫德杰编：《山东道教碑刻集·临朐卷》，齐鲁书社2011年版，第196页）。

④ 有关民国年间临朐道士情况的负面评价，见刘仞千主编：民国《临朐续志》卷15，《临朐县旧志汇编》，潍坊市新闻出版局2002年版，第538页。

⑤ 刘仞千主编：民国《临朐续志》卷15，《临朐县旧志汇编》，潍坊市新闻出版局2002年版，第532页。

⑥ 李焕章：《民国二十九年重修寝殿记》，赵卫东、宫德杰编：《山东道教碑刻集·临朐卷》，齐鲁书社2011年版，第129~131页。

征性"而非其"实体"，对于庙宇的日常维持用心不足。临朐县府虽然反复重申维系东镇庙貌是其"守土之责"，却常常因人力、物力、财力、观念等原因而袖手旁观，放任庙宇倾颓，导致官方主动且一力承担的大型修造活动比较少见。此情况下，守庙道士和当地民众便成为长久维持东镇庙的关键因素，尽管二者同样捉襟见肘，但在持续性层面却显得比官府更有耐力。这些地方力量既可以单独主持东镇庙的修造活动，又可以与官方合作深入参与修造事宜。可以想象的是，东镇庙日常维持所必需的各种小型工程也必然是由庙中道士和地方民众亲手操持，尽管这些琐碎的"小项目"很难在任何碑记中得到反映。责任的分担，导致控制权和话语权的分享。东镇庙由此不单成为一座演习"儒家礼仪"的国家祠庙，同时也成为在地方社会中举办斋醮活动、凝聚信仰力量的道观和民祠。

三、结　论

本章以碑石材料为主体，结合方志等文献对元明清东镇庙道士的整体情况进行讨论，并以东镇庙历代修造工作为中心展示道教等"非官方力量"之于维系和丰富东镇及其社会功能的意义。在讨论中，可以看到作为国家祠庙的东镇庙，在全真教道士打理下，与地方民间社会和信仰世界产生复杂纠葛。

沂山东镇庙从元到清的变迁脉络中，可以发现多种"对立关系"交织互动："国家祭祀—道教打理""官方背景—民间运作""礼制规定—地方权宜"……一座东镇庙，因为不同人群抱着不同目的的关照、运作和参与，而呈现出多种多样的文化意义和社会功能。由于东镇庙中来来往往的人群之间存在密切的互动，导致以上"对立关系"呈现出权衡、协调和共融的特征，而非泾渭分明的零和对立。以东镇庙中各类修造事宜为例，尽管围绕神像的存废等具体问题有可能产生不同话语和权力体系间的争执和角力，但更多时候官方、道教、民间社会等势力之间仍能达成合作，勠力同心，继而各取所需。在关系交错的互动中，守庙道士扮演着串联者的角色。这些守庙道士显然不是任朝廷摆布的玩偶，他们不仅拥有专门属于道士的信仰生活和社会关系网络(宗派、法脉)，更通过积极行动，成为维系东镇庙日常运作的实际管理者。东镇庙道士的绝大多数活动已遭淹没，没有得到应有的记述，但仅就东镇庙历代修造工程而言，也可看出他们在串联道教、官方和民间力量时所能发挥的巨大作用。

东镇庙道教的案例为思考中国古代国家祠庙地方运作等问题提供一些启发。最初由朝廷设置于地方的国家祠庙，最终只能凭借地方力量的支持才能维系活力。包括道教、民众等在内的地方力量，并不会全盘接受"儒家意识形态"下设定的祠庙制度和意义诠释，而是尝试在参与祠庙活动的同时掺入其他观念和实践——尤其是在官方无力维系祠庙的正常运作并放松对庙宇的把控时，从而使祠庙的意义和功能得到进一步拓展和丰富。最终，名义上的"国家祠庙"，在现实中成为多种文化共同展演、共生共融且互相角逐的舞台。制度的编制有其初衷，但制度的执行却往往是权衡的结果。

附　　录

表 8-1　现存元明清东镇庙碑刻中的道士名录

说明：

(1)下表依《山东道教碑刻集·临朐卷》和《沂山石刻》整理。为节约篇幅，若无特殊情况，出处仅给出便于参考的一个。

(2)道士职位一并给出。

(3)碑铭性质包括：遣官祭祀、修造、诗文、墓碑、民间醮祭。

时间	碑铭	性质	道士题名	出处
元至大四年(1311)	《临朐县达鲁花赤祭春记》	遣官祭祀	时道信	《山东道教碑刻集·临朐卷》，第4页
元皇庆二年(1313)	《脱欢、蔡文渊昭告碑》	遣官祭祀	宣授圆明真静纯德大师东镇提点梅道隐	《山东道教碑刻集·临朐卷》，第6页
元延祐六年(1319)	残碑	遣官祭祀	圆明真静纯(下残) 按：残缺文字当为"纯德大师东镇提点梅道隐"	《山东道教碑刻集·临朐卷》，第7页；《沂山石刻》，第272页

239

续表

时间	碑铭	性质	道士题名	出处
元①	《伽八徼残碑》	遣官祭祀	宣道和，执事彭腾霄，执事王士能，提举侯玄信，提领张德□	《山东道教碑刻集·临朐卷》，第11页；《沂山石刻》，第340页
元至治二年（1322）	东镇沂山元德东安王庙神佑宫记	修造	碑阳： 崇真明道大师本宫上院太虚延寿宫玄坛提举郦道顺，两经宣授圆明真静纯德大师本路都道录东镇太虚宫提点梅道隐，东镇沂山神佑宫提点知东镇庙事张德显，中玄妙义大师太虚宫提点唐志迁，安和明德通妙大师东镇庙神佑宫提点王道融 碑阴： 弘教大师姜君，明□大师益都路道录两宫提点周(士)真人，渊静洞虚大师益都路道门提点王志朴，玄门大师武君，洞虚大师本宫提点曹志明，明道大师提点道全□□大师□□□道隐，阔然明素大师本宫提点杜道方，渊贞明静大师本宫提点张道珪，玄通大师□□□□路道录张道亨，□□□□□□□□□道隐，□□大师前□□□□□□□，中玄妙义大师本宫提点唐志迁，明贞大师知东镇庙事本宫□张□，□明大师般阳路道录王□□，□□统德大师提举魏道真，东镇知观刘道源，本宫副宫赵道义、田福堂、□□□□□□道□、林庆童、□道隐宫□□□□□□王道融，本宫知观□玄信，通□然素大师益都路道提点兼本宫提点□□范和童，明达大师本宫知宫宣道和、韩德童，北磨知观洪德广、张云童，本宫副宫孙道信，本庙知观李道成 ＊碑阴题记有残沥现象，道士名单及职务不完整	《山东道教碑刻集·临朐卷》，第8～10页；《沂山石刻》，第30～34页

---

① 此碑残损严重，系年不详。《山东道教碑刻集·临朐卷》编者称碑铭中"侯玄信"出现于《神佑宫记》，推此碑为元碑。然经查《神佑宫记》中无"侯玄信"题名(仅有"□玄信")，但此碑确为元碑无疑，碑文中宣道和出现于《神佑宫记》可以为证。此外，题名之"提领张德□"疑为张德显，而《神佑宫记》所载张德显已任"提点"，较提举品阶更高。故推此残碑时代早于元至治二年。

续表

时间	碑铭	性质	道士题名	出处
明洪武二年（1369）	《敕祀东镇庙记》	遣官祭祀	太虚宫守庙道士王德祚，邹德明	《山东道教碑刻集·临朐卷》，第15页
明洪武十年（1377）	《陆亨、王守静、丰继宗代祀碑》	遣官祭祀	道士王守静，丰继宗	《山东道教碑刻集·临朐卷》，第20页
明永乐四年（1406）	《吴宗显等致祭碑》	遣官祭祀	道士吴宗显，道会司□□□	《山东道教碑刻集·临朐卷》，第21页
明正统元年（1436）	《车逊致祭残碑》	遣官祭祀	道会司道士王道延，守庙道士李寿真、李元真	《山东道教碑刻集·临朐卷》，第24页；《沂山石刻》，第287~288页
明正统二年（1437）	《任荣祭告残碑》	遣官祭祀	道会司道士蒋□深，守庙道士李寿真	《山东道教碑刻集·临朐卷》，第25页
明景泰四年（1453）	《戚澜代祀碑》	遣官祭祀	道会司道会刘得芳	《山东道教碑刻集·临朐卷》，第28页
明天顺元年（1457?）	《天顺年间残碑》	遣官祭祀	道士姜志先	《山东道教碑刻集·临朐卷》，第28页；《沂山石刻》，第295页
明成化元年（1465）	《李木代祀碑》	遣官祭祀	道会司道会刘得芳，① 神佑宫住持崔守诚，道士赵志安	《山东道教碑刻集·临朐卷》，第31页；《沂山石刻》，第68页

———————————

　　①　《山东道教碑刻集·临朐卷》做"鞠得芳"。考虑到《戚澜代祀碑》道会司道会为"刘德芳"，疑《山东道教碑刻集·临朐卷》录文有误，此暂依《沂山石刻》录名。

时间	碑铭	性质	道士题名	出处
明成化三年（1467）	《临朐县重修东镇庙记碑》	修造	碑阴：守庙道士李原真，本庙住持王志琮，道士赵志安、赵志雄、姜志海，化缘道士李喜延	《山东道教碑刻集·临朐卷》，第35页
明成化六年（1470）	《李希安代祀碑》	遣官祭祀	本庙住持崔守□（诚？）	《山东道教碑刻集·临朐卷》，第37页
明成化十三年（1477）	《陈俨代祀碑》	遣官祭祀	住持张永惠	《山东道教碑刻集·临朐卷》，第43页
明成化二十三年（1487）	《黄景代祀碑》	遣官祭祀	住持道士孟喜升	《山东道教碑刻集·临朐卷》，第47页
明弘治七年（1494）	《李兴致祭碑》	遣官祭祀	住持宋喜文，道士成喜通	《山东道教碑刻集·临朐卷》，第55页
明正德五年（1510）	《乔宇代祀碑》	遣官祭祀	住持郭崇增	《山东道教碑刻集·临朐卷》，第62页
明嘉靖三十二年（1553）	《沈应龙致祭碑》	遣官祭祀	本庙住持刘成……	《山东道教碑刻集·临朐卷》，第76页
明嘉靖四十年（1561）	《重修东镇庙题名记》	修造	本庙住持/募缘住持唐教玉，道士陈崇进，助缘杜教用，郇一林，王教洪，李教允、孟道胜、申道贵，住持崔崇祐	《山东道教碑刻·临朐卷》，第79页
明嘉靖四十三年（1564）	《鲍象贤致祭碑》	遣官祭祀	本庙住持唐教玉	《山东道教碑刻集·临朐卷》，第81页
明隆庆三年（1569）	《张体乾颂东镇诗碑》	诗文	本庙住持崔崇祐	《山东道教碑刻集·临朐卷》，第84页

续表

时间	碑铭	性质	道士题名	出处
明万历 十四年 （1586）	《唐教玉墓 碑》	墓碑	天师门下拜授上清三洞五雷经箓 兼三五都功太平辅化仙卿唐以明 （唐教玉）； 徒子：薛道之、申道贵、孟道胜、 吕道朐、姚道江； 俗徒子：侯道夫； 徒孙：方守田、申守政、付守智、 杜守仁、杨守仁、徐守衫、田守 俸、杨守□； 重孙：牛悟性、于悟贤、于悟清 玄孙：申玄机	《山东道教碑 刻集·临 朐卷》，第85页；《沂 山石刻》，第182～183 页
明万历 四十二年 （1614）	《重修东镇 沂山庙记 碑》	修造	碑阳： 住持道士吕玄阳、张演随、宋全科 碑阴： 住持吕玄阳、张演随、宋全科； 本庙道士王道蓬、王道真、申玄 机、张真绪、邵守清、徐守衫、 杨悟清、崔演器、杜惟宦、张守 存、马全守、李教花、夏全钊、 张悟全、聂全傅、班演化、尹演 儒、高真和、曹真惟、崔惟训、 吕演文、孙真宁、赵演爵、朱演 贤、白全德、田惟臣、户演香、 周守明、赵守身、张守文、王颜 冲、朱真先、王奉冲	《山东道教碑 刻集·临 朐卷》，第88页；《沂 山石刻》，第186～190 页
明末 清初①	《龙典史残 碑》	不详	本庙住持田惟臣	《沂山石刻》，第343 页
清康熙 二年 （1663）	《重修东镇 庙落成记》	修造	曹□惟、石冲月、石冲明、住持 道人朱全周、督摧道人赵守身、 倪微教、顾清然、段和典、李冲 喜、苑静云、祖悟赞、马静读	《山东道教碑 刻集·临 朐卷》，第92页；《沂 山石刻》，第194～197 页

---

　　① 此碑题名"本庙住持田惟臣"，此人出现在万历四十二年《重修东镇沂山庙记碑》中，彼时仅为普通道士。《沂山石刻》以此为据推此碑为明末清初刻立。

时间	碑铭	性质	道士题名	出处
清康熙初年前后	《仁寿乡盘羊社修醮残碑》	民间醮祭	玄门弟子苑静云，领醮王本固、李希耐	《山东道教石刻集·临朐卷》，第132页
清康熙十六年（1677）	《赵守身墓碑》	墓碑	赵守身（道号仰沂） 徒子：祖悟赞、孙悟界 徒孙：马玄举、马玄□、李玄和 曾孙：许微笈、周微篇、柴微篆、王微簪 玄孙：程清芬	《山东道教碑刻集·临朐卷》，第95页
清康熙二十二年（1683）	《渠丘泊里庄碑记》	民间醮祭	本庙住持李德仁，领醮弟子于得江	《山东道教碑刻集·临朐卷》，第96页
清康熙二十七年（1688）	《李振裕致祭碑》	遣官祭祀	住持冯希魁	《山东道教碑刻集·临朐卷》，第98页
清康熙四十年（1701）	《重修东镇庙碑记》	修造	住持王正位	《山东道教碑刻集·临朐卷》，第101～102页
清康熙四十一年（1702）	《重新东镇神像记碑》	修造	道人徐和风，道人刘无祥，书字道人王得□，本庙住持……	《山东道教碑刻集·临朐卷》，第104页；《沂山石刻》，第326～328页
清康熙四十八年（1709）	《瓦尔大致祭碑》	遣官祭祀	住持石希照	《山东道教碑刻集·临朐卷》，第110页
清康熙五十二年（1713）	《孙柱致祭碑》	遣官祭祀	住持道人……	《沂山石刻》，第330页
清康熙五十八年（1719）	《朱汝锚致祭碑》	遣官祭祀	住持道人刘祯祥	《山东道教碑刻集·临朐卷》，第112页

说明：

（1）隋至金正隆年间（1156—1161）修造事宜，碑记不存，推测当无道士参与。

（2）东镇庙石刻已获得较好整理，故出处部分，在核实古代文献的基础上，尽量给出最新整理结果。为节约篇幅，出处仅给一个。

（3）与相关修造存在关联之其他记述，以"附"的形式呈现。

表 8-2　沂山东镇庙历代修造表

朝代	编号	年份	碑名/篇题	修造内容/述及事务	发起者	道士参加与否	出处
隋	1	开皇十四年（594）	《隋文帝诏东镇沂山志碑》	首建东镇祠	中央朝廷	×	唯碑目存，《沂山石刻》，第 418 页
唐	2	长安四年（704）	《重修东镇沂山祠记》	长庆三年遣使修缮，具体修造内容不详	中央朝廷	×	唯碑目存，光绪《临朐县志》，卷 9 之下第 175 页
	3	天宝元年（742）	《修东镇沂山记》	具体修造内容不详	不详	×	光绪《临朐县志》卷 9 之下第 176 页 ＊称此碑元时尚在，盖明时被人磨作他碑
宋		建隆三年（962）	《宋太祖诏重修东镇庙碑》（《创建东镇庙记》）	庙址整体搬正并重建	中央朝廷	×	唯碑目存，《沂山石刻》，第 418 页
	4	乾德二年（964）	《沂山东镇庙落成记》	新庙建成		×	唯碑目存，《沂山石刻》，第 418 页
		乾德二年（964）	《东镇沂山界碑》	划定东镇庙田产		×	唯碑目存，《沂山石刻》，第 418 页

续表

朝代	编号	年份	碑名/篇题	修造内容/述及事务	发起者	道士参加与否	出处
金	5	正隆四年（1159）	《东镇修瓦殿记》	不详	不详	×	现已不见，碑文不全，《山左金石志》卷19 第17页b（14675页a）
	附	大安三年（1211）	《律令禁约樵采东镇庙界内山场之碑》	规定东镇庙山场范围，赋予知观道士"收执"侵占山林者的权力	中央朝廷	√	《山左金石志》，卷20第41页b（14712页a），唯碑目存
元	6	至治二年（1322）	《东镇沂山元东安王庙神佑宫记》	修建东镇庙之附属道观神佑宫	道众（神佑宫、太虚宫）	√	《山东道教碑刻集·临朐卷》，第8~10页
明	7	洪武九年（1376）	《重修东镇庙记》	重修，残泐，具体修造内容不详	地方官府	×	《山东道教碑刻集·临朐卷》，第18~19页
	8	成化三年（1467）	《临朐县重修东镇庙记》	正殿、东西庑、神库、神厨、宰牲房、门楼、香亭、公馆、兵房，拔	地方官府	√	《山东道教碑刻集·临朐卷》，第34~35页
	9	成化八年（1472）	《东镇沂山寝殿成记》	寝殿改正殿，别创寝殿	地方官府	×	《山东道教碑刻集·临朐卷》，第38~39页
	附		《东镇娘娘神像残片》			不详	《沂山石刻》，第350~351页

续表

朝代	编号	年份	碑名/篇题	修造内容/述及事务	发起者	道士参加与否	出处
明	附			话及成化二年、六年重修事，即8、9两碑所述事项			《昌国睵臨》，卷4第26页
	10	正德二年（1507）		不详	地方官府	不详	无碑文传世，事见《东镇沂山志》，卷1第124页
	11	正德十年（1515）	《重修东镇庙记》	整体修整，范围包括龙亭、正庙、东西廊、寝庙、东西厢房、碑亭、钟鼓楼、山门、披兵房、灵星门、祭器库、宰牲房、驿站、内外墙、东西坊	地方官府	不详（文存石亡，不知题名中有否道士）	《东镇沂山志》，卷4第142~143页
	12	嘉靖五年（1526）		不详	地方官府	不详	无碑文传世，事见《东镇沂山志》，卷1第124页
	13	嘉靖廿八年（1549）		建东镇庙小殿	地方官府	不详	《临朐编年录》，第197页
	附			提及知县王家士建小殿三间		不详	嘉靖《临朐县志》，卷2第13页
	14	嘉靖三十五年丙辰（1556）		数位地方人士积极参与重修东镇庙	地方民众	不详	嘉靖《临朐县志》，卷4第87页

朝代	编号	年份	碑名/篇题	修造内容/述及事务	发起者	道士参加与否	出处
明	附	嘉靖三十五年	《镇神灭寇》；《东镇灭寇记》	东镇神灵协助平叛赵慈匪乱			《昌国脞臞》，卷8第57页；《东镇沂山志》，卷4第143页
	附	嘉靖三十五年	《重修东镇庙缘簿引》	募捐修缮东镇庙			《沂山石刻》，第368页
	15	嘉靖四十年(1561)	《重修庙记碑》/《重修东镇庙题名记》	寝殿、两庑、灵星门	道众(东镇庙)	√	《山东道教碑刻集·临朐卷》，第78~79页
	附	嘉靖四十年(1561)	《游沂山记》	记载守庙道士称东镇庙失修，无巨木一事			《东镇沂山志》，卷4第144页
	16	隆庆三年(1569)	《改建东镇庙寝殿落成祭告碑》/《重修东镇庙记》	原寝殿改为正殿，又修寝殿一间	地方官府	×	《沂山石刻》，第177~178页
	17	万历四十二年(1614)	《重修东镇沂山庙碑》	整体重修，具体工程不详	地方官府	√	《沂山石刻》，第186~190页

248

续表

朝代	编号	年份	碑名/篇题	修造内容/述及事务	发起者	道士参加与否	出处
清	18	康熙二年(1663)	《重修东镇庙落成碑记》	大殿、寝殿、配殿、龙亭、宰牲亭	地方官府	√	《山东道教碑刻集·临朐卷》，第91~92页
	附	康熙二年(1663)	《重修东镇庙碑》	描述东镇庙破败景观，协助募缘		×	《沂山石刻》，第195页
	19	康熙四十年(1701)	《重修东镇沂山庙记》	整体重修，具体工程不详	地方官府	√	《山东道教碑刻集·临朐卷》，第101~102页
	附			提及康熙元年、康熙四十年知县重修庙事			光绪《临朐县志》，卷5第148页
	20	康熙四十一年(1702)	《重新东镇沂山神像碑记》	东镇沂山神像	地方民众	√	《山东道教碑刻集·临朐卷》，第103~104页
	21	嘉庆五年(1800)	《重修东镇庙落成诗记》	整体重修，具体工程不详	中央朝廷	?	《山东道教碑刻集·临朐卷》，第118页
	22	嘉庆十一年(1806)	《新建三元庙记碑》	在"沂山东镇之西口"建三元庙	地方民众	×	《山东道教碑刻集·临朐卷》，第120~121页
民国	23	民国廿九年(1940)	《重修寝殿记》	寝殿	地方民政	√	《山东道教碑刻集·临朐卷》，第129~131页
	附			记载民国时东镇庙废，时有土匪聚集其中；指出当时临朐道教情况糟糕		√	《临朐续志》，卷15第532、538页

249

"秘传"道教古籍《东镇述遗记札》初探*

文献材料之于文史研究的崇高价值，是公理性的命题。绝大多数文史研究均需以文献为基础展开探讨，文献的缺失和不足常会使学术研究举步维艰，这一问题在道教研究领域显得尤其严峻。造成道教文献相对匮乏和零散的原因多种多样，地方文献的收集和整理工作尚有不足仍是颇为明显的问题之一。有时一些意料之外但又情理之中的原因，也会给地方道教文献的征集和研究工作带来不易解决的困难。东镇庙道士赵守身的《东镇述遗记札》是一部保存在个人手中、尚未整体公开的地方道教文献。

东镇庙位于今山东省临朐县沂山山麓，是中国古代国家岳镇海渎祭祀系统中不可或缺的组成部分，象征着朝廷之于东部国土的天命统治权。根据前文所述，金代朝廷便将东镇庙交给道士打理。最晚从元大德二年（1298）东镇庙神佑宫兴建开始，全真道士便已作为"守庙道士"入住并掌管这座国家祠庙的日常运作，一直到清末民国传承不辍。这里要讨论的《东镇述遗记札》的作者赵守身，就是明末清初东镇庙中的一位重要道士。有关赵守身的个人情况，目前并无充分材料记载其生平，但保存在东镇庙中的三块碑刻多少能揭示他的一些信息（参见表1）。

表1   东镇庙三碑信息表

时间	碑铭	题名	出处
明万历四十二年（1614）	《重修东镇沂山庙记碑》	碑阴：本庙道士……赵守身	《山东道教碑刻集·临朐卷》，第88页；《沂山石刻》，第186~190页
清康熙二年（1663）	《重修东镇庙落成记》	督摧道人赵守身	《山东道教碑刻集·临朐卷》，第92页；《沂山石刻》，第194~197页

* 附文原以《"秘传"道教古籍〈东镇述遗记札〉蠡测》为题，发表于《弘道》2022年第1期，第52~65页。

时间	碑铭	题　名	出　处
清康熙十六年（1677）	《赵守身墓碑》	赵守身(道号仰沂) 徒子：祖悟赞、孙悟界 徒孙：马玄举、马玄□、李玄和 曾孙：许微笈、周微篇、柴微篆、王微簪 玄孙：程清芬	《山东道教碑刻集·临朐卷》，第95页

从这三方碑刻的相关内容可以发现，赵守身出生于明万历二十四年（1596），卒于清康熙十五年（1676）。万历四十二年时，年仅十九岁的赵守身已成为东镇庙道士，此后在庙内地位稳步上升，至清康熙二年重修庙宇时担任工程的督摧一职。从表1赵守身墓碑上后辈题名来看，他在羽化前已传四代弟子，具有比较高的教内身份。

　　根据临朐文史工作者介绍，当地保存赵守身所撰《东镇述遗记札》一部。赵卫东考察得知，这部著作的一个本子曾为临朐县政协文史委员吉星田先生保存，吉先生过世后本子为其家人收藏。赵卫东"想尽办法，但未能见到该书"，然而临朐县博物馆副馆长宫德杰、临朐县政协文史委员刘振宗表示曾亲眼见过这个本子，"说明该书确实存在"。① 记载东镇庙道教的传世材料不算太多，专门记述东镇情况的材料有《东镇沂山志》，② 但其中有关道教情况的记载却较为破碎。其他元明清时期临朐、青州、山东方志和东镇庙现存碑石，对东镇道教的记载也缺少整体性。在这样的文献背景下，《东镇述遗记札》天然地拥有一定的学术补充价值。此书长期以来秘不示人，至今未在任何平台公开。然当地文史工作者在著作中多次引用该书，因此眼下可以通过"辑佚"的办法，整理出此书部分

---

① 赵卫东：《沂山东镇庙及其宗派传承》，赵卫东主编：《全真道研究》第 2 辑，齐鲁书社 2011 年版，第 303 页。

② （明）王居易：《东镇沂山志》，《临朐县旧志续编》，山东省新闻出版局 2003 年版。

内容，并以这些内容为基础来管窥这部著作的特点及价值，由此或许可以勉强弥补无法得窥全本的遗憾。

1.《东镇述遗记札》"辑佚"

赵守身的《东镇述遗记札》既未公开，内容本当无人得知。但好在包括原持有者吉星田在内的当地文史工作人员多次引用书中文字，给予我们一窥此书内容的机会。本人选取最集中引用《东镇述遗记札》的三种论著，以"辑佚"的方式抽取源自赵守身著作的文字（参见表2）。这三种论著分别是：

> 张孝友主编：《沂山石刻》。山东友谊出版社 2009 年版。
> 潘心德主编：《东镇沂山》。济南出版社 1998 年版。
> 吉星田：《临朐县佛教、道教兴衰述略》，《文史资料选辑》总第 11 辑，潍坊市新闻出版局 1993 年版，第 147~161 页。

三者之中，以吉星田的文章引用《东镇述遗记札》最为集中。如前文所述，吉星田正是这部著作此前的持有者。需要指出的是，由于三部著作并未完全遵守文献征引需一一出注的规范，致使在"辑佚"时需要进行一些判断取择。具体而言，标准如下：

（1）三部论著标以引号的原文征引，当出《东镇述遗记札》无疑，（引用）"性质"栏标以"原文"。但不同著作引用同一段文字时存在细微差异（通过对比，基本确定是细心与否造成的结果），此类情况在"说明"栏中点出。

（2）宣称文字或内容出自《东镇述遗记札》，但并无引号标注，行文呈现代文风格，当为经作者理解后的转述，"性质"栏标以"承袭"。

（3）部分内容没有交代文字和说法出处，但据本人考察目前并无其他材料记载其事，复结合对原作者参考文献范围的认识，推测这类记述大概率援引或总结自《东镇述遗记札》，"性质"栏标以"疑似"。

表2　《东镇述遗记札》"辑佚"表

编号	内容	性质	出处	说明
1	"前汉孺子婴居摄二年，岁次丁卯，川人释子王静（净），由巫山来东海青州说法传经。先寓仰天，越年，南去东镇仰山，居极巅玉皇顶泰山祠，设坛传教，四方士商村老云集，拜佛习经，多至数百。[佛徒日增，祠狭难容，至东汉章帝元和元年（84），于沂山中心、圣水泉畔营造"法云寺"。东汉末，陕西羽士张丹诚，受天师教主张鲁委托来沂山朝阳洞设坛，宣说"五斗米道"，甚得民心，并于洞外建造"朝阳观"。东晋太和六年（371），法云寺住持竺法汰在前秦高僧道安建议下，又于山之东麓创建"明道寺"。《东镇述遗记札》载："（明道）寺大竟数十亩，香火极盛，为沂山佛寺之最。其寺大僧众、香火云烟升腾。每靠凤凰岭，左昵沂道，右倚镇山。车马载道、车水马龙。朝阳寺、释子八方云集，逢朔望、建白玉庵、柳泉寺、朝阳寺等五座兰若提招]	原文+承袭	潘书16	首段原文，又见吉文147~148，细节稍有不同；中段承袭，吉文148~149，类似文字又见吉文148~149，吉文多出一句朝阳观描述："因其主张顺乎民心，道徒日众，官府畏其聚众谋叛，遂于曹魏甘露间（256—259），下令取缔，并拆毁朝阳观，填塞洞窟。"末段明道寺原文，又见张书9，吉文149
2	仰沂道士：安徽寿县人	疑似	张书202	此段赵守身郡望记载，不见其他文献材料，疑出《东镇述遗记札》
3	《泊里醮记》有三，先者南宋嘉定十五年，祈禳兵戈之灾；次于元至正七年祷息地震；三者隆庆二年禳袪水患	原文	张书205	

续表

编号	内容	性质	出处	说明
4	（隋文帝开皇十四年下诏于山立祠）【封山诏下"东镇沂山神庙"，道家遂于云云侧创建"东镇沂山西麓天齐湾畔增建青龙寺。至唐，法门受宠得势，于太宗贞观十年（636）诏封沂山为"东安公"，这里逐步发为佛教所占有，在其提示下。高宗龙朔间（661—663），禅宗五世弘忍的弟子神秀来沂山说法，氏长安四年（704），咸亨五年（674），又在山外九龙口增建凤翔庵竹院，并在沂山寺北增修青竹庵。周武代景大历间（766—779），武则天遣使修沂山寺院，在沂山内外鉴凿佛石屋80余座，还于歪沂山，花枝台等10余处的悬崖峭壁，广雕摩崖造像，大小共2000余龛，可谓古来极盛。《东镇述遗记札》云："（唐）文宗开成间，经度凿壁，东泰景致，古刹尼庵凡十有九，洞府凡六，桥凡七，其位巧局，境幽相适，天工雄山秀水，万顷丛林花木凋，台凡四，塔凡二，亭凡六，诸小营造，佛石屋九十有九，它如山壁佛龛，诸不胜计。淄黄论道山亭，墨客优游桥溪......"	承袭+原文	潘书 17	神秀明道寺传法事，又见潘书99"九龙口"，推测此段内容中"承袭"者系总结《东镇述遗记札》不同篇章内容而成
5	宋朝肇立，太祖于建隆三年（962）"诏重建东镇庙"，遂由山阿圣水泉畔迁至山下九龙口凤阴寺遗址重建，由单室小型扩建为占地数十亩，庙舍170余间的大型山庙，成为沂山寺庙之首。山庙落成，宋太祖亲临祭告。太宗淳化中，于百丈崖建造"迎仙亭"。景德元年，创建明道寺舍利塔。景祐间，修复南天门，对法难中被毁的古建，几乎无一修复。此时，沂山又成了道家的天地，由于古建毁记，新建甚少，仅有春秋二季的东镇庙会，且游客寥落，景况萧条。宣宗时，沂山归真末末金代立，世宗颜雍巡游沂山。人们祷雨两不再远去沂山头崮，香火兴管辖，章宗泰和七年（1207），于崮颠北侧建造"长春亭"，于迎谷山建造"雨师庙"。全真道大宗师丘处真人至沂山，于崮颠北侧建"长春亭"，名人光临，沂山兴其，古建复修......	承袭	潘书 18	此段文字所述之法难，见潘书 136

续表

编号	内　　容	性质	出处	说明
6	法云寺北里许，峻陵拦截，其阴之腰有穷窟，口呈半月状，高二尺许，低首可进。口内盘石若席，左右空旷，晦暗不明，约可容人数十。徐步前行丈余，洞渐绾窄而斜下，漆黑幽深，静听惟闻滴水声。秉烛借明而入，两边大石龃龉，脚底确荦滑踏，扶石蹑足十数步，霍地寒气袭膏，冷风飕飕，阴森惊人，怵然不可进	原文	潘书 34	描写黑风口
7	花枝台下，山径内侧石壁，题刻数处，皆大家名笔。其中有唐至德同庆节度使邓景山题壁"香溢九天，红耀四海"；有宋翰林学士曾布题刻"神台仙花"；有明工部右侍郎黄福刻石"天支散蒌英，神台凝彩霞"	承袭	潘书 40	
8	东泰有异光，色若银，状若环，周浃干里。盛世则出，时在隅中，非德者慧目不可见	原文	潘书 50	
9	"放光石成于古帝，神妙叵测，襄时至宵生光，而今，石尚存，光沉失。或曰惟晦日闪灼。"【石之背阴两侧有题刻，刻石剥落，大字尚依稀可见，而款识记坏难以辨认。案《古骈邑》云："其阴为北魏献文帝思皇后父李惠题石，书体行兼草，直排，字径近尺，雕镌双勾，气势古拙逸致，笔意古拙老练。"西侧题"神烛耀天地，灵光分阴阳"，为北宋景祐间京东安抚使知青州龚鼎臣撰书，体行楷，草书阴刻，左下饒田琢刻。东侧鉴"混沌之光"，字大盈口。东侧题"混沌之光"拓页存于庙】	原文+承袭	潘书 83	放光石上题字及拓片存东镇庙事，当出《东镇述遗记札》，《古骈邑》源待考

255

续表

编号	内　　容	性质	出处	说明
10	洞门有题联，书体行草。"腾空"两字，草书，气势豪放，笔意遒劲老练，大若斗，阴刻。左上侧有北海主簿王子兴题句："腾空四飞天下安，吕祖一书古今名。"其阴尚有五绝一章，漶漫难辨，乡人呼为无人书	原文	潘书91	描写吕祖洞
11	山阴有砚池，半月形，色玄，面大三分，其深叵测，岁旱，汶水流断而不涸。池左有"洗笔石"，状若莲叶，中回陷似钵，径大五尺，深二尺许。年多贮水，亢阳则渴，天欲雨，则出津如汗。人称"荷叶洗"或曰"报雨石"，其顶端南侧有铭文，除款识残存"端拱"二字依稀可识外，余尽漶化难辨。由此二字可信传为宋人题刻勿疑。石尚存，然龟裂数块，水不复存矣。石南崖上有古木，大数围，高三丈许，枝短光劲，花不复果，春发叶，细卷人候桃之蕾，放则殷红，望之似花，乡人呼为"笔管树"。传于末末枯朽，无荚薆囊	原文	潘书96~97	描写笔架山
12	东岱震麓九山，奇状各具，怪石灵异，自左而右，于龙九子由长而少之形象，性情与嗜瘾，极为相似。如长子螭吻，次子嘲风，好负重，喜张望；三子蒲牢，爱怒吼，性威严；五子饕餮，贪饮食；少六子蚣蝮，喜游水；七子睚眦，格斗好杀；八子狻猊，嗜欲烟火，故名九龙山。[山龙彼此形似，人们认为是祥瑞之征。故东九龙山，亦谓凤凰图，为周穆天子姬满所封。曩昔，大唐高宗朔间，遍游沂山家，传为唐左骁卫大将军褒国公之墓，今纪略无迹。禅宗五祖弘忍及弟子神秀，由玉泉寺至东镇明道寺传授禅法，至此，见九龙岭聚结山汶水，气势非凡，钟灵必毓秀，曰："九龙会于斯，圣地也。"遂名"九龙口"	原文（？）	潘书99	描写九龙口 此段文字原书将之放在同一个引号内，但"山龙彼此可能出此形似"一句不太可能出自《东镇述遗记札》

续表

编号	内　　容	性质	出处	说明
13	东镇沂山佛石屋殊多，总计九十有九，偏远而小者水石屋，于奥隅两天齐湾北山之麓，距山庙约[30公里]	原文（？）	潘书105	此段文字原书将之放在同一个引号内，但"30公里"之词不太可能出自《东镇述遗记札》
14	（宋代《创建东镇庙记》）此庙改址新修，总造庙殿楼阁，道舍斋房九十三楹，历时两年又八月告竣，改称"东镇庙"。庙田山场"东至文道约二里，西至黄泥户洞约三里，南至长坡约二里，北至凤凰岭流水分界处"	疑似	潘书111	宋代《创建东镇庙记》原石亡佚，碑文亦不见收入其他文献，疑为《东镇述遗记札》所录 此段文字之庙田四至与现存东镇庙之《神佑宫记》一致，但里数不同
15	自唐尧至清初，有历代古树5种，40余株	承袭	潘书115	描述东镇庙古树
16	山庙正殿南，左有钟楼，右侧鼓楼，经营粗俗，简陋不宏。元延祐中，移址新建，形制楼阁式	原文	潘书127	
17	晋、宋刻石，仅见残石片字。唐末五碑，倾倒残断，字亦漫泐，难辨其意。立者五石，早为金天德四年《重修穆陵关记》，再为元至正十二年创建皮楼碑，余二为明碑，一为礼部右侍郎薛瑄瑄诗刻	原文	潘书133	描述穆陵关石刻 相同文字又见张书397
18	救出国都，电驰雷急，八月下浣，州、县、乡民荡平明道，拆毁朝阳、凤阳、柳泉，光恩四寺及白玉、青竹二庵。捣毁铜、铁、石、木、陶、泥造像700余躯，断肢残首，遍仍山野。还俗僧尼130余人	原文	潘书136	记述会昌法难对沂山佛教的影响 阿拉伯数字当为作者所改

续表

编号	内容	性质	出处	说明
19	东镇寺庙祠观，多供石造像。古刹明道寺，巨尊八尺许，低不足尺。镂刻工致，情态活脱	原文	潘书 141	
20	唐末武宗李炎会昌五年，敕令毁天下佛寺，沂山寺庙拆毁几尽，但青竹庵损坏极微。相传拆寺明道寺后，执镢持锤，蜂拥与云密布，竹庵。刚至谷口，大雨顷盆，溪流山洪暴涨，昏暗不辨东西，旋即乌云密布，电闪雷鸣，道消水阻难行，人疑佛组显灵护佑，毁则不吉，众莫敢进。是庵，是庵。仅自毁两厢塑像，封门停止祭祀，暂得保留。时过百年，至五代后周世宗柴诏令废天下佛寺。此次法难，青竹庵再难幸免，于此庵再修佛像悉为拆除捣毁，变为废墟。北宋初，乡民募金酬资，小型单室，全石砌筑。香火冷清，不数十年，失修倒塌，自此不复再建	承袭	潘书 146	
21	亭凡一间，形长方，四壁皆石为之，砌工颇粗，顶覆瓦垄。离坎月牖，震兑券门。震门楣上有匾额，锓刻"迎仙亭"三大字，末刻"封丘赵贺书"	原文	潘书 150	描写迎仙亭
22	发云再造，时竟岁又半，营修殿宇凡三、亭楼凡四，杂房弗陈，统合为二十余楹。前庭后院，局适而井然	原文	潘书 152	描写发云寺（后改名法云寺）
23	法云寺大佛殿右，松林山岩间，有庐舍，名"草楼"，为法云寺二代住持法规禅师先年之居。永和间于旧基再造，更名"飞云"。其凡三楹三级，制武巧计，木瓦精良，革制武、革制式，元重建。五代中，乔土干壁绘佛，灵化真体，奇闻天下。今记，改为二级，惟见础础石散落树下林间，可实之	原文	潘书 156	描写发云寺飞云楼

续表

编号	内　　容	性质	出处	说明
24	山外嘉宾至寺，住持常命僧徒林内捡柴，泉中汲水，煮茶会客于此	原文	潘书161	描写明道寺公喜亭
25	天台亭，于唐中世开元间复修，并更名"瀛洲亭"。至北宋太平兴国中，再次重修，形制改为六角式，瓦木结构，南宋末战乱频年，管理不善，渐事损坏，咸淳初，遭雷霆之灾摧毁，仅存其名。明无修，遗迹亦随日月的推移而消失	承袭	潘书169	
26	佛石屋之外，尚于山中哨壁悬崖间，凿雕龛室佛像，十有三处，佛数百躯。其中尧石头固石壁者，神态多变，繁而佳	原文	潘书172	
27	顶端有石阁，相传创于唐，上嵌石铭额曰"南天门"，胸邑令李道宾笔，今俱废无迹，存者乃明成化重修，门型成楼，券弓上题额为青州知府李昌书	原文	潘书176	描写十八盘
28	"亭外间比壁，嵌诗刻一方，为丘真人赋书。明季亭记，无记，仅由传说可知。诗体七律，前有序，为颂东秦而赋。以咨访营获'嚣景万千览末了，东镇附游梦寐间'末二句，惜哉高咏不全。粗记数语，以俟好古者考焉。{亭外左侧碑二幢，一为创修长春亭碑记，一为丘处机弟子李志常所题书的"春光常在"碑刻。字径10厘米，体行书，笔意老练，遒美劲健，镌刻形式双钩。相传亭前右侧巨石上尚有孔克绍题刻"春惠人间"}	原文+疑似	潘书182	描写长春亭　疑似部分不见于其他文献，且亭外碑于清初已毁，故推测总结自《东镇述遗记札》

259

续表

编号	内　容	性质	出处	说明
29	洞门上镌石匾额"罗汉石屋",为后魏高僧法真手笔,旁排正书。屋内有罗汉佛造像,立式、圆雕,高二尺半许,料以青石。案石壁铭刻记载:造像于后魏延兴间,其左右八分两列,每列八尊,计十六罗汉造像,各有佛号尊名。第一日窒头卢尊者;第二日迦伐蹉尊者;第三日迦诺跋厘堕阇尊者;第四日苏频陀尊者;第五日诺矩罗尊者;第六日跋陀罗尊者;第七日迦里迦尊者;第八日伐阇罗弗多罗尊者;右列第一尊日戍博迦尊者,又称第三罗睺罗尊者;第二日半托迦尊者;第三日那迦犀那尊者,号称密行第一;第四那伽犀那尊者,号称密行第一;第五因揭陀尊者;第六注荼半陀迦尊者,又称小路边生。北周建德初击毁数尊,唐大历间,再造补全,且增添二尊,分别日肇诃迦叶,三藏法师。至此,十八罗汉具矣	原文	潘书184	描述罗汉石屋
30	三国曹魏东莞太守胡质军毫赞美日:"殿内洞天众仙会,门外圣地群山环","道流众达数万计,广涉胸邑,东莞、缘陵、安丘、蒙阴十三县"	疑似	潘书186~187	描写朝阳观。此段文字不见于其他文献,原书亦未给出出处,按照潘书特点,疑出《东镇潘述遗记札》
31	淳化中,于旧地拓址再造,殿祠原制,道舍改营,增建左右两庑,随垣固阁更为山门,帽上嵌石额,为隐逸傅霖题,正书,笔力劲练。大殿将军造像黑金,颇大,为邑内独尊	原文	潘书189	描写常将军庙

续表

编号	内容	性质	出处	说明
32	【东汉光武建武中，有山西道人纪丹，寓东镇泰山祠，数年后徒仰天。所传道义，主要是《道德经》，较少讲炼丹之术。在土民中影响很大，相传在他去世三百多年后的北魏时期，每逢忌日，尚有人祭悼】	承袭	昔文 148	"教少"，显为"较少"之讹
33	"天师岳东镇，设坛朝阳寺，听其讲道诵章，习其仙术者，下自黔首商贾，上至士子官佐，拜谒盈门，肩摩踵接。"【到东镇末年，全县有道士 150 余人，道徒近万人，建庙观十余座，其中较大者县城有紫云观，乡间有长春观，尧山庙，灵山庙等】	原文+承袭	昔文 151	记述寇谦之到东镇传道
34	【在大业年间，曾受炀帝敬佩的道士王远知，至临朐紫云观，近山明道寺传道，主张"道，释，儒三教合流，薄名利，教政相辅，轻炼丹，重医方延寿行疾"】	疑似	昔文 151～152	整段文字不见于其他文献，似为作者总结《东镇述遗记札》而来，其中引号内文字疑为原文
35	【据史料载：骈邑僧众二千三百有奇，寺庵据地百又六十余顷，皆沃土肥园，本是百姓垦殖田亩，强行伐势横行，沙门伐势横行，朝廷宠释，邪恶日甚。相传文宗大和间，近山明道寺住持善法，择容仪艳丽信女为婢，借官府势力，横行城乡，无恶不作。同唐代中后期，有些佛门僧徒，无事生非，排挤道教。"文宗开成之元(836)，岁次丙辰三月，明道寺住持善法，令僧徒百众，突冲太山祠，尽抢资财，焚毁道场，羽流强强驱山外。"(《东镇述遗记札·佛教补阙》)】	承袭+原文	昔文 152～153	

261

续表

编号	内容	性质	出处	说明
36	[唐初，精于医学的远知弟子刘玄通，严整组织，并努力倡导，四处游说倡导，统一丁各派思想，施医乡间，儒两教合流。……道主通玄住紫云观，设坛场，传医方，极受士民尊崇。高宗显庆间，胸大疫，道北海道人李清，巡医胸邑城乡，通游营邸，安臣、沂水等县，授方施药，经活人万余，颂声载道，发展较快。道士僧至300多人，重修了太山祠，还新建庙玄观，乡间有牛山庙、嵩山庙。至天宝末，道主规德与儒家往来频繁，引起沙门峡根，处处受佛家排挤]	疑似	吉文153	作者未给出出处，但内容容不见其他文献，且符合全真道士口吻，疑从《东镇述遗记札》总结而来"道请"似当为"道主请"
37	【救出国都，电驰雷急，八月下浣，州，县令乡民荡平明道，拆毁朝阳、凤阳、柳泉、光恩四寺及白玉、青竹二庵，捣毁锅、铁、石、木、陶、泥造像700余躯，断肢残首，道仍荒滩山野。还俗僧尼130余人，仅留法云寺，今老病无归的僧徒养于寺。九月上浣，胸邑拆庙怒潮波及会境，月尾渐平。共拆除僧尼庵110所，还俗僧尼2100多人，收回良田150余顷。所保留的十数处寺庵，俱规模较小，殿堂僧舍简陋，僧尼也尽是老弱病残】	承袭	吉文154	"会境"，当为"全境"之讹
38	【相传唐末干符间（874—879），河间府道人吕洞宾传道至东镇，】"倡导指点："同佛儒合流，勿计释门前仇，少土木之工，重济苦于民，行正释门人尊，道自成矣"《东镇述遗记札》	承袭+原文	吉文154	

续表

编号	内　容	性质	出处	说明
39	【据有关资料考证，自唐末至五代后期周太祖广顺二年（952），全县有道士400余人，道徒18000人，道院增修了法云寺西飞云楼、双山庙、七宝山寿元庙等】	承袭	吉文155	有关道士数目，不见其他文献。据本文其他"辑佚"结果，可知《东镇述遗记札》中确实给出历代道士人数，故推测承自此书
40	仁宗历间，邑内道众七百余，各居丛林。（《东镇述遗记札》丛林二）	原文	吉文156	
41	【临朐道士沈清（河北雄州人）亲赴宁海拜师授业，归朐后，对羽士道徒的离心邪念，道行了"回心自省"，使思想统一于会真道。调整了庙主设施，除却县城道场，只留东镇庙一处。经过整顿，教规严明，"真行"突出，增强了三教团结，取得了社会百家支持，使临朐道教日趋昌盛。十数年后，王重阴的徒弟长春真人丘处机至东镇传道，当时听其讲道的盛况《东镇述遗记札》载云：]坛设镇庙，度心拜教者，三教弟子，士类庶民，远来莒沂，日达千众。真人宵授于殿堂，昼徒祭台露天，七曜不息。	承袭+原文	吉文156~157	"道行"，当为"进行"之讹。"会真道"，当为"全真道"之讹
42	【至元代后期，极盛时羽士达1070人，归附弟子2万余人。道院也增添不少，如澄心观、济世观、至明观等，都是此时新修的】	承袭	吉文157	原因同吉文155，156等

续表

编号	内容	性质	出处	说明
43	【佛教在金代虽有所发展，但远不及道家。至元朝，青州辨和尚传教未胸，遍游境内寺庵，诚见善行，行度众生，生赖佛心。"法于心诚，强调佛法"，[要求僧尼善行为本，济世为责。由于他的思想主张较合民心，皈依颇多，使临朐的佛教振兴一时。至元末，僧尼人数与寺院建筑都有较大增加】	疑似	告文 157	原书未给出出处，类《东镇述遗记札》"佛教补阙"内容
44	【县内道徒日众，道院也愈有增修，道观多达 83 所，道士 1400 余人。临朐道教至成化初，达到极盛。自金大定中期后的三百年间，唯一信奉全真道。至成化中，部分道士违禁"三戒"，习学符录，信仰"正一道"，逐渐分裂为两派。自此，临朐道教也由极盛而遽衰】	疑似	告文 157~158	原因同吉文 155、156 等
45	【佛教在明洪武间，兴腾一时，且重修了演德丁寺等十余座寺庙。这时，佛门以为皇城新建万寿寺，骄纵滋生，至正统间，鸿门寺和尚横行散人，乡民火烧寺院，帝宠信，官衙严惩僧侣首恶。自此，佛教官恶民根，急趋衰止】	疑似	告文 158	原因同吉文 157
46	【据《东镇述遗记札》载：康熙初，道人众至八百，道人碧霞宫等十一处。祠、沂山关帝庙、盘龙山碧霞庙，庙殿新置景阳真武祠、沂山关帝庙、盘龙山碧霞宫等十一处】	疑似	告文 158	原因同 155、156 等

*潘书中尚存来源不明之叙述，怀疑与《东镇述遗记札》脱不开关系，如潘书 113 称东镇庙"有羽士百余人"。但这些内容原书未给出出处，亦难推定确属《东镇庙碑属》，只得暂时割舍，不列入上表。

**赵卫东怀疑《东镇沂山》书中的《东镇庙碑目》有可能也出自《东镇述遗记札》，但此说尚不确定，暂未列入上表。赵卫东观点，见《沂山东镇庙及其宗派传承》，《全真道研究》第 2 辑，齐鲁书社 2011 年版，第 303 页。

（4）三种当代论著使用简称表示，张书＝《沂山石刻》、潘书＝《东镇沂山》、吉文＝《临朐县佛教、道教兴衰述略》。例如"张书202"，即代表"《沂山石刻》第202页"。

（5）一段文字中，原文与承袭、疑似并存者，以引号""标注原文，以方括号【】标注承袭，大括号∥∥标注疑似。

（6）标点偶有修订，不赘。

显然，这里的"辑佚"并不是呈现《东镇述遗记札》的最佳方式，但在这部秘传抄本公开前，本文或许依旧拥有暂时的学术价值，使我们得以获得部分道教研究新材料，增进对这部著作及其作者赵守身的了解。

2.《东镇述遗记札》"佚文"所反映的此书特点

从以上"辑佚"所得，多少可以总结出《东镇述遗记札》的一些特点。

（1）书籍规模。根据三部当代论著的引用方式来看，此书规模应当不会太大。引用时不见标卷，推测赵守身这部著作有可能不分卷或唯有一卷。

（2）据《东镇述遗记札》中出现《佛教补阙》《丛林二》这样的小标题，可知此书内部分多个专题，相关内容被划入相应篇章。"丛林"部分可能着重记述道观庙宇的历史沿革，"佛教补阙"则描述沂山佛教兴衰相关事件。

（3）从文字内容组成来看，书中当包括沂山自然和人文景观的描述，沂山道教、佛教的发展演变过程（其中甚至给出历朝历代沂山地区"僧、道人数"）。书中对沂山部分已佚碑铭的记述，具有一定价值。如三种已佚《泊里庄醮记》的时代和设醮因由，使我们获悉宋元时代开始，地方社会便有可能在国家祠祀东镇庙中自行开展非官方祭祀活动；宋代《创建东镇庙记》则使我们获悉东镇庙搬迁至沂山山麓时，最初的规模和建置等。

（4）内容真假。从目前的辑佚结果来看，《东镇述遗记札》给出的记述，虽不是全然的虚构，但也并不都是确凿的记载。如书中描述发云寺、迎仙亭、穆陵关石刻、佛石屋等内容，基本可以坐实，问题不大。但书中对历史事件的记述，却带有"道听途说"的特点，如张丹诚受天师张鲁委派来沂山传道并建立朝阳观事，可能性不大；寇谦之在沂山设朝阳寺的说法也不见来源。《东镇述遗记札》给出的历代沂山地区僧、道人数，恐怕除明末清初的数字外亦多不符实。

（5）撰述立场。身为全真道士的赵守身在撰写《东镇述遗记札》时充分地展现了他的宗派立场。书中部分文字表达了对沂山佛教的不满，也表达了对同属道教的"正一道"的排斥。如第45则，称明代鸿门寺僧人横行乡里，为民所恶，导致沂山佛教渐衰；第44则认为金代以后沂山地区道教以全真为正宗，成化中部分道士违反"三戒"，学习符箓，信仰"正一道"，导致当地道教转衰。而赵守身记述的全真道历史，却未发现任何负面讯息。

基于对目前收集的《东镇述遗记札》文字的观察，可以发现这部著作对沂山和临朐的道教和佛教研究确实有一定意义，书中对已经亡佚的碑铭材料的转录，使我们有发现更古材料的可能；同时，这部著作对理解赵守身本人及明末清初沂山全真道的生活环境和整体情况，也有一定帮助。从表格中的文字来看，赵守身描绘出一幅释、道（包括全真、正一）并存的沂山宗教图景，其间官方力量也并未缺席，而是担任着调整沂山宗教比例和密度的裁判者身份，时时通过政治命令等方式介入沂山宗教管制工作。从某种程度上来说，《东镇述遗记札》中对并不符合历史事实的传说的呈现，也不缺少"史料价值"。这类记述虽不能作为揭示历史事实的原料对待，但却可视作揭秘明末清初沂山当地道士所建构的地方道教史来进行考察，从中可分析出以赵守身为代表的当地道士如何取择传说和史事来构建符合自身需要的历史，并凭借对历史的构拟来赋予自身正当性和树立崇高地位。

3. 代结论——对坊间道教文献整理工作的呼吁与期待

根据上述讨论来看，《东镇述遗记札》对当前的地方道教研究确有一定意义，是展现东镇宗教历史比较重要的文献材料。遗憾的是，此书传本罕见，唯一明确知悉所在的本子尚未获得公开，不免令人有些遗憾。这部著作传本的形式（抄本/刻本）、保存状态（完整/残缺）、制作时代（古/今）、流传过程，甚至是真是伪等，目前均无法给出有效判定，更具体的史料价值以及"文物价值"需等待此书公开(至少书影公示)后才能判断。

通过近几十年各地学者的辛勤工作，大量地方文献得到重新发现，包括道教研究在内的地方文史学研究被持续地注入活力。然而，仍有不少罕见的地方材料有待搜集、整理和公布。书籍材料当然可以保存在官方或私人等任何良好环境中，但一个"本子"价值的开发和判断，却建立在对这个本子的研究基础之上——概不示人的"秘籍"因学术和古籍信息不清，很难真正获得各界重视。水火无情，若"秘籍"不慎毁坏，不免又背上愧对先贤的恶名。要知道，物品虽属私人，但先贤的著述和智慧知见，却是天下公器。对于罕见文献的持有者和相关领域的学者而言，双方之间并非"博弈关系"，文献的公开和学者的研究不仅不会致使某个本子丧失价值，反而会成为明确本子价值的依据。

期待各种罕见文献的持有者高风亮节，早日公开所藏文献，为促进家乡传统文化的研究工作作出贡献。

[作者简介]白照杰，上海社会科学院哲学研究所副研究员，研究领域为道家哲学、中古道教、中古佛教等。

第九章　龙兴广宁：北镇祭祀与少数民族政权合法性的确立[*]

黄晨曦

一、导　　言

在中国传统的国家山水祭祀中，镇山祭祀占有一席之地。《周礼》中出现的"九州九山镇"和"四镇"的说法，[①] 是文献中关于镇山的最早记录。郑玄（127—200）将九山镇分为五岳和四镇，其中四镇分别为会稽山、沂山、医巫闾山和霍山。与五岳一样，四镇都是各自所在行政区域的最重要的一座山。[②] 五岳在先秦时期就被当作中央帝国最重要的高山，[③] 从而备受统治者的重视。在汉以后更是被赋予神格，成为祭祀天地礼仪的神圣场所。[④] 与之不同的是，镇

＊　本文英文版 The Northern Stronghold Sacrifice and the Political Legitimacy of Ethnic Minority Regimes in the Late Imperial China 发表于 *Religions*，2022，13（4），pp. 368-382. https：//doi. org/10. 3390/rel13040368。

本文是安徽省高等学校人文社会科学研究 2021 年度重点项目"汉代养生观念与黄老道家的转型研究"（SK2021A0007）的阶段性成果。

①　（汉）郑玄注，（唐）贾公彦疏：《周礼注疏》，北京大学出版社 2000年版，第 697~698、1020~1034 页。

②　"四镇，山之重大者。"（汉）郑玄注，（唐）贾公彦疏：《周礼注疏》，北京大学出版社 2000 年版，第 697 页。

③　（晋）郭璞注，（宋）邢昺疏：《尔雅注疏》，北京大学出版社 2000 年版，第 231 页。

④　（汉）陆贾撰，王利器校注：《新语校注》，中华书局 1986 年版，第 6 页。

山在南北朝以前并没有形成五岳那样成体系的祭祀制度。虽然历史文献对镇山的记载可以追溯到先秦时期，但实际上，镇山被正式纳入国家山川祭祀体系的时间要远远晚于五岳。①

在传统的解释中，镇山不仅有重大之山的意思，更有镇守一方、给一方带来安定的内涵。② 因此，除了政治和宗教的意义外，镇山比五岳更多了一层军事的意味。其中北镇医巫闾山由于地处辽东，少数民族活动频繁，先后经历了辽、金、元、清等少数民族政权的统治，被这些政权视为自己民族的发源地而得到特别的崇奉。另外，由于医巫闾山位于边疆地区，它是中原政权和边疆少数民族政权对峙的前线，军事战争也在这一地区频频发生。因此，中原汉族政权和边疆少数民族政权给予了北镇医巫闾山各不相同的定位，前者倾向于将北镇视为具有一定神格的军事重镇，而后者则将其看作自身政权合法性的根本来源。而将北镇与其他镇山区别开来，并认为它具有超越其他镇山的特殊重要性的态度，两者则是一致的。

有关北镇的研究，主要涉及陵墓和遗迹的考古发掘、北镇历史的研究，以及具体碑文的解析等方面。③ 就考古领域来说，研究主要集中在辽代皇室陵墓的发掘④以及北镇庙的建筑研

---

① Jinhua Jia, Formation of the Tracitional Chinese State Ritual System of Sacrifice to Mountain and Water Spirits, *Religions*, 2021, 12（5）, pp. 323-326. 中文版已收为本书第一章。

② 《周礼·职方氏》："镇，名山安地德者也。"《广雅·释诂》："镇，所以安四方。"（汉）郑玄注，（唐）贾公彦疏：《周礼注疏》，北京大学出版社2000年版，第1022页；（清）王念孙：《广雅疏证》，中华书局2019年版，第23页。

③ 王志钢：《清代钱世勳北镇庙碑文考》，《中国书法》2018年第16期，第173~176页；王志钢：《北镇庙万寿寺碑文研究》，《浙江理工大学学报》2019年第42期，第661~669页。

④ 辽宁省文物考古研究所：《辽宁北镇市辽代帝陵2012—2013年考古调查与试掘》，《考古》2016年第10期，第34~54页；于春、白噶力：《辽代帝陵考古发现与研究述略》，《文博》2020年第2期，第27~33页；司伟伟、崔蕾、于九江、刘昌、赵杰：《辽宁北镇辽代耶律弘义墓发掘简报》，《文物》2021年第11期，第50~62页。

究①这两个方面。北镇历史的研究则有对祭祀制度的梳理②，对医巫闾山所反映的少数民族祭祀文化的探讨③以及对清代北镇文化和北镇行宫的研究④。中文学界关于北镇及其背后的镇山祭祀体系的研究并不显眼，而英文学界则几乎没有关于北镇的论述，这不得不说是一个遗憾。

尽管少数民族政权对北镇的祭祀受到一些学者的关注，但是北镇庙中保存下来的珍贵碑文并未得到充分的挖掘。若能系统梳理北镇庙中的元、明、清三代的碑文，将会有助于我们解读汉族和少数民族政权对待北镇的不同态度的成因和表现，进而为中国历史上北镇的宗教和军事地位的重新定位提供支持。

本章将视线集中在北镇医巫闾山，希望从传世典籍和现存碑文这两类文献入手，梳理有关北镇祭祀的历史脉络，着重关注北镇在元、明、清三朝国家祭祀体系中的地位变化并分析其成因。

二、北镇祭祀的早期历史

医巫闾山，又被称作医无闾山、无虑山、于微闾山、闾山等。

---

① 郑景胜：《北镇庙的布局与建筑特色》，《古建园林技术》1994 年第 2 期，第 42～44 页；郑艳萍、刘旭东：《北镇庙壁画艺术与技术探究》，《古建园林技术》1995 年第 3 期，第 15～17、27 页；贾辉：《辽宁北镇医巫闾山寺庙碑文、古钱窑、古暗道的新发现》，《东北史地》2008 年第 2 期，第 95～96 页；于志刚：《北镇庙寝宫勘察报告及整治说明》，《大众文艺》2011 年第 23 期，第 235～236 页；孙子蛟：《北镇庙建置、沿革、布局考》，《佳木斯大学社会科学学报》2018 年第 3 期，第 143～146、154 页。

② 刘丹：《金代北镇医巫闾山信仰与祭祀探析》，《渤海大学学报》2019 年第 3 期，第 34～38 页；陈鹏：《清代医巫闾山祭祀考略》，《佳木斯大学社会科学学报》2018 年第 3 期，第 147～149 页。

③ 崔向东：《论医巫闾山文化内涵及其特点》，《社会科学战线》2015 年第 2 期，第 112～119 页。

④ 孙子蛟：《医巫闾山岳文化初探——以清帝东巡御制诗为例》，《兰州教育学院学报》2018 年第 5 期，第 8～10、62 页；卢秀丽：《清帝东巡与广宁行宫》，《内蒙古社会科学》1994 年第 2 期，第 71～74 页；李凤民：《清帝广宁行宫》，《紫禁城》2002 年第 1 期，第 46～48 页。

段玉裁（1735—1815）认为这是东夷语的音译，① 但由于材料的缺失，有关其得名的原因及其具体内涵已经难以考证了。尽管《周礼》中多次提及医巫闾山，但在当时尚无"北镇"的名号，也并未有关于战国秦汉时在医巫闾山举行祭祀仪式的明文记载。我们知道公元前61年，五岳和四渎的祭祀就被正式确定为帝国的常规礼制。② 而根据文献记载，镇山被纳入其中则要晚至隋朝。③ 不过，这并不意味着医巫闾山在从汉至隋的数百年间受到冷落。

首先，北魏统治者注意到了这座位于北方的宏大山脉。《魏书》中记载了北魏第五位皇帝拓跋濬（452—465在位）于和平元年（460）展开东巡。祭祀医巫闾山是他东巡的第二站——他首先到桥山（位于今山西曲沃）祭祀黄帝，在辽西祭祀医巫闾山后又去往山西祭祀了北岳恒山。由于此时医巫闾山并不在北魏的版图内，拓跋濬只好在辽西望祭了位于辽东的医巫闾山。④ 这是文献可查的关于医巫闾山祭祀的最早记录。北魏皇帝亲临边境地区望祭医巫闾山，显示了南北朝时北方少数民族政权在常规化祭祀北方境内的西岳和北岳的基础上，希望进一步扩大自己的政治影响力至更遥远的东北地区。尽管北魏政权对医巫闾山所处的东北地区并没有实际的控制权，但这种祭祀行为不仅宣示了他们对于东北地区的主权，更显示了北魏政权与南方政权同样具有执掌天下的正当性，是天下的合法继承者。

其次，在南方地区，对医巫闾山的望祭也时有发生。梁武帝萧衍（502—549在位）即位后便召集儒生制定国家大典，确定在国都南郊祭天、北郊祭地，两者隔年交替进行。其中北郊的祭祀

---

① （汉）许慎撰，（清）段玉裁注：《说文解字注》第1卷上，上海古籍出版社1988年版，第11页上。

② Jinhua Jia, Formation of the Traditional Chinese State Ritual System of Sacrifice to Mountain and Water Spirits, *Religions*, 2021, 12(5), pp. 325-326.

③ 《隋书》，中华书局1973年版，第140页；Jinhua Jia, Formation of the Traditional Chinese State Ritual System of Sacrifice to Mountain and Water Spirits, *Religions*, 2021, 12(5), p. 327.

④ 《魏书》，中华书局1974年版，第2739页。

包括对五岳、四渎和四海的祭祀，也包括对还未形成四镇常制的沂山、霍山、医巫闾山的祭祀。① 很显然，由于南北军事对峙，像梁朝（502—557）这样的南方政权对这些北方山川的祭祀只能远远地进行。梁武帝重新整合国家祭祀仪式，并将北方地区的众多山川也作为祭祀对象，代表着南方政权对自身合法性的建构作出了正式的声明。值得注意的是，不论是北魏这样的北方政权，还是梁朝这样的南方政权，其统治者对于医巫闾山的重视，都说明了他们对《周礼》构想中的天下体系的认同，尽管他们都没有对这一地区的控制权。

隋朝在统一全国之后，依照南北朝时期的共同认知，即按照《周礼》中的记载而举行国家祭祀是南北朝分裂时期各个政权确立其合法性的重要依据，也着手整合国家的祭祀体系。其中比较重要的举措，便是隋朝首次将四镇的祭祀纳入常规礼制之中，并在各个镇山建立祠庙。② 这一体制一直被历朝历代沿用。到了北宋初年，官方在四镇的基础上，又加上了中镇霍山，自此五镇的祭祀体系正式形成。再有，朝廷为岳镇海渎之神册封公爵爵位，医巫闾山被封为广宁公。③ 然而，由于地理位置的原因，此时的医巫闾山在辽国的疆域内，所以北镇庙与其他几座庙宇（北海神庙和西海神庙）并不在北宋的势力范围内。因此，北宋统治者将北镇的祭祀移到位于定州的北岳庙中。④ 而辽代也没有祭祀北镇的历史记载，所以，无法将现在位于辽宁省北镇县的北镇庙追溯到隋唐时期。

从现存史料来看，并没有任何直接证据显示了辽代沿用中原王朝的国家祭祀体制，但是医巫闾山对于辽来说，却具有比"镇守北方"更加重要的特殊意义。这是由于东北地区是契丹族的发源地，

① 《隋书》，中华书局1973年版，第108页。

② 《隋书》，中华书局1973年版，第140页。

③ 《宋史》，中华书局1977年版，第2488页。Jinhua Jia, Formation of the Traditional Chinese State Ritual System of Sacrifice to Mountain and Water Spirits, *Religions*, 2021, 12(5), p. 328.

④ Jinhua Jia, Formation of the Traditional Chinese State Ritual System of Sacrifice to Mountain and Water Spirits, *Religions*, 2021, 12(5), pp. 328-329.

因此在契丹族建立辽国之后，皇室将医巫闾山定为帝王陵墓的选址之一。在辽代的五大帝陵中，显陵、乾陵位于医巫闾山，安葬了辽代九位皇帝中的四位，以及多位皇后和皇子。① 由此看来，医巫闾山对于辽代皇族来说确实具有无可比拟的重要性。对于医巫闾山辽代皇陵周边的保护规定一直延续到金代，如金太宗完颜晟（1123—1135 在位）于 1129 年下令禁止在医巫闾山辽代陵墓周边樵采。② 然而，由于辽代在医巫闾山地区的经营，在两百多年间里，这里很可能并没有延续隋唐以来的北镇祭祀制度，所以隋唐时期的祠庙已经荡然无存。

与辽代不同的是，金代作为女真族政权，正式采纳了中原汉族政权的国家祭祀体制。金世宗完颜雍（1161—1189 在位）是最早制定推行山川祭祀的金朝皇帝，他在大定四年（1164）六月恢复了对于岳镇海渎的祭祀。③ 一般认为，现存于辽宁省北镇市的北镇庙遗址就是从这时开始营建的。与宋朝一样，金朝政府派人亲临国境内的山川进行祭祀，如在广宁府祭祀北镇，并对国境以外的山川进行"遥祀"。此外，金朝政府还在国都郊外祭祀地祇，为位居第二等级的岳镇海渎设立神位。④ 金代沿用了唐宋旧制，为这些山川之神封爵，又在明昌年间（1190—1196）采纳沂山道士的建议，仿照北宋的举措也将山川之神册封为王⑤，其中医巫闾山被封为广宁王⑥。

从以上先秦至宋金时期的材料来看，医巫闾山作为四镇（后来

---

① 于春、白噶力：《辽代帝陵考古发现与研究述略》，《文博》2020 年第 2 期，第 27~33 页；辽宁省文物考古研究所：《辽宁北镇市辽代帝陵 2012—2013 年考古调查与试掘》，《考古》2016 年第 10 期，第 34~54 页。

② 《金史》，中华书局 1975 年版，第 60 页。

③ 《金史》，中华书局 1975 年版，第 810 页。

④ 《金史》，中华书局 1975 年版，第 712 页。

⑤ 《宋史》，中华书局 1977 年版，第 2488 页。北宋为岳镇海渎之神封王，年代不一。宋真宗（997—1022 在位）太平兴国八年（981）为五岳册封帝号，宋仁宗（1022—1063）康定元年（1040）为四渎和四海封王，宋徽宗（1100—1126）政和三年（1113）为五镇封王，其中西镇吴山早在宋神宗（1067—1085 在位）元丰八年（1085）就已封王。

⑥ 《金史》，中华书局 1975 年版，第 810 页。

成为五镇)之一而被记录的时间较早。但是从汉以后的数百年间，它并没有获得进入国家祭祀体系的资格，直到隋代才被正式纳入进来。另外，我们隐约可以看出，北方少数民族政权对医巫闾山有着特殊的态度。这是由于医巫闾山常年处于北方政权的控制下，对医巫闾山的祭祀符合《周礼》所确立的天下体系，这是声明其自身政权合法性的一个重要依据。此后，随着北方少数民族政权的汉化，以及对于入主中原的迫切渴望，他们与南方政权争夺正统的需求也日益增强。经过元、清两朝，这种特殊态度被进一步强化，并发展出新的内涵。相较而言，汉族政权更多地将医巫闾山看作整个祭祀体系中的一部分，并不作特殊处理。

三、元朝的北镇祭祀：作为"国家根本元气之地"的北镇

传世典籍中关于北镇祭祀的内容大多与其他山川祭祀一起被提及，对其自身的具体情况述及不多。不过幸运的是，在北镇庙中现存的五十余通历代碑志，为我们一窥北镇祭祀的历史沿革，及其在宋以后的特殊历史地位，提供了重要参考。

北镇庙中现存最早的石碑是立于元大德二年（1298）的"圣诏之碑"。碑文记载了元成宗铁穆尔（1295—1307 在位）册封五镇为王的历史。这份诏旨同样被制成石碑送往其他四座镇山：

> 五代以降，九州皆有镇山所，以阜民生，安地德也。五岳四渎，先朝已尝加封，唯五镇之祀未举，殆非敬恭明神之义。其加东镇沂山为元德东安王，南镇会稽山为昭德顺应王，西镇吴山为成德永靖王，北镇医巫闾山为贞德广宁王，中镇霍山为崇德应灵王。仍敕有司岁时与岳渎同祀，着为定式，故兹诏示，想宜知。①

---

① （元）孛儿只斤·铁穆尔：《圣诏之碑》，王晶辰主编：《辽宁碑志》，辽宁人民出版社 2002 年版，第 48~49 页。

从碑文可知，铁穆尔认为元朝此前的皇帝都加封过五岳、四渎，① 但是唯独没有举办过对五镇的祭祀。因此，铁穆尔特地加封五镇之神为王，并赐予封号，以祈求各镇山能够履行安抚民生、养育万物的职责。五镇的祭祀制度由北宋首次提出，并被金朝延续仿效。但由于他们都未曾控制过整个帝国全境，因此对五镇的祭祀从未在事实上施行过。铁穆尔是首个在事实上成功举行五镇册封和祭祀的帝王，他希望通过此举来表明元朝有统一全国之功。

此后，元朝多次派遣大臣前往北镇庙祭祀，如现存的石碑记录了皇庆二年（1313）、延祐四年（1317）、至顺二年（1331）、至元五年（1339）、至正二年（1342）、至正三年（1343）、至正六年（1346）、至正七年（1347）、至正八年（1348）、至正十七年（1357）等多次祭祀实录。② 其内容大体上是敬奉山神，希望山神让国家风调雨顺，保佑国泰民安。这种情况一直持续到元朝后期，官方对医巫闾山的推崇开始有别于其他镇山。

1339 年的祭祀官员认为医巫闾山是幽州的镇山，因此国家的生死存亡都寄托在医巫闾山上："臣窃以为医巫闾在辽海上，以礼经考之，实幽州之镇，我国家根本系焉。"③这是由于幽州长久以来都是军事重镇，兵家必争之地，更是元朝首都的所在地，因此地处幽州的医巫闾山事关国家之根本。祭祀圣地祀址在地理上的迁移和等级意义上的改变并不是特例。南岳衡山就在历史上多次代替东岳

---

① 从《元史》可知，元代对岳镇海渎的祭祀施行代祀，皇帝并不亲自前往，而是派遣重臣，并挑选汉族名儒和道士陪同。这一传统从忽必烈（1260—1294 在位）中统二年（1261）开始。至元二十八年（1291），忽必烈又为五岳加帝号，封四渎和四海为王，唯独没有册封五镇。《元史》，中华书局 1976 年版，第 1780、1900 页。

② 王晶辰主编：《辽宁碑志》，辽宁人民出版社 2002 年版，第 51~55、217~223 页；于志刚：《北镇庙碑文解析》，辽宁民族出版社 2009 年版，第 9~60 页。

③ （元）李齐：《代祀北镇庙碑》，王树楠、吴廷燮、金毓黻编：《奉天通志》，东北文史丛书编辑委员会 1983 年版，第 5574 页。

泰山成为最重要的山岳。① 1346 年的祭祀碑文写道：

> 迨我皇元，崇秩贞德王号，列圣严禋，比之累代褒封钦重者，实主镇幽州，皇都京畿系焉。乃我国家根本元气之地，较之异方山镇，尤为□□□焉。②

此祭祀碑文更是明确指出医巫闾山是国家元气之所在，比其他几座镇山更加重要。这是第一次将北镇的地位置于五镇之首的描述，此前一般认为东镇沂山才是五镇之首。③ 这些碑文都是由汉族官员写成，碑文中对北镇的描述实际上表明了他们的态度和立场。他们一方面征引儒家礼制的文献，另一方面又称颂元朝皇帝对北镇的加封，似乎是在承认元朝统治的合法性。

医巫闾山的地位之所以产生这种变化，与其地理位置息息相关。它是元大都的门户，是护卫首都的天然屏障之一。在 1347 年的祭祀碑文中，北镇被描述为元朝的兴起之地，因为它们同在北方："皇元龙兴朔土，是镇首在邦域之中，混一以来，视他镇尤为密迩，加封贞德广宁王。"④而 1357 年的祭祀碑文则将医巫闾山描述为天地间精妙变化发生的缘由，颇有一种元朝的皇权起源于此的意涵：

> 昊穹罔测，曰维四时。时至运行，天道随之。圣神立极，

---

① James Robson, *Power of Place*：*The Religious Landscape of the Southern Sacred Peak*（*Nanyue* 南嶽）*in Medieval China*. Cambridge：Harvard University Asian Center，2009，pp. 57-89.

② （元）张元美：《御香代祀记》，王晶辰主编：《辽宁碑志》，辽宁人民出版社 2002 年版，第 219～220 页。

③ 东镇沂山一般被称为"东泰山""小泰山"，用以比附五岳之首泰山，可见其地位很高。1298 年颁布的东镇诏碑的形制也远远高于北镇。目前存于山东省沂山镇东镇庙中的大德二年诏碑用了蒙古文和汉文同时镌刻，以显示其受到蒙古皇室尊崇的重要地位。而北镇的大德二年诏碑则仅有汉文。

④ （元）张元美：《御香代祀记》，王晶辰主编：《辽宁碑志》，辽宁人民出版社 2002 年版，第 220～221 页。

动以天则。岳镇阐灵，其犹辅弼。皇帝若曰，功祀礼宜。古医巫闾，玄化之机。①

尽管医巫闾山区域并非蒙古的发源地，但它确实是为数不多与北方少数民族政权息息相关的镇山。从北魏拓跋政权开始就重视医巫闾山，辽代契丹皇室将其作为皇陵的选址，女真人建立的金朝更是首次在此建立庙宇，一直延续至今。

元朝末年，统治者对医巫闾山地位的态度更加尊崇。此时种种迹象表明，国家稳固的政权开始逐步瓦解，南方起义不断。元朝政府对北镇重要性的重申，一方面强调了其对北方地区，尤其是国都周边（即军事重镇幽州）的绝对掌控权。作为北方的游牧民族，蒙古将来自北方的威胁几乎扫除殆尽，因此北方也是其权力最为稳固的地区。另一方面也代表在风雨飘摇的时局下，元朝政府可能在考虑以多种方式加强其执政合法性的论述，其中之一就是认为以医巫闾山为代表的稳固的北方是其权力的基石，是必须倚靠的基本盘。

四、明朝的北镇祭祀：作为边防重镇、军事前线和五镇之首的北镇

这种过度拔高医巫闾山地位的情况，随着明朝的建立而稍有平复。在明朝近三百年历史中，北镇再一次成为汉族政权与北方游牧民族尤其是东北新崛起的女真部落（后来的满洲族）对峙的前线。除了履行与其他镇山一样求雨消灾、滋养民生的宗教职能外，北镇在整个明代的军事地位得到特别的强调。

洪武三年（1370）朱元璋（1368—1398 在位）重新改革国家宗教，去掉所有岳镇海渎的人爵封号，为其加封神的名号，以示宗教般的尊崇。② 山川祭祀的规格被提高到前所未有的高度。在此过程中，

---

① （元）杨泓：《代祀之碑》，王晶辰主编：《辽宁碑志》，辽宁人民出版社 2002 年版，第 223 页。

② （清）张廷玉等：《明史》，中华书局 1974 年版，第 1283 页。

北镇不再像此前北方少数民族政权那样在宗教上受到特殊对待，而是重新回到了五镇之一的地位。然而，随着明朝迁都京师，以举国之力抵御北方蒙古的入侵，医巫闾山以其天然的军事屏障作用又再次进入中央政权的视野。作为京师与辽东地区连接的唯一通道，作为山海关外的最后一道屏障，北镇所在的广宁关系到首都乃至整个国家的安危。有鉴于这一重要军事地位，辽东地区自明初开始设立辽东都指挥使司这一军事机构，广宁成为重兵把守之地。也正是由于这一原因，北镇庙现存的所有明代碑所记录的祭祀官员都是清一色的军队要职。

正是由于如此重要的地位，北镇受到明朝政府的特殊关注。从永乐十九年（1421）开始，官方对北镇庙的修缮就没有停止过。有据可查的修缮就有六次之多，[①] 足以见得明朝政府对于这个唯一具有突出军事职能的国家祭祀场所的重视。因此，在1495年的《北镇庙重修记》中提到北镇不仅是政府尊崇的神山，也是边防所依赖的要塞。这篇《重修记》还是明朝第一次明确认定北镇的地位，认为北镇居于五镇之首，是御守东北方领土的最重要的山脉：

> 北镇，朝廷尊崇，边防仰赖。……何况北镇礼秩居他镇之首，永奠东土，御我边疆，利我边民，与五岳四渎同功。历代

---

① 永乐十九年（1421）的修缮见《敕辽东都司》碑，（明）朱棣：《敕辽东都司》，王晶辰主编：《辽宁碑志》，辽宁人民出版社2002年版，第59~60页。成化十九年（1483）和弘治八年（1495）的修缮见弘治八年《北镇庙重修记》碑，（明）张岫：《北镇庙重修记》，王晶辰主编：《辽宁碑志》，辽宁人民出版社2002年版，第226~227页。其中记载了宦官韦朗于1483年到辽东任职时便修缮过一次。弘治七年（1494）韦朗请求中央政府重新修缮，得到准许。正德四年（1509）的修缮见正德四年《重修北镇庙碑记》，（明）霍霫：《重修北镇庙碑记》，王晶辰主编：《辽宁碑志》，辽宁人民出版社2002年版，第228~229页。宦官岑章上任的第一件事便是参拜北镇庙，并命令当地官员修缮庙宇。1573年的修缮见万历三十四年（1606）《重修北镇庙记》，碑文记载上一次重修庙宇至今已有三十四年。最后一次是万历三十四年，见万历三十四年《重修北镇庙记》。无名氏，《重修北镇庙记》，王晶辰主编：《辽宁碑志》，辽宁人民出版社2002年版，第242~243页。

所以崇祀者，在是；边方所以依仰之者，在是。①

1509 年的《重修北镇庙碑记》也认为北镇关系到整个国家的和平安定："予以北镇为一方巨镇，疆场赖之以静，边氓托之以宁，天下又藉之以和平。"②如今现存的十余通明朝石碑几乎全部提到了北镇的军事地位。

纵观整个明朝，北镇所在的广宁地区都与抵抗北方少数民族（先是蒙古族、后是满洲族）息息相关。广宁的得与失关系到整个国家的存亡，这种说法毫不为过。此地也确实关系到明清两个朝代的国运。对满洲族来说，在军事上控制广宁地区，对其进入山海关、最终在中原建立清朝政权有着决定性的作用。因此，满洲族建立的清朝对北镇的经营比起前代有过之而无不及。③

五、清朝的北镇祭祀：作为满洲族
发祥之地的北镇

清朝对北镇的重视，成就了北镇在历史上最辉煌的一段历史。前代几乎没有帝王亲自前往北镇祭祀，辽代也仅仅是将医巫闾山作为皇陵的选址。整个清朝有五位皇帝先后十一次亲自去往北镇以国家典礼祭祀医巫闾山神，并多次亲自题写碑文和吟咏诗歌，以表达崇敬之意，其盛况可想而知。也正是由于清朝皇室格外重视，北镇庙才得以保存至今，成为五镇之中唯一保留明清建筑的庙宇。

清朝皇帝重视北镇的原因显而易见——这里既是国家传统山水祭祀的场所之一，又是先祖起兴及陵寝所在。至少在明朝万历年间（1573—1620），努尔哈赤（1616—1626 在位）的先祖就已经在赫图

---

① 王晶辰主编：《辽宁碑志》，辽宁人民出版社 2002 年版，第 226～227 页。

② 王晶辰主编：《辽宁碑志》，辽宁人民出版社 2002 年版，第 229 页。

③ Willard J. Peterson, ed., *The Cambridge History of China*：*Volume 9*, *The Ch'ing Empire to 1800*, *Part 1.* Cambridge：Cambridge University Press, 2008，pp. 41-49，52-57.

阿拉城外(位于今辽宁抚顺市新宾县)建立家族陵墓，后来成为永陵。从天聪三年(1629)到顺治八年(1651)，努尔哈赤的福陵和皇太极(1626—1643 在位)的昭陵先后在盛京(今辽宁沈阳)落成。赫图阿拉城和盛京作为满洲族大本营，供奉着他们的祖先。因此，清朝建立之后，历代皇帝都有东巡祭祖的习惯。而医巫闾山所在的广宁，就是清朝皇帝祭祖的必经之路，北镇庙就是他们往返的中转站。北镇庙的隔壁有专为皇帝临时休息而修建的广宁行宫。根据史料记载，清朝共有五位皇帝亲自东巡祭祖，即康熙(1662—1722 在位)三次(1671、1682、1698)、雍正(1723—1735 在位)一次(1721)、乾隆(1736—1795 在位)四次(1743、1754、1778、1783)、嘉庆(1796—1820 在位)两次(1805、1818)和道光(1821—1850 在位)一次(1829)。他们的部分行迹也被记载在北镇庙现存的碑文上。

康熙二十一年(1682)《御祭祝文》碑作于康熙第二次祭祖的途中，由康熙派遣贴身近臣前往祭祀北镇。由于近十年之久的三藩叛乱在 1681 年刚刚被平定，国家重新恢复太平，康熙的权力更加稳固，因此这次祭祖的意义十分重大。这通碑文认为医巫闾山不仅是满洲族发祥和兴起的地方，也是皇家之气聚集的地方。康熙正是有了医巫闾山神的庇佑，才得以平定叛乱，恢复国家安定："维神杰峙营州，雄幡辽海，发祥兆迹，王气攸钟，朕祇承神祐，疆宇荡平。"①这番评价不仅将医巫闾山视为满洲族和清政权的起源地，更是将其视作皇权的象征和来源，这进一步拔高了北镇的地位。这一评价一直延续到后世，为历代皇帝所称颂。

康熙二十九年(1690)所作的《新建北镇医巫闾山尊神板阁序》碑以周朝的发源地丰邑、镐邑来比拟医巫闾山对于清朝的意义："迨本朝尤为发祥名胜，丰、镐钟灵，每遇大典，即遣官祭告，可

---

① (清)爱新觉罗·玄烨:《御祭祝文》，王晶辰主编:《辽宁碑志》，辽宁人民出版社 2002 年版，第 245 页。

不谓隆焉。"①康熙历次东巡曾多次经过医巫闾山，常看见美好的云气从翠绿的山中升起，似乎连接着天庭。这一景象被认为，医巫闾山的云气是上天降下的王气，医巫闾山是天命所眷顾的地方，发源于该地的满洲族获得政权是顺应天命，后来的碑文中也着重强调了这点。于是康熙于1703年专门书写"郁葱佳气"四字匾额颁给北镇庙，同时又作了康熙四十二年《御祭祝文》碑："维神功障辽阳，势连渤海，灵威丕赫，作镇北方，朕祗承休命，统驭寰区，夙夜勤劳，殚思上理，历兹四十余载。"②康熙后又命人重修庙宇，历时两年四个月才完成（1706—1708），足以见得规格之高。康熙四十七年（1708）由康熙本人亲自用满文和汉文双语书写的《北镇庙碑文》认为医巫闾山不仅护卫着清朝的王气，而且是首都的辅佐和屏藩、国家的保障，能巩固皇家万年的基业：

> 医巫闾，屹峙东北，为幽州臣镇。昔虞帝封十又二山，此其一也。穹崇磅礴，灵瑞所钟，实护王气，以壮鸿图，与岳渎诸神并垂祀典。朕省四方问俗，尝过其境。望其佳气，郁郁葱葱，上插霄汉，下瞰蓬、瀛，悬瀑飞流，乔、松盘蔚，知其所以保障而迎休者，盖有素矣。③

纵观整个清朝，康熙是第一位明确给北镇以崇高评价的皇帝。除了与元、明两代同样强调北镇的政治和军事上的作用之外，康熙帝对于北镇的推崇更多地基于民族情感。更值得注意的是，从他将北镇比作周朝的起源地丰、镐两城来看，他也暗自将自己和自己的祖先比作周朝先王那样的明君。以北镇为纽带，康熙皇帝巧妙地将本民族的起源和政权合法性联系起来，并以此类比作为中原汉族政

---

① （清）黄如瑾：《新建北镇医巫闾山尊神板阁序》，王晶辰主编：《辽宁碑志》，辽宁人民出版社2002年版，第245~246页。

② （清）爱新觉罗·玄烨：《御祭祝文》，王晶辰主编：《辽宁碑志》，辽宁人民出版社2002年版，第247~248页。

③ （清）爱新觉罗·玄烨：《御制碑文》，王晶辰主编：《辽宁碑志》，辽宁人民出版社2002年版，第249页。

权理想蓝图的周朝，从而在一定程度上获得汉族士大夫的政治认同，显示了他高明的政治手段。广宁知县钱世勋就是这样一个将康熙评价为明君的当地汉族官员。他写作了数篇碑文为皇帝祈福求长寿，并且希望民众怀有感恩之心。① 康熙对北镇庙的高度重视，在当地传为美谈。康熙本人也成为后世帝王礼遇北镇庙的榜样。

雍正唯一一次祭祖是在其登基前的 1721 年，为庆祝康熙即位六十周年，当时作为皇太子的胤禛奉命代替康熙东巡祭祖。雍正此行也捐资修整了庙宇。不仅如此，雍正即位后，立即命人用四年时间再次修缮庙宇。短短十余年间两次修缮，足见他对北镇庙的深厚感情。这两事迹被记录在雍正本人于雍正五年（1727）用满汉双语书写的《御制碑文》中：

> 医巫闾山，实为北镇，近接兴京，翊卫关辅。曩者，皇考御书匾额以展褒崇，复遣官修饬庙貌，御制碑文，光昭奕代，典至盛矣。康熙五十九年，朕奉皇考命恭谒祖陵于兴京，道径山麓，躬诣展礼，瞻仰祠庙，蠲洁致祷，因捐资庀工，载加整葺。嗣是雨旸时若，禾黍有秋，辽右黎元，咸沾嘉贶。洎朕临御之初，复遣专官董司营治，栋宇榱桷，丹艧一新。雍正四年冬，厥工告成。朕惟兹山表自虞书丹，载在周礼。盖自天地开辟以来，灵秀之萃聚，越数千年，神应彰显。而我祖宗发祥关右，丰、岐重地，王气所钟，惟神实为拥护，永奠鸿基，灵绩频昭。朕怀允惬展敬之念，夙夜加虔。神其宏敷蕃祉，益显丰功。……②

雍正亲自书写的这篇碑文，首先将康熙六十多年来对于医巫闾

---

① （清）钱世勋：《万寿碑亭记》，王晶辰主编：《辽宁碑志》，辽宁人民出版社 2002 年版，第 250~251 页。（清）钱世勋：《重修北镇禅林记》，王晶辰主编：《辽宁碑志》，辽宁人民出版社 2002 年版，第 251~252 页。

② （清）爱新觉罗·胤禛：《御制碑文》，王晶辰主编：《辽宁碑志》，辽宁人民出版社 2002 年版，第 252 页。部分残缺碑文参考《北镇庙碑文解析》修正。见于志刚：《北镇庙碑文解析》，辽宁民族出版社 2009 年版，第 138~139 页。

山的推崇和举措进行了总结；然后进一步确认了医巫闾山是其民族发源地；最后强调了清朝的政权合法性来自医巫闾山"王气"的聚集和山神的拥护。雍正皇帝完全继承了康熙帝对北镇的尊崇。而雍正本人不断强调在康熙晚年他以皇太子身份替父祭祀，可能也是在经历了继承权的激烈争夺之后，对自身继承皇位的正当性的宣示。

乾隆的四次东巡祭祖尽管没有在北镇庙中留下祭祀的碑文，但是却留下了十余篇与医巫闾山相关的诗歌，并留下亲自书写的诗文碑。北镇庙现存的诗文碑几乎全是乾隆的作品（除了一首写于碑阴的道光皇帝本人创作并书写的诗歌）。康熙和雍正也留下过吟咏医巫闾山的诗歌，但数量不多。康熙帝的作品《过广宁望医巫闾山》表达了自己路过广宁、远望医巫闾山的美景继而想要登上医巫闾山陶冶心灵的愿望；雍正帝的《望医巫闾山》则称颂祖先在医巫闾山的基业，强调了清朝皇权的合法性来自医巫闾山。而乾隆的诗歌则呈现更丰富的面貌，并且将诗人的情怀发挥到了极致。

乾隆四次东巡祭祖都在医巫闾山逗留并留下亲笔书写的诗歌，并立碑纪念。现存的碑文中，作于1743年第一次东巡的1首，1754年第二次东巡的共计7首，1778年第三次东巡共计9首，1783年最后一次东巡计有8首。① 这些诗歌除了一部分描写祭祀的场面、祈福的愿望和祖先的功绩，大多数都表现了乾隆个人的胸怀，表达了他的切身感受。有陶醉于医巫闾山的美景（乾隆称之为"七景"；另有四景之说）而流连忘返的作品②；有以隐居于此但志

---

① 王晶辰主编：《辽宁碑志》，辽宁人民出版社2002年版，第450~451、453~457页。于志刚：《北镇庙碑文解析》，辽宁民族出版社2009年版，第158~195页。

② 乾隆称之为"七景"；另有四景之说。北镇"七景"得名于1754年乾隆第二次祭祖途中在广宁游历医巫闾山而作的一首诗歌，《游医巫闾山得五言三十韵诗》，七景分别为石棚瀑布、蝌蚪碑、桃花洞、吕公岩、道隐谷、望海寺、旷观亭。四景则为翠云屏、道隐谷、圣水盆、旷观亭，乾隆多次为此四景赋诗。见（清）爱新觉罗·弘历：《游医巫闾山杂咏》《游医巫闾山得五言三十韵诗》《观音阁即景四首》《题医巫闾山四景》，王晶辰主编：《辽宁碑志》，辽宁人民出版社2002年版，第450~451、455~456页。

在天下的辽代帝王自比的诗歌①；也有描写医巫闾山地区和平安宁的农家生活的场景②；还有追忆发生在医巫闾山的古代战争、总结明朝灭亡的教训、申明清朝德政的怀古诗③。总体而言，这些诗歌比前代帝王所描写的北镇，有更为广阔的场景、更为深刻的历史思考、更为真实的生活画面和更为个人化的心理感受。乾隆皇帝也是唯一一位借由北镇来抒发自己个人情志和感想的皇帝。除开乾隆皇帝本人的性格因素，他对待北镇祭祀的个人化倾向也来源于政权稳固和国家强盛带来的轻松和自信。在乾隆的时代，政权合法性的问题已经基本解决，他本人并不需要对此进行更多的论述。因此，乾隆皇帝将视线从政治上移开，转而关注当地的景色和民生，以及由此产生的个人情感。

帝制中国史上最后一次以皇家身份重修北镇庙是在光绪十八年（1892），这次修缮被记录在一篇长篇碑文中：

---

① 1754 年第二次东巡《游医巫闾山杂咏·道隐谷》："东丹潜志读书处，逐鹿成图岂恝然。"见王晶辰主编：《辽宁碑志》，辽宁人民出版社 2002 年版，第 450 页。1778 年第三次东巡《观音阁即景四首·道隐谷》："谁知潜志乐饥者，原是挺身逐鹿人。"见王晶辰主编：《辽宁碑志》，辽宁人民出版社 2002 年版，第 455 页。

② 1743 年《广宁道中作诗》："困鹿高堆富有秋，村农稍为展眉头。小阳春旭烘华罕，长女风光猎彩斿。素积磷膡真胜玉，青含麦垅正如油。何当幽里连京洛，三百酬予望岁眸。"见王晶辰主编：《辽宁碑志》，辽宁人民出版社 2002 年版，第 450 页。1783 年第四次东巡《广宁道中作诗》："胜国扼冲地，陪都属邑城。昔今形势异，原隰凿耕盈。攻夺缅前烈，养教廑后营。重新修百堵，黎庶喜相迎。"见王晶辰主编：《辽宁碑志》，辽宁人民出版社 2002 年版，第 456 页。

③ 1754 年秋季乾隆第二次东巡，《广宁道中作诗》："广宁道中跋马行，败垒荒堡频逢迎。云是当年防守处，江山坐失嗟有明。外猜内忌政纷乱，谋臧不从不臧荐。其间门户尚相争，文臣掉舌武臣窜。增饷未逮士卒家，逍遥可上拥楱牙。成梁华表至今在，爵里世胄沧桑夸。候台烽火更番置，朝侦夜望亦云备。设逻徒布千万兵，王师一举皆捐弃。辽东不保全辽西，破竹安禁飞骑驰。我来抚迹仰前烈，百年古县成雍熙。皇天无亲德为本，民不可下曰可近。一言敬告守器人，待言守时计已晚。"见王晶辰主编：《辽宁碑志》，辽宁人民出版社 2002 年版，第 450~451 页。

而况灵脉宗远，蝉焉乎太白，帝乡近辅，龙蟠于大东者
哉。医巫闾者，北界之支山，渤尾之乔岳。……皇清缔造，在
沈之阳。旌铖一麾，松杏丕应。百灵效命，遂壹寰区。以兹山
密迩留都，实资辅佐。为民祈福，首荐馨香。圣主东巡，三过
其境。尝就故址，式启新宫。题宝额以褒崇，勒贞珉而表识。
是则周迁雒邑，不废岐阳之蒐；汉王关中，犹致枌榆之祀。维
桑毕敬，不忘本也。世宗继轨，追昔游溯天作之原，念王迹之
肇，阐扬灵迹，恢拓曩规。乃召司空，厖徒揆日，经营三稔，
轮奂一新。粤若高宗，銮舆四莅，屡修望秩之典，大报生殖之
功，退宴礼当，思纪地德，怀柔作颂，仰止歌风，鸿制炳如日
星，丰碑照乎岩谷。……①

《敕修北镇庙碑记》详细记述了医巫闾山两千多年的历史沿革和北
镇庙在历代的重修记录。此文认为医巫闾山的灵脉连接着满洲族起
源之地长白山，又是离赫图阿拉和盛京最近的天然屏障，对满洲族
至关重要。因此，整个清朝历代皇帝都加倍重视医巫闾山，这是不
忘本的体现。一般来说，清朝将长白山视为本民族的最原初的发源
地，而将医巫闾山视为帝王基业开始兴盛繁荣的地方，即王气的肇
始之地。因此，清朝有将长白山和北镇医巫闾山合祀的传统。② 光
绪即位后还同时加封了长白山和医巫闾山神号，前者为"保民"，
后者为"灵应"。③

　　总结来说，清朝推崇北镇有多方面的原因。一是清朝作为少数
民族政权，与金朝、元朝一样亟须继承中原汉族的国家宗教体系，
以此确认自身执政的合法性。这个祭祀体系将政权的合法性来
源——天命具象化，即通过祭祀、娱神和祷告来获得神明的支持，

---

① （清）陈震、徐景涛：《敕修北镇庙碑》，王晶辰主编：《辽宁碑志》，
辽宁人民出版社 2002 年版，第 289~291 页。

② 赵尔巽等：《清史稿》，中华书局 1977 年版，第 2522 页。

③ 赵尔巽等：《清史稿》，中华书局 1977 年版，第 2523 页。

以求得风调雨顺、国泰民安，而这些都是获得天命的体现。二是满洲族对明朝在军事上的决定性胜利。医巫闾山所在的广宁是后金与明朝军队的战争前线，双方在此争夺了数十年。满洲族军队拿下广宁之后便长驱直入灭亡了明朝。同时，广宁还是北京通往辽东地区的唯一通道，可见其军事地位的重要性。三是满洲族将医巫闾山视为清朝建立基业之地。满洲族的后金政权建都于赫图阿拉城和盛京，两者都在医巫闾山以东。北镇是后金政治中心的天然屏障，这让满洲族政权在明朝的军事压力下得到喘息和发展的机会。清朝政府将医巫闾山对满洲族的特殊意义与国家宗教体系相结合，便形成了医巫闾山是天命所钟、王气聚集之地的认识，进一步强化了其政权的合法性。

六、结　　论

本章利用了大量北镇庙中现存的碑文，考察了北镇祭祀的历史，重点关注了北方少数民族政权对于北镇医巫闾山的特殊态度。五镇的祭祀作为常规礼制形成的时间晚至宋初，但是北镇祭祀受到帝王重视则早至南北朝时期。而且，北方的少数民族政权对于北镇的重视程度要高于历史上的汉族政权。北魏、辽、金、元、清几个朝代都对北镇祭祀作特殊对待。元、清两朝甚至将北镇视为五镇之首。这种态度由多方面的原因共同促成。

首先，医巫闾山与多个北方民族政权的起源和兴盛有关，如契丹族的辽和满洲族的清。即便女真的金朝和蒙古的元朝并未将其视为民族的发祥地，但仍然给予其相当高的评价。也正由于这个原因，辽代和清朝对医巫闾山的评价最高。辽代将皇陵建造于此，而清朝则有五位皇帝在回辽东祭祖的途中亲自到北镇庙进行祭祀活动，更是将医巫闾山视为其皇权的来源。

其次，北镇是周礼所代表的天下体系中的重要一环。这个体系包含了岳镇海渎的国家祭祀体制，是昭示政权合法性的重要宗教制度。然而由于政治分裂的原因，很少有朝代能够同时祭祀所有的岳镇海渎。因此，一旦有朝代统一了天下，便会立即恢复岳镇海渎的祭祀体系，以示其政权对于天下的掌控。而在分裂的局面下，北镇医巫闾山几乎都在少数民族政权的境内。受到礼乐文化影响的少数民族若想征服天下并且以正统自居，必然要接受这套受命于天的理论和祭祀体系。因此，他们对位于境内的北镇往往以周礼的规格进行祭祀。

从现有的研究来看，研究者往往更加重视对北镇在某一具体朝代中的宗教仪式和文化背景的研究，而关于北镇背后所体现的系统性的民族对立，以及少数民族政权如何将排斥他们的国家祭祀体系巧妙地纳为己用，并将自己的民族巧妙地与祭祀的主体（如北镇）联系起来，则是一个容易被忽略的问题。

我们知道，周礼的"天下"体系是汉族王朝政权合法性的重要来源之一，这一体系的设计初衷是区分华夏与蛮夷，其核心的理念之一就是"身份"，将边疆地区的少数民族视为敌人，或对抗，或招抚。镇山在这一体系中具有镇守边疆、抵御外族的作用，因此镇山维护的是汉族政权的合法性，其背后所体现的汉族与他族的矛盾格外尖锐。由于历史和地理的因素，北镇将这一矛盾进一步具体化了。

但是在北方少数民族长时间的运作下，北镇突破了这一汉民族本位、维护汉族政权合法性的国家祭祀系统。之所以进行这样的运作，是因为周礼体系自身具有完备性，与其另起炉灶创立新的体系，不如将自身纳入这个曾经排斥自己的体系中去。少数民族政权的运作手段的核心仍然是"身份"。将自己的身份与周礼的标志之一北镇进行高度捆绑，是将自己融入体系的行动之一，让自己从敌对者转换为被守护者。

在这一过程中，少数民族政权自身的表态极为重要，而更为重要的是汉族官员的态度。因此，我们可以看到，在元代的碑文中，受到皇帝派遣来主持祭祀的官员都是蒙古人，而撰写碑文进行歌功颂德者都是汉族官员。在清代的碑文中，皇帝直接撰写碑文，在这一风气的影响下，本地的官员和文人纷纷为北镇庙撰写碑文以表达自己对清朝重新确立北镇地位的拥护。汉族官员的这些行为和表态对这些少数民族政权的合法性的解释极为重要，因此他们总能在碑文中占据一席之地。

而明朝对北镇的表态，则体现了汉族政权对少数民族政权操作北镇身份议题的强烈排斥。汉族政权再一次极力强调北镇的军事地位，目的即是将少数民族作为敌对者再一次排斥在周礼的国家祭祀体系之外。从这个意义上来说，北镇的祭祀不仅仅体现了与其他镇山祭祀一样的宗教和文化上的意义，更多了一层汉族政权和少数民族政权争夺话语权的内涵，这是北镇在国家祭祀体系中与众不同的一面，也为国家祭祀体系的解读提供了新的理论维度。

最后，地理位置和军事上的作用也是北镇受到重视的现实原因。北镇所处的幽州自古以来就是北方的重镇。而从金朝开始，有多个朝代定都北京。由于蒙古高原的阻挡，北京与北方尤其是东北地区连接的唯一通道就是广宁地区。因此，自元朝开始，中央政府就将医巫闾山视为北京的天然屏障。明朝更是在此修建山海关，以抵御北方少数民族的入侵。满洲族建立的后金则将其视为盛京的天然屏障。明朝后期，明朝政府与满洲族在此处的军事交锋最为激烈，医巫闾山所在的广宁地区甚至关系到国家存亡。保卫此地之安宁的医巫闾山自然也受到了各方的高度重视。

由于上述几个原因的共同影响，北镇在少数民族政权中的地位远远超过其他的镇山，获得了多个朝代超过常规制度的礼遇。这些都是我们在正史中较难认识到的状况，而北镇庙所存的碑文则有助于我们深入理解北镇千年来的历史兴衰。

[作者简介]黄晨曦，安徽大学哲学学院讲师，研究领域为先秦秦汉思想史、黄老道家发展史、早期中国的信仰和宇宙论等。

第十章　长江水神与中国古代王权*

杨　华

中国古代文献中，关于水神的记载既不完整，也不系统。此前已有部分研究，但并不丰富，且主要集中在以下三个方面：第一，关于水神的民间崇拜研究，例如黄芝岗、李思纯、王元林、萧放、李琳等学者的论著，① 主要从民间信仰和习俗文化角度开展的考察，没有从国家典章制度层面深究水神与儒家礼制的关系。第二，关于五岳四渎的研究，例如顾颉刚、徐三见、李零、贾晋华等学者的工作，② 主要讨论中国古代五岳四渎的形成过程，以及四渎的某

---

* 本文英文版 Water Spirits of the Yangzi River and Imperial Power in Traditional China 发表于 *Religions*. 2022, 13（5）, pp. 387-399. https：//doi.org/10. 3390/rel13050387。

① 黄芝岗：《中国的水神》，上海生活书店民国二十三年（1934）版；新版为生活·读书·新知三联书店 2012 年版；李思纯：《灌口氏神考》，《江村十论》，上海人民出版社 1957 年版，第 63~78 页；王元林、钱逢胜：《长江三水府信仰源流考》，《安徽史学》2014 年第 4 期，第 5~11 页；萧放：《天妃与杨泗爷》，《文史知识》2008 年第 5 期，第 122~128 页；李琳、李英：《洞庭湖区杨泗将军信仰的在地化研究》，《文化遗产》2013 年第 2 期，第 93~98 页；王元林、李娟：《历史上湖南湘江流域水神信仰初探》，《求索》2009 年第 1期，第 203~206 页。

② 顾颉刚：《"四岳"与"五岳"》，《史林杂识初编》，中华书局 1963 年版，第 34~45 页；徐三见：《江渎、淮渎封号考》，《社会科学战线》1989 年第 2 期，第 340~342 页；李零：《说岳镇海渎——中国古代的山川祭祀》，《大刀阔斧绣花针》，中信出版社 2015 年版，第 89~116 页；Jinhua Jia, Formation of the Traditional Chinese State Ritual System of Sacrifice to Mountain and Water Spirits, *Religions*, 2021, 12（5）, pp. 319-333. 中文版已收为本书第一章。

些细节。至于渎神之外的其他水神，则未予关注，而对水神与王权的关系更是关注较少。第三，关于断代水神管理的研究，例如杨华、田天、钱志熙关于先秦秦汉时代的考察，① 王永平、朱溢关于唐代的考察，② 贾二强、韩升、皮庆生、陈曦关于宋代的考察，③ 马晓林关于元代的考察，④ 这些研究不太注重水神的时代连贯性，很多讨论聚焦于地方性知识，较少从儒家礼制的视角对水神进行分层级的考察。

　　本章讨论的地理范围主要集中在中国南部的长江流域，这是目前学术界从未系统讨论过的领域。本章认为，水神崇拜是将水作为崇拜对象而引起的一系列文化现象。水神包括河流、湖泊、水井之神，它可能是自然界的神灵信仰，也可能是人格化的神灵信仰。本章考察的主要对象，是被历朝列入"祀典"的长江水神，即"礼"的部分；而民间信仰中的水神传说及民俗活动，即"俗"的部分，则不是本章关注的重点。以下将采用"水神政治"的概念，来对长江祭祀的整体面貌和礼制演变作出历时性考察，试图从国家祭祀的高度来思考长江水神对于历代朝廷政权合法性的意义所在，进而说明

---

　　① 杨华：《楚地水神研究》，《古礼新研》，商务印书馆 2012 年版，第287~312 页；杨华：《秦汉帝的神权统一：出土简帛与〈封禅书〉〈郊祀志〉的对比考察》，《古礼再研》，商务印书馆 2021 年版，第 128~174 页；田天：《西汉山川祭祀格局考：五岳四渎的成立》，《文史》2011 年第 2 辑，第 47~70页；钱志熙：《论上古至秦汉时代的山水崇拜山川祭祀及其文化内涵》，《文史》2000 年第 3 辑，第 237~258 页。

　　② 朱溢：《论唐代的山川封爵现象：兼论唐代的官方山川崇拜》，《新史学》第 18 卷第 4 期，2007 年，第 71~124 页；王永平：《论唐代的水神崇拜》，《首都师范大学学报》2006 年第 4 期，第 12~17 页。

　　③ Valerie Hansen, *Changing Gods in Medieval China, 1127-1276*. Princeton：Princeton University Press，1990；贾二强：《唐宋民间信仰研究》，福建人民出版社 2002 年版；皮庆生：《宋代民众祠神信仰研究》，上海古籍出版社 2008 年版；陈曦：《宋代荆湖北路的水神信仰与生态环境》，《湖北社会科学》2009 年第 9 期，第 193~195 页。

　　④ 马晓林：《国家祭祀、地方统治与其推动者：论元代岳镇海渎祭祀》，《西南大学学报》(社会科学版)2011 年第 5 期，第 193~196 页。

长江水神对于中国古代信仰乃至整个中国文明的重要性。

　　本章所采用的资料，主要来自历史文献记载，包括正史、实录、地理志、儒家经典，同时还利用了最新出土的楚地竹简文字，因为位于中国南方的长江流域正是春秋战国时期楚国的范围。

一、列入"四渎"和祀典的长江水神

　　先秦文献中，经常谈到早期中国诸王关于山水的祭祀，例如在《尚书》《诗经》《左传》《仪礼》《礼记》《周礼》等材料中，都有关于祭祀"名山大川""山川"的记载。出土的甲骨文、金文和简帛文字中也有不少，不乏研究①。然而，关于"四渎"的系统说法并不多。目前所知，最系统的理论见于《仪礼·觐礼》《礼记·王制》《尔雅·释水》三篇：

　　　　礼日于南门外，礼月与四渎于北门外，礼山川丘陵于西门外。(《仪礼·觐礼》)②

　　　　江、河、淮、济为四渎。四渎者，发源注海者也。(《尔雅·释水》)③

　　　　天子祭天下名山大川，五岳视三公，四渎视诸侯。诸侯祭名山大川之在其地者。(《礼记·王制》)④

　　关于这几篇文献的出处和年代，讨论很多。一般认为，《仪

---

　　①　刘钊：《谈出土文献中有关祭祀山川的资料》，李宗焜主编：《古文字与古代史》第 5 辑，台湾"中央研究院"历史语言研究所 2017 年版，第 509～543 页。

　　②　(汉)郑玄注，(唐)贾公彦疏，方向东点校：《仪礼注疏》卷 27，中华书局 2021 年版，第 844～845 页。

　　③　(晋)郭璞注，(宋)邢昺疏：《尔雅注疏》卷 7，中华书局 2021 年版，第 409 页。

　　④　(汉)郑玄注，(唐)孔颖达疏：《礼记注疏》卷 12，中华书局 2021 年版，第 677～680 页。

礼》产生于公元前5世纪到前4世纪中叶这一百多年间，是孔子的弟子、后学陆续撰作而成的。① 《尔雅》最晚可能成于战国晚期，即公元前3世纪。② 而《王制》篇的形成年代，有孔子、战国晚期、秦汉之际、汉文帝时等几种说法，新出材料有助于说明，它可能形成于战国中期。③ 无论如何，在战国时期的儒家话语中，已有"四渎"的说法。但不可否认，在先秦时期没有一个诸侯国真正统一过包括五岳、四渎在内的全部中国。所以，五岳四渎很可能只是早期儒家的一种政治地理构想，在先秦并没有实现过。④

目前所知，先秦时期只有中国南方的楚国确立了自己的四条圣河，即长江、汉水、沮河、漳河。《左传》记载，楚昭王生病而不愿意祭祀黄河之神，他认为："江、汉、沮、漳，楚之望也。"⑤在河南新蔡发掘出土的卜筮祭祷简，证明了这四种水神的存在："及江、汉、沮、漳，延至于淮，是日就祷楚先老童、祝［融］……"（甲三 268）⑥

秦朝的河流崇拜，仍以其首都关中平原的几条河流为主，对关东的河流关注并不多。据《史记》记载，秦朝对长江的祭祀分为两部分：一是在汉中的汉水（称为沔），一是在四川的江源。其中，

---

① 沈文倬：《略论礼典的实地和〈仪礼书本的撰作〉》，《宗周礼乐文明考论》，杭州大学出版社 1999 年版，第 1～54 页。

② ［英］鲁惟一主编，李学勤等译：《中国古代典籍导读》，辽宁教育出版社 1997 年版，第 99～104 页。

③ 王锷：《〈礼记〉成书考》，中华书局 2007 年版，第 172～188 页。鲁惟一主编：《中国古代典籍导读》，辽宁教育出版社 1997 年版，第 310～315 页。

④ 顾颉刚认为，先秦时期已有"四岳"的概念，但"五岳"说则是汉代书生的创造。见顾颉刚《"四岳"与"五岳"》，《史林杂识初篇》，中华书局 1963 年版，第 34～45 页。田天认为，"五岳"理论在战国中晚期已经出现，见上引田氏《西汉山川祭祀格局考：五岳四渎的成立》一文。牛敬飞认为，"五岳祭祀制度形成于西汉，到东汉日渐稳固成熟"。牛敬飞：《古代五岳祭祀演变考论》，中华书局 2020 年版，第 267 页。

⑤ 杨伯峻编著：《春秋左传注》哀公六年，中华书局 1981 年版，第 1636 页。

⑥ 陈伟等：《楚地出土战国简册（十四种）》，经济科学出版社 2009 年版，第 403、433 页。

汉水居然排列在长江的前面。秦始皇统一全国后，巡行过汉江和长江。西汉前期，朝廷祭祀特别重视汉水，例如汉文帝就规定，汉水与黄河、秋渊一样，"加玉各二"(即另增加两种祭祀用的玉器)，①抬升了汉水的地位，但并没有言及长江。

正如贾晋华教授所指出，西汉初年，五岳和四渎已经并称出现。这见于陆贾(前240？—前170？)的《新语》，其首篇《道基》谓："地封五岳，画四渎，规洿泽，通水泉"；"禹乃决江疏河，通之四渎，致之于海"。② 这是西汉初年才出现的话语，即四渎已进入中央朝廷政治视野。③

汉武帝更是数次经过长江。他生前完成了对五岳、四渎的全部考察："遍于五岳、四渎矣。"④到汉宣帝时期，真正在全国建立了一个五岳、四渎的国家祭祀体系。皇帝下诏礼官"以四时祠江海雒水，祈为天下丰年焉"。从此天下的五岳、四渎才有了固定的"常礼"。具体的方法是，祭黄河于临晋，祭长江于江都(今扬州)，祭淮河于平氏，祭济水于临邑。一般都是一年祭三次，由皇帝派使者持节前去这些水神庙祭祀。只有泰山、黄河一年祭五次，长江一年祭四次。⑤ 从这个礼制可以看出，长江的祭祠规格升为一年四祠，成为仅次于黄河(一岁五祠)的大水神；而秦朝时期与之享祀规格相同的济水、汉水等水神，则仍是一祷三祠。显然，长江的宗教地位上升了。⑥

---

① 《史记》卷28《封禅书》，中华书局1959年版，第1381页；《汉书》卷25《郊祀志上》，中华书局1962年版，第1212页。

② (汉)陆贾撰，王利器校注：《新语校注》卷上《道基》，中华书局1986年版，第6、13页。

③ Jinhua Jia, Formation of the Traditional Chinese State Ritual System of Sacrifice to Mountain and Water Spirits, *Religions*, 2021, 12(5), pp. 319-333.

④ 《史记》卷28《封禅书》，中华书局1959年版，第1403页；《汉书》卷25《郊祀志下》作"十三岁"，中华书局1962年版，第1247页。

⑤ 《汉书》卷25《郊祀志下》，中华书局1962年版，第1249页。

⑥ 见前引杨华：《秦汉帝的神权统一：出土简帛与〈封禅书〉〈郊祀志〉的对比考察》，《古礼再研》，商务印书馆2021年版。

儒家思想成为帝国的官方意识形态之后，儒家理论中的山川祭祀也成为帝国政治制度的一环。每一朝代，在开国之初都致力于建立吉、嘉、军、宾、凶等礼制，称为"制礼作乐"。其中，吉礼即祭礼是最重要的内容。而祭礼的主要内容，是天神、地祇和祖先。在地祇诸神中，以五岳、四渎、四海为代表的山川祭祀非常重要。在历代正史的《礼仪志》《祭祀志》之类文献中，五岳、四渎都属于仅次于天神、祖先神等"大祀"的"中祀"。长江作为四渎之一，与黄河、淮河、济河一道，标志着一个朝代政权的合法性和政治制度的完整性。摧毁一个王朝的岳渎神庙则与摧毁其宗庙社稷具有同样的象征意义。金人南下，徽、钦二帝北掳，一个重要行动就是"焚前代帝王及五岳四渎、名山大川神祠庙宇"。南宋重建后，便于建炎四年(1130)二月二十三日诏令予以重修和整饬。①

朝廷对这种国家祭祀据有专属权，一般贵族和庶民百姓没有资格祭祀，否则会受到法律惩治。元代的《祭令》规定："诸岳镇名山，国家之所秩祀，小民辄僭礼犯义，以祈祷亵渎者，禁之。诸五岳、四渎、五镇，国家秩祀有常，诸王、公主、驸马辄遣人降香致祭者，禁之。"②所谓"秩祀有常"，是指列入当朝祀典的山川之神，必须按时按礼祭祀，"山川神祇，有不举者为不敬，不敬者君削以地"。③疏忽山川之祭，会受到处罚；相反，没有天子命令的私祭或黩祭(渎祭)，更是对君权的侵犯。元大德元年(1297)六月甲午，"诸王也里干遣使乘驿祀五岳、四渎，命追其驿券，仍切责之"。④元成宗铁穆耳就对私自祭祀五岳、四渎的官员进行了严厉惩处。破坏江神庙，更会受到国家刑法的严厉惩罚。《隋书》甚至规定，"百姓坏岳渎神像，皆以恶逆论"，⑤会被判死罪。

---

① (清)徐松辑，刘琳、刁忠民、舒大刚、尹波等校点：《宋会要辑稿》(第2册)，上海古籍出版社2014年版，第989页。

② 《元史》卷103《刑法志二》，中华书局1976年版，第2636页。

③ (汉)郑玄注，(唐)孔颖达疏：《礼记注疏》卷11《王制》，中华书局2021年版，第638页。

④ 《元史》卷19《成宗本纪二》，中华书局1976年版，第411页。

⑤ 《隋书》卷25《刑法志》，中华书局1973年版，第715页。

对长江水神的祭祀，并非仅仅限于四渎。它具有三个层次：一是作为四渎之一的长江水神；二是列入祀典的长江干流、支流和湖泊水神；三是未列入祀典但民间广泛祭祀的长江干流、支流和湖泊水神。历代朝廷最重视的是列入祀典的各类神祇。

所谓"祀典"，即祀谱或神谱，是一个朝代的祭祀目录。《礼记·祭法》规定了列入"祀典"的两类神灵，即自然神和人格神。自然神包括"日、月、星辰，民所瞻仰也；山林、川谷、丘陵，民所取财用也"；人格神包括五类："法施于民则祀之，以死勤事则祀之，以劳定国则祀之，能御大菑则祀之，能捍大患则祀之。"① 从《祭法》所举的一系列神例可知，被列入祀典的祭祀对象相当广泛，与水有关者颇多。该篇就提到鲧禹治水、玄冥为水官，至于御灾捍患、造福于民、山林川谷之类，更是与水有关，都可能成其为神。所以，历代朝廷在制定祀典时，水神是其中重要的一部分。

祀典并非虚礼，它涉及可否立庙、祭祀开支、奉祀礼生、仪节规格等非常具体的礼仪内容，历代的"正祀"对"淫祀"的打击、正礼对黩(渎)礼的打击也正在于这些方面。各种水神祠庙的被题庙额、赐爵号，其根本意义在于这些水神被列入了祀典，成为"正祀"而不是"淫祀"，受到官方的尊崇而不会被压制。② 历代统治者祭祀水神，也是以祀典为主要依据，从"载于祀典者"入手；③ 反之，不在祀典的水神，会受到打击，例如，东汉延平元年(106)、

---

① （汉）郑玄注，（唐）孔颖达疏：《礼记注疏》卷46《祭法》，中华书局2021年版，第2235～2239页。

② 在海外海学界，松本浩一、韩森、金井德幸、须江隆、小岛毅、滨岛敦俊、蒋竹山、韩森(Valerie Hansen)等学者都在此领域做过诸多工作。相关学术史参见蒋竹山：《宋至清代的国家与祠神信仰研究的回顾与讨论》，《新史学》第8卷第2期，1997年，第187～220页；[美]韩森著，包伟民译：《变迁之神：南宋时期的民间信仰》，中西书局2016年版。

③ （唐）李百药：《北齐书》卷4《文宣本纪》，中华书局1972年版，第51页；（清）徐松辑，刘琳、刁忠民、舒大刚、尹波等校点：《宋会要辑稿》(第2册)，上海古籍出版社2014年版，第987页。

曹魏青龙元年（233），朝廷都曾经下诏："郡国山川不在祀典者勿祠。"①

二、长江水神与王权传承

梳理历代正史《礼仪志》、《祭祀志》、唐代杜佑《通典》、② 元代马端临《文献通考》、③ 清代秦蕙田《五礼通考》、④ 清代徐松《宋会要辑稿》等文献，大致可以列出古代长江水神祭祀的历史过程和地点、仪式等细节。根据我们的统计，从秦朝到晚清，中国历代朝廷关于长江祭祀的记载，共有 300 次以上。总的趋势是：第一，时代越晚，祭祀长江的次数越多，记载越丰富。第二，在政治稳定的时期，江神祭祀更加富于规律性；在动乱和分裂的时期，则根据战争的需要而祭祀长江。最早的祭祀活动始于秦始皇⑤，最晚的祭祀见于光绪三十四年即宣统即位之年阴历十一月丙午（1908 年 11 月 24 日）⑥。最后一位皇帝即位时，仍然遣官到长江神庙进行祭告，与祭告孔子庙、历代帝王陵寝、五岳和四渎的其他水神一样，用以宣告其皇位的合法性。换言之，只要皇帝制度存在，对于长江的祭祀便从未停止过。

《礼记·曲礼下》谓："凡祭，有其废之，莫敢举也，有其举之，莫敢废也。"⑦凡前代列入祀典的祭祀，后代绝不敢废弃，否则

---

① 《后汉书》卷 4《殇帝本纪》，中华书局 1965 年版，第 196 页；《晋书》卷 19《礼志上》，中华书局 1974 年版，第 600 页。

② （唐）杜佑撰，王文锦等点校：《通典》，中华书局 1988 年版。

③ （元）马端临：《文献通考》卷 83《郊社考十六·祀山川》，中华书局 2011 年版。

④ （清）秦蕙田撰，方向东、王锷点校：《五礼通考》，中华书局 2020 年版。

⑤ 《史记》卷 28《封禅书》，中华书局 1959 年版，第 1372~1373 页。

⑥ 赵尔巽等：《清史稿》卷 25《宣统本纪》，中华书局 1977 年版，第 969 页。

⑦ （汉）郑玄注，（唐）孔颖达疏：《礼记注疏》卷 5《曲礼下》，中华书局 2021 年版，第 273 页。

就是"渎神"。历代朝廷立国后，首要的文化建设即建立典章制度，其中之一便是祭祀自古以来的神祇。

汉高祖刘邦建立汉政权后，在尚未统一天下之前（汉二年即前205），即着手继承前代典祀，下令"上帝之祭及山川诸神当祠者，各以其时礼祠之如故"①，"悉召故秦祀官，复置太祝、太宰，如其故仪礼"②。这种"如故"的做法，在历代都得到继承。每当改朝换代、皇帝新即位、册立太子、战争获胜等重大的政治变更时，皇帝都会派遣使者前往各地祭祀四渎水神。天宝元年（742）、永泰元年（765）、大历元年（766），都曾因为改元而遣使去祭祷江神，宣示"著代"。

战争和动乱是水神庙坏废的主要原因，每当天下平定，朝政重启时，马上会想到山川祭祀。东晋南渡，在江南建立新政权后，晋明帝司马绍于太宁三年七月下诏宣布，对五岳四渎、名山大川，以及其他"载在祀典应望秩者"，按照旧礼重新开始祭祀。③ 继承前代礼典，"依旧"重祭山川之祭，正是东晋政权与西晋政权连续性的表征。北宋初年也是如此，经过多年分裂割据，天下重新统一之后，十分重视水神之祭。开宝九年（976）秋七月丁亥，太祖赵匡胤命修先代帝王及五岳四渎祠庙。④ 八年后的太平兴国八年（983），由于黄河在滑县决口，而朝廷在白马津"以一太牢沉祭加璧"，形成祭河的定制。于是，秘书监李至上奏说：

> 按五郊迎气之日，皆祭逐方岳、镇、海、渎。自兵乱后，有不在封域者，遂阙其祭。国家克复四方，间虽奉诏特祭，未着常祀。望遵旧礼，就迎气日各祭于所隶之州，长吏以次为献官。⑤

---

① 《史记》卷8《高祖本纪》，中华书局1959年版，第372页；《史记》卷28《封禅书》，中华书局1963年版，第1378页。

② 《汉书》卷25《郊祀志上》，中华书局1962年版，第1210页。

③ 《晋书》卷6《明帝本纪》，中华书局1974年版，第164页。

④ 《宋史》卷3《太祖本纪》，中华书局1977年版，第48页。

⑤ 《宋史》卷102《礼志五·岳渎》，中华书局1977年版，第2485页。

在这种"望遵旧礼"的原则下，北宋从此便恢复了五岳四渎在迎气之时对东南西北四方分别祭祀的礼制。

长江水神的主庙即江渎庙，建在成都，这在各代都得到认同。虽然就方位而言，它位于某些朝代首都的西方（例如相对于北宋的汴京即开封、南宋的临安即杭州），但在儒家理论中它仍然属于南方之神，于是历代都在立夏之时祭祀江神。

历代首都都极力重修山川坛，坚持不懈地在立夏迎气之时祭江。这完全是"遵从旧礼""崇明前典"的理念所致，长江水神的祭祀和赓续，正是中国古代礼制连续性的一环，也是历代朝廷政统合法性和连续性的表现之一。[1] 例如，《晋书》记载，东晋穆帝升平年间（357—361），东晋已在江南建立政权逾半个世纪，但礼官仍在建议："崇明前典，将俟皇舆北旋，稽古宪章，大厘制度。"[2]他们所念兹在兹的是，待到王朝北旋，恢复中原之后，再大举"崇明前典"，以示朝代正统的连续性。

三、江神祭祀与神权管理

长江流域的水神，在历代都被国家和地方政府封神、赐额，赐予"王"或者"侯"的封号。根据作者初步统计，从唐玄宗天宝六年（747）到清代光绪八年（1882），为长江干流和支流封爵的达到135个以上。这些措施，实际上并非如有些学者所说，具有"较大的随意性"，[3] 其背后存在着非常具体的政治动机，是国家管理神权的措施之一。

最初的水神封爵，例如，唐玄宗最早为长江封神，他于天宝六载（747）正月下诏："五岳既已封王，四渎当升公位，封河渎为灵

---

① 杨华：《"礼崩乐坏"新论：兼论中华礼乐传统的连续性》，《社会科学辑刊》2020年第1期，第111~120页；另载《古礼再研》，商务印书馆2021年版，第50~71页。

② 《晋书》卷19《礼志上》，中华书局1974年版，第598页。

③ 朱溢：《论唐代的山川封爵现象：兼论唐代的官方山川崇拜》，《新史学》第18卷第4期，2007年，第118~119页。

源公，济渎为清源公，江渎为广源公，淮渎为长源公。"随之，他令当地长官向各水神致祭，于三月十七日举行册封之礼。① 这显然超出了"四渎视诸侯"的规格，长江首次由"侯"一级被擢升为"公"一级。正如清人秦蕙田所说，这是中国首次为长江等四渎封爵："四渎封公爵，始此。"②历代帝王都为江渎和长江流域其他水神封爵，旨在展现自己得到了神灵的认同和庇佑。后来五代的南吴政权、洞庭湖流域的马氏政权、明成祖朱棣也是如此。这些事实，人所共知，但实际上其功能并不仅限于此。

　　水神封爵具有政治、经济、军事等实用功能。据不完全统计，两宋时期为长江流域水神封爵的现象最为普遍，尤其是北宋末年（徽宗时 23 个）和南宋初年（宋高宗时 25 个，宋孝宗时 14 个）。这不能完全归结于皇帝的个人旨趣，跟当时具体的需求有关。两宋时期（尤其是南宋），其财政收入仰仗于江浙川闽，四川的政治经济地位尤为重要，所以长江上游岷江、沱江、嘉陵江流域的水神封赐相当频繁。嘉陵江被封为"善济侯"，正是由于它"系饷军漕运水路"，是南宋的抗金的经济命脉和战略通道。③ 三峡大宁河上游的盐泉沽涌，对于古代民众的生活资源，也是政府的财政来源，所以两宋均对之连续封赐，北宋真宗、南宋高宗均将此三盐泉加封为"王"，几乎与成都的江渎大神相垺，这在封闭的三峡地区是十分少见的。④ 又如，汉中地区在南宋时是抗击金兵的前线，故而对当地的汉水神祇特别重视，封赐尤多。因为得到长江水神的襄助，在建立政权和政治博弈中非常重要，所以，一些政权在立国后对水神予以回报性封爵。

　　例如，长江中下游的马当、采石和镇江三地，因为地处江边，

　　① 《旧唐书》卷 9《玄宗本纪下》，中华书局 1975 年版，第 221 页。

　　② （清）秦蕙田撰，方向东、王锷点校：《五礼通考》，中华书局 2020 年版，第 2031 页。

　　③ （宋）李心传撰，胡坤点校：《建炎以来系年要录》（第 5 册）卷 106"绍兴六年十一月"条，中华书局 2013 年版，第 2000 页。

　　④ （清）徐松辑，刘琳、刁忠民、舒大刚、尹波等校点：《宋会要辑稿》（第 2 册），上海古籍出版社 2014 年版，第 1054 页。

形势险要，江中有奇峰异石，历来就是民间信仰和道教系统中的
"三水府"，修有庙宇，广受香客崇拜。① 但是，它们更具有军事意
义，是阻隔大江南北的军事要塞。五代时期，定都在江都（今扬
州）的南吴割据政权，皇帝杨溥对这三处水神特别重视。《新五代
史》记载，他于乾贞二年（928）正月封"马当上水府宁江王，采石中
水府定江王，金山下水府镇江王"。② 由此，马当、采石、金山三
处水神，与成都的江渎神一起升格为"王"。北宋真宗时期，继续
了这种封赏行为，但改变了这三处水府的王号，并各增加了两个
字，使之成为五字之王。《宋史》记载，大中祥符二年（1009）九月
十七日：

> 诏封江州马当上水府福善安江王，太平州采石中水府顺圣
> 平江王，润州金山水府昭信泰江王。③

宋真宗之所以这样做，是由于他刚刚举行了"封禅"泰山的礼典，
试图通过各种迷信活动以证明自己统治的合法性和他处理内外政治
危机的能力。④ 为水府加封爵位自然是其中的事项之一。到了南宋
时期，长江天险对于阻止北敌金军的南下，更加发挥着重要作用。
史书记载，绍兴三十一年（1161），长江下游的镇江、建康、太平
等郡，与北方敌人呈一江之隔。北敌准备从丹徒（今江苏镇江）渡
江，但是施工多日，其工程被一夜大风冲散，导致敌人不能渡江。
于是南宋的士大夫们认为，这是水府神的"阴佑"。有大臣建议为

---

① 王元林、钱逢胜：《长江三水府信仰源流考》，《安徽史学》2014年第
4期，第5~11页。

② 《新五代史》卷61《吴世家·杨溥》，中华书局1974年版，第758页。

③ 《宋史》卷102《礼志五·岳镇海渎》，中华书局1977年版，第2486
页。

④ 汤其领：《涤耻封禅与北宋道教的兴盛》，《河南大学学报》1995年第
3期，第9~13页；汤贵仁：《泰山封禅与祭祀》，齐鲁书社2003年版，第
146~164页；何立平：《巡狩与封禅：封建政治的文化轨迹》，齐鲁书社2003
年版，第397~419页。

金山、采石二水府"增封"，并遣官祭告。有大臣甚至建议把长江的封号增加到"帝"的程度。最后讨论的结果是：在建康（南京）另建一座水神庙加以祭祀，赐额曰"德佑"；同时在江渎神的神号之前再增加了六个字，形成八个字，作"昭灵孚应威烈广源王"；而帝号之名，等到中原恢复后再加册封。① 可见，南宋政权对于长江水神的感激，很大程度上是基于水府所处位置的军事作用。

类似的史例很多。朱元璋对于长江中下游河湖港汊的感激是由于它在元末平定其他起义军时的帮助。而赣江流域的水神萧公信仰之所以能够张大，也是与萧氏宗族用萧公庙的香火钱支持官军运粮而平定苗民叛乱有关。这些经济、军事和精神等多方面的帮助，令掌握政治权力的朝廷通过封赐爵号、赐题庙额等方式予以神权回报。在某种意义上，这些水神封赐多多少少也具有某种酬谢意味。

朝廷为民间普遍流行的水神加封晋爵，也是顺应民意和安抚社会的表现。在民间看来，水神常常可以平波抑浪、战胜恶蛟，可以保佑民众航运安全，带来风调雨顺，皇帝对民意的遵从并加以褒扬，实际上增强了天子的权威和可信度。例如，北宋皇祐二年（1050）下诏，让各地官员把能兴云雨而又尚未载于《祀典》的神祇都上报朝廷，列入祀典。② 明宣宗宣德七年（1432）七月，陈瑄上书称，高邮郡城西北湖中有耿遇德神庙，其神有灵，只要虔诚祭祷，便会"舟行无没溺之患，旱暵有甘澍之应"，他请求皇帝诏令有司在春、秋两季朝廷祭祀。明宣宗命令礼部尚书胡濙："神有功德及民，应在祀典，果如瑄所言有应，其令有司以时致祭。"③也就是说，民间崇拜盛行到一定程度，便会在朝廷官方得到回应，上升到地方祀典，再上升为国家祀典。

---

① （宋）李心传撰，胡坤点校：《建炎以来系年要录》（第 8 册）卷 194"绍兴三十一年十一月"条，中华书局 2013 年版，第 3810 页；（清）秦蕙田撰，方向东、王锷点校：《五礼通考》，中华书局 2020 年版，第 2057~2058 页。

② （清）徐松辑，刘琳、刁忠民、舒大刚、尹波等校点：《宋会要辑稿》（第 2 册），上海古籍出版社 2014 年版，第 988 页。

③ 《明宣宗实录》卷 93"宣德七年七月"条，台湾"中央研究院"历史语言研究所 1962 年版，第 2120~2121 页。

整体而言，中国古代对长江水神的封爵，越来越高，从封"侯"到封"公"，再到封"王"，一度还曾有过封"帝"的动议。之所以如此，正是为了展现皇权对神权的控御能力：一方面皇帝要向水神表示敬畏，另一方面又将水神置于自己的臣属之列。例如，承认江神拟人化为伍子胥、屈原、许逊、张巡、元将军之类，本身就意味着江神比帝王身份更低，因为他们都是臣，而不是君。正如宋神宗时的王古所说，对水神的封赏体现了皇权对于神权的"锡命驭神，恩礼有序"，① 是皇权权威的表现。同是神宗朝的丰稷也曾经上奏，如果国家把某个泉水之神列入《祀典》，就应当明确地载于簿历，派官员前往修庙主祭，这样可以展现朝廷的"驭神之道"。② 正如松本浩一、须江隆等学者所指出，通过向这些神祠授予庙额和封号，朝廷可以达到一元化的管理和统治，这是重新整编国家祭祀体系的一种方法。③

在宗教盛行的文明中，神灵崇拜与皇权崇拜似乎存在冲突；换言之，神权会不会损害皇帝的权威？这种矛盾在水神最初获得封爵名号的唐代，已在礼仪上得到解决。《旧唐书》记载，如果把五岳视为三公，把四渎视为诸侯，"天无二日"，那么让皇帝祭祀五岳四渎之神时，怎么能向比自己地位更低的受封者下拜呢？"天子无拜公侯之礼。"当时大臣建议，对于五岳、四渎之神的祭文中，只署名而不行叩拜之礼（"五岳已下，署而不拜"），皇帝自然采纳了这种建议。④ 后来开元元年（713），礼官们想到更加彻底而巧妙的办法，皇帝于五岳四渎的祭文后干脆不再署名，只是署上"皇帝谨遣某乙，敬祭于某岳渎之神"的说明文字。皇帝派人去祭祀神圣水，便不存在自己叩拜的尴尬了。⑤ 唐代前中期，正是皇权膨胀，

---

① 《宋史》卷105《礼志八·诸神庙》，中华书局1977年版，第2561页。

② （清）徐松辑，刘琳、刁忠民、舒大刚、尹波等校点：《宋会要辑稿》（第2册），上海古籍出版社2014年版，第994页。

③ 参前引蒋竹山《宋至清代的国家与祠神信仰研究的回顾与讨论》文。

④ 《旧唐书》卷24《礼仪志四》，中华书局1975年版，第914~915页。

⑤ （唐）杜佑撰，王文锦等点校：《通典》卷46《沿革六·吉礼五》，中华书局1988年版，第1282~1283页。

朝廷热衷于为山川封爵的时期。垂拱四年（688），武则天封嵩山为"天中王"。[1] 证圣元年（695），礼官上书，要求改变皇帝祭祀山神的署名方式，也就不足为奇了。到唐玄宗时期，"五岳既已封王，四渎当升公"。与武则天一样，他于天宝六年（747）为长江水神所加的封号，丝毫无损于他的皇帝权威。

四、江神祭祀与国家统一

按照儒家经典的说法，"天子有方望之事，无所不通"，[2] 岳镇海渎，在诸侯封内，则各祀之。然而，中国历史上并非所有王朝都能够将岳镇海渎全部纳入疆域版图之内；换言之，如果暂时不能像汉唐那样做到"五岳四渎皆在天子之邦"，怎么办？

历代皇帝采取的办法是，虽然不能将天下的五岳四渎都纳入当朝政权版图之内，但对远方的神山圣水仍然采取变通的祭祀方法，俟诸来日。例如，北魏泰常三年（418），明元帝拓跋嗣在桑干河北岸建了一座五岳四渎庙。[3] 当时天下分裂，南方长江流域皆是东晋的版图，不在北魏管辖之内。北魏朝廷在桑干河边建立岳渎庙，采取的是"望秩"之法，即如同《尚书·舜典》所说，向着远方的神山圣水朝廷遥拜。北魏拓跋政权的办法正是，对于管辖内的州镇，每年十月"遣祀官"去祭祀；而对于南方长江流域的水神，只得进行望祭了。

如果说桑干河岳渎庙还具有某种首都望祭的礼制特点，那么，金、元等北方政权在未统一南方时对长江水神的"遥祭"，则更加明确地带有"临时性"。

《金史·礼志》载，大定四年（1164），金世宗下诏，以五郊迎

① 牛敬飞：《古代五岳祭祀演变考论》，中华书局 2020 年版，第 140~141 页。

② （汉）何休解诂，（唐）徐彦疏：《春秋公羊传注疏》卷 12《僖公三十一年》，中华书局 2021 年版，第 446 页。

③ 《魏书》卷 108《礼志一》，中华书局 1974 年版，第 2737 页。

气日祭岳镇海渎。而当时长江流域根本不在金朝的统治疆域之内，于是采取变通办法："其在他界者遥祭。"结果，立夏日祭"南海、南渎大江于莱州"，① 可能在莱州（今山东莱州市）修有江渎神庙。由胶东半岛的莱州（由此到成都江渎庙有 2000 多千米）祭祀江渎神，显然是一种"遥祭"。元朝前期，也是这种祭祀方法。至元三年（1266）夏四月，元世祖忽必烈"定岁祀岳镇海渎之制"，规定"立夏日遥祭南海、大江于莱州界"。当然这只是尚未完全统治长江流域的变通方法，随着元朝的统一，"既有江南，乃罢遥祭"。②

北宋初年，曾允许继承五代时期后周显德五年（958）的旧祀法，在扬州扬子江口祭江神，不过这只是权宜之礼。一旦把四川盆地纳入疆域，便于乾德六年（968）下令复祭于成都府。③ 宋太祖赵匡胤平定湖南之后，马上派给事中李昉去祭祀南岳衡山；平定广南之后，马上派司农少卿李继芳去祭祀南海，去除此前割据政权的山水神祇封号。他下诏说："命李昉、卢多逊、王祐、扈蒙等分撰岳、渎祠及历代帝王碑，遣翰林待诏孙崇望等分诣庙，书于石。"派人去江渎庙诣庙、刻石的行动，也是控制长江流域的象征。④ 明朝初年，当四川盆地尚未纳入版图时，曾把峡州（今湖北宜昌境内）作为临时江渎祭祀所在，意义与之相同。⑤ 总之，祭祀权的行使，是与军事推进和疆域版图的扩大同步的。

历史上，一些小朝廷对远方的山川神祇经常罔顾礼制而滥加封赐，清人秦蕙田曾对此予以严词批判："国家偏安，不克振作，徒

---

① 《金史》卷 34《礼志七·岳镇海渎》，中华书局 1975 年版，第 810 页。

② 《元史》卷 76《祭祀志五·岳镇海渎常祀》，中华书局 1976 年版，第 1902 页。

③ （元）马端临：《文献通考》卷 83《郊社考十六·祀山川》，中华书局 2011 年版，第 2556 页。

④ 《宋史》卷 102《礼志五·岳镇海渎》，中华书局 1977 年版，第 2485 页。

⑤ 《明太祖实录》卷 78"洪武六年春正月"条，台湾"中央研究院"历史语言研究所 1962 年版，第 1432 页；（清）张廷玉等：《明史》卷 49《礼志三》，中华书局 1974 年版，第 1277、1278、1284 页。

以加封神号为望佑之举，所谓听命于神也，其可久乎?"①秦氏所论
固然有理，但他不能理解的是，历代小朝廷的崇祀和封赐还别有深
义：一方面，就实用的功能而言，其目的在于祈求远方的神祇为己
所用而不为敌所用；另一方面，通过遥祭和遥封来建立与远方神祇
的关系，通过对江渎和长江流域水神的祭祀、封赐，来展现本朝历
史政统和地理空间两个维度的合法性。在某种意义上，后者更为重
要。因为儒家经典《礼记·祭法》的说法是："有天下者祭百神。诸
侯在其地则祭之，亡其地则不祭。"孔疏进一步解释道："其境内地
无此山川之等，则不得祭也。"②《公羊传》也有类似说法。③ 天子可
以祭四望，而诸侯只能祭"境内山川"，不在土地之内则不能祭祀。
现实中，小朝廷或新朝廷对远方江神的望祭和遥祭，实际上意味
着，本朝未来即将会统一天下（"有天下"），成为一个大一统的王
朝，而不是一方割据诸侯。

五、结　　论

综上，笔者认为：

第一，中国历代朝廷都祭祀长江水神，它不仅仅指位于成都的
江渎水神总庙，而且是指长江流域干流、支流和沿江湖泊都存在的
多种水神。中国丰富的历史文献中，历代朝廷关于长江祭祀的记
载，共有 300 次以上。通过这些记载，可以看出，列入"祀典"是
历代尊崇和祭祀这些水神的主要依据。

第二，对这些长江水神的祭祀，是历代朝廷统治合法性的表
现。祭祀江渎总庙和此前朝代设立的其他长江水神庙，表明该朝廷
与前代各个政权之间具有直接关联，是自古以来水神祭祀权的继

---

① （清）秦蕙田撰，方向东、王锷点校：《五礼通考》，中华书局 2020 年
版，第 2058~2059 页。

② （汉）郑玄注，（唐）孔颖达疏：《礼记注疏》卷 46《祭法》，中华书局
2021 年版，第 2217~2219 页。

③ （汉）何休解诂，（唐）徐彦疏：《春秋公羊传注疏》卷 12《僖公三十一
年》，中华书局 2011 年版，第 446 页。

承，在经史道统上具有延续性。

第三，因为历代朝廷大多定都在中国的北方，所以祭祀江神表明其朝廷得到了南方水神的认同和庇佑，可以国祚永续。尤其是在改朝换代等重大礼典中，江神之祭尤为重要。

第四，为南方长江流域的各类水神封爵号、赐庙额，表明朝廷对这些神祇具有相当的管理能力，是一种"驭神之道"。在祭祀已封了"侯""王"等爵位的江神的礼仪上，皇帝先是只署自己名字而不亲临祭拜，进而连名字都不署而只署"皇帝谨遣某乙，敬祭于某岳渎之神"的说明文字。礼官们通过这些稍作变通的礼仪设计，让皇帝避免了向低于自己的长江水神进行叩拜的尴尬。

第五，根据原始儒家的礼制设计，天子必须祭祀天下所有山川，而诸侯只能祭祀其封地内的山川之神。但历代小朝廷或新朝廷都对疆域之外的远方江神进行望祭或遥祭，表示该政权能够与长江流域的水神进行沟通并实施管理，进而表明，该政权具有对中国南方实行政治和军事控制的能力，在空间上是一个统一的朝代，而不是一个割据政权。

[作者简介]杨华，武汉大学中国传统文化研究中心、历史学院教授，研究领域为中国古代礼制、先秦秦汉史、中国文化史。

第十一章 惟济畅灵：传统中国 岳镇海渎祭祀中的济渎[*]

李 腾

从先秦开始，山水祭祀就成为传统中国国家祭祀的重要组成部分。其中，以五岳（东岳泰山、西岳华山、南岳衡山、北岳恒山、中岳嵩山）和四渎（东渎淮河，西渎黄河，南渎长江、北渎济水）的祭祀为核心。秦始皇统一全国后，重新整合名山大川，形成以五岳四渎为中心的新祭祀格局。在此基础上，汉宣帝于神爵元年（前61）颁布诏令祠祀五岳四渎，正式规定了五岳四渎的具体祭祀地点以及每年祭祀的次数，五岳四渎的祭祀自此形成常制，成为国家礼仪制度的一部分。安史之乱以前，经济的发展和政治的稳定为唐代国家祭祀的革新和繁荣奠定了基础。[①] 唐朝在五岳四渎的基础上，进一步明确增加了四镇（东镇沂山、西镇吴山、南镇会稽山、北镇医巫闾山）和四海（东海、西海、南海、北海）的祭祀。宋太宗太平

---

[*] 本文英文版 The Sacred River：State Ritual，Political Legitimacy，and Religious Practice of the Jidu in Imperial China 发表于 *Religions*，2022，13（6），pp. 507-522. https：//doi. org/10. 3390/rel13060507。中文版经增补后收入本书。

本文为河北省社科基金青年项目"新时代河北省民间信仰与乡村社会治理研究"（HB22SH025）的阶段性成果。

[①] Teng Li，*Sacred Rivers：State Rites，Political Legitimacy and Religiosity in Imperial China.* Ph. D. Dissertation，University of Macau，2021，p. 151.

兴国六年(981)，宋朝进一步擢升霍山为中镇。^① 从此，五岳五镇四海四渎的国家山水祭祀体系被正式确定下来，并在之后的历朝历代延续和发展。

在岳镇海渎中，五岳是学术界长期关注的话题。从沙畹(Édouard Chavannes)的泰山研究开始，多位中外学者对五岳进行过深入的研究，成果丰硕。^② 相比之下，五镇、四海、四渎的研究比较薄弱。其中，尤以四渎最鲜为人知。^③ 在"江河淮济"四渎中，长

① Jinhua Jia, Formation of the Traditional Chinese State Ritual System of Sacrifice to Mountain and Water Spirits, *Religions*, 2021, 12(5), pp. 326-328. 中文版已收为本书第一章。

② 关于五岳的研究，有代表性的著作包括：Édouard Chavannes, *Le T'ai chan: Essai de monographie d'un culte chinois*. Paris: Ernest Leroux, 1910; James Robson, *Power of Place: The Religious Landscape of the Southern Sacred Peak (Nanyue 南嶽) in Medieval China*. Cambridge: Harvard University Press, 2009; [日]吉川忠夫：《五岳と祭祀》，[日]清水哲郎编：《ゼロ'ビットの世界》，岩波书店1991年版，第215~278页；巫鸿：《五岳的冲突：历史与政治的纪念碑》，《礼仪中的美术：巫鸿中国古代美术史文编》，生活·读书·新知三联书店2005年版，第616~641页；牛敬飞：《古代五岳祭祀演变考论》，中华书局2020年版。

③ 关于五镇、四海和四渎，有代表性的著作包括：王元林、张目：《国家祭祀体系下的镇山格局考略》，《社会科学辑刊》2011年第1期；蔡宗宪：《唐代霍山的神话与祭祀：兼论霍山中镇地位的确立》，《台湾政治大学历史学报》第47期，2017年；Zhaojie Bai, and Teng Yao, Daoism and the Operation of the Eastern Stronghold Temple in the Late Imperial China, *Religions*, 2022, 13(2), pp. 159-173(中文版已收为本书第八章)；白照杰：《道教与元明清东镇庙的管理和运作：以碑刻为中心的考察》，《世界宗教文化》2022年第3期；王元林：《国家祭祀与海上丝路遗迹：广州南海神庙研究》，中华书局2006年版；牛敬飞：《论先秦以来官方祭祀中的海与四海》，《宗教学研究》2016年第3期；鲁西奇：《汉唐时期王朝国家的海神祭祀》，《厦门大学学报》(哲学社会科学版)2017年第6期；杨华：《楚地水神研究》，《江汉论坛》2007年第8期；姚永霞：《文化济渎》，中州古籍出版社2014年版；[日]樱井智美：《モンゴル时代の济渎祭祀：唐代以来の岳渎祭祀の位置づけの中で》，《明大アジア史論集》第18号，2014年；肖红兵、李小白：《皇权威仪与神政合流：古代济渎祠祀制度变迁考论》，《东岳论丛》2019年第7期；Hua Yang, Water Spirits of the Yangzi River and Imperial Power in Traditional China, *Religions*, 2022, 13(5), pp. 387-399. 中文版已收为本书第十章。

江、黄河和淮河在今天继续发挥着重要作用，唯独济渎湮没不存。但是，历史上的济渎却占有非常独特且重要的地位，具有很高的研究价值。其一，有关济渎的记载在春秋战国时期的文献中就已出现。史料证明，作为官方祀典的济渎祭祀跨越了两千多年的历史。其二，作为古代济渎和北海共祀的地点，位于河南省济源市的济渎庙是全国目前仅存的四渎庙宇，被著名建筑学家罗哲文誉为"四渎遗珍"和"中原文化宝库"。气势恢宏的济渎庙不仅保存了大量不同时代的建筑和历史遗存，还收藏了上百通有关济渎和北海祭祀的碑文。这些古建筑和碑文极大地填补了传世文献未能触及的领域，为研究传统中国国家祭祀提供了宝贵的第一手资料。由此，本章主要探讨传统中国历朝祭祀济渎的历史沿革。

一、肇修礼仪：秦汉时期济渎祭祀的创始

"渎"在《尔雅》中的释义为："江、河、淮、济为四渎。四渎者，发源注海者也。"[1]由于"五岳"和"四渎"多次出现在"三礼"（《礼记》《周礼》《仪礼》）之中，很多学者未经考证，想当然地认为五岳四渎的国家祭祀始于周代。然而，正如贾晋华指出，现存传世的三礼大多成书于战国至汉代前期，且记载往往有抵牾之处，故此观点存疑。[2] 例如，《礼记·曲礼》中提到周天子和诸侯每年都要祭祀山川："天子祭天地，祭四方，祭山川，祭五祀，岁遍；诸侯方祀，祭山川，祭五祀，岁遍；大夫祭五祀，岁遍；士祭其先。"[3]而《礼记·王制》中则进一步规定了五岳和四渎的祭祀等级："天子祭天地，诸侯祭社稷，大夫祭五祀。天子祭天下名山大川，五岳视三

---

① （晋）郭璞注，（宋）邢昺疏：《尔雅注疏》，北京大学出版社1999年版，第225页。

② Jinhua Jia, Formation of the Traditional Chinese State Ritual System of Sacrifice to Mountain and Water Spirits, *Religions*, 2021, 12(5), pp. 321-322.

③ （汉）郑玄注，（唐）孔颖达疏：《礼记正义》，北京大学出版社2000年版，第178页。

公，四渎视诸侯。诸侯祭名山大川之在其地者。"①但又提道，"名山大泽不以封"。② 这种自相矛盾说明传世的《礼记》中并没有形成完备的国家山川祭祀制度，部分关于五岳四渎祭祀的记载有可能是汉儒的想象和再创造。

目前所见出土与传世文献中关于济渎祭祀最早的记载见于《左传》僖公二十一年："任、宿、须句、颛臾，风姓也。实司大皞与有济之祀，以服事诸夏。"③但这段文字仅指明负责济水祭祀的贵族是谁，并无祭祀的具体细节，也无更多证据表明济渎是否已经列入周代的国家山水祭祀之中。

济渎祭祀被纳入统一王朝的官方祀典始于秦朝。随着秦始皇的统一，秦国与六国的名山大川得以进一步整合，发展出新的山川祭祀格局。④ 一方面，由于秦定都长安，以长安为中心，五岳四渎的方位发生了变化，《史记·封禅书》记载：

> 昔三代之皆在河洛之闲，故嵩高为中岳，而四岳各如其方，四渎咸在山东。至秦称帝，都咸阳，则五岳、四渎皆并在东方。自五帝以至秦，轶兴轶衰，名山大川或在诸侯，或在天子，其礼损益世殊，不可胜记。及秦并天下，令祠官所常奉天地名山大川鬼神可得而序也。于是自崤以东，名山五，大川祠二。曰太室。太室，嵩高也。恒山，泰山，会稽，湘山。水曰济，曰淮。春以脯酒为岁祠，因泮冻，秋涸冻，冬塞祷祠。其牲用牛犊各一，牢具圭币各异。自华以西，名山七，名川四。曰华山，薄山。薄山者，衰山也。岳山，岐山，吴岳，鸿冢，渎山。渎山，蜀之汶山也。水曰河，祠临晋；沔，祠汉中；湫

① （汉）郑玄注，（唐）孔颖达疏：《礼记正义》，北京大学出版社2000年版，第451页。

② （汉）郑玄注，（唐）孔颖达疏：《礼记正义》，北京大学出版社2000年版，第397页。

③ 杨伯峻编著：《春秋左传注》，中华书局1981年版，第391页。

④ 田天：《秦汉国家祭祀史稿》，生活·读书·新知三联书店2015年版，第277~288页。

渊，祠朝那；江水，祠蜀。亦春秋泮涸祷塞，如东方名山川；
而牲牛犊牢具圭币各异。而四大冢鸿、岐、吴、岳，皆有尝
禾。①

秦朝以"崤以东"和"华以西"区分天下的名山大川，济渎归属为"崤
以东"地区。《史记·封禅书》还较为详细地说明了济渎祭祀的方
式、祭品和时间：每年在春天供奉肉脯和美酒进行祭祀，祈求丰
收；分别在春天济水解冻、秋天水枯之际赛神，祝以祷告和祠祀；
祭祀牺牲为牛和牛犊各一头；祭品为玉圭和币帛，根据祭祀的山川
不同，祭品数量不一。

秦代济渎祭祀的创新是建立官方祠庙。先秦时期的文献中虽没
有关于在山川周边修建祠庙的记载，但有严格的祭祀等级划分。
《礼记·王制》和《史记·封禅书》均提到"五岳视三公，四渎视诸
侯"的岳渎祭祀规格。本来，按照周代礼制，五岳和四渎必须交由
周天子以王和诸侯的等级分别祭祀，诸侯不能僭越祭祀。但是，周
天子只是名义上占有天下，后期权力日渐式微，再加之路途遥远，
所以周天子无法每年都分别到五岳和四渎所在地进行祭祀活动，不
得不采用"四望山川"的礼仪，即"望祭"包括五岳四渎在内的天下
名山大川。所谓"望"，指遥望。《尚书·舜典》曰："望于山川，遍
于群神。"孔安国传曰："九州岛名山大川，五岳四渎之属，皆一时
望祭之。群神，谓丘陵坟衍古之圣贤，皆祭之。"②在具体的祭祀过
程中，五岳和四渎以象征性的方式在国都郊外进行祭祀。《仪礼·
觐礼》记录了祭祀四渎的方位和方法："出拜日于东门之外；反祀
方明。礼日于南门外，礼月与四渎于北门外，礼山川丘陵于西门
外。祭天，燔柴；祭山、丘陵，升；祭川，沉；祭地，瘗。"③由此

---

① 《史记》，中华书局 1963 年版，第 1371 页。

② （汉）孔安国传，（唐）孔颖达正义：《尚书正义》，上海古籍出版社
2007 年版，第 76~81 页。

③ （汉）郑玄注，（唐）贾公彦疏：《仪礼注疏》，北京大学出版社 1999
年版，第 532~533 页。

可见，先秦时期，包括济渎在内的四渎祭祀均在都城四门之外修建坛场依时举行。

从秦代开始，秦始皇命令主管祭祀的祠官在各名山大川建立固定的祠庙作为常规的祭祀场所，该举措一直为后世所沿用。秦代专门设置了祭祀天地山川祭祀的官员，称为"太祝"，规定太祝须常住祠庙内，并每年主持祭祀活动，"诸此祠皆太祝常主，以岁时奉祠之"。① 按理说，太祝是一个常设的职位，需长期驻于祠庙之中。但实际上，在远离都城的地方，太祝常常存心偷懒，只有皇帝经过的时候主持祭祀活动做做样子。而更加边远的郡县的更低级别的祠庙则由当地百姓自发奉祀，朝廷则不再派驻祭祀官员。如《史记·封禅书》所言：

> 至如他名山川诸鬼及八神之属，上过则祠，去则已。郡县远方神祠者，民各自奉祠，不领于天子之祝官。祝官有秘祝，即有菑祥，辄祝祠移过于下。②

汉代建立之后，汉高祖在雍地建立黑帝祠，随后召回秦朝派驻黑帝祠的祭祀官员："悉召故秦祝官，复置太祝、太宰，如其故仪礼，因令县为公社。"同时下诏曰："吾甚重祠而敬祭，今上帝之祭及山川诸神当祠者，各以其时礼祠之如故。"③此诏令的颁布意味着西汉初期承袭秦代中央派驻祭祀官的旧制。但是，当汉文帝即位之后，却改变了五岳四渎由朝廷祭祀的规矩。汉文帝十三年（前167）下诏："今秘祝移过于下，朕甚不取。自今除之。"自此，汉文帝废除了秦代以来的太祝制度，将山川的祭祀权力赐予诸侯。汉文帝时期，唯一的例外是在废除齐国和淮南国之后，临时性地派遣太祝按照秦代与汉初的旧制祭祀，"及齐、淮南国废，令太祝尽以岁时致

---

① 《史记》，中华书局1963年版，第1377页。
② 《史记》，中华书局1963年版，第1377页。
③ 《史记》，中华书局1963年版，第1378页。

礼如故"。①

汉武帝即位后，非常在意祠祀之事，"今天子初即位，尤敬鬼神之祀"。② 因此，汉武帝重新将祭祀山川的权力收回朝廷，并在十二年间遍行五岳四渎，"今上封禅，其后十二岁而还，遍于五岳、四渎矣"。③ 从汉宣帝神爵元年（前61）开始，五岳和四渎的国家祭祀成为常制。《汉书·郊祀志》记载：

> 制诏太常："夫江海，百川之大者也，今阙焉无祠。其令祠官以礼为岁事，以四时祠江海雒水，祈为天下丰年焉。"自是五岳、四渎皆有常礼。东岳泰山于博，中岳泰室于嵩高，南岳灊山于灊，西岳华山于华阴，北岳常山于上曲阳，河于临晋，江于江都，淮于平氏，济于临邑界中，皆使者持节侍祠。唯泰山与河岁五祠，江水四，余皆一祷而三祠云。"④

如上文所述，济渎的祭祀地点首次明确，在临邑界中（今山东省临邑县）。而中央不再派遣常驻的太祝，改为派遣使者前往祭祀。每年祭祀的次数也确定下来，其中只有泰山和河渎为每年五次祠祀，江渎为每年四次，而包括济渎在内的其余山川则每年三次。

西汉末年，匡衡等人和王莽先后进行郊祀改革。⑤ 受此影响，东汉光武帝时期（25—57），除了延续在地方祠祀济渎外，朝廷还郊祀济渎，专门在都城洛阳城的北郊四里的地方设祭祀济渎的方坛，五岳四渎的神位放于方坛之上。如《后汉书·祭祀志》所载：

> 北郊在雒阳城北四里，为方坛四陛。三十三年正月辛未，郊。

---

① 《史记》，中华书局1963年版，第1380页。
② 《史记》，中华书局1963年版，第1384页。
③ 《史记》，中华书局1963年版，第1403页。
④ 《汉书》，中华书局1964年版，第1249页。
⑤ 有关西汉末年的郊祀改革，参看田天：《西汉末年的国家祭祀改革》，《历史研究》2014年第2期，以及［日］目黑杏子：《王莽'元始仪'的构造：前漢末における郊祀の变化》，《洛北史学》2006年第8期。

别祀地祇，位南面西上，高皇后配，西面北上，皆在坛上，地理群神从食，皆在坛下，如元始中故事。中岳在未，四岳各在其方孟辰之地，中营内。海在东；四渎河西，济北，淮东，江南；他山川各如其方，皆在外营内。四陛酳及中外营门封神如南郊。地祇、高后用犊各一头，五岳共牛一头，海、四渎共牛一头，群神共二头。奏乐亦如南郊。既送神，瘗俎实于坛北。①

济渎作为地理群神之一，其神位被设置在方坛之下。四渎神位的方位，主要取决于四条河流和都城洛阳的相对方向。根据它们所在的地理位置，济渎神位位于北方，淮渎神位位于东方，河渎神位位于西方，江渎神位位于南方。事实上，司马迁在《史记·殷本纪》中就已经提到济渎的方位：

> 维三月，王自至于东郊，告诸侯群后：“毋不有功于民，勤力乃事，予乃大罚殛女，毋予怨！”曰：“古禹皋陶，久劳于外，其有功乎民，民乃有安。东为江，北为济，西为河，南为淮；四渎已修，万民乃有居。”②

尽管这段文字假托商代，但至少证明四渎的方位在秦汉之前就已经确定。在祭品规格上，海与四渎共享牛一头。此外，还提及奏乐、迎神、送神等仪式。

二、中古鼎革：唐代济渎祭祀的制度化

魏晋南北朝时期，很多地方政权试图恢复和重建山川祭祀制度。③ 例如，曹魏政权建立之后，魏文帝就在黄初二年(221)，"初

---

① 《后汉书》，中华书局 1966 年版，第 3181 页。
② 《史记》，中华书局 1963 年版，第 97 页。
③ 梁满仓：《魏晋南北朝五礼制度考论》，社会科学文献出版社 2009 年版，第 205～218 页。

祀五岳四渎，咸秩群祀"。① 此后，东晋咸和八年（333），确定了朝廷致祭包括五岳四渎在内的 44 个山川之神。

> 地郊则五岳、四望、四海、四渎、五湖、五帝之佐、沂山、岳山、白山、霍山、医无闾山、蒋山、松江、会稽山、钱唐江、先农，凡四十四神也。江南诸小山，盖江左所立，犹如汉西京关中小水皆有祭秩也。是月辛未，祀北郊，始以宣穆张惶后配，此魏氏故事，非晋旧也。②

以上的名单确立了南朝国家祭祀山川之神的基础，以后宋齐梁陈的山川祭祀均在此基础上进行增减。

北方政权中，北魏天兴二年（399），道武帝北郊郊祀，"五岳名山在中壝内，四渎大川于外壝内"。③ 泰常三年（418），明元帝在都城平成（今山西省大同市）附近的桑干水北部修建五岳四渎庙，每年春秋两次派遣使臣前往祭祀。修建祠庙承袭了秦汉的旧制，而对于五岳和四渎的祭祀，则采取先秦就已出现的"望祭"古制。

> 又立五岳四渎庙于桑干水之阴，春秋遣有司祭，有牲及币。四渎唯以牲牢，准古望秩云。其余山川及海若诸神在州郡者，合三百二十四所，每岁十月，遣祀官诣州镇遍祀。有水旱灾厉，则牧守各随其界内祈谒，其祭皆用牲。王畿内诸山川，皆列祀次祭，若有水旱则祷之。④

由此可见，北魏的济渎祭祀基本延续先秦及秦汉旧制。而之后的北齐、北周及隋代则承袭北魏的祭祀制度。这一时段内，北朝的济渎祭祀制度稳定而又连贯。

---

① 《三国志》，中华书局 1964 年版，第 78 页。
② 《晋书》，中华书局 1974 年版，第 584~585 页。
③ 《魏书》，中华书局 1974 年版，第 2735 页。
④ 《魏书》，中华书局 1974 年版，第 2737 页。

济渎祭祀的制度性变革发生在隋唐时期，具体表现为五个方面：第一，国家设置渎令，作为专门管理四渎祭祀活动的朝廷官员；第二，唐代礼书中规范了祭祀济渎的时间、流程、规格等，并为后世所延续；第三，唐朝开始给四渎封爵，进行册封，此传统一直延续至明清；第四，道士开始参与具体的祭祀活动，济渎祭祀走向民间；第五，由于北海距离遥远，从唐代开始，济渎庙内共祀济渎神和北海神。

1. 渎令的设置与职责

《隋书·百官志》记载："五岳、四渎、吴山等令……为视从八品。"[1]这说明，至晚从隋代开始，就已在四渎设置长官，管理日常事务，品级为从八品。唐袭隋制，不过品级上有所降低，为正九品。据《新唐书·百官志》记载："五岳、四渎，令各一人，正九品上，掌祭祀。有祝史三人，斋郎各三十人。"[2]《唐六典》还明确了渎令、祝史和斋郎的职责："庙令掌祭祀及判祠事，祝史掌陈设、读祝、行署文案，斋郎掌执俎豆及洒扫之事。"[3]由此可见，相比隋代，唐代渎令的职责更为明确，主管渎的所有官方祭祀活动，另配有祝史和斋郎作为辅助。同时，唐代还将渎令纳入朝廷考课的范围之内，由所在州进行考核和监督，"县令已下及关镇戍官岳渎令，并州考，津非隶监者，亦州考"。[4]唐代渎令职责的明确以及州府对渎令的考课不仅体现了朝廷对济渎的重视，还确保了国家致祭济渎活动有序开展。

在官方祀典济渎的活动中，济渎令作为具体祭祀仪式的执行者，代表皇帝行使祭祀。如前文《新唐书·百官志》所载，在济渎令之下，本应有祝史3人和斋郎30人辅佐。但这一制度在唐代中后期发生了细微的变化，据济渎庙现存唐代《济渎庙北海坛祭器

---

① 《隋书》，中华书局1973年版，第790页。

② 《新唐书》，中华书局1975年版，第1321页。

③ （唐）李林甫等撰，陈仲夫点校：《唐六典》卷30，中华书局1992年版。

④ ［日］仁井田陞原著，栗劲等编译：《唐令拾遗》，长春出版社1989年版，第327页。

碑》记载：

> 有唐六叶，海内晏然，偃革□□，崇乎祀典。封兹清源
> 公，建祠于泉之初源也，置渎令一人，祝史一人，斋郎六人，
> 执鱼沦备洒扫，其北海封为广泽王，立坛附于水之滨矣。①

该碑刻于贞元十三年（797），作者为时任济源县令张洗，碑文中记
录的祝史和斋郎的人数和《新唐书·百官志》的记载相比分别减少
了 2 人和 24 人。

2. 济渎祭祀的规范化

唐代是中国古代礼制的成熟期。从唐代开始，济渎的国家祭祀
位列中祀，属于五礼中的吉礼。②《大唐开元礼》明确规定了朝廷致
祭济渎的地点、时间、仪式、参与人员、祭品规格、祝词等，济渎
祭祀由此制度化，并为后世所承袭。据《大唐开元礼》所载，官方
祭祀济渎的地点有四处：（1）长安的北郊和南郊；（2）皇宫；（3）社
首山；（4）济渎庙。③ 在唐代的郊祀中，包括济渎在内的四渎是皇
地祇和神州的从祀，每年夏至于北郊方丘举行祭祀，同时，在每年
腊八于南郊圜丘祭祀包括济渎在内的百神；此外，当皇帝"銮驾回
宫"之后，会在皇宫内进行"望秩山川"的仪式，当然也包括济
渎④；《大唐开元礼》还提到，官方祭祀济渎的第三个地点是社首
山，作为禅礼的一部分⑤。

在上述三个地点中，济渎祭祀都只是更高级别祭祀仪式的一部

---

① （唐）张洗：《济渎庙北海坛祭器碑》，（清）王昶：《金石萃编》，《石
刻史料新编》第 1 辑第 3 册，新文丰出版公司 1982 年版，第 1733 页。

② 有关唐宋吉礼的变迁，参看朱溢：《事邦国之神祇：唐至北宋吉礼变
迁研究》，上海古籍出版社 2014 年版。

③ Teng Li, *Sacred Rivers: State Rites, Political Legitimacy and Religiosity
in Imperial China.* Ph. D. Dissertation, University of Macau, 2021, pp. 122-127.

④ （唐）萧嵩等：《大唐开元礼》，民族出版社 2000 年版，第 321 页。

⑤ （唐）萧嵩等：《大唐开元礼》，民族出版社 2000 年版，第 338 ~ 345
页。

分，而唐代专门祭祀济渎的祀典则在济渎庙进行。现存的济渎庙位于河南省济源市，始建于隋代开皇二年(582)，正是唐朝举行济渎祭祀的场所。朝廷规定祭祀四渎的活动在每年的"五郊迎气日"举行：

> 凡四海四渎，每年一祭，各以五郊迎气日祭之。东海于莱州界，东渎大淮于唐州界，南海于广州界，南渎大江于益州界，西海及西渎大河于同州界，北海及北渎大济于河南府界。①

朝廷根据四渎的地理位置及阴阳五行学说，在每年的立冬祭祀济渎。这个制度在张洗的《济渎庙北海坛祭器碑》中得到印证："天子以迎冬之日，命成周内史，奉祝文宿斋毳冕七旒、五章、剑履、玉佩，为之初献；县尹加绣冕、六旒、三章、剑履、玉佩，为之亚献；邑丞元冕、加五旒、无章亦剑履、玉佩，为之终献，用三牲之享。"②

《大唐开元礼》还规定了济渎祭祀的流程：在正式祭祀前，主持仪式的官员需要斋戒，"祭前五日，诸祭官各散斋三日，致斋二日"。两天的致斋期间，不能参与吊丧问疾、作乐、判署刑杀文书、行刑罚等被认为可能会污染祭祀纯洁性的活动；斋戒完成后，济渎令于祭祀前一日进行场地的准备工作，"清扫内外，又为瘗坎于坛壬地方"，同时，还要安置好初献、亚献和终献的位置以及摆放祭器，包括"尊六、笾十、豆十、簋二、簠二、俎三"；在祭祀之日，掌馔者需要"烹牲于厨，其牲各随方色，斋郎以豆预取血毛，置于馔所"。祭祀济渎的规格为太牢，牺牲全部为黑色；祭祀开始后，进行三献礼，由品级不同的官员充当献官。一般来说，初献官由州府长官担任，亚献官和终献官由济源地方官担任。在张洗

---

① （唐）萧嵩等：《大唐开元礼》，民族出版社2000年版，第201页。

② （唐）张洗：《济渎庙北海坛祭器碑》，（清）王昶：《金石萃编》，收录于《石刻史料新编》第1辑第3册，新文丰出版公司1982年版，第1733页。

记录的那次济渎祭祀中，初献官为成周内史，亚献官为济源县令，终献官为邑丞；三献礼完成后，济渎令和斋郎"以币血沉于渎"，随后还要"祝版燔于斋所"，整个祭祀仪式才算完成。①

通过祭祀仪式尾声的"以币血沉于渎"和"祝版燔于斋所"，实现飨神和与神沟通的效果。朝廷也根据济渎的特征规范了祝版上的祝词：

> 维某年岁次月朔日，子嗣天子开元神武皇帝某，谨遣某官某，敢昭告于，北渎大济云：维神泉源清洁，浸被遐迩，播通四气，作纪一方，玄冬肇节，聿修典制。谨以玉帛粢盛牺齐庶品，明荐于神，尚飨。②

3. 对济渎的册封

从唐玄宗先天二年（713）册封华岳神为金天王开始，朝廷先后册封五岳。天宝六年（747），又加封江、河、淮、济四渎。四年之后，天宝十年（751），唐玄宗派遣使臣分别前往岳镇海渎进行祭祀：

> 玄宗先天二年，封华岳神为金天王。开元十三年，封泰山神为天齐王。天宝五载，封中岳神为中天王，南岳神为司天王，北岳神为安天王。六载，河渎封灵源公，济渎封清源公，江渎封广源公，淮渎封长源公。十载正月，四海并封为王。遣国子祭酒嗣吴王祗祭东岳天齐王，太子家令嗣鲁王宇祭南岳司天王，秘书监崔秀祭中岳中天王，国子祭酒班景倩祭西岳金天王，宗正少卿李成裕祭北岳安天王；卫尉少卿李浣祭江渎广源公，京兆少尹章恒祭河渎灵源公，太子左谕德柳偡祭淮渎长源公，河南少尹豆卢回祭济渎清源公；太子率更令嗣道王炼祭沂

---

① （唐）萧嵩等：《大唐开元礼》，民族出版社2000年版，第201~202页。

② （唐）萧嵩等：《大唐开元礼》，民族出版社2000年版，第202页。

山东安公，吴郡太守赵居贞祭会稽山永兴公，大理少卿李稹祭吴岳山成德公，颖王府长史甘守默祭霍山应圣公，范阳司马毕炕祭医无闾山广宁公；太子中允李随祭东海广德王，义王府长史张九章祭南海广利王，太子中允柳奕祭西海广润王，太子洗马李齐荣祭北海广泽王。①

唐玄宗时期，济渎被封为"清源公"，这也是济渎在唐代唯一的封号。此后历代朝廷延续了唐代册封济渎的传统，详见后文及表11-1。

4. 道士与济渎祭祀

唐代以来，道士开始参与济渎祭祀，他们之所以能够参加国家祭祀济渎的仪式，首先缘于济渎庙的建立。虽然为济渎立祠的制度在秦汉时期就已确立，但当时祭祀济渎的地点在今山东临邑县，而非唐代祭祀济渎的河南济源市。前文提到，现存济渎庙创建于隋代开皇二年（582）。作为国家祭祀场所的济渎庙在创立之初就吸引了大批道士，加之济渎庙临近道教十大洞天之首的王屋山，两年之后，道士们便在济渎庙西侧建起了天庆宫，供奉道教神祇，开展道教活动。由于唐代皇帝崇尚道教，济渎庙周围相继建立起紫微宫、阳台宫、清虚宫、十方院、灵都观、迎恩宫等道教宫观。有了皇帝的支持和朝廷的认可，道士开始积极参与祭祀济渎的活动。

《道教金石略》所收碑文《马元贞投龙记》记述了武后时期的著名道士马元贞参与济渎投龙活动的情况：

> 天授三年岁次壬辰正月戊辰朔廿四日辛卯，大周圣神皇帝缘大周革命，奉敕遣金台观言马元贞往五岳四渎投龙功德。十六里，至奉仙观沐浴□斋，行道忏悔。廿一日，于济渎庙中行道，上神衣，辰时在路，日抱戴，庙中行道，日又重晖。宣读御词，云垂五色，□□□至廿四日，章醮讫投龙，日开五色，又更重晖。官寮缺同见。弟子杨景□、弟子□□□、五品官杨

---

① 《旧唐书》，中华书局1975年版，第225页。

君尚、欧阳智琮，同见官人朝散大夫行济源县丞薛同士，同见官人宣义郎行主簿五智纯，同见官人承奉郎行尉薛元杲，同见官人登仕郎行济渎令孟意诞，同见人上骑都尉缺，同见人□□尉行。①

如碑文所示，由于武周革命成功，道士马元贞受命于武则天，代表朝廷前往五岳四渎投龙祈福。陪同马元贞投龙的随从不仅有其门下弟子，还包括济源县丞、济渎令在内的朝廷官员。这说明，在唐代，除了官方主导的常规的济渎祀典外，道士开始主导某些蕴含道教元素的济渎祭祀活动。和朝廷册封济渎一样，道士参与济渎祭祀的传统也为后世所延续，尤其在金元时期最为繁盛。

5. 济渎与北海的共祀

现存济渎庙中还包含一个北海祠。北海作为岳镇海渎中的四海之一，至晚从魏晋南北朝时期就已经被纳入国家祭祀之中。天宝十年，朝廷封四海为王，北海亦在加封之列，被封为"北海广泽王"。对于北海的祭祀，《旧唐书·礼仪志》记载：

> 五岳、四镇、四海、四渎，年别一祭，各以五郊迎气日祭之。东岳岱山，祭于祇州；东镇沂山，祭于沂州；东海，于莱州；东渎大淮，于唐州。南岳衡山，于衡州；南镇会稽，于越州；南海，于广州；南渎大江，于益州。中岳嵩山，于洛州。西岳华山，于华州；西镇吴山，于陇州；西海、西渎大河，于同州。北岳恒山，于定州；北镇医无闾山，于营州；北海、北渎大济，于洛州。其牲皆用太牢，笾、豆各四。祀官以当界都督刺史充。②

---

① 陈垣编纂，陈智超、曾庆瑛校补：《道家金石略》，文物出版社 1988 年版，第 79~80 页。关于马元贞的投龙活动，详见雷闻：《郊庙之外：隋唐国家祭祀与宗教》，生活·读书·新知三联书店 2009 年版，第 153~166 页。

② 《旧唐书》，中华书局 1975 年版，第 934 页。

据《旧唐书·礼仪志》所载，北海和济渎的祭祀地点在洛州。开元元年（713），改洛州为河南府，正是《大唐开元礼》记载的北海和济渎祭祀的地点。

作为一个模糊的地理概念，北海在历史上一直没有明确的地点，因而"望祭"北海。从唐代开始，北海附祭于济渎庙。每年立冬之日，朝廷共祀济渎和北海。《济渎北海坛祭器碑》也记述了唐初以来北海附祭于济渎庙的传统："其北海封为广泽王，立坛附于水之滨矣。"①在此碑文中，时任济源县令的张洗还提出祠祀北海的一大弊端："北海望坛，临事垒土，朽墁一岁而费数金，其弊一也。"②他敏锐地注意到，当时没有单独的祠庙祭祀北海，所以在每次祭祀的时候都需要重新筑坛，花费巨大。③ 因此，张洗主张修建北海神殿，在临时北海坛的基础上进行了维修和扩建，建立了固定祭祀北海的北海祠。

三、近世因袭：宋代之后的济渎祭祀

宋代及之后的历代因袭了唐朝济渎祭祀的大部分制度，但也作出一些调整。例如，在北宋初年，宋太祖诏令："岳、渎并东海庙，各以本县令兼庙令，尉兼庙丞，专掌祀事。""又命李昉、卢多逊、王佑、扈蒙等分撰岳渎祠及历代帝王碑，遣翰林待诏孙崇望等

---

① （唐）张洗：《济渎庙北海坛祭器碑》，（清）王昶：《金石萃编》，《石刻史料新编》第1辑第3册，新文丰出版公司1982年版，第1733页。
② （唐）张洗：《济渎庙北海坛祭器碑》，（清）王昶：《金石萃编》，《石刻史料新编》第1辑第3册，新文丰出版公司1982年版，第1733页。
③ 《新唐书·礼乐志》记载："岳镇、海渎祭于其庙，无庙则为之坛于坎，广一丈，四向为陛者，海渎之坛也。广二丈五尺，高三尺，四出陛者，古帝王之坛也。广一丈，高一丈二尺，户方六尺者，大祀之燎坛也。广八尺，高一丈，户方三尺者，中祀之燎坛也。广五尺，户方二尺者，小祀之燎坛也。"由此可见，建造北海坛花费巨大。《新唐书》，中华书局1975年版，第326页。

分诣诸庙书于石。"①渎令改由四渎祠庙所在县的县令兼任，庙丞亦由县尉兼任，祭祀之事更为方便有效。金代不再设置渎令，而是在四渎所在地选取有德行的道士看管祠庙，并由朝廷专门派出官员主持祭祀。《大金集礼》记载：

> 契勘岳镇海渎系官为致祭，祠庙合依准中岳庙体例，委所隶州府选有德行名高道士二人看管，仍令本地人官员常切提控。②

在元代，道士几乎完全掌控了官方致祭济渎的活动。济渎庙残存的元代碑刻《皇太子燕王嗣香碑》记载了至元九年（1272）元世祖为消除蝗灾、祈求丰收，派遣燕王真金祭祀济渎的故事。在这次祭祀中，专门管辖济渎庙的郭□□只是陪祀人员，而祭祀的主持却是道士，祭祀仪式也以道教的斋醮为主。③ 除此之外，济渎庙现存有关济渎祭祀的元代碑刻还有 4 通，包括中统五年（1264）的《济祠投龙简灵应记》，至元十二年（1275）的《代祀济渎投龙简记》，至元五年（1339）的《代祀济渎北海记》及至正九年（1349）的《济渎朝赐记》等。④ 根据碑文内容，济渎祭祀基本上都由道士主持。明清之后，道士慢慢退出了济渎祭祀，取而代之的是儒士和当地士绅。从济渎庙内现存明清两代的碑文来看，道士基本没有参与祭祀活动，朝廷也不再专门设置管理济渎庙的官员。

宋代以后，历代朝廷延续了官方册封济渎的传统。北宋大中祥符元年（1008），宋真宗单独加封河渎为"显圣灵源公"，并派右谏

① 《宋史》，中华书局 1977 年版，第 2485～2486 页。

② （金）张暐等辑：《大金集礼》卷 34，中华书局 2017 年版。

③ 陈垣编纂，陈智超、曾庆瑛校补：《道家金石略》，文物出版社 1988 年版，第 1102 页。

④ 关于这些碑文的详细内容，详见冯军：《济渎庙碑刻研究》，郑州大学硕士学位论文，2011 年，第 67、69 页。

议大夫薛映和比部员外郎丁顾言前往祭告。① 康定元年（1040），宋仁宗下诏加封"江渎为广源王，河渎为显圣灵源王，淮渎为长源王，济渎为清源王"。② 济渎从"清源公"升格为"清源王"。北宋宣和七年（1125），朝廷因济渎神显灵击退来犯贼寇，特别敕封济渎神为"清源忠护王"。此事佚失于官方史料，但存于济源地方志中。据《济源县志》所载：

> 河阳济渎庙清源王，利泽溥博，阴福吾民属者。寇发邻郡，将犯县境，邑人奔走祷于尔大神，雷雨迅兴。沁河有汤池之险，旌旗欻列南岸，象羽林之严。贼徒褫魄以咸奔，闾里按堵而相庆。奏函来上，休应昭然，嘉叹不忘，宜崇美号，庶荅灵贶，式慰民心，来格来歆，一方永赖，可特封：清源忠护王。③

元至元二十八年（1291），朝廷继续加封江渎为广源顺济王，河渎为灵源弘济王，淮渎为长源溥济王，济渎为清源善济王。④ 明代初年，明太祖朱元璋认为"高山广水"皆受命于上帝，在神的前面加封封号属于"渎礼不经"，需要纠正唐宋以来的错误做法，于是改四渎为"大神"：

> 为治之道，必本于礼。岳镇海渎之封，起自唐、宋。夫英灵之气，萃而为神，必受命于上帝，岂国家封号所可加？渎礼不经，

---

① 《宋史·礼志》记载："车驾次澶州，祭河渎庙，诏进号显圣灵源公，遣右谏议大夫薛映诣河中府，比部员外郎丁顾言诣澶州祭告。"《宋史》，中华书局 1977 年版，第 2486 页。

② 《宋史·礼志》记载："车驾次澶州，祭河渎庙，诏进号显圣灵源公，遣右谏议大夫薛映诣河中府，比部员外郎丁顾言诣澶州祭告。"《宋史》，中华书局 1977 年版，第 2488 页。

③ 萧应植：《济源县志》，《中国方志丛书·华北地方》，成文出版社有限公司 1976 年版，第 673 页。

④ 《元史》，中华书局 1976 年版，第 1900~1901 页。

莫此为甚。今依古定制，并去前代所封名号。……四渎称东渎大
淮之神，南渎大江之神，西渎大河之神，北渎大济之神。①

清代基本保持了明代济渎的称谓，只在雍正二年（1724）增加"永
惠"二字，"北渎永惠大济之神"成为济渎最后一个官方封号。② 表
11-1 梳理了从唐代到清代，历代朝廷对四渎的封号：

表 11-1　　　　　　　　　　**历代四渎封号**

朝代	年份	江渎	河渎	淮渎	济渎	出处
唐	天宝六年（747）	广源公	灵源公	长源公	清源公	《旧唐书·礼志》
北宋	大中祥符元年（1008）		显圣灵源公			《宋史·礼志》
北宋	康定元年（1040）	广源王	显圣灵源王	长源王	清源王	《宋史·礼志》
北宋	宣和七年（1125）				清源忠护王	《济源县志》
南宋	乾道六年（1170）	昭灵孚应威烈广源王				《中兴礼书》
元	至元二十八年（1291）	广源顺济王	灵源弘济王	长源溥济王	清源善济王	《元史·祭祀志》
明	洪武三年（1370）	南渎大江之神	西渎大河之神	东渎大淮之神	北渎大济之神	《明史·礼志》
清	雍正二年（1723）	南渎涵和大江之神	西渎润毓大河之神	东渎通佑大淮之神	北渎永惠大济之神	《清史稿·志五十八》

宋代还沿袭了唐代开创的共祀济渎和北海的制度，并在太平兴
国八年（983）进一步确定下来："立冬祀北岳恒山、北镇医巫闾山

---

① （清）张廷玉等：《明史》，中华书局 1974 年版，第 1284 页。
② 赵尔巽等：《清史稿》，中华书局 1977 年版，第 2522 页。

并于定州，北镇就北岳庙望祭，北海、济渎并于孟州，北海就济渎庙望祭。"①这一制度一直持续至清代。

四、小　　结

尽管济渎早已湮没不存，但济渎祭祀却跨越了两千多年的历史。早在春秋时期的鲁国，就已经有祭祀济渎的记载。随着秦始皇统一六国，秦代重新整合名山大川，再到汉宣帝神爵元年最终确定五岳四渎之礼，济渎祭祀成为中央王朝国家祭祀的重要部分。除了朝廷规定的常祀之外，济渎还被纳入诸如郊祀、禅礼等其他的礼仪之中，作为固定的从祀。有唐一代，从渎令的设置及职权的明确，到《大唐开元礼》对具体仪式的规范，济渎祭祀逐渐制度化，并为后世沿袭。

从唐天宝年间开始，济渎先后受到了历代朝廷的册封，先后获得清源公、清源王、清源忠护王、清源善济王、北渎大济之神、北渎永惠大济之神等封号。对历代朝廷而言，包括济渎在内的岳镇海渎是彰显国家法统和政权合法性的政治符号，而祭祀它们的仪式则被当作沟通天地、连接圣凡的有效手段。因此，除了西汉前期的短暂时间内诸侯有权祭祀之外，其余时间均由历代皇帝设置祭祀官员或派遣使者进行祭祀。

由于材料的缺失，唐代之前济渎祭祀的研究只能从史书中寻求只言片语。幸运的是，唐代之后，济渎庙留存的大量碑刻材料使单独研究济渎祭祀成为可能。此外，从隋唐开始，道士逐渐参与官方致祭济渎的活动，金元时期最为频繁。现存的诸多碑刻表明，这一时期的道士常常代表朝廷在济渎庙举行祭祀活动。道教仪式与代表国家政治法统的国家祭祀之间的互动为我们研究传统中国的济渎祭祀提供了另外的视角，值得更加深入地研究。

---

① 《宋史》，中华书局 1977 年版，第 2486 页。

附　　录

近四十年国内外济水和济渎文化研究述评*

从先秦开始，山川祭祀就成为传统中国国家祭祀的重要组成部分。而在山川祭祀中，又以五岳（东岳泰山、西岳华山、南岳衡山、北岳恒山、中岳嵩山）和四渎（东渎淮河，西渎黄河，南渎长江、北渎济水）的祭祀为核心。秦始皇统一全国后，秦代重新整合了名山大川，以五岳四渎为中心，发展出"崤以东"和"华以西"两大区域的新祭祀格局。① 在此基础上，汉宣帝在神爵元年（前61）颁布诏令，不仅正式列出了五岳四渎的具体的祭祀地点，还规定了每年祭祀的次数。② 五岳四渎的祭祀从此形成常制，作为国家礼仪制度的一部分。安史之乱以前，经济的发展和政治的稳定为唐代国家祭祀的繁荣和革新奠定了基础。③ 在五岳四渎的基础上，唐宋朝廷进一步明确地增加了五镇（东镇会稽山、西镇吴山、南镇会稽山、北镇医巫闾山、中镇霍山）和四海（东海、西海、南海、北海）的祭祀。④ 从此，五岳五镇四海四渎的国家祭祀体系被正式确定下来，并在之后的历朝历代延续和发展。

在岳镇海渎国家祭祀中，四渎之一的北渎济水占有非常独特的地位。其一，有关济水的记载在春秋战国时期的文献就已经出现。

---

　　* 本文原题《近四十年国内外济水文化研究述评》，载《济源职业技术学院学报》2022年第2期。经增补后收入本书。

① 田天：《秦汉国家祭祀史稿》，生活·读书·新知三联书店2015年版，第277~288页。

② 《汉书》，中华书局1964年版，第1249页。

③ Teng Li, *Sacred Rivers: State Rites, Political Legitimacy and Religiosity in Imperial China.* Ph. D. Dissertation, University of Macau, 2021, p.151.

④ Jinhua Jia, Formation of the Traditional Chinese State Ritual System of Sacrifice to Mountain and Water Spirits, *Religions*, 2021, 12（5）, pp. 319-330. 中文版已收为本书第一章。

史料证明，济水祭祀跨越了两千多年的历史。其二，作为古代济渎和北海共祀的地点，济渎庙是全国目前仅存的四渎庙宇，被著名建筑学家罗哲文誉为"四渎遗珍"和"中原文化宝库"。气势恢宏的济渎庙不仅保存了大量不同时代的建筑和历史遗存，还收藏了上百通有关济渎和北海祭祀的碑文。这些古建筑和碑文极大地填补了文献未能触及的空白，为研究传统中国国家祭祀提供了宝贵的第一手资料。自 20 世纪 70 年代末起，国内外相继涌现出数量可观的专研济渎的研究。这些论著按照研究对象大体可分五个方面："济水的历史地理学考察""济渎祭祀研究""济渎庙研究""济渎相关藏碑文的整理和研究""济水崇拜、济水文化和区域社会研究"。以下将从上述五个方面对近四十年(1982—2021)的研究成果进行梳理和评述。

1. 济水的历史地理学考察

从 20 世纪 70 年代末开始，学界就已经开始关注四渎之一的济水。济水的研究主要根据《禹贡》《汉书·地理志》《水经注》等历史文献，从历史地理学的角度考察济水的发源、"三伏三见"、断流及其与黄河的关系等问题。最早一篇研究是中国台湾水利学者朱光彩在 1977 年发表的《简述中原与四渎：江河淮济》。此文主要从水利史的角度，考察江河淮济四条河流的发源、流量及流域。朱氏认为与济水相关的"三伏三见""南过为荥，荥溢为泽"等说法，皆为后人牵强附会，提出"济水的上游实为沁河，所谓的'济水故道'实为大清河"的结论。[1] 1982 年，著名历史地理学家史念海发表了《论济水和鸿沟》，指出"济水并不是以前的人们所说的那样由黄河以北发源，中流截过黄河，在黄河以南，东流入海，而只不过是黄河一条最大的支津，是黄河流经广武山北时分流出来的一条支津"。[2] "济水是黄河支流"的观点得到了部分学者的响应。赵绲进

---

① 朱光彩：《简述中原与四渎：江河淮济》，《中原文献》1977 年第 9 期，第 7~8 页。

② 史念海：《论济水和鸿沟(中)》，《陕西师范大学学报》(哲学社会科学版)1982 年第 2 期，第 8 页。

一步认为："济水上游为黄河支流，济水下游为黄河分流。"①李宗昱认为："沇水源于王屋山，先注入济源附近的泰泽，再流经温县西北，开始称为济水，再向东流至武德附近汇入黄河。"②姚娅和宋国定根据现代 GIS 技术，对"河南之济"进行探讨，发现在黄河南岸的古荥阳一带黄河进行分流，有一支津行经现郑州以东、开封以北、菏泽、聊城南部、巨野县等地，其汇积量级几乎与黄河相差无几，推测它为真正意义上的济水。这个线路和《水经注》中南济的基本线路一致。③

　　在先秦的典籍中，济水就已被称作"渎"。《尔雅》给出了"渎"的释义："四渎者，发源注海者也。"④在之后的两千多年，济水一直都列入四渎之中。不论是汉唐先儒，还是清代考据学家，都未曾受到质疑。但如果按朱光彩、史念海等学者的"济水是黄河支流"的结论，所有的古人都搞错了济水的性质，把一条支流当作一条干流。但真的如此吗？1982 年，毛继周在其《济水·济渎·济源》一文中讨论了济水、济渎和济源的关系。他遵循《禹贡》"导沇水，东流为济，入于河，溢为荥"的记载，认为古之济水流出太行王屋山地后，名为沇水，经沁阳至温县境西北始名济水，复南流达巩县之北，而南入于黄河。⑤ 何幼琦通过爬梳史料，认为在两千多年前，济水还未受到黄河改道的影响，保持其自然状态，并在山东省北部注入渤海。⑥ 张新斌在《济水与河济文明》一书中援引考古学的证

---

　　①　赵缊：《说"齐"与"济"》，《管子学刊》2001 年第 4 期，第 27 页。

　　②　李宗昱：《"河北之济"的变迁》，《华北水利水电学院学报》（社科版）2011 年第 3 期，第 19 页。

　　③　姚娅、宋国定：《基于 GIS 的济水古河道流路研究》，《地域研究与开发》2017 年第 6 期，第 171~176 页。

　　④　（晋）郭璞注，（宋）邢昺疏：《尔雅注疏》，北京大学出版社 1999 年版，第 225 页。

　　⑤　毛继周：《济水·济渎·济源》，《中原地理研究》1982 年第 2 期，第 108 页。

　　⑥　何幼琦：《古济水勾陈》，《新乡师范学院学报》1983 年第 2 期，第 100~108 页。

据，提出在《汉书·地理志》和《禹贡》成书之前，"黄河很有可能是南流"的假设。①

对于济水独自入海的问题，我们更偏向于认同李保国的观点："《禹贡》济水一直被当作真正的济水真实地流淌在华北平原上；只是到了 20 世纪，学者才根据现代科学理念否定了《禹贡》济水的真实性。《禹贡》济水的自然真实性可以否定，但它却成了历史的真实，而且还应实事求是地看待和评价济水在中国历史上的重要地位和作用。"②既然历史上的济水被确定为四渎之一，盛于祀典，历各朝而不衰，我们应该更多关注它的思想和文化内涵。

2. 济渎祭祀研究

早期有关济水和济渎的研究主要集中在历史地理学的考察上，2000 年之后，作为国家祭祀一部分的济渎祭祀才开始受到学术界的关注。雷闻利用碑刻文字，探讨长安金台观观主马元贞在武周革命前后的活动，指出马元贞奉武则天旨意主持了武周革命之初在五岳四渎的投龙设醮仪式。《道家金石略》收入的《奉仙观老君石像碑》是雷闻此文主要倚赖的史料之一，该碑文详细记述了马元贞在济渎的祭祀活动。③ 朱溢围绕唐代山川封爵和政治权力观念的关系、山川封爵与官方山川祭祀制度的关系等问题，对唐代的山川国家祭祀进行了梳理。④ 尽管朱溢的研究并非集中于济渎祭祀，但他把握了唐代岳镇海渎祭祀的若干核心问题，提出了很多具有富有创见的观点，尤其准确地指出了唐代不同时期山川封爵背后的隐藏政治意图。

目前国内外有关济渎祭祀的研究主要集中在元代，以樱井智美和马晓林的研究为代表。日本明治大学的樱井智美在《クビライの

① 张新斌：《济水与河济文明》，河南人民出版社 2007 年版，第 53 页。

② 李保国：《济水独流入海之谜探析（二）》，《济源职业技术学院学报》2020 年第 3 期，第 16 页。

③ 雷闻：《道教徒马元贞与武周革命》，《中国史研究》2004 年第 1 期，第 73~80 页。

④ 朱溢：《论唐代的山川封爵现象：兼论唐代的官方山川崇拜》，《新史学》第 18 卷第 4 期，2007 年，第 71~124 页。

華北支配の一形象》一文中主要关注元世祖忽必烈统治时期
（1252—1293）怀孟地区的祭祀和教育活动。在论文的前半部分，
她简要回顾了从周代山川祭祀开始的历代济渎祭祀。此外，樱井氏
还尝试从金石典籍中对有关济渎祭祀的石刻史料进行汇总，① 随后
在 2014 年分别以中文和日文发表了两篇专研济渎的文章。在这两
篇文章中，樱井氏不仅在之前论文的基础上进一步深化了唐代以来
济渎祭祀的历史沿革，还着重讨论了元代蒙古统治下济渎祭祀的开
展。她以济渎庙为中心，通过碑文和方志资料，分析元代的济渎祭
祀特征及其意义。② 马晓林将元代岳镇海渎祭祀总结为有代祀、常
祀和因事专祀三种形式。他的论文《元代岳镇海渎祭祀考述》及其
博士论文的第四章均围绕元代国家祭祀活动的举行，集中考证了祭
祀地点与路线、发令者、使臣等方面的问题，考察了岳镇海渎祭祀
在元中后期的变化与产生的问题。③ 马晓林指出，元朝实行岳镇海
渎祭祀，有宗教信仰上的渊源，更多的是出于政治上的目的，以祭
祀来彰显元朝"内蒙外汉"和"以汉法治汉地"的统治策略。

　　以上的研究表明道教对金元时期的岳镇海渎祭祀起了推动作
用。在元代，道士代祀成为济渎祭祀的重要特征。元代朝廷通过道
士的代祀活动，继承了中原王朝从唐代开始的道教投龙简仪式。
2003 年 8 月，济渎庙进行全面整修时，工作人员在北海池发现残
损玉简一枚。根据残缺的铭文，这枚玉简投于宋神宗熙宁元年
（1068）四月，极有可能是宋神宗赵顼为登基而遣使祭告济水神设
醮而投。通过上述的碑文材料和考古证据，我们可以肯定，从唐代
派遣道士在五岳四渎举办投龙设醮活动之后，在济渎进行道教投龙

---

　　① ［日］樱井智美：《クビライの華北支配の一現象—懐孟地区の祭祀と
教育》，《駿台史学》第 124 号，2005 年，第 27~47 页。
　　② ［日］樱井智美：《モンゴル時代の済瀆祭祀—唐代以来の岳瀆祭祀の
位置づけの中で》，《明大アジア史論集》第 18 号，2014 年，第 381~397 页；
［日］樱井智美：《元代の岳渎祭祀：以济渎庙为中心》，中国元史研究会编：
《元史论丛》第 14 辑，天津古籍出版社 2014 年版，第 312~319 页。
　　③ 马晓林：《元代岳镇海渎祭祀考述》，《中国史研究》2011 年第 4 期，
第 131~144 页；《元代国家祭祀研究》，南开大学博士学位论文，2012 年。

简仪式得历朝历代的传承，表明作为国家官方山水祭祀一部分的济渎祭祀逐渐道教化。

济源当地学者姚永霞在《文化济渎》一书中为我们呈现了迄今为止最为全面的济渎祭祀研究。① 这本书从济水渊源及文化、济渎祀典、北海祭祀、济渎和佛道之间的关系、济渎庙的沿革变迁、济渎庙内碑文的辑录，以及民间社会中的济渎庙等方面全方位地对济渎和济渎祭祀进行了研究。尤其值得称道的是，姚永霞首次对济渎庙内的文物和所藏碑文进行了整理，填补了学术界长久以来的空白，开辟了济渎研究中诸多值得深耕的新领域。不过，此书以叙为主、论为辅，虽然涵盖面广，但是学术深度不足。肖红兵和李小白在 2019 年发表的《皇权威仪与神政合流：古代济渎祠祀制度变迁考论》一文不仅从历史上梳理了从先秦到明清的济渎祠祀，还关注了济渎和北海的共祀和分祀、济渎北海祠祀中的册封人爵与皇权威仪、济渎祭祀的神祠化和民间化等问题。② 二位作者提出了"国家在场"的概念。他们认为，济渎祠祀被严格地纳入"国家在场"的祭祀典制之中，是帝制时代政治威仪与礼仪观念的外化形式，体现了自然实体的祠祀礼典作为统合君神对话的纽带作用。这种纽带作用既是人间社会昭示宣扬皇权威仪的政治实体，也是神权、政权和人权相互博弈与影响的文化信俗载体。不过，肖、李二位作者并未对所谓的"国家在场"进行展开说明，也没有严格区分不同种类的济渎祠祀。事实上，在古代中国，在济渎庙进行的祭祀被称为"常祀"。对济渎神的国家祭祀活动也出现在京城的郊祀、帝王巡守之后、社首山的禅礼，以及水旱灾害发生后的临时祭祀中。胡成芳在《济渎祭祀考》一文中梳理了济渎祭祀的历史沿革，并较为清晰地呈现了清代祭祀济渎的程序。③

① 姚永霞：《文化济渎》，中州古籍出版社 2014 年版。
② 肖红兵、李小白：《皇权威仪与神政合流：古代济渎祠祀制度变迁考论》，《东岳论丛》2019 年第 7 期，第 48~60 页。
③ 胡成芳：《济渎祭祀考》，《济源职业技术学院学报》2021 年第 4 期，第 82~88 页。

3. 济渎庙研究

从 20 世纪 80 年代开始，就已有研究济渎庙的文章付梓。1981年，曹修吉发表了《济渎庙》一文，首次对济渎庙内的济渎寝宫、清源洞府门、龙亭、临渊门等主要建筑作了简要的介绍。① 在 1996年被列为国家重点文物保护单位之后，济渎庙得到了更多的关注。张家泰结合济渎庙内的《济渎庙北海图志碑》所刻画的济渎庙建筑全图，对庙内宋代建筑进行了分析和研究。② 李震在 2017 年出版的《济渎庙建筑研究》一书是迄今为止唯一专门研究济渎庙建筑的著作。该书在其硕士论文的基础上修订而成，不仅讨论济渎庙建筑群选址和济源、济水及王屋山的关系，还以《济渎庙北海图志碑》为蓝本，探讨了济渎庙的总体格局、构成济渎庙的各建筑群之间的关系。③ 李震的学术贡献尤其体现在他以实测图为基础，对济渎庙现有的主要单体建筑进行比较分析，并在此基础上对主要建筑遗址进行复原探讨。

余晓川和曹国正的《济渎庙》一书对济渎庙内的建筑作了逐一介绍。此书在行文上较为通俗，但为我们提供了很多只有当地文物管理者知晓的济渎庙奇闻逸事。和姚永霞的著作一样，这些深入浅出的通识性书籍为学术界进一步深化济渎研究提供了更多的背景知识，也拓展了济渎研究的广度。④ 郭丹的硕士学位论文结合宗教学、民俗学、地域学等相关知识，对济渎庙进行整体性研究，得出济水、济渎庙、济源三者之间循环相生的特殊关系。她认为庙内建筑装饰特色体现了古人天人合一的思想。⑤ 张倩的论文另辟蹊径，就济渎庙由古代向现代社会转变的过程中的社会功能变化进行简要

① 曹修吉：《济渎庙》，《中原文物》1981 年第 2 期，第 55 页。

② 张家泰：《济〈渎北海庙图志碑〉与济渎庙宋代建筑研究》，张家泰、左满常：《中国营造学研究》，河南大学出版社 2005 年版，第 105～122 页。

③ 李震：《济渎庙建筑研究》，西安建筑科技大学硕士学位论文，2001年；李震：《济渎庙建筑研究》，重庆大学出版社 2017 年版。

④ 余晓川、曹国正：《济渎庙》，河南文艺出版社 2014 年版。

⑤ 郭丹：《济水文化语境下济渎庙建筑装饰特色研究》，重庆大学硕士学位论文，2016 年。

分析。济渎庙在中国古代的社会功能主要表现在社会维系功能、心理调适功能和文化交往功能三个方面。而在现代，济渎庙的社会维系功能弱化，其社会功能主要集中在社会经济功能、社会文化功能两方面。①

4. 济渎相关碑文的整理和考释

除了美轮美奂的古代建筑之外，济渎庙内最弥足珍贵的历史遗存是所藏的几百通石碑。这些石碑历经沧桑依然矗立不倒，为研究古代的国家祭祀提供了大量第一手的资料。相关石刻史料的整理和考释对深化济渎研究大有裨益。对济渎庙所藏碑文和金石材料中济渎相关碑文的考释始于陈彦堂和辛革对《明太祖诏正岳镇海渎神号碑》的校释。该碑文主要记述了明太祖朱元璋在登基之初革除岳镇海渎封号这一事件。② 樱井智美对元代《创建开平府祭告济渎记》进行了研究，指出该碑不仅记载了建立开平府的情况，也反映了与忽必烈继位有密切关系的政治和社会问题。③ 樱井氏和姚永霞合作的另一篇论文以《皇太子燕王嗣香碑》为中心，讨论了元代皇太子燕王真金派遣使臣祭祀济渎神以求纾解蝗灾的事件。④ 张广保通过对济渎庙藏的《济渎庙灵符碑》进行释读，认定它为拥有碑文和符图且保存良好的现存北宋唯一一通皇家崇重净明道的碑。⑤

冯军的硕士论文对济渎庙所藏的 36 通碑文进行了整理和释读，在此基础上对济渎祭祀的历史沿革进行了初步的梳理。他的博士论文虽然主要关注与王屋山道教相关的碑刻材料，但仍然以很大的篇

---

① 张倩:《济渎庙社会功能的现代变迁》,《文物鉴定与鉴赏》2018 年第 11 期, 第 74~75 页。

② 陈彦堂、辛革:《从新出土的〈明太祖诏正岳镇海渎神号碑〉谈起》,《中原文物》1998 年第 1 期, 第 91~95 页。

③ [日]樱井智美:《〈创建开平府祭告济渎记〉考释》, 收录于中国元史研究会编:《元史论丛》第 10 辑, 中国广播电视出版社 2005 年版, 第 363~372 页。

④ [日]樱井智美、姚永霞:《元至元 9 年「皇太子燕王嗣香碑」をめぐって》,《骏台史学》第 145 号, 2012 年, 第 23~49 页。

⑤ 张广保:《对河南济渎庙所藏净明道碑刻的释读》,《中国道教》2008 年第 6 期, 第 52~53 页。

幅整理了济渎祭祀相关的碑文。① 此外，冯军还分别对《大明诏旨碑》和元代赵孟頫书写的《投龙简记》进行了释读和分析。尤其是《投龙简记》，不仅记载了元仁宗派人祭祀济水和王屋山的过程，更因该碑为著名书法家赵孟頫所书，同时兼具极高的艺术价值。② 除与樱井智美合作的论文之外，姚永霞还对《济渎庙北海坛祭器碑》《陇西公奉宣祭渎记》和《皇子镇南王遣官祭济渎灵应记》三块石碑的历史背景、文化内涵以及其反映的祭祀情况进行了分析。③ 在《文化济渎》中，姚永霞单辟一章，对济渎庙收藏的部分重要碑文进行了整理。④ 在 2015 年出版的《古碑探微》一书中，姚永霞对数通石碑进行了释读和考证，文辞优美，语言练达，具有相当高的学术价值。⑤

《陇西公奉宣祭渎记》是五代十国时期后汉政权的遗物。该政权的存续不过四年，因此这块石碑具有巨大的文物价值。除姚永霞外，高东海和陈彦堂也围绕此碑讨论祭碑的年号、祭祀济渎的原因，以及祭祀仪典等问题。⑥ 在济渎庙现存碑刻中，《有唐济渎之记》是为数不多的赞誉济水品格的散文，碑刻的《游济渎记》和《宴济渎记》是唐代天宝年间吏部侍郎达奚珣两次游览济渎庙后分别撰写的两篇游记散文。李紫君和李玉建的论文以达奚珣的这两篇散文

① 冯军：《济渎庙碑刻研究》，郑州大学硕士学位论文，2011 年；冯军：《王屋山道教碑刻资料的整理和研究》，郑州大学博士学位论文，2017 年。

② 冯军：《〈大明诏旨碑〉考证》，《济源职业技术学院学报》2012 年第 2期，第 7~9 页；冯军：《元赵孟頫书〈投龙简记〉碑考释》，《中原文物》2013年第 5 期，第 69~72 页。

③ 姚永霞、高明：《〈济渎庙北海坛祭品碑〉的历史文化内涵》，《济源职业技术学院学报》2006 年第 2 期，第 1~4 页；姚永霞、李保红：《〈陇西公奉宣祭渎记〉碑碣文化内涵浅析》，《济源职业技术学院学报》2011 年第 1 期，第 24~28 页；姚永霞：《〈皇子镇南王遣官祭济渎灵应记〉碑记浅析》，《北方文物》2012 年第 2 期，第 73~75 页。

④ 姚永霞：《文化济渎》，中州古籍出版社 2014 年版，第 171~223 页。

⑤ 姚永霞：《古碑探微》，中州古籍出版社 2015 年版。

⑥ 高东海、陈彦堂：《关于五代后汉〈陇西公奉宣祭渎记〉碑的几个问题》，《华夏考古》2012 年第 3 期，第 101~104 页。

为中心，分析了作者对济渎位列四渎、祭祀隆盛的感慨以及对济渎胜境的赞美。①

5. 济水崇拜、济水文化和区域社会研究

从宋代开始，济渎祭祀开始民间化。济渎神或济水神不仅享有国家的官方祀典，还成为地方的保护神，受到当地民众的崇拜。济渎的祭祀和信仰开始和济源当地的民间社会结合。程森的博士论文独辟一章，就济渎祭祀的民间化进行分析。他认为，在唐宋以降的济渎信仰民间化的发展过程中，很难区分到底是国家力量塑造了济渎的神力，还是民间社会塑造。二者可能处在一个互相交织的过程中，这是国家祭祀与地方社会垂直互动之结果，而济渎信仰在各地的扩散则是信仰文化传播的水平互动。此外，程森还率先指出济水崇拜不只存在于济源，而是广泛分布于济水故道经过的省份，包括河南、山西、山东和湖北。② 无独有偶，高明的硕士学位论文也指出山西省的长治市和晋城市也分布有济渎庙。③ 而翔之的论文则告诉我们济渎的祠祀和庙宇最北甚至到达了河北省的曲阳县。④ 关于济水崇拜的原因，张新斌的论文认为明清时期的济渎崇拜与祭祀的流行与抗旱有关。⑤ 李留文在其著作《地方精英与地域文化变迁研究（13—19 世纪）：以济源为例》也认为济渎庙行雨的神格是国家和民间社会认同的纽带。从宋代开始，朝廷同地方民众共享的济渎庙祭祀成为当地特有的文化传统。⑥ 岳芳的硕士学位论文关注了以济

---

① 李紫君、李玉建：《天宝〈有唐济渎之记〉碑考释》，《济源职业技术学院学报》2019 年第 3 期，第 22~26 页。

② 程森：《明清民国时期直豫晋鲁交界地区地域互动关系研究》，陕西师范大学博士学位论文，2011 年。

③ 高明：《水神崇拜及水神庙建筑空间形态浅析：以山西省境内典型遗存为例》，太原理工大学硕士学位论文，2017 年。

④ 翔之：《苏东坡与济渎岩》，《文物春秋》2004 年第 5 期，第 1~7 页。

⑤ 张新斌：《王屋山道教文化与济水崇拜初探》，《济源职业技术学院学报》2011 年第 3 期，第 17~19 页。

⑥ 李留文：《地方精英与地域文化变迁研究（13—19 世纪）：以济源为例》，郑州大学出版社 2016 年版，第 27 页。

渎庙为中心而形成的小满会，指出小满会从早期属于官方组织管理的庙会发展到后期成为民间的自发集会，体现着国家祭祀和民间信仰的结合。①

除了上述对济水崇拜的分布、原因和流变的探讨之外，还有若干篇关注济水的文化意义的论文。例如，史琦的论文认为，济水信仰体现出劳动人民认识自然、征服自然的抗争精神，是中华民族精神不可缺少的组成部分。② 姚永霞和冯军则分别对济水的文化内涵展开论述。姚永霞认为济水具有三种属性，发源神秘、流向神奇、归属神异是其自然属性，神性化、群体化是其社会属性，推崇天命昭显、"天人感应"、预言能力是其文化特征。同时济水还被赋予了君子的人格、高洁的意象。③ 冯军分析了济水文化在传播和扩散的过程中，其内涵经历了由自然经济到国家祭祀，再到文人歌咏，对中国传统社会产生了深远的影响，在中国古代文明进程中留下了独特的文化印记。④

6. 小结及展望

综上所述，近四十年以来的济渎和济水的研究虽然优秀成果不少，但仍存在以下几个不足：第一，相对于五岳来说，学术界对于四渎的关注度明显不够，更何况其中的济水。第二，当前的研究主要多以济水的历史地理学考察，济渎庙的建筑、济渎祭祀的发展及对济渎庙所藏的碑文进行校释及分析。虽然涵盖的领域很多，但是真正具有学术深度的研究成果不多。第三，现有的研究缺乏以更加宏观的视角来看待国家礼制和国家祭祀中的济渎，尤其是缺乏对具体祭祀仪式的研究。第四，前文所列举的部分论著已经指出，济渎

---

① 岳芳：《河南济源市小满会民俗文化研究》，广西师范学院硕士学位论文，2016 年。

② 史琦：《济水崇拜考》，《济源职业技术学院学报》2016 年第 4 期，第 1~4 页。

③ 姚永霞：《浅谈济水的三种属性及文化表现》，《济源职业技术学院学报》2017 年第 4 期，第 1~7 页。

④ 冯军：《济水文化传播过程中的内涵演变》，《新闻爱好者》2017 年第 8 期，第 68~71 页。

神或济水崇拜在宋代以后经历了从国家祭祀到民间信仰的转变，但这个转变如何发生，民间社会和朝廷如何就济渎神崇拜互动等问题，还需要进一步的探讨。第五，从唐代开始，济渎神就已经逐渐被吸纳进道教的投龙简仪式和佛教的水陆法会仪式。学界尚无济渎神如何完成这个转型，或者说制度性宗教如何改造国家祭祀的神明的相关研究。

近四十年有关济水和济渎的研究基本上集中在中国。少部分日本学者曾经关注济渎，欧美学者则长期忽略了济渎和四渎。举例来说，西方学术界已经较为统一地使用"five peaks"或更古典的"five marchmounts"作为"五岳"的翻译，但仍未在"四渎"的翻译上达成统一，常见的翻译包括"four rivers""four waterways""four watercourses"以及"four major rivers"等，由此可见目前欧美学界对该领域的忽视。

近年来，河南省的考古工作者近些年陆陆续续在济渎庙及其附近发现不少历史文物。例如，2017 年发现了四通石碑，其中《代祀海渎纪成》曾录于嘉庆年间《续济源县志》，碑刻与志书正好互证。① 另外，河南济源地方政府十分重视济水文化的研究，提出了提升当地"一山一水一精神"的文化内涵，其中的"水"指的便是济水。② 可以预见的是，随着我国经济的发展、文化自信的提升以及当地政府的支持，包括济渎在内的整个岳镇海渎祭祀体系在中国宗教史的地位和意义将重新被审视，未来一定会有更多研究济水和济渎的成果出现。

[作者简介]李腾，石家庄铁道大学马克思主义学院讲师，河北师范大学博士后，研究领域为中国文化史、宗教中国化和社会治理问题。

---

① 王小萍、成利军：《济源一日发现四通古碑刻：见证中原古时祭水文化隆盛》，《河南日报》，2017 年 8 月 3 日，第 11 版。

② 周迎春：《试论济源"一山一水一精神"文化品牌的内在价值提升》，《济源职业技术学院学报》2020 年第 2 期，第 10~13 页。

第十二章　流移他乡：明清江西晏公信仰入鄂考释[*]

张帅奇

一、引　　言

地方性神祇向域外扩展是民间信仰历史演变的基本特征。"流动"既是民众在民间信仰中的主观选择，又是信仰功利化的现实表象，[①] 它使得神灵的空间影响力大为增强，对展示民间文化、沟通地区联系、透视社会变迁不可或缺。诸多社会阶层或集体组织对神灵的解释不尽相同或互相抵触，但经长时段层累积淀与交叉融合共同塑造出神明的权威形象。[②] 晏公信仰是江西地方社群思想的文化承载物，亦是整合社区认同意识与展演民众生活世界的"礼仪标

＊　本文英文版 Mobility to Other Locations：A Study on the Spread of the Cult of Lord Yan from Jiangxi to Hubei in the Ming-Qing Era 发表于 *Religions*，2023，14（5），pp. 593-612. https://doi.org/10.3390/rel14050593。

①　张志全：《巴蜀地区的赛会迎神与戏曲装扮》，《戏曲研究》2015 年第4 期，第 188~203 页。

②　［美］杜赞奇著，王福明译：《文化、权力与国家：1900—1942 年的华北农村》，江苏人民出版社 2010 年版，第 112 页。另参见：David G. Johnson，Andrew J. Nathan and Evelyn S. Rawski，*Popular Culture in Late Imperial China*. Berkeley：University of California Press，1985，pp. 93-114.

识",① 所蕴含的神灵信仰观念因时空变迁或阶层意识始终处于动态建构之中。

地域社会是贯穿于固有社会秩序地域性的场,亦是包含意识形态领域地域性的场,② 即信仰存在于观念意义上的地域社会,呈现出意识形态与社会群体的文化联结。晏公信仰肇始于江西临江府清江镇,伴随时间推移与多重因素交织,它逐渐挣脱传统"祭不越望"观念束缚与突破原有"僻处一隅"地理空间界限,以水神人格被民间社会广泛奉祀江河湖海之地。鄂省"大江中贯,五溪外错,汉水为带,衡岳为镇,洞庭、云梦为池,此形势之大概也……四通五达莫若楚矣",③ 且毗邻江西、江河湖泊交错密布,天然成为晏公信仰对外扩散的重要场所。本章立足现有研究,④ 以赣、鄂两省地方志与流传文献为基本史料,试图阐明明清时期江西晏公神格流变、鄂省晏公祠庙的空间布局和扩展以及社会群体奉祀晏公的状态,力图揭示出王朝国家意志、地域移民流动、空间商业交往与社会多元群体间交互杂糅的时代特征。

---

① ［美］科大卫、程美宝：《历史人类学者走向田野要做什么》,《民俗研究》2016 年第 2 期, 第 24~27、158 页。

② ［日］森正夫：《"地域社会"视野下的明清史研究: 以江南和福建为中心》,江苏人民出版社 2017 年版, 第 40 页。

③ 吕调元等修, 张仲炘等纂：《湖北通志》卷 13《舆地志十三·形胜》, 民国十年(1921 年)刻本, 第 1 页 b。

④ 目前学界部分晏公研究成果有: 饶琴:《鄱阳湖区晏公信仰研究——以鄱阳县管驿前晏公庙为个案》, 中山大学硕士学位论文, 2009 年; 宋希芝:《水神晏公崇信考论》,《江西社会科学》2014 年第 11 期, 第 118~123 页; 唐庆红、张玉莲:《明清江西萧公、晏公信仰入黔考》,《宗教学研究》2013 年第 4 期, 第 253~259 页; 胡梦飞:《明清时期京杭运河沿线区域的晏公信仰》,《华北水利水电大学学报》(社会科学版)2015 年第 5 期, 第 11~14 页; 程宇昌:《鄱阳湖渔民水神信仰与晏公庙探析》,《江西社会科学》2016 年第 10 期, 第 127~134 页; 王元林:《晏公信仰与道教、国家祭祀关系研究,《世界宗教研究》2020 年第 4 期, 第 105~116 页。

二、神化民间传说与晏公信仰演生

晏公信仰肇始于元代江西临江路清江县，它的生成应是地方社群神化民间传说和塑造庇护神灵的结果。元人胡行简所著《樗隐集》①是目前所见最早记录晏公祠庙的私人文集，中间收录有《清江镇晏公祠庙碑》：

> 清江镇旧有晏公庙，历世滋久，莫之改作。谒而祀者见其隘且陋，欲撤而新之，不果。洪武甲子，里人彭士宽慨然曰："神食于斯，永福我民，而庙貌不足揭虔妥灵，非缺典欤？"凡缴福者闻其言，或助之金，或输之粟，以相其后。乃度地于宝金山之侧，建殿庭、立门庑，规模、位置增其旧数倍……②

碑记表明至少在元代江西临江地区就已存在晏公庙，但原为元代内容却刻录明代洪武年间士民兴修晏公庙，不免让人对晏公信仰始于元代的真实性产生疑问。然而，翻阅各地府县志，晏公内容多记为："晏戊仔，宋末清江镇人，元初为文锦局堂长。"③故很难对"晏公信仰诞生元代"之说秉持异议。晏戊仔主要活动于宋末元初这一历史时段，后成为地方性水神被清江县域民众所崇祀，信仰生成时间应不晚于元代末年。④

---

① 《樗隐集》原刊本已不见传世，明人焦竑《国史经籍志》大力收录元明之际文集，却未见列入本集。乾隆年间官修《四库全书》，从《永乐大典》中辑出胡行简诗文若干篇，重辑为《樗隐集》6卷，将其编入别集类。

② （元）胡行简：《樗隐集》卷6《清江镇晏公祠庙碑》，《景印文渊阁四库全书》（第1221册），台湾"商务印书馆"1982年版，第154页。

③ （清）潘懿等修，（清）朱孙诒等纂：《清江县志》卷3《建置志·祠祀》，同治九年（1870年）刊本，第24页b。

④ 明统治者本身就是造神的能手，"宋元时代产生且属江西地方性水神的晏公，因保佑朱元璋鄱阳湖之战胜利，被封为平浪侯"。晏公信仰经朱元璋强化被奉祀全国，似可确定它产生于明代以前（元代中晚期）。参见赵世瑜：《狂欢与日常：明清以来的庙会与民间社会》，北京大学出版社2017年版，第13页。

晏公生平事迹与成神过程自元明以来就莫衷一是，民间社会神化传说的过程呈多元化特征。① 明人所撰《绘图三教源流搜神大全外二种》记晏公"死而为神"：

> 大元初，以人材应选入官，为文锦局堂长。因病归，登舟即奄然而逝，从人敛具一如礼。未抵家，里人先见其畅驶导于旷野之间，衣冠如故，咸重称之。月余以死至，且骇且愕，语见之日，则即其死之日也。启棺视之，一无所有，盖尸解云。父老知其为神，立庙祀之。②

晏公死后发生尸解异象，被地方百姓奉为神灵、立庙祭祀。然而明人罗懋登所著《太监三宝西洋记通俗演义》却记晏公"行善助民而封神"：

> 元人暴虐，征求无厌。局官旧管供应宫锦，有机户濮二者坐织染累，鬻二女一子赔偿上官。小神怜其无辜，出俸资代之，不足，脱妻簪珥满其数。濮得父子完聚，日夜焚香告天。上帝素重小神刚正廉谨，遂命为神……③

两者都以"尸解异象"作为表现晏公神异的外化形式，但后者更能满足民众"善行—回报"心灵期望的归宿，符合古代社会道德。

"因孝成神"是中国古代社会较为常见的文化隐喻，它是契合"欲求仙者，要当以忠孝和顺仁信为本"民间社会修仙成神体系的

---

① Michael J. Puett, *To Become a God: Cosmology, Sacrifice, and Self-Divinization in Early China*. Cambridge: Harvard University Asia Center, 2002, pp. 245-295.

② 《绘图三教源流搜神大全外二种》之《搜神记》卷3《晏公》，上海古籍出版社2012年版，第400~401页。

③ （明）罗懋登撰，陆树岑、竺少华校点：《太监三宝西洋记通俗演义》卷20《第九十八回·水族各神圣来参·宗家三兄弟发圣》，上海古籍出版社1985年版，第1259页。

话语表达，因而《清江镇晏公祠庙碑》有记："公生有异质，善事父母，人称其孝，生为孝子，殁为明神……为时之桢，济物以慈，事亲以孝，为已为人克全其道。"①官方敕封是地方性神灵获得国家法理性认可与民间社会崇祀的重要环节，但这必须是以具有"生前义行"和能够"死后显灵"为前提。②《七修类稿》有云：

> 国初，江岸常崩，盖猪婆龙於下搜抉故也。以其与国同音，嫁祸于鼋，朝廷又以与元同音，下旨令捕尽，而岸崩如故。有老渔（过）曰："当以炙猪为饵以钓之。"钓之而力不能起，老渔（他日）又曰："四足爬土石为力，尔当以甕通其底，贯钓缗而下之，甕罩其项必用前二足推拒，从而并力掣之，则足浮而起矣。"已而果然。众曰："此鼋也。"老渔曰："鼋之大者能食人，即世之所谓猪婆龙。汝可等可告天子，江岸可成也。"众问姓名，曰："晏姓。"倏尔不见。后岸成，太祖悟曰："昔救我于覆舟，云为晏公。"遂封其为神霄玉府晏公都督大元帅，命有司祀之。③

晏公协助治理鼋患、被朱元璋忆起搭救覆舟而封神，这一说法为明人王圻《稗史汇编》所采信，④ 凸显出地方社群合力附会统治阶层以实现提高区域神祇合法性的目的。

清代赵翼考究常州城中白云渡口的晏公庙起始时，曾翻阅《七修类稿》才明晰缘由，故所著《陔馀丛考》中晏公成神之内容多从其

---

① （元）胡行简：《樗隐集》卷6《清江镇晏公祠庙碑》，《景印文渊阁四库全书》（第1221册），台湾"商务印书馆"1982年版，第154页。

② ［日］滨岛敦俊著，朱海滨译：《明清江南农村社会与民间信仰》，厦门大学出版社2008年版，第88页。

③ （明）朗瑛：《七修类稿》卷12《封晏公》，上海书店出版社2009年版，第128页。

④ （明）王圻纂集：《稗史汇编·祠祭门》卷133《百神下》，北京出版社1993年版，第2045页。

说，尤以晏公搭救太祖事记叙详尽。① 但他后撰《檐曝杂记》内容却
与先前《陔馀丛考》略有不同：

> 昔人以为江中棕绳，许旌阳以法印击之，遂称正神云。按
> 国宪家猷，载猪婆龙事，有老渔问其姓，曰："晏也。"明太祖
> 曰："昔救我于覆舟山，云是晏公。"乃封为神霄玉府晏公、都
> 督大元帅，命有司祀之，而不云棕怪。②

晏公由棕绳被许旌阳点化为神，后因协助治理鼋患与搭救朱元
璋而受到国家封赐名号。但"棕神点化成神"之说并非毫无出处，
可能是滥觞于明人王象春所著《齐音》：

> 俗传江中有棕绳二，号大宗、二宗，为怪于江，然不能
> 神，无祀也。许旌阳偶过江，食柿，弃其余柿，两宗遂借以为
> 目，愈逼许，当舟而现。许仓卒无以御，取法印击之，中额。
> 两宗得印称正神，一称晏公，一称萧公，处处祀之。③

明人所撰《天后显圣录》亦记晏公为"点化成神"，但点化神灵
已由许天师变为天妃。"时有负海怪物，曰：'晏公'……妃命投下
绯绳，彼近前附摄，不觉随摄随粘，牢固难解，飘荡浮于水上。始
惧而伏罪。妃嘱之曰：'东溟阻险，尔今统领水阙仙班，护民危
厄'。"④许旌阳与天妃(妈祖)生活于晋、宋时期，而神灵点化内容
多为明人所作，故"晏公为点化成神"说法似乎过于荒诞，真实性

---

① （清）赵翼著，乐保群、吕宗力校点：《陔馀丛考》卷 35《晏公庙》，河
北人民出版社 2007 年版，第 728 页。
② （清）赵翼：《檐曝杂记》卷 6《晏公庙》，中华书局 1982 年版，第 116
页。
③ （明）王象春著，张昆河、张健之注：《齐音》，济南出版社 1993 年
版，第 64 页。
④ 《天后显圣录》上卷〈本传·收伏晏公〉，《妈祖文献整理与研究丛刊》
第 1 辑第 2 册，鹭江出版社 2014 年版，第 359~360 页。

无法确考。

元明文献所见晏公成神传说言人人殊，"死后为神""行善成神""因孝成神""助帝为神""点化成神"诸多说法充斥民间社会，乃至连晏公身份都说法不一，[1] 凸显出中国古代社会造神过程的随意性与复杂性。晏公神化过程充满神秘色彩，所列事迹多元且虚幻，但清江社会民众仍信奉传说、崇祀晏公，或许可通过清江县自然环境略窥一斑。清江县地处南北水路交汇要道，"四达冲衢，岭粤衡湘，往来取道必于是焉"。[2] 全境控扼省会上游，为腹心要地，水道险峻，"袁、赣合流，二水东下壅不得泄，直啮西岸"，[3] 以致区域水患频发，客观为晏公信仰生成与传播奠定环境基础。因晏公迎合民众祈求神灵保佑水路安全和平息地方水害的心理，故"保民舟楫无虞"事迹多显于江河湖海间。结合现有史志文献，可认为临江府清江镇自元代已形成晏公信仰，但神异事迹与所获封号不明，可能与晏公尚未形成神格有关。元末明初，晏公神因日益灵异于江河湖海间而引起地方官绅士民重视，多次与统治阶层封赐之词相附会，试图为晏公神进入国家正统祀典赋予一种法理性佐证，但也表明晏公信仰真正形成区域性神灵信仰的时间应为明朝初年。

---

① 一名晏真人名北海，宋元祐时晏坊人……凡蝗螟水旱，祈之有应。一名临江府清江县北三十里清江镇晏戍仔……有灵异于江湖。两晏公，今郡县多祀，晏公或清江晏氏耶？参见(清)谈迁著，罗仲辉、胡明校点校：《枣林杂俎·幽冥》，中华书局 2006 年版，第 510 页。另有："晏公来历，其说纷纷，或称元时晏戍仔，或称宋时晏敦复，复又有称系孙吴赤乌以前人，孰是孰非，莫衷一是。"参见宗力、刘群：《中国民间诸神》，河北人民出版社 1986 年版，第 356 页。

② (清)张湄等纂修：《清江县志》卷 2《山川·形胜》，《中国方志丛书·华中地方》(第 854 号)，成文出版社有限公司 1989 年版，第 188~189 页。

③ (清)德馨等修，(清)朱孙诒等纂：《临江府志》卷 2《疆域志·山川》，《中国方志丛书·华中地方》(第 108 号)，成文出版社有限公司 1970 年版，第 44 页。

三、晏公崇祀与鄂省祠庙营造

民间信仰向其他地区传播过程都会受到不同程度政治、经济、文化以及社会因素的影响，它需要获得多元社会群体支持和认可，尤其被统治阶级纳入王朝祀典名录，才能更好在国家法定框架内传播。① 晏公作为江西临江府地方性神祇（水神），地域影响力局限一隅，必须依靠灵异特征获得王朝国家赐封才可扩展信仰范围。元明之际，晏公因鄱阳湖水战搭救明太祖被册封为"平浪侯"的说法盛行②，但捜诸《明史》《明太祖实录》《大明会典》等史籍，均未见"太祖被晏公搭救、敕封晏公"的文字记录，至于何时何由被赐予封号更不可知③。晏公被"国朝（明）封为平浪侯"的传闻最终成为国家一统志和各地府县志书写共识，④ 背后必然离不开社会群体为推动晏公进入国家祀典而付出的多维努力。明代《洪武京城图志》云"晏公庙，在定淮门外"，⑤ 似可略窥晏公信仰与王朝权力体系背后隐藏的逻辑联系。洪武初年，定淮门始建，原名马鞍门。洪武七年（1374），因该门地处三叉河口、面临秦淮河，水患频生，故以控

---

① 皮庆生：《宋代民众祠神信仰研究》，上海古籍出版社 2008 年版，第208～223 页。

② （清）潘懿修，（清）朱孙诒纂：《清江县志》卷 10《杂类志·仙释》，同治九年（1870）刊本，第 6 页 a。

③ 一说为明洪武初封平浪侯。（清）崔龙见等修，（清）黄义尊等纂：《江陵县志》卷 5《坛庙》，《中国方志丛书·华中地方》（第 1423 号），成文出版社有限公司 2017 年版，第 326 页。一说为永乐中封为平浪侯。参见（清）施闰章等修，（清）高咏等纂：《临江府志》卷 8《秩祀志·祠庙》，《中国方志丛书·华中地方》（第 948 号），成文出版社有限公司 1989 年版，第 459 页。

④ （明）李贤、彭时等纂修，方志远等点校：《大明一统志》卷 55《临江府》，巴蜀书社 2017 年版，第 2387 页。

⑤ （明）王俊华纂修：《洪武京城图志一卷·坛庙》，弘治五年（1492）朱宗刻本，《南京图书馆藏稀见方志丛刊》第 21 册，国家图书馆出版社 2018 年版，第 50 页。

制河面意而易名为定淮。① 明初南京城已建有晏公庙，虽不见国家公开敕建与祭祀行为，然中间却深蕴官方意识色彩，即承认晏公水神人格和平定风浪的灵验功能，无形中影响着民间社会崇祀晏公以及营造祠庙的活动。

江西省临江府清江镇晏公庙应该是目前所见最早的祖庙，可以肯定晏公信仰是以清江地区为中心日益向外扩散，故有"公之威灵始乎乡里，着于江右，南至湖湘，东暨京口，以至川峡河海，莫不仰其英风，钦其胙鼍"。② 翻阅鄂省地方史志，可清晰窥见晏公信仰资料大多散佚"建置志""祠庙志""杂类志"之中，以"祠祀""坛庙""坛壝""祠宇"诸条目最为集中。因地方志编纂体例与内容记录详略不一，使得"祠庙志"中些许庙宇奉祀主神无法一一辨明，最常见莫过于"水府庙"与"水府祠"中所祀神灵，故研究以"晏公庙"与"晏公祠"为主。

伴随明清时期晏公神灵地位提升与民间灵异行为日益显著，晏公地域奉祀范围向外扩展，处于江西毗邻区且河湖交汇密布的鄂省天然成为晏公信仰扩散的"首善之区"。明洪武八年（1375），僧人智圆在黄州城汉川门外西北隅赤鼻（壁）矶巅筑造观音阁，与晏公庙并，洪武二十四年（1391）地方官府清理佛教时，庙、阁被归并为安国寺，③ 表明洪武初年晏公信仰已由江西传入黄州府域，应是所见鄂省最早兴建晏公庙之地区。洪武十六年（1383），襄阳县耆民徐志先等人重新修缮县北樊城五里处之晏公庙。④ 据此所见，襄阳县晏公庙兴建时间不晚于洪武中期，应与黄州府相仿，两地均属于晏公信仰早期扩散区域。继而鄂省空间范围内晏公祠庙接踵建

---

① 陈桥驿主编：《中国都城辞典》卷11《城池》，江西教育出版社1999年版，第487页。

② （明）胡行简：《樗隐集》卷6《清江镇晏公祠庙碑》，《景印文渊阁四库全书》（第1221册），台湾"商务印书馆"1982年版，第154页。

③ （明）卢希哲等纂修：《黄州府志》卷4《宫室·寺观》，弘治十三年（1500）刊本，第37页a。

④ （明）张恒等修纂：《襄阳郡志》卷2《寺观·祠庙》，《陕西图书馆稀见方志丛刊》（第1册），国家图书馆出版社2006年版，第188页。

立。洪武十九年（1386），蕲州民人胡恂在乾明寺（乾明矶坡上）废址创立晏公庙。[1] 永乐中期，楚王朱桢在武昌府城南门外营建晏公庙。[2] 正统时期，蕲水县丞李蔚在县治东麻桥、兰溪镇以及巴河镇依次兴建三所晏公祠。[3] 鄂省晏公祠庙地域空间布局特征难以直观窥察，以清嘉庆二十五年湖北省图为底本制成明清时期鄂省晏公祠庙空间分布示意图（见图12-1）。

图 12-1　明清时期鄂省晏公祠庙空间分布示意图

据图 12-1 可见，明清时期鄂省地域内晏公祠庙地区布局差异显著，主要分布于鄂省中东部平原府县，集中在黄州府及所属州县[4]，应是地理位置距江西不远和明清地域商民流移鄂东所致。鄂

① （明）王宗尧等修，（明）卢𬭚等纂：《蕲州志》卷 4《建置志·祀典》，《中国方志丛书·华中地方》（第 1381 号），成文出版社有限公司 2017 年版，第 172 页。

② （明）陈元京、江知松等纂修：《江夏县志》卷 5《祠庙》，《中国方志丛书·华中地方》（第 1306 号），成文出版社有限公司 2017 年版，第 436 页。

③ （明）周绍尧、萧璞等纂修：《蕲水县志》卷 2《秩祀》，《中国方志丛书·华中地方》（第 1378 号），成文出版社有限公司 2017 年版，第 158 页。

④ 明清时期黄州府建置略有变动："黄州隶湖广布政使司，领州一县八。国朝因之。雍正七年，以黄陂改属汉阳府，府今领州一县七。隶湖北布政使司。"参见（清）英启等修，（清）邓琛等纂：《黄州府志》卷 1《疆域志·沿革》，光绪十年（1884）刊本，第 3 页 a。

省中西部荆州府、武昌府、襄阳府、汉阳府与荆门直隶州地区河湖密布、自然灾害频发，水神信仰崇拜活跃，但晏公祠庙分布却相对较少，似是地区内部传统水神众多，功能相仿的神灵间互相竞争所致①。鄂省西部施南府与宜昌府不见有晏公祠庙修建，并非区域社会内部不祀水神（各省府州县均建水府祠庙），而是以供奉"龙王"或"龙神"为主，② 外来水神几乎无有。郧阳府县奉祀与晏公同属江西地方性水神的萧公，③ 具体缘由不可得知，但应与地方绅民或江西客商神祇选择关系甚大。另外，鄂省晏公祠庙所处府县均位于长江干支流与湖泊沿岸地区，水路交通发达，凸显晏公"阴翊水运、护民危厄"的功能。

晏公以水神人格司职于江海湖泊地区，信仰香火因灵验与否抑或神祇选择改变呈鼎盛或衰败状态，以致祠庙任由被改建或倾圮。正德年间，蕲州晏公庙遇火焚毁，嘉靖五年（1526），地方绅民在旧址重建，后为运使陈大中改建为禹王庙。④ 禹王与晏公均以水神身份被民间社会奉祀，运使陈大中以禹王代晏公为祠庙主神初衷不

① 鄂省中西部区域水神信仰对象众多，主要分为：自然水神（江神、江渎神、沮漳神）、人格化水神（阳侯、湘君、湘夫人、屈原、大禹、柳毅、赵昱、许旌阳、刘琦、天妃、萧公、晏公）、神话动物水神（龙神）。各水神因自身灵异与影响程度不同受到地方官民区别对待，信仰发展呈现地域不平衡状态。参见员姗：《荆江流域水神信仰研究》，长江大学硕士学位论文，2019年。

② （清）王协梦等修，（清）罗德崑等纂：《施南府志》卷9《典礼志·祠庙》，《中国方志丛书·华中地方》（第1399号），成文出版社有限公司2017年版，第501~502页。

③ 萧公为明清江西著名水神，信仰形成于元明之际江西省新淦县，神祇包括萧氏祖孙三代（伯轩、祥叔、天任），后转变为专门祭祀萧天任。参见（明）周绍楔等纂修：《郧阳府志》卷16《祀典》，《中国方志丛书·华中地方》（第1356号），成文出版社有限公司2017年版，第496~497、500页。

④ （清）王宗尧等修，（清）卢纮等纂：《蕲州志》卷4《建置志·祀典》，《中国方志丛书·华中地方》（第1381号），成文出版社有限公司2017年版，第172页。

明，中间缘由不外乎因晏公灵力弱显引致地方社群取舍神祇①，或官方企图以"标准化"神祇抑制民间私自祭祀②。宜城晏公庙建在县北二十里汉水之滨的灌子滩，往来舟行者多敬祀之，后圮。③ 祠庙坍毁表面是年久失修造成，实质可能是汉江水运衰落与商旅不兴所致，或含蕲州晏公庙被改建禹王庙大致情由。正统年间，蕲水县丞李蔚主持修建的清泉镇麻桥晏公庙被合祀在关王祠，④ 神灵功能迥异却共祀同一祠庙，究其动因似乎离不开多神共祀的社会传统和背后所隐藏的不同权力群体之间的力量博弈动态。但鄂省晏公祠庙兴建具体情形不得而知，故以鄂省地方史志为基础归整明清时期鄂省晏公祠庙情形表（见表 12-1）。

表 12-1　　　　明清时期鄂省晏公祠庙情形一览表

所在地区	数量	时间	地点	兴修情况
江陵县	1	洪武初年	沙市	—
公安县	1	正统九年	渡口	知县俞雍建。
监利县	1	—	县西南	—
荆门州	1	—	沙洋	—
江夏县	1	永乐中期	南门外	楚王朱桢建。

---

① 中国民间宗教传统互不排斥，民众同时向源于不同宗教传统的众多神祇寻求庇佑，评判选择标准是视其灵验与否，而不是属于某一宗教。参见[美]韩森著，包伟民译：《变迁之神：南宋时期的民间信仰》，浙江人民出版社 1999 年版，第 29 页。

② 国家将某种意志或语言强加于神灵崇拜，达到以微妙方式干预地域社会目的。参见[美]詹姆斯·沃森：《神的标准化：在中国南方沿海地区对崇拜天后的鼓励》，[美]韦思谛编，陈仲丹译：《中国大众宗教》，江苏人民出版社 2006 年版，第 58 页。

③ （清）程启安修，（清）张炳钟纂：《宜城县志》卷 2《建置志·坛庙》，同治五年（1866 年）刊本，第 29 页 a。

④ （明）周绍尧、萧璞等纂修：《蕲水县志》卷 2《秩祀》，《中国方志丛书·华中地方》（第 1378 号），成文出版社有限公司 2017 年版，第 158 页。

续表

所在地区	数量	时间	地点	兴修情况
汉川县	2	—	县治东	—
			刘家塥	
襄阳县	1	—	县北樊城五里	洪武十六年，徐志先等重修；天顺三年，知县李人仪重修。
南漳县	1	—	县东普济桥	—
宜城县	1	—	县北二十里灌子滩	后圮。
黄陂县	1	洪武年间	县西一里	知县陈宗英修，天顺间，知县孙冠重修。
黄冈县	2	洪武八年	赤壁矶	僧人智圆建观音阁，并为晏公庙，后废。
		—	城内阮家凉亭	一甲士民。
黄梅县	1	万历庚申	段家洲	汪可受建庙，贡生汪方长重修。
罗田县	1	—	县东一里	—
蕲水县	3	正统年间	县治东麻桥，后合祀关王祠	俱县丞李蔚修建。
			兰溪镇	
			巴河镇	
蕲州	1	洪武十九年	乾明矶坡上乾明寺旧址	民人胡恂修建，正德年间焚毁；嘉靖五年，士民重建；后改建禹王庙。
广济县	1	—	—	—

　　据表 12-1 可知，鄂省晏公祠庙兴建时间大体处于明朝初年，尤以洪武年间最为集中，显露出明前期鄂省晏公信仰盛行，吻合江西地方社群合力附会晏公被统治阶层册封时机。晏公祠庙遍布鄂省

绝大部分府域，尤以东部黄州府属州县多有兴建，凸显出黄州府为鄂省晏公信仰中心地区。诸侯王、基层官吏、地方绅民与寺庙僧侣均参与鄂省晏公祠庙兴建和修缮活动①，以期晏公神灵可以庇佑鄂省社会，进而展示出多元群体力量与社会公共空间的交互演化格局②。再者，部分寺、阁旧址衍变为晏公祠庙，固然不能直观管窥两者内在联系，但似可透视王朝政策与社会惯习交融视阈之下的地方宗教信仰演变实态。

鄂省晏公祠庙地域营造与时空布局兼具信仰流移和集体选择的显著特征，它是地方官民神灵意识融合的信仰产物。伴随地方社会变迁，鄂省部分晏公祠庙呈现出被归并、改建或废圮的时代境遇，中间离不开鄂省内部多维权力群体争夺神灵控制权或建构区域社会秩序的价值诉求，这一过程既是凸显地域社会主导权演变的历史话语，又是展示地方社会圈层结构体系的文化表征。

四、信仰认同与晏公跨域流动

民间祠神信仰，最初生成及信众都具有一定区域性，其信仰圈（范围）与地理条件、行政区划、经济交流所形成的区域交互重叠。③ 宋元以来，晏公被江西区域社会奉祀，经明初官民群体共同促动，信仰空间日益向外扩展，一跃成为具有全国性影响的水神。

---

① 地方官绅和士民主动参与祠庙修缮和管理活动，必然推动信仰空间功能向多元化演变，进而成为多维权力角逐场域。参见刘玉堂、张帅奇：《国家在场、民间信仰与地方社会——以明清江南城隍庙为中心的历史透视》，《湖北民族大学学报》（哲学社会科学版）2020年第1期，第107~115页。

② 国家与社会间及地方力量间在地方社会中呈现竞争或协作的复杂模式，尤其地方公共事务中不同力量表现出很大自主性和能动性，即多元群体力量共同塑造公共空间，公共空间反向影响多元群体力量。参见吴琦主编：《明清地方力量与地方社会》，中国社会科学出版社2009年版，第5页。

③ Peter K. Bol, The Multiple Layers of the Local: A Geographical-Historical Approach to Defining the Local. In Proceedings of the Conference on Chinese and Comparative Historical Thinking in the 21st Century, Fudan University, April 8-10, 2003.

赣、鄂两省同属长江中游社会，地理文化特质相似，地域交流相对频繁，因而鄂省成为晏公信仰对外传布的首要区域。元明更替以降，江西填湖广移民运动全面开展，① 江右商帮对外商业经济扩张特征显著，② 两者都很大程度促使不同地区人员跨地域流动频繁。明清时期，晏公因迎合鄂省官绅与士民利益诉求被接纳与崇祀，逐步完成信仰在地化过程，③ 最终融入鄂省社会神灵体系的历史建构之中。

元明递嬗之际，长江中游各省社会历经长期战乱致使地旷人稀，田地荒芜。明朝甫建，在政府谕令号召移民政策和江西"地满人多"推力的双重作用之下，江右之民大规模向鄂省迁移。洪武年间，鄂省各府移民原籍 98 万人口中，江西籍移民约为 69 万，占到总人口的 70%④，尤以迁居黄州府县地区的宗族最繁，"黄地昔经元末之乱，几同欧脱，明洪武初，命移江右于黄"⑤。明中期以降，江西土民为逃避政府沉重赋税，经过赣、鄱水路向鄂省迁移，这种单向流动迁徙现象一直持续到晚明天启年间。⑥

---

① 明清以来地方县志和私人家谱颇多记载"江西填湖广"说，但不见诸官方政书与私修国史，多为民间社会称谓。参见（清）魏源：《湖广水利论（1833 年）》，夏剑钦主编：《中国近代思想家文库·魏源卷》，中国人民大学出版社 2013 年版，第 220 页。

② 方志远对江右商帮兴起、活动范围、经营方式、资本构成以及社会构成展开全面论述，基本形成江右商帮总体概貌，但学术界对于江右商帮兴起时间并未形成统一意见。参见方志远：《江右商帮》，中华书局（香港）有限公司 1995 年版；贺三宝：《江右商帮兴衰对区域经济社会影响研究》，世界图书出版公司 2017 年版。

③ 张祝平：《乡村振兴中民间信仰的治理方式——一个传统村落片区的历史变迁、振兴实践与文化反思》，《中南民族大学学报》（人文社会科学版）2021 年第 9 期，第 55~65 页。

④ 曹树基：《中国移民史·第五卷》，葛剑雄主编：《中国移民史》，福建人民出版社 1997 年版，第 148 页。

⑤ 《宗氏宗谱》卷首《创修原序》，参见曹树基：《中国移民史·第五卷》，葛剑雄主编：《中国移民史》，福建人民出版社 1997 年版，第 130 页。

⑥ 张国雄：《明清时期的两湖移民》，陕西人民教育出版社 1995 年版，第 16~17 页。

江西移民流入鄂省，因两省地理环境相似（江河湖泊密布、水运网络发达），原居住地晏公神伴随不同社会群体传播流动，促使晏公信仰圈向北扩展至鄂东区域社会。① 黄冈城内阮家凉亭上的晏公庙是由地方一甲士民共同承建②，而士民大多为元末明初迁居黄冈的江西人，后经地方政府编定里甲，即"冈邑人烟繁盛，户口辐辏，考其所自，多由明初奉令从江右迁徙而来"③。实际上，阮家凉亭是用以祭祀阮氏祖先的内部祠堂，后来被该地区居民增加奉祀家乡神晏公，因而阮家凉亭在某种程度上已经成为社区公共祭祀中心。由于社区居民大多为江西移民，他们希望通过共同祭拜晏公去团结集体力量，提高抵御各种未知风险的能力，进而间接推动鄂省晏公信仰的地域传播范围。

鄂省江西移民分布呈自东向西依次递降，鄂东与江汉平原迁入氏族比例占80%左右，鄂北地区迁入氏族比例为60%，鄂西北区域迁入人口占30%。④ 鄂省晏公祠庙地域布局与江西移民扩散区域基本保持一致，即鄂东相对集中，鄂中与鄂西零星分布。江西移民主要沿赣、鄱江河水路向北进入鄂省，经鄂东地区沿长江与汉江向西和西北分散到各府州县，⑤ 晏公祠庙主要沿长江干支流分布，两者流移方向与区位选择特征明显契合，凸显江西移民与晏公信仰流动之间的内在联系。明清江西客民群体迁移、入籍鄂省，但仍保留原居地文化风俗特质，"元末流贼之扰，至明初而土著者多迁四

① 信仰圈是指以一个神（或分身）的信仰为中心的区域性信徒所形成的志愿性信徒组织。参见林美容：《彰化妈祖的信仰圈》，《台湾"中央研究院"民族学研究所集刊》第68期，1990年，第41~104页。

② （清）俞昌烈等修，（清）谢萲等纂：《黄冈县志》卷2《建置志·祠祀》，《中国方志丛书·华中地方》（第1347号），成文出版社有限公司2017年，第160页。

③ 《余氏族谱》卷1《余氏昭穆源流考》，参见曹树基：《中国移民史·第五卷》，葛剑雄主编：《中国移民史》，福建人民出版社1997年版，第129页。

④ 张国雄、梅莉：《明清时期两湖移民的地理特征》，《中国历史地理论丛》1991年第4期，第77~109页。

⑤ 石泉、张国雄：《明清时期两湖移民研究》，《文献》1994年第1期，第70~81页。

川，所有江右迁来之家，又或各自为俗，是风俗固难概论也"，①
是以晏公神及信仰空间随民迁移。

明清江右商人势力庞大，行商足迹遍及全国各地。江西境内土
狭民稠，"地瘠而窄，胼胝不能给，多持空囊而奔走四方……地当
舟车，四会之冲，逐末者多"。② 明人王士性认为："江、浙、闽三
处，人稠地狭，总之不足以当中原之一省，故身不有技则口不糊，
足不外出则技不售。惟江右尤甚，而其士商工贾，谭天悬河，又人
人辩足以济之。"③江西民众为生计所迫走向经商道路，依靠商业市
镇手工业日益繁荣和农业商品化程度显著提高的物质基础，推动江
右商帮经济活动向更广地域扩展。④ 鄂省长江向西和汉水折向西
北，中间府县皆建有商人主导建立的地方会馆，⑤ 江右商人客居鄂
省，出于行业规范与凝聚乡土力量所需，陆续在客商聚居府县建立
江西会馆，内部以陈设乡土神灵作为联络同乡情谊、聚拢地方意识
的有效方式。

清江地区"俗多商贾，或弃妻子徒步数千里，甚有家于外者，
粤、吴、滇、黔，无不至焉，其客楚尤多"。⑥ 因客居鄂省、原籍
清江商人视晏公为家乡保护神，且行商路线多经江河湖泊处，故部

---

① （清）刘昌绪修，（清）徐瀛纂：《黄陂县志》卷 1《天文志·风俗》，
《中国地方志集成·湖北府县志辑》，第 8 册，江苏古籍出版社 2001 年版，第
29 页。

② （清）德馨等修，（清）朱孙诒等纂：《临江府志》卷 2《疆域志上·风
俗》，《中国地方志集成·湖北府县志辑》，第 41 册，江苏古籍出版社 2001 年
版，第 43 页。

③ （明）王士性撰，王景琳点校：《广志绎》卷 4《江南诸省》，中华书局
1981 年版，第 80 页。

④ "江右商帮"随着江西商业性城镇与农村商品市场日益繁荣，至清朝
中期步入鼎盛阶段，商业化组织日益庞大，地域范围扩展至全国，但一定程
度上可认为江右商帮是明清时期江西流民的产物。参见张小健：《江右商帮兴
衰研究（1368—1911）》，华中师范大学博士学位论文，2015 年。

⑤ 何炳棣：《中国会馆史论》，中华书局 2017 年版，第 60~71 页。

⑥ （明）秦镛等纂修：《清江县志》卷 1《舆地志·风俗》，崇祯十五年
（1642）刻本，第 34 页 a。

分江西会馆供奉与祭祀水神晏公，以期敦睦乡土情谊、祈佑商路平安。荆州府江陵、监利两县均建有江西会馆，会馆内部奉祀乡土神和行业神，后江右商人参与主持兴建两县晏公祠庙，① 晏公神俨然成为客居他省江西籍商民互助联系的共同精神支柱。江右商人客居鄂省经商，大力兴建江西会馆，② 奉祀乡土神灵晏公，并主动参与到鄂省各地晏公祠庙修建活动中，这无疑使晏公信仰范围随着江西商人行商区域向外扩展。

雍正《江西通志》云："神灵肇祀，靡国不有，阴功与德，称两不朽。德立于身，望重山斗，功及于人，泽流远久，庙貌维新，典礼由旧。"③官员任职地方，经常和绅民举行共祀神灵仪典以及修缮祠庙的活动，以期教化社会乡民、维护基层稳定。明清时期，江西晏公神向鄂省流动，被官僚士绅和多元群体吸纳地方神灵体系之中，以满足自身多元利益诉求。

洪武年间，黄陂知县陈宗英等人倡修城西一里处晏公庙，天顺时期，继任知县孙冠等人重修。④ 陈宗英与俞雍均以科举考试方式进入仕途，向来强调儒家思想行为正统性，一贯排斥民间神灵信仰，但两人均以官员身份重修晏公庙，似乎表达出对地方群体信仰晏公行为的认可，进而透露出晏公信仰对区域社会正统神灵体系的冲击与重建。此外，知县陈宗英与俞雍均属异地籍贯任职黄陂，⑤ 地域流动性较强，客观上为晏公信仰跨更大区域传布提供了条件。

---

① （清）倪文蔚等修，（清）顾嘉蘅等纂：《荆州府志》卷4《地理志四·乡镇》，《中国地方志集成·湖北府县志辑》（第36册），江苏古籍出版社2001年版，第58~60页。

② 湖北境内各地商业会馆总计295座，江西会馆数量66座，约占22.4%。参见张国雄：《明清时期的两湖移民》附录2《湖北会馆统计》，陕西人民教育出版社1995年版，第287~291页。

③ （清）谢旻等修，（清）陶成等纂：《江西通志》卷108《祠庙》，雍正十年（1732）刻本，第1页a。

④ （明）李河图、俞贡等纂修：《黄陂县志》卷1《秩祀·祠庙》，《中国方志丛书·华中地方》（第1349号），成文出版社有限公司2017年版，第157页。

⑤ 陈宗英系浙江天台县人，孙冠系直隶婺源人（举人）。参见（清）杨廷蕴等纂修：《黄陂县志》卷6《秩官志》，康熙五年（1666）刻本，第2页a。

　　然而，公安县晏公庙修建和晏公信仰传播却有所不同。正统九年（1444），公安知县俞雍在渡口修建晏公庙；隆庆时期，公安知县钱匡之将晏公庙迁至中穴港，改为东岳寺。① 公安知县将晏公庙更改为东岳庙的行为背后应该离不开社区集体对神灵信仰的主观选择，更大可能是两种水神对地方社会的保护程度不同所致，毕竟区域社会具有相同功能的神灵存在相互竞争的普遍特征，且不同社会群体对神灵的崇祀与否取决于神灵自身是否灵验。②

　　鄂省官绅和士民主动参与晏公祠庙兴建活动，表现了晏公信仰在地化和完全融入民间神灵祭祀体系的历史演进过程，晏公已成为多元社会群体崇祀的地方谱系神祇。襄阳县北樊城五里处建有晏公庙，但具体兴建时间已不可考。洪武十六年（1383），耆民徐志先等人见晏公庙残破，主动捐资重修；天顺三年（1459），知县李人仪等人又合力重修晏公庙。③ 襄阳县两次重修晏公庙间隔时间较长，并且所涉主体不尽相同，中间不免暗含地方社会群体崇祀晏公时存在的复杂的选择过程。此后，地方社会群体在晏公庙内合并祭祀萧、晏二公，④ 两者同属江西地方性水神，因灵异有应为黄陂乡民所共同崇祀，侧面说明江西水神信仰对襄阳社会影响深厚，但江西与襄阳相距甚远，个中缘由恐怕离不开人群流动和两地水系交通对水神信仰传播的推动。万历四十八年（1620），黄梅县士绅汪可受在段家洲建造一座晏公庙，后经同族贡生汪方长重新修缮，⑤ 该

　　① （清）周承弼等修，（清）王慰等纂：《公安县志》卷2《营建志》，《中国地方志丛书·华中地方》（第125号），成文出版社有限公司2017年版，第187页。

　　② Valerie Hansen, *Changing Gods in Medieval China：1127-1276.* Princeton：Princeton University Press，1990，p. 29.

　　③ （明）张恒等修纂：《重刊襄阳郡志》卷2《寺观·祠庙》，《陕西图书馆稀见方志丛刊》（第1册），国家图书馆出版社2006年版，第188页。

　　④ （清）陈锷、王正公等修纂：《襄阳府志》卷9《坛庙》，《中国方志丛书·华中地方》（第1371号），成文出版社有限公司2017年版，第535页。

　　⑤ （清）覃瀚元等修，（清）宛名昌等纂：《黄梅县志》卷10《祠祀》，《中国方志丛书·华中地方》（第1437号），成文出版社有限公司2017年，第50页。

庙逐渐演变成为汪氏家族用以祭祀神灵的宗族庙宇。汪氏系黄梅县望族，曾因躲避宋末元初战乱，举家由江南徽州府婺源县迁居湖广黄州府黄梅县，家族内部主要以农业和渔业为生计，明初以来，家族子弟屡有参与科举考试并获取功名者。[1] 尽管无法得知汪氏家族内部成员代际接续修缮晏公庙的缘由，但两者之间必然存在互动联系，大抵可能是晏公神显灵或施恩于汪氏家族。

晏公作为庇佑运行于江河湖海间船舶安全的水神，它的信仰空间范围向外传播与水上从业者联系密切。宜城县北二十里处汉水之滨的灌子滩晏公庙筑造时日甚久，往来行舟者多奉祀晏公，[2] 庙宇时常被重新修缮，但因水上从业者群体相对复杂，无法完全确定他们的具体身份，他们或是往返贸易的游商，或是扬帆远航的水手，或是以水为生的渔民。然而，可以肯定他们希望通过信奉晏公去达到护佑渔业经济生产或祈求水运交通安全的目的，以期进一步谋求经济利益，无形中推动晏公信仰的跨区域传播。

除此之外，因躲避元末明初战乱，石氏家族由江西迁居湖北，其十八世祖石谷禄辞官远赴江南行商，途中居住舟中获晏公护佑脱离险境，心中感激神恩，唯愿家族世代子孙竭诚供奉晏公：

> "归塑[晏公]神像，供家堂中，凡吾祖嫡派子孙，皆与祭焉。积久，丁口浩繁，屋宇啾隘，荣虑渎神威而违祖志，因商之经管昌才、胜富、胜初、胜楚、成美、崇又、庆和、锦兴，同兄弟子侄辈，酿资建庙。"[3]

石氏家族从事商业活动群体众多，似乎已经演变成为一个商业型家族，进而推动晏公信仰向鄂省内部其他地区传播。同时，因石

① 《汪氏宗谱》卷1《谱序》，湖北省黄冈市越源堂1945年刊印。

② （明）郝廷玺等纂修：《宜城县志》卷中《祠庙》，《中国地方志集成·湖北府县志辑》（第66册），江苏古籍出版社2001年版，第273页。

③ 《新洲石氏宗谱》卷首《石氏建修晏公庙碑记》，湖北省武汉市恭谨堂1988年刊印。参见徐斌：《明清鄂东宗族与地方社会》，武汉大学出版社2010年版，第197~200页。

氏家族形成以晏公信仰为中心的文化共同体，促使晏公庙演变成为家族内部的公共权力中心，进一步构成家族商业流动中以晏公神为中心的血缘共同体。

鄂省社会多元群体对晏公神奉祀日隆，凡江河水路交通要道，莫不筑庙奉祀，有力推动了晏公信仰空间的扩展。

五、余　　论

元代晏公很长时间内一直以区域性水神人格为地方社群所崇祀，信仰空间局限于江西一隅。至明初，晏公信仰经多元群体文本层累建构、统治阶层官方意识灌输（改造内容、吸纳祀典、授予名号、赐封庙额）后向外流动，晏公由庇护郡邑的地方性水神一跃成为职司平定风浪、保障江海行船的全国性水神。晏公信仰自江西扩散鄂省的具体时间无法确考，但晏公祠庙修建时段大多集中明洪武年间，似可窥知晏公信仰进入鄂省与盛行时间不晚于明太祖时期。鄂省晏公因区域社会信仰程度不同，导致祠庙空间布局差异显著，集中分布东部黄州府县地区，即黄州府县为鄂省晏公信仰中心区。鄂省中西部地区晏公祠庙分布稀少，似是区域社会功能相仿的神灵间博弈所致。同时，晏公祠庙所处州县均位于长江干支流与湖泊沿岸，水路交通发达，突显晏公水神功能特性。

明清时期，"江西填湖广"移民流动、江右商人跨区行商、官绅士民接纳与崇祀以及统治阶层的默许与利用，共同构成晏公信仰向外扩展的多维动因。鄂省区域晏公信仰扩散进程中，藩王官绅与士民商工试图谋取私益，主动参与晏公祭祀和祠庙兴建及修缮活动，尤以水上从业群体益加崇奉，以期晏公神庇佑地方、护民危厄，人神互动过程更可视为一种"礼物交换"的过程。[1] 伴随晏公灵

---

① 送礼与回礼都是义务性的。社会多元群体祭祀晏公和兴修祠庙，希望神灵庇佑自身。因此，晏公享受社会群体崇祀，就必须施以灵力，护佑万民。参见［法］马塞尔·莫斯著，汲喆译：《礼物——古式社会中交换的形式与理由》，商务印书馆 2016 年版，第 5 页。

异功能更显，信仰群体范围日益扩展，上自朝廷，下逮士庶，舟楫之行，莫不仰其英风，促使晏公信仰向更广区域播散。

江西晏公信仰流移他乡，区别于华南社会水上人神明流转实践内涵，① 亦不同于神灵位格变化（神灵的诞生）与特定神灵的跨界（各宗教传统之间）流动特征，但均属地域社会秩序场境中的文化塑造过程。社会群体建构晏公信仰内容，试图整合文化意识以进阶国家礼仪体系之中，但它并不是完全正统意义上的礼仪标识，② 而是不同神灵传统交织互动和多元人群主观认知的结构过程，集中表达出历史不同人群意向、区域社会生活表征以及国家内部群体认同的多维面相。③ 祠神传播所形成的信仰区域既以自然地理、行政单位、经济空间为基础，又可能突破后者限制，形成更大范围的宗教区域。④ 晏公信仰流动与扩展，更似一种地方神灵意识共同体向异地传递，经信仰叠合与神灵重构后，被混融进外域信仰崇拜体系结构之中，这一过程离不开怀有相似动机的多元社群去合作建立文化型构中的标准化仪式组合。⑤

综观江西晏公信仰生成、演变、流动与奉祀鄂省的历程，它本质上应属一种地域文化延续方式。更深意义上，它是被广泛空间群体与社会组织所认可价值观念的外化行为，中间融合地方性知识拟

① 贺喜：《流动的神明：硇洲岛的祭祀与地方社会》，贺喜、[美]科大卫主编：《浮生：水上人的历史人类学研究》，中西书局 2021 年版，第 181~205 页。

② 科大卫认为，"地方礼仪实践建立在正统的概念之上，不同的正统传统碰撞时，会形成礼仪的重叠"。参见[美]科大卫、张士闪：《"大一统"与差异化：历史人类学视野下的中国社会研究——科大卫教授访谈录》，《民俗研究》2016 年第 2 期，第 21~23 页。

③ 赵世瑜：《结构过程·礼仪标识·逆推顺述——中国历史人类学研究的三个概念》，《清华大学学报》（哲学社会科学版）2018 年第 1 期，第 1~11、193 页。

④ 皮庆生：《宋代民众祠神信仰研究》，上海古籍出版社 2008 年版，第 253 页。

⑤ [美]华琛著，湛蔚晞译：《中国丧葬仪式的结构——基本形态、仪式次序、动作的首要性》，《历史人类学学刊》2003 年第 2 期，第 98~114 页。

人化构造的神灵体系格式，一直渗透于文化秩序与社会关系的再生产过程中，成为窥视国家祀典结构体系、统治基层社会理念以及帝国政权宗教政治合法性的重要窗口。①

[作者简介]张帅奇，武汉大学历史学院博士研究生，研究领域为明清社会经济史、历史人类学。

---

① Hua Yang, Water Spirits of the Yangzi River and Imperial Power in Traditional China. *Religions*, 2022, 13(4), pp. 387-399. 中文版已收为本书第十章。

参 考 文 献

一、基本古籍

《十三经注疏》，中华书局 1980 年影印版；北京大学出版社 2000 年点校版；方向东点校，中华书局 2021 年版。

《二十四史》，中华书局 1959~1977 年点校本。

（汉）王逸章句，（宋）洪兴祖补注，夏剑钦校点：《楚辞章句补注》，岳麓书社 2013 年版。

（汉）韩婴撰，许维遹校释：《韩诗外传集释》，中华书局 1980 年版。

（晋）郭璞注，王贻樑、陈建敏校释：《穆天子传汇校集释》，中华书局 2019 年版。

（晋）张华撰，范宁校证：《博物志校证》，中华书局 2014 年版。

（唐）李林甫等撰，陈仲夫点校：《唐六典》，中华书局 1992 年版。

（唐）萧嵩等：《大唐开元礼（附大唐郊祀录）》，古典研究会 1972 年版；民族出版社 2000 年版；周佳、祖慧点校，浙江大学出版社 2016 年版。

（唐）杜佑撰，王文锦等点校：《通典》，中华书局 1988 年版。

（唐）韩愈：《昌黎先生文集》，上海古籍出版社 1986 年版。

（唐）柳宗元：《柳宗元集》，中华书局 1979 年版。

（唐）李商隐：《樊南文集》，上海古籍出版社 1988 年版。

（唐）元稹：《元稹集》，中华书局 1982 年版。

（唐）张说：《张燕公集》，上海古籍出版社 1992 年版。

（唐）李吉甫撰，贺次君点校：《元和郡县图志》，中华书局1983年版。

（宋）孔延之：《会稽掇英总集》，《景印文渊阁四库全书》，台湾"商务印书馆"1983年版。

（宋）王溥：《唐会要》，上海古籍出版社1991年版。

（宋）李昉等编：《文苑英华》，中华书局1966年版。

（宋）蔡襄：《端明集》，《景印文渊阁四库全书》，台湾"商务印书馆"1986年版。

（宋）郑侠：《西塘集》，《景印文渊阁四库全书》，台湾"商务印书馆"1986年版。

（宋）苏轼：《苏东坡全集》，《景印文渊阁四库全书》，台湾"商务印书馆"1986年版。

（宋）司马光编著，（元）胡三省音注，"标点资治通鉴小组"校点：《资治通鉴》，中华书局1956年版。

（宋）郑居中等：《政和五礼新仪》，上海古籍出版社1987年版。

（宋）欧阳修等：《太常因革礼》，上海古籍出版社1996年版。

（宋）王钦若等编：《册府元龟》，中华书局1960年版。

（宋）宋敏求编：《唐大诏令集》，商务印书馆1959年版。

（宋）陈思：《宝刻丛编》，浙江古籍出版社2012年版。

（宋）王应麟：《玉海》，华联出版社1964年版。

（宋）王象之：《舆地纪胜》，中华书局1992年版。

（宋）洪迈撰，何卓点校：《夷坚志》，中华书局2006年版。

（宋）李焘：《续资治通鉴长编》，中华书局1979~1995年版。

（宋）方信孺撰，刘瑞点校：《南海百咏》，广东人民出版社2010年版。

（宋）杨万里：《诚斋集》，《景印文渊阁四库全书》，台湾"商务印书馆"1986年版。

（金）张暐等撰，任文彪点校：《大金集礼》，浙江大学出版社2019年版。

（元）马端临：《文献通考》，中华书局2011年版。

（元）吴莱：《渊颖集》，《景印文渊阁四库全书》，台湾"商务印书馆"1986年版。

（明）董伦等：《明太祖实录》，台湾"中央研究院"历史语言研究所1968年版。

（明）朱元璋撰，姚士观等校：《明太祖文集》，《景印文渊阁四库全书》，台湾"商务印书馆"1983年版。

（明）杨慎：《全蜀艺文志》，《景印文渊阁四库全书》，台湾"商务印书馆"1983年版。

（明）王圻纂：《稗史汇编》，北京出版社1993年版。

（明）郎瑛：《七修类稿》，上海书店出版社2009年版。

（明）王士性撰，吕景琳点校：《广志绎》，中华书局1981年版。

（明）韩雍：《襄毅文集》，《景印文渊阁四库全书》，台湾"商务印书馆"1986年版。

（明）佚名：《绘图三教源流搜神大全(外二种)》，上海古籍出版社2012年版。

（清）秦蕙田：《五礼通考》，《景印文渊阁四库全书》，台湾"商务印书馆"1986年版；方向东、王锷点校，中华书局2020年版。

（清）王念孙著，张其昀点校：《广雅疏证》，中华书局2019年版。

（清）仇兆鳌注：《杜诗详注》，中华书局1985年版。

（清）赵翼：《陔馀丛考》，商务印书馆1957年版。

（清）王昶：《金石萃编》，新文丰出版公司1982年版。

（清）徐松辑，刘琳、刁忠民、舒大刚、尹波等校点：《宋会要辑稿》，上海古籍出版社2014年版。

（清）崔弼辑，闫晓青校注：《波罗外纪》，广东人民出版社2017年版。

（清）陈寿祺撰，曹建墩校点：《五经异义疏证》，上海古籍出版社2012年版。

（清）孙诒让撰，楼学礼校点：《契文举例》，齐鲁书社1993年版。

（清）孙诒让撰，孙启治点校：《墨子间诂》，中华书局 2001 年版。

（清）董诰等编：《全唐文》，中华书局 1983 年版。

（清）郭庆藩：《庄子集释》，中华书局 1961 年版。

（清）杨守敬、熊会贞疏，杨勉宏、杨未冬补：《水经注疏补》，中华书局 2014 年版。

崇祯《清江县志》，崇祯十五年（1642）刻本。

康熙《东莞县志》，东莞人民政府办公室 1994 年版。

康熙《黄陂县志》，康熙五年（1666）刻本。

雍正《江西通志》，雍正十年（1732）刻本。

乾隆《番禺县志》，岭南美术出版社 2007 年版。

同治《宜城县志》，同治五年（1866）刊本。

光绪《临朐县志》，潍坊市新闻出版局 2002 年版。

民国《湖北通志》，民国十年（1921）刻本。

《汪氏宗谱》，湖北省黄冈市越源堂 1945 年刊印。

《新洲石氏宗谱》，湖北省武汉市恭谨堂 1988 年刊印。

张孝友主编：《沂山石刻》，山东友谊出版社 2009 年版。

杨伯峻编注：《春秋左传注》，中华书局 1981 年版。

黄怀信、张懋镕、田旭东：《逸周书汇校集注》，上海古籍出版社 1995 年版。

来可泓：《国语直解》，复旦大学出版社 2000 年版。

聂石樵主编，雒三桂、李山注释：《诗经新注》，齐鲁书社 2009 年版。

黄灵庚疏证：《楚辞章句疏证》，中华书局 2007 年版。

吴则虞编著：《晏子春秋集释》，中华书局 1962 年版。

黎翔凤撰，梁运华整理：《管子校注》，中华书局 2004 年版。

王利器：《新语校注》，中华书局 1986 年版。

简宗梧、李时铭主编：《全唐赋》，里仁书局 2011 年版。

逯钦立辑校：《先秦汉魏晋南北朝诗》，中华书局 1983 年版。

二、今人著述

曹树基：《中国移民史·第五卷》，葛剑雄主编；《中国移民史》，福建人民出版社 1997 年版。

常玉芝：《商代宗教祭祀》，中国社会科学出版社 2010 年版。

陈国符：《道藏源流考》，中华书局 1963 年版。

陈梦家：《尚书通论》，中华书局 1985 年版。

陈梦家：《殷虚卜辞综述》，中华书局 1988 年版。

陈伟等：《楚地出土战国简册（十四种）》，经济科学出版社 2009 年版。

陈寅恪：《隋唐制度渊源略论稿 唐代政治史述论稿》，商务印书馆 2011 年版。

陈寅恪著，陈美延编：《金明馆丛稿二编》，生活·读书·新知三联书店 2001 年版。

陈垣编纂，陈智超、曾庆瑛校补：《道家金石略》，文物出版社 1988 年版。

程越：《金元时期全真道宫观研究》，齐鲁大学书 2012 年版。

丁山：《中国古代宗教与神话考》，上海文艺出版社 1988 年版。

方志远：《江右商帮》，中华书局（香港）有限公司 1995 年版。

高文：《汉碑集释》，河南大学出版社 1997 年版。

顾颉刚、刘起釪：《尚书校释译论》，中华书局 2005 年版。

郭沫若：《卜辞通纂》，科学出版社 1983 年版。

郭齐勇、吴根友：《诸子学通论》，商务印书馆 2015 年版。

过常宝：《楚辞与原始宗教》，东方出版社 1997 年版。

何炳棣：《中国会馆史论》，中华书局 2017 年版。

何平立：《巡狩与封禅：封建政治的文化轨迹》，齐鲁书社 2003 年版。

贺三宝：《江右商帮兴衰对区域经济社会影响研究》，世界图书出版广东有限公司 2017 年版。

胡厚宣主编：《甲骨文合集释文》，中国社会科学出版社 1999

年版。

黄宝生：《印度古代文学》，中国社会科学出版社 2020 年版。

黄淼章：《南海神庙》，广州人民出版社 2005 年版。

黄兆辉、张菽晖编撰：《南海神庙碑刻集》，广东人民出版社 2014 年版。

黄正建主编：《中晚唐社会与政治研究》，中国社会科学出版社 2006 年版。

贾二强：《唐宋民间信仰》，福建人民出版社 2002 年版。

江绍原：《中国古代旅行之研究》，上海文艺出版社 1989 年版。

姜伯勤：《敦煌艺术宗教与礼乐文明》，中国社会科学出版社 1996 年版。

雷家骥：《武则天传》，人民出版社 2001 年版。

雷闻：《郊庙之外：隋唐国家祭祀与宗教》，生活·读书·新知三联书店 2009 年版。

李留文：《地方精英与地域文化变迁研究（13—19 世纪）：以济源为例》，郑州大学出版社 2016 年版。

李正宇：《古本敦煌乡土志八种笺证》，新文丰出版公司 1997 年版。

李之亮：《宋两广大郡守臣易替考》，巴蜀书社 2001 年版。

梁满仓：《魏晋南北朝五礼制度考论》，社会科学文献出版社 2009 年版。

刘康乐：《明代道官制度与社会生活》，金城出版社 2018 年版。

牛敬飞：《古代五岳祭祀演变考论》，中华书局 2020 年版。

皮庆生：《宋代民众祠神信仰研究》，上海古籍出版社 2008 年版。

乔培华主编：《南海神信仰》，中山大学出版社 2015 年版。

全汉昇：《唐宋帝国与运河》，台湾"中央研究院"历史语言研究所 1995 年版。

饶宗颐：《选堂集林·史林》，香港中华书局 1982 年版。

宋华强：《新蔡葛陵楚简初探》，武汉大学出版社 2010 年版。

汤贵仁：《泰山封禅与祭祀》，齐鲁书社 2003 年版。

田天：《秦汉国家祭祀史稿》，生活·读书·新知三联书店 2015 年版。

王锷：《〈礼记〉成书考》，中华书局 2007 年版。

王见川、皮庆生：《中国近世民间信仰：宋元明清》，人民出版社 2010 年版。

王元林：《国家祭祀与海上丝路遗迹：广州南海神庙研究》，中华书局 2006 年版。

吴琦主编：《明清地方力量与地方社会》，中国社会科学出版社 2009 年版。

严耕望：《唐史研究丛稿》，新亚研究所 1969 年版。

严耕望：《中国地方行政制度史：秦汉地方行政制度》，上海古籍出版社 2007 年版。

晏昌贵：《巫鬼与淫祀——楚简所见方术宗教考》，武汉大学出版社 2010 年版。

杨华：《古礼新研》，商务印书馆 2012 年版。

杨华：《古礼再研》，商务印书馆 2021 年版。

姚永霞：《古碑探微》，中州古籍出版社 2015 年版。

姚永霞：《文化济渎》，中州古籍出版社 2014 年版。

于省吾主编，姚孝遂按语：《甲骨文字诂林》，中华书局 1996 年版。

于志刚：《北镇庙碑文解析》，辽宁民族出版社 2009 年版。

余欣：《神道人心——唐宋之际敦煌民生宗教社会史研究》，中华书局 2006 年版。

郁贤皓：《唐刺史考》，香港中华书局 1987 年版。

袁珂：《山海经校释》，上海古籍出版社 1985 年版。

袁珂：《山海经校注》，巴蜀书社 1993 年版。

詹杭伦、沈时蓉校注：《历代律赋校注》，武汉大学出版社 2015 年版。

詹鄞鑫：《神灵与祭祀：中国传统宗教综论》，江苏古籍出版社 1992 年版。

张国雄：《明清时期的两湖移民》，陕西人民教育出版社 1995
年版。

张荣芳：《唐代京兆尹研究》，学生书局 1987 年版。

张新斌编著：《济水与河济文明》，河南人民出版社 2007 年
版。

赵逵夫、杨晓斌主编：《历代赋评注：魏晋卷》，巴蜀书社
2010 年版。

赵世瑜：《狂欢与日常：明清以来的庙会与民间社会》，北京
大学出版社 2017 年版。

赵卫东、宫德杰编：《山东道教碑刻集·临朐卷》，齐鲁书社
2011 年版。

中国社会科学院考古研究所：《殷墟小屯村中村南甲骨》，云
南人民出版社 2012 年版。

中国社会科学院考古研究所：《殷周金文集成》（修订增补本），
中华书局 2007 年版。

周策纵：《古巫医与"六诗"考：中国浪漫文学探源》，联经出
版公司 1986 年版。

周振鹤：《西汉政区地理》，人民出版社 1987 年版。

周振鹤：《中国历史文化区域研究》，复旦大学出版社 1997 年
版。

朱光文、刘志伟：《番禺历史文化概论》，中山大学出版社
2017 年版。

朱溢：《事邦国之神祇：唐至北宋吉礼变迁研究》，上海古籍
出版社 2014 年版。

宗力、刘群编：《中国民间诸神》，河北人民出版社 1986 年
版。

［法］葛兰言著，赵丙祥、张宏明译：《古代中国的节庆与歌
谣》，广西师范大学出版社 2005 年版。

［法］马塞尔·莫斯著，汲喆译：《礼物——古式社会中交换的
形式与理由》，商务印书馆 2016 年版。

[美]艾兰著，张海晏译：《水之道与德之端——中国早期哲学思想的本喻》（增订版），商务印书馆 2010 年版。

[美]杜赞奇著，王福明译：《文化、权力与国家：1900—1942 年的华北农村》，江苏人民出版社 2010 年版。

[美]韩森著，包伟民译：《变迁之神：南宋时期的民间信仰》，浙江人民出版社 1999 年版。

[美]韦思谛编，陈仲丹译：《中国大众宗教》，江苏人民出版社 2006 年版。

[美]杨美惠著，赵旭东、孙珉译：《礼物、关系学与国家——中国人际关系与主体性建构》，江苏人民出版社 2009 年版。

[日]滨岛敦俊，朱海滨译：《明清江南农村社会与民间信仰》，厦门大学出版社 2008 年版。

[日]池田温编集代表：《唐令拾遗补》，东京大学出版会 1997 年版。

[日]渡边信一郎，徐冲译：《中国古代的王权与天下秩序》，中华书局 2008 年版。

[日]福井康顺等：《道教》，平河出版社 1983 年版。

[日]金子修一：《古代中国と皇帝祭祀》，汲古书院 2001 年版。

[日]金子修一：《中国古代皇帝祭祀の研究》，岩波书店 2006 年版。

[日]仁井田陞：《唐令拾遗》，东京大学出版会 1964 年版。

[日]森正夫：《"地域社会"视野下的明清史研究：以江南和福建为中心》，江苏人民出版社 2017 年版。

[日]尾形勇：《中国古代の「家」と国家——皇帝支配下の秩序构造》，岩波书店 1979 年版。

[日]中钵雅量：《中国の祭祀と文学》，东京创文社 1989 版。

[英]鲁惟一主编，李学勤等译：《中国古代典籍导读》，辽宁教育出版社 1997 年版。

Allan, Sarah. *The Shape of the Turtle: Myth, Art, and Cosmos in Early China*. Albany: State University of New York Press, 1991.

Barrett, Timothy H. *Taoism under the T'ang: Religion & Empire during the Golden Age of Chinese History*, London: The Wellsweep Press, 1996.

Chavannes, Édouard. *Le T'ai chan: essai de monographie d'un culte chinois*, Paris: Ernest Leroux, 1910.

Chen, Zhi. The Shaping of the Book of Songs: From Ritualization to Secularization. Sankt Augustin: Institut Monumenta Serica, 2007.

Dudbridge, Glen. *Religious Experience and Lay Society in T'ang China: A Reading of Tai Fu's Kuang-i Chi*. Cambridge: Cambridge University Press, 1995.

Durrant, Stephen, Wai-yee Li, and David Schaberg. *Zuo Tradition/Zuozhuan*. Seattle: University of Washington Press, 2016.

Forte, Antonino. *Political Propaganda and Ideology in China at the end of the Seventh Century: Inquiry into the Nature, Authors and Function of the Tunhuang Document S. 6502, Followed by an Annotated Translation*. Napoli: Instituto Universitario Orientale, 1976.

Guisso, R. W. L. *Wu Tse-t'ien and the Politics of Legitimation in T'ang China*. Bellingham: Western Washington University, 1978.

Hansen, Valerie. *Changing Gods in Medieval China, 1127-1276*. Princeton: Princeton University Press, 1990.

Johnson, David G, Nathan, Andrew and Rawski, Evelyn. *Popular Culture in Late Imperial China*. Berkeley: University of California Press, 1985.

Kohn, Livia. *Seven Steps to the Tao: Sima Chengzhen's Zuowanglun*. Nettetal: Steyler Verlag-Wort und Werk, 1987.

Knechtges, David. *Wen Xuan, or Selections of Refined Literature, Volume II: Rhapsodies on Sacrifices, Hunting, Travel, Sightseeing, alaces and Halls, Rivers and Seas*. Princeton: Princeton University Press, 1987.

Paulson, Ivar. *Die Primitiven Seelenvorstellungen der Nordeurasischen Völker: EineReligionsethnographische und Religionsphänomenologische*

Untersuchung. Stockholm: The Ethnographical Museum of Sweden, Monograph Series, Publication No. 5, 1958.

Peterson, Willard J., ed. *The Cambridge History of China: Volume 9, The Ch'ing Empire to 1800, Part 1*. Cambridge: Cambridge University Press, 2008.

Puett, Michael. *To Become a God: Cosmology, Sacrifice, and Self-Divinization in Early China*. Cambridge: Harvard University Asia Center, 2002.

Robson, James. *Power of Place: The Religious Landscape of the Southern Sacred Peak (Nanyue 南嶽) in Medieval China*. Cambridge, Mass.: Harvard University Asia Center, 2009.

Schlegel, Gustave. *Uranographie Chinoise*. Leiden: E. J. Brill, 1875.

Stuart, George. Chinese Materia Medica: Vegetable Kingdom, Shanghai: American Presbyterian Mission Press, 1911.

Wang, Aihe. *Cosmology and Political Culture in Early China*. Cambridge: Cambridge University Press, 2000.

Wang, Gungwu. *The Structure of Power in North China during the Five Dynasties*. Kuala Lumpur: University of Malaya Press, 1963.

Wechsler, Howard J. *Offerings of Jade and Silk: Ritual and Symbol in the Legitimation of the T'ang Dynasty*. New Haven: Yale University Press, 1985.

Waley, Arthur, edited with additional translations by Joseph R. Allen. *The Book of Songs*. New York: Grove Press, 1996.

Waley, Arthur. *The Nine Songs: A Study in Shamanism in Ancient China*. London: Allen & Unwin, 1955.

三、今人论文

曹婉如、郑锡煌:《试论道教的五岳真形图》,《自然科学史研究》1987 年第 1 期。

曹修吉:《济渎庙》,《中原文物》1981 年第 2 期。

陈鹏：《清代医巫闾山祭祀考略》，《佳木斯大学社会科学学报》2018年第3期。

陈伟：《〈简大王泊旱〉新研》，《简帛》第2辑，上海古籍出版社2007年版。

陈彦堂、辛革：《从新出土的〈明太祖诏正岳镇海渎神号碑〉谈起》，《中原文物》1998年第1期。

陈以凤：《近三十年的晚出古文〈尚书〉及〈孔传〉研究述议》，《古籍整理研究学刊》2013年第2期。

程宇昌：《鄱阳湖渔民水神信仰与晏公庙探析》，《江西社会科学》2016年第10期。

崔向东：《论医巫闾山文化内涵及其特点》，《社会科学战线》2015年第2期。

杜勇：《古文字中"莒"字的鉴别问题》，《莒文化研究文集》，山东人民出版社2002年版。

段熙仲：《水经注六论》，杨守敬、熊会贞著，段熙仲点校，陈桥驿复校：《水经注疏·附录》，江苏古籍出版社1989年版。

冯军：《〈大明诏旨碑〉考证》，《济源职业技术学院学报》2012年第2期。

冯军：《济水文化传播过程中的内涵演变》，《新闻爱好者》2017年第8期。

冯军：《元赵孟頫书〈投龙简记〉碑考释》，《中原文物》2013年第5期。

高东海、陈彦堂：《关于五代后汉〈陇西公奉宣祭渎记〉碑的几个问题》，《华夏考古》2013年第3期。

高明士：《论武德到贞观礼的成立——唐朝立国政策的研究之一》，《第二届国际唐代学术会议论文集》，文津出版社1993年版。

高佑仁：《谈甲骨文中"沈"字的一种疑难构形》，《中国文字》新39期，2013年。

顾颉刚：《"四岳"与"五岳"》，游琪、刘锡诚编：《山岳与象征》，商务印书馆2004年版。

顾颉刚：《州与岳的演变》，顾潮、顾洪编：《中国现代学术经典：顾颉刚卷》，河北教育出版社 1996 年版。

郭茂育、杨庆兴：《唐张招墓志铭并序》，《书法》2015 年第 5 期。

何幼琦：《古济水勾陈》，《新乡师范学院学报》1983 年第 2 期。

贺喜：《流动的神明：硇洲岛的祭祀与地方社会》，贺喜、[美]科大卫主编：《浮生：水上人的历史人类学研究》，中西书局 2021 年版。

洪国樑：《〈诗经·卫风·河广〉新探》，《诗经、训诂与史学》，台湾出版社 2015 年版。

侯乃峰：《秦骃祷病玉版铭文集解》，《文博》2005 年第 6 期。

胡成芳：《济渎祭祀考》，《济源职业技术学院学报》2021 年第 1 期。

胡凡：《论儒教对明初宫廷祭祀礼节的影响》，《明史研究专刊》第 12 期，1998 年。

胡梦飞：《明清时期京杭运河沿线区域的晏公信仰》，《华北水利水电大学学报》(社会科学版)2015 年第 5 期。

黄德宽：《释新出战国楚简中的"湛"字》，《中山大学学报》(社会科学版)2018 年第 1 期。

贾二强：《记唐代的华山信仰》，《中国史研究》2000 年第 2 期。

贾辉：《辽宁北镇医巫闾山寺庙碑文、古钱窑、古暗道的新发现》，《东北史地》2008 年第 2 期。

蒋竹山：《宋至清代的国家与祠神信仰研究的回顾与讨论》，《新史学》第 8 卷第 2 期，1997 年。

雷闻：《道教徒马元贞与武周革命》，《中国史研究》2004 年第 1 期。

雷闻：《论隋唐国家祭祀的神祠色彩》，《汉学研究》第 21 卷第 2 期，2003 年。

雷闻：《祈雨与唐代社会研究》，袁行霈主编：《国学研究》第 8 卷，北京大学出版社 2001 年版。

雷闻：《唐代道教与国家礼仪——以高宗封禅活动为中心》，李国章、赵昌平主编：《中华文史论丛》2001 年第 4 辑，上海古籍出版社 2002 年版。

雷闻：《唐代地方祠祀的分层与运作——以生祠与城隍神为中心》，《历史研究》2004 年第 2 期。

雷闻：《〈唐华岳真君碑〉考释》，《故宫博物院院刊》2005 年第 2 期。

雷闻：《唐宋时期地方祠祀政策的变化——兼论"祀典"与"淫祠"概念的落实》，荣新江主编：《唐研究》第 11 卷，北京大学出版社 2005 年版。

雷闻：《五岳真君祠与唐代国家祭祀》，荣新江编：《唐代宗教信仰与社会》，上海辞书出版社 2003 年版。

李保国：《济水独流入海之谜探析（二）》，《济源职业技术学院学报》2020 年第 3 期。

李凤民：《清帝广宁行宫》，《紫禁城》2002 年第 1 期。

李锦绣：《俄藏 Дx. 3558 唐〈格式律令事类·祠部〉残卷试考》，《文史》2002 年第 3 辑。

李零：《秦汉祠畤通考》，《中国方术续考》，中华书局 2006 年版。

李零：《说岳镇海渎——中国古代的山川祭祀》，《大刀阔斧绣花针》，中信出版社 2015 年版。

李紫君、李玉建：《天宝〈有唐济渎之记〉碑考释》，《济源职业技术学院学报》2019 年第 3 期。

李宗昱：《"河北之济"的变迁》，《华北水利水电学院学报》（社科版）2011 年第 3 期。

辽宁省文物考古研究所：《辽宁北镇市辽代帝陵 2012—2013 年考古调查与试掘》，《考古》2016 年第 10 期。

林美容：《彰化妈祖的信仰圈》，《台湾"中央研究院"民族学研究所集刊》第 68 期，1990 年。

林巧薇：《试论嵩山中岳庙与宋以后国家祭祀礼制的关系》，《世界宗教文化》2017 年第 3 期。

林沄：《天亡簋"王祀于天室"新解》，《史学集刊》1993年第3期。

刘丹：《金代北镇医巫闾山信仰与祭祀探析》，《渤海大学学报》2019年第3期。

刘江：《元代全真道的岳渎代祀》，《湖南科技学院学报》2012年7第1期。

刘永华：《明清时期的神乐观与王朝礼仪——道教与王朝礼仪互动的一个侧面》，《世界宗教研究》2008年第3期。

刘玉堂、张帅奇：《国家在场、民间信仰与地方社会——以明清江南城隍庙为中心的历史透视》，《湖北民族大学学报》（哲学社会科学版）2020年第1期。

卢秀丽：《清帝东巡与广宁行宫》，《内蒙古社会科学》1994年第2期。

鲁西奇：《汉唐时期王朝国家的海神祭祀》，《厦门大学学报》（哲学社会科学版）2017年第6期。

马昌仪：《〈山经〉古图的山神与祠礼》，《民族艺术》2001年第4期。

马晓琳：《地方社会中官方祠庙的经济问题：以元代会稽山南镇庙为中心》，《中国社会经济史研究》2011年第3期。

马晓琳：《元代岳镇海渎祭祀考述》，《中国史研究》2011年第4期。

毛继周：《济水·济渎·济源》，《中原地理研究》1982年第2期。

牛敬飞：《论衡山南岳地位之成立》，《社会科学论坛》2014年第2期。

牛敬飞：《论先秦以来官方祭祀中的海与四海》，《宗教学研究》2016年第3期。

牛敬飞：《论中古五岳祭祀时间之演变》，《世界宗教研究》2017年第5期。

钱志熙：《论上古至秦汉时代的山水崇拜山川祭祀及其文化内涵》，《文史》2000年第3辑。

屈万里:《岳义稽古》,《清华学报》第 2 卷第 1 期, 1960 年。

荣新江、史睿:《俄藏 Дx. 3558 唐代令式残卷再研究》, 季羡林、饶宗颐主编:《敦煌吐鲁番研究》第 9 卷, 中华书局 2006 年版。

荣新江、史睿:《俄藏敦煌写本〈唐令〉残卷(Дx. 3558)考释》,《敦煌学辑刊》1999 年第 1 期。

邵茗生:《记明前拓北魏中岳嵩高灵庙碑》,《文物》1962 年第 11 期。

邵茗生:《明前拓北魏中岳嵩高灵庙碑补记》,《文物》1965 年第 6 期。

沈文倬:《略论礼典的实地和〈仪礼书本的撰作〉》,《宗周礼乐文明考论》, 杭州大学出版社 1999 年版。

石泉、张国雄:《明清时期两湖移民研究》,《文献》1994 年第 1 期。

史明立:《波罗诞"五子朝王"与"十八乡各奉六侯"——明清地方社会争夺沙田利益的结果》,《北京民俗论丛》第 8 辑, 中国社会科学出版社 2021 年版。

史念海:《论济水和鸿沟(中)》,《陕西师范大学学报》(哲学社会科学版)1982 年第 2 期。

史琦:《济水崇拜考》,《济源职业技术学院学报》2016 年第 4 期。

司伟伟、崔蕾、于九江、刘昌、赵杰:《辽宁北镇辽代耶律弘义墓发掘简报》,《文物》2021 年第 11 期。

宋希芝:《水神晏公崇信考论》,《江西社会科学》2014 年第 11 期。

孙子蛟:《北镇庙建置、沿革、布局考》,《佳木斯大学社会科学学报》2018 年第 3 期。

孙子蛟:《医巫闾山岳文化初探——以清帝东巡御制诗为例》,《兰州教育学院学报》2018 年第 5 期。

谭其骧:《〈山海经〉简介》,《长水集续编》, 人民出版社 1994 年版。

汤其领：《涤耻封禅与北宋道教的兴盛》，《河南大学学报》（社会科学版）1995 年第 3 期。

唐庆红、张玉莲：《明清江西萧公、晏公信仰入黔考》，《宗教学研究》2013 年第 4 期。

唐晓峰：《体国经野——试述中国古代的王朝地理学》，《二十一世纪》2000 年 8 月号。

唐晓峰：《五岳地理说》，唐晓峰、李零主编：《九州》第 1 辑，中国环境出版社 1997 年版。

田天：《西汉末年的国家祭祀改革》，《历史研究》2014 年第 2 期。

田天：《西汉山川祭祀格局考：五岳四渎的成立》，《文史》第 2011 年第 2 辑。

王建：《沉祭说略》，《文史知识》1991 年第 9 期。

王静：《终南山与唐代长安社会》，荣新江主编：《唐研究》第 9 卷，北京大学出版社 2003 年版。

王文翰：《乙丑夏宿东镇》，赵卫东、宫德杰编：《山东道教碑刻集·临朐卷》，齐鲁书社 2011 年版。

王育成：《司马承祯与唐代道教镜说证》，《中国历史博物馆馆刊》2000 年第 1 期。

王育成：《唐代道教镜实物研究》，荣新江主编：《唐研究》第 6 卷，北京大学出版社 2000 年版。

王元林：《明清国家礼制中的四海祭祀》，《探索与争鸣》2011 年第 4 期。

王元林、钱逢胜：《长江三水府信仰源流考》，《安徽史学》2014 年第 4 期。

王元林：《晏公信仰与道教、国家祭祀关系研究》，《世界宗教研究》2020 年第 4 期。

王元林、张目：《国家祭祀体系下的镇山格局考略》，《社会科学辑刊》2011 年第 1 期。

王子今：《秦汉人世界意识中的"北海"和"西海"》，《史学月刊》2015 年第 3 期。

魏源：《湖广水利论》，夏剑钦主编：《中国近代思想家文库·魏源卷》，中国人民大学出版社 2013 年版。

巫鸿：《五岳的冲突：历史与政治的纪念碑》，《礼仪中的美术：巫鸿中国古代美术史文编》，生活·读书·新知三联书店 2005 年版。

吴丽娱：《唐宋之际的礼仪新秩序——以唐代的公卿巡陵和陵庙荐食为中心》，荣新江主编：《唐研究》第 11 卷，北京大学出版社 2005 年版。

翔之：《苏东坡与济渎岩》，《文物春秋》2004 年第 5 期。

肖红兵、李小白：《皇权威仪与神政合流：古代济渎祠祀制度变迁考论》，《东岳论丛》2019 年第 7 期。

严耀中：《唐代江南的淫祠与佛教》，荣新江主编：《唐研究》第 2 卷，北京大学出版社 1996 年版。

阳清：《〈五藏山经〉山神祭法摭论》，《宗教学研究》2014 年第 2 期。

杨华：《楚地水神研究》，《江汉论坛》2007 年第 8 期。

杨华：《"礼崩乐坏"新论：兼论中华礼乐传统的连续性》，《社会科学辑刊》2020 年第 1 期。

杨华：《秦汉帝国的神权统一：出土简帛与〈封禅书〉、〈郊祀志〉的对比考察》，《历史研究》2011 年第 5 期。

杨华、王谦：《简牍所见水神与禜祭》，《东西人文》(동서인문，韩文) 第 16 卷，2021 年。

杨华：《新蔡祭祷简中的两个问题》，《简帛》第 2 辑，上海古籍出版社 2007 年版。

杨志运：《重建昊天宫碑》，赵卫东、庄明军编：《山东道教碑刻集·青州　昌乐卷》，齐鲁书社 2010 年版。

姚娅、宋国定：《基于 GIS 的济水古河道流路研究》，《地域研究与开发》2017 年第 6 期。

姚永霞、高明：《〈济渎庙北海坛祭品碑〉的历史文化内涵》，《济源职业技术学院学报》2006 年第 2 期。

姚永霞：《〈皇子镇南王遣官祭济渎灵应记〉碑记浅析》，《北方文物》2012 年第 2 期。

姚永霞、李保红：《〈陇西公奉宣祭渎记〉碑碣文化内涵浅析》，《济源职业技术学院学报》2011 年第 1 期。

姚永霞：《浅谈济水的三种属性及文化表现》，《济源职业技术学院学报》2017 年第 4 期。

于成龙：《〈山海经〉祠祭"婴"及楚卜筮简"瓔"字说》，《古文字研究》第 25 辑，中华书局 2004 年版。

于春、白噶力：《辽代帝陵考古发现与研究述略》，《文博》2020 年第 2 期。

于志刚：《北镇庙寝宫勘察报告及整治说明》，《大众文艺》2011 年第 23 期。

袁珂：《〈山海经〉写作的时地及篇目考》，《神话论文集》，上海古籍出版社 1982 年版。

曾一民：《隋唐广州南海神庙之探索》，中国唐史学会编：《唐代文化研讨会论文集》，文津出版社 1991 年版。

张广保：《对河南济渎庙所藏净明道碑刻的释读》，《中国道教》2008 年第 6 期。

张国雄、梅莉：《明清时期两湖移民的地理特征》，《中国历史地理论丛》1991 年第 4 期。

张家泰：《济〈渎北海庙图志碑〉与济渎庙宋代建筑研究》，张家泰、左满常：《中国营造学研究》，河南大学出版社 2005 年版。

张敬华、王萱：《东镇庙碑林石刻档案》，《山东档案》2001 年第 4 期。

张士闪：《"大一统"与差异化：历史人类学视野下的中国社会研究——科大卫教授访谈录》，《民俗研究》2016 年第 2 期。

张新斌：《王屋山道教文化与济水崇拜初探》，《济源职业技术学院学报》2011 年第 3 期。

张勋燎、白彬：《江苏明墓出土和传世古器物的道教五岳真形符与五岳真形图》，《中国道教考古》，线装书局 2006 年版。

张勋燎：《道教五岳真形图和有关两种古代铜镜材料的研究》，《南方民族考古》第 3 辑，四川科学出版社 1991 年版。

张泽洪：《唐代道教的投龙仪式》，《陕西师范大学学报》(哲学社会科学版)2007年第1期。

赵磊：《唐宋时期岳镇海渎管理研究——以"庙令"为中心》，《山西大同大学学报》(社会科学版)2020年第2期。

赵瑞民、郎保利：《侯马盟书、温县盟书中的太岳崇拜：兼论侯马盟书中的"吾君"》，《史志学刊》2017年第2期。

赵世瑜：《结构过程·礼仪标识·逆推顺述——中国历史人类学研究的三个概念》，《清华大学学报》(哲学社会科学版)2018年第1期。

赵卫东：《沂山东镇庙及其宗派传承》，赵卫东主编：《全真道研究》第2辑，齐鲁书社2011年版。

郑景胜：《北镇庙的布局与建筑特色》，《古建园林技术》1994年第2期。

郑景胜、郑艳萍、刘旭东：《北镇庙壁画艺术与技术探究》，《古建园林技术》1995年第3期。

周书灿：《中国早期四岳五岳地理观念析疑》，《浙江学刊》2012年第4期。

周西波：《敦煌写卷P.2354与唐代道教投龙活动》，《敦煌学》第22辑，1999年。

周迎春：《试论济源"一山一水一精神"文化品牌的内在价值提升》，《济源职业技术学院学报》2020年第2期。

周郢：《全真道与蒙元时期的五岳祀典》，刘凤鸣主编：《丘处机与全真道》，中国文史出版社2008年版。

周振鹤：《被忽视了的秦代〈水经〉》《中国古代撰写水经的传统》，《周振鹤自选集》，广西师范大学出版社1999年版。

朱光彩：《简述中原与四渎：江河淮济》，《中原文献》1977年第9期。

朱鸿林：《明太祖的孔子崇拜》，《台湾"中央研究院"历史语言研究所集刊》第70本第2分，1999年。

朱溢：《汉唐间官方山岳祭祀的变迁——以祭祀场所的考察为中心》，《东吴历史学报》第15期，2006年。

朱溢:《论唐代的山川封爵现象:兼论唐代的官方山川崇拜》,《新史学》第 18 卷第 4 期,2007 年。

[美]华琛著,湛蔚晞译:《中国丧葬仪式的结构——基本形态、仪式次序、动作的首要性》,《历史人类学学刊》2003 年第 2 期。

[美]科大卫、程美宝:《历史人类学者走向田野要做什么》,《民俗研究》2016 年第 2 期。

[美]科大卫:《国家与礼仪:宋至清中叶珠江三角洲地方社会的国家认同》,《中山大学学报》(社会科学版)1999 年第 5 期。

[美]魏克彬:《侯马与温县盟书中的"岳公"》,《文物》2010 年第 10 期。

[日]好並隆司:《中國古代にわける山川神祭祀の變貌》,《岡山大學法文部學術紀要》第 38 卷,1977 年。

[日]吉川忠夫:《五岳と祭祀》,[日]清水哲郎编:《ゼロビットの世界》,岩波书店 1991 年版。

[日]今枝二郎:《司马承祯について》,秋月观暎编:《道教と宗教文化》,平河出版社 1987 年版。

[日]井上彻:《魏校的捣毁淫祠令研究——广东民间信仰与儒教》,《史林》2003 年第 2 期。

[日]酒井忠夫:《泰山信仰の研究》,《史潮》第 7 年第 2 号,1937 年。

[日]目黑杏子:《王莽'元始儀'の構造:前漢末における郊祀の変化》,《洛北史学》2006 年第 8 期。

[日]森鹿三:《中国古代的山岳信仰》,钟敬文、娄子匡编:《民俗学集镌》第 2 辑,1932 年。

[日]森田宪司:《元朝における代祀について》,《东方宗教》第 98 号,2001 年。

[日]水越知:《宋代社會と祠廟信仰の展開——地域核としての祠廟の出現》,《東洋史研究》第 60 卷第 4 号,2002 年。

[日]须江隆:《祠廟の記録が語る"地域"観》,宋代史研究会编:《宋代人の認識——相互性と日常空間》,汲古书院 2001 年

版。

　　［日］须江隆:《唐宋期における社会構造の変質過程——祠廟制の推移を中心として》,《東北大学東洋史論集》第 9 辑, 2003年。

　　［日］樱井智美:《〈创建开平府祭告济渎记〉考释》, 中国元史研究会编:《元史论丛》第 10 辑, 中国广播电视出版社 2005 版。

　　［日］樱井智美:《クビライの華北支配の一現象—懷孟地区の祭祀と教育》,《駿台史学》第 124 号, 2005 年。

　　［日］樱井智美:《モンゴル時代の済涜祭祀:唐代以来の岳瀆祭祀の位置づけの中で》,《明大アジア史論集》第 18 号, 2014 年。

　　［日］樱井智美、姚永霞:《元至元 9 年「皇太子燕王嗣香碑」をめぐって》,《駿台史学》第 145 号, 2012 年。

　　［日］樱井智美:《元代の北岳庙祭祀とその遂行者たち》,［日］气贺泽保规编:《中国石刻资料とその社会——北朝隋唐を中心に》, 汲古书院 2007 年版。

　　［日］樱井智美:《元代的岳镇海渎:以济渎庙为中心》, 中国元史研究会编:《元史论丛》第 14 辑, 天津古籍出版社 2014 年版。

　　Brashier, K. E. Han Thanatology and the Division of Souls, *Early China*, 1996, 21.

　　Bokenkamp, Stephen. Taoism and Literature: The Pi-lo Question, *Taoist Resources*, 1991, 3(1).

　　Bol, Peter. The Multiple Layers of the Local: A Geographical-Historical Approach to Defining the Local. In Proceedings of the Conference on Chinese and Comparative Historical Thinking in the 21st Century, Fudan University, April 8-10, 2003.

　　Hu, Qiulei. Reading the Conflicting Voices: An Examination of the Interpretative Traditions about "Han Guang", *Chinese Literature: Essays, Articles, Reviews (CLEAR)*, 2012, 34.

　　Jia, Jinhua. Formation of the Traditional Chinese State Ritual System of Sacrifice to Mountain and Water Spirits, *Religions*, 2021, 12 (5).

Kroll, Paul. Szu-ma Ch'eng-chen in T'ang Verse, *Bulletin of the Society for the Study of Chinese Religions*, 1978, 6.

Kroll, Paul. Verses from on High: The Ascent of T'ai Shan, *T'oung Pao*, 1983, 69(4/5).

Kroll, Paul. Lexical Landscapes and Textual Mountains in the High T'ang, *T'oung Pao*, 1998, 84(1/3).

Keightley, David. The Shang State as Seen in the Oracle-Bone Inscriptions, *Early China*, 1979, 5.

Knechtges, David. How to View a Mountain in Medieval China, *Hsiang Lectures on Poetry*, 2012, 6.

Kern, Martin. The Poetry of Han Historiography, *Early Medieval China*, 2004, 2004(1).

Kleeman, Terry. Mountain Deities in China: The Domestication of the Mountain God and the Subjugation of the Margins, *Journal of the American Oriental Society*, 1994, 114(2).

Lai, Whalen. Looking for Mr. Ho Po: Unmasking the River God of Ancient China, *History of Religions*, 1990, 29(4).

Lo, Yuet Keung. From a Dual Soul to a Unitary Soul: The Babel of Soul Terminologies in Early China, *Monumenta Serica*, 2008, 56.

Sue, Takashi. The Shock of the Year Hsuan-ho 2: The Abrupt Change in the Granting of Plaques and Titles during Hui-tsung's Reign, *Acta Asiatica*, 2003, (84).

Schafer, Edward. The Sky River, *Journal of the American Oriental Society*, 1974, 94(4).

Williams, Nicholas. Shamans, Souls, and Soma: Comparative Religion and Early China, *Journal of Chinese Religions*, 2020, 48(2).